高等学校经济管理类专业系列教材

现代推销学

主　编　杨　卓
副主编　吴俊杰　王超群　柴春燕

西安电子科技大学出版社

内 容 简 介

本书从微观角度系统研究与推销活动有关的基本理论、基本知识与基本技能，揭示了企业人员推销活动的规律、方法，可以指导推销员进行产品推销实践。本书紧扣高等学校营销专业人才培养目标的要求，在借鉴、消化、吸收和整合相关资料与研究成果的基础上，从微观角度渐次展开全书内容。本书共 12 章，可分为三个部分，具体包括推销理论(推销概述、推销礼仪、推销理论与推销模式、推销心理学)、推销步骤(寻找潜在顾客、顾客资格审核、有效接近顾客、推销洽谈、顾客异议处理、促成业务成交、推销服务)以及推销案例(典型的推销案例)。

本书可作为高等学校工商管理、市场营销和经济管理类专业相关课程的教材。

图书在版编目（CIP）数据

现代推销学 / 杨卓主编. -- 西安 : 西安电子科技大学出版社,
2025. 1. -- ISBN 978-7-5606-7520-6

Ⅰ. F713.3

中国国家版本馆 CIP 数据核字第 20255KS264 号

策　　划　李鹏飞

责任编辑　李　明

出版发行　西安电子科技大学出版社（西安市太白南路 2 号）

电　　话　（029）88202421　88201467　　邮　　编　710071

网　　址　www.xduph.com　　电子邮箱　xdupfxb001@163.com

经　　销　新华书店

印刷单位　陕西天意印务有限责任公司

版　　次　2025 年 1 月第 1 版　2025 年 1 月第 1 次印刷

开　　本　787 毫米×1092 毫米　1/16　印　张　17.5

字　　数　414 千字

定　　价　49.00 元

ISBN 978-7-5606-7520-6

XDUP 7821001-1

前　言

推销大师乔·吉拉德是美国著名的汽车推销员，也是吉尼斯世界纪录大全认可的世界上最成功的推销员。从 1963 年至 1978 年，乔·吉拉德总共推销出 13 001 辆雪佛兰汽车，连续 12 年荣登吉尼斯世界纪录大全世界销售第一的宝座，他所保持的连续 12 年平均每天销售 6 辆车的汽车销售世界纪录，无人能破。而纵观李嘉诚、王永庆等商界精英的成功历史，可以发现，他们也都是从最简单的推销做起，进而一步步建立属于自己的商业帝国的。

推销是很多人白手起家、快速提升能力的重要方式，同时也是很多生产制造厂商实现产品快速变现和资金快速周转的有效途径。推销是推销人员在一定的环境里，运用各种推销技术和推销手段，说服一定的推销对象购买产品或服务的特定过程。完整的推销活动包括推销员、推销品与推销对象三个要素。推销三要素相辅相成且缺一不可。没有推销员的推动，整个推销活动无从开始；如若不能找到有切实需求的推销对象，很可能整个推销活动过程都在做无用功；而如果推销品本身质量有问题，又会产生众多的售后问题，从而导致公司的客户大量流失。

产品的推销活动由来已久，一个完整的推销过程遵循着“寻找顾客→顾客资格审核→接近顾客→推销洽谈→顾客异议处理→推销成交→推销服务”的步骤。由于推销活动的交互性，单靠推销员自己是无法完成推销的。因此，推销的第一步是寻找顾客；第二步是顾客资格审核，即顾客需求审核——是否需要，顾客支付能力的审核——是否有钱，购买人资格的审核——是否能“当家作主”；顾客资格审核之后即进入了推销活动的主体部分，接近顾客的核心要求是确定拜访对象、明确拜访事由、约定拜访时间和选择拜访地点四个方面；进而随着推销洽谈的开展，运用适当的推销策略和手段，在解决了顾客提出的各种异议后，建议顾客成交；推销活动的最后阶段是售后服务的收尾工作。

基于人才培养定位的考量，在编写本书时，编者努力在学术理论与实践应用之间寻找一个合理的平衡点，力求既可让读者了解并掌握一些具有一定前沿性和实践性的理论内容，又可使其在实践中能够运用所学习到的知识。同时，编者舍弃了一些过于脱离实践的理论和案例，增加了符合现代推销实践的内容以及能够培养学生创新思维和实践能力的内容。

综合而言，本书具有以下特点：

(1) 定位清晰合理。

本书紧扣高等学校经管类专业人才培养的目标和要求，在内容范围、结构体系和实践实训指导等方面力图符合高等学校经管类专业学生的特点，适应该类学生群体的学习习惯和理解能力；在内容选择方面，注重理论与实践相结合，在理论上侧重于介绍成熟的理论和方法，并将现代推销技术以及销售心理学前沿知识引入本书，让读者更好地理解当代企业推销员进行推销活动的原理及特点，在实践实训中主要突出目前企业推销员推销创新的基本操作。

(2) 框架逻辑性强。

目前的企业员工推销培训总体上呈现出经验化、知识体系不完善且内容碎片化的特征，关于现代推销技术的企业培训整体依然停留在现象描述阶段，且处于让人难以有效重复的模糊状态。而现有的现代推销技术相关教材存在着知识点不成体系、推销对象的心理状态难以描述等问题。

本书框架基本上按照微观的逻辑关系来搭建。结合销售心理学、16 型人格类型理论以及大量员工的推销实践，本书力图做到内容系统、框架完整、逻辑连续和文风一致，同时删减了碎片化、不成体系的学术理论及纯操作层面的内容，增加了符合当代企业员工推销创新实践发展趋势的内容、能够培养创新思维和实践能力的内容以及互联网时代人员推销创新实践的内容。

(3) 选择性吸收了大量学术研究成果与推销创新实践案例。

本书有选择性地吸收了大量学术研究成果，包括销售心理学、16 型人格类型理论以及现代推销创新实践案例，在此向相关资料的原作者表达诚挚的谢意！

本书由杨卓(浙江树人学院市场营销系专任教师)担任主编，吴俊杰(浙江树人学院市场营销系专任教师兼浙江省优势专业、省一流专业项目负责人)、王超群(浙江树人学院市场营销系专任教师)和柴春燕(绍兴迦圣日用品商行总经理)担任副主编。其中，杨卓编写了全书的大部分内容；吴俊杰编写了本书第十二章第三节中“OPPO 的五大系列产品”“OPPO A36 手机的相关特点”“寻找潜在顾客”“顾客资格审核”部分，并对全书进行了审核；王超群编写了本书第十二章第三节中“顾客异议处理”“推销成交”“推销服务”部分，并对全书进行了文字校对；柴春燕编写了本书第十二章中第五节的内容。

本书获得了浙江树人学院“四新”重点教材建设项目的资助，还得到了杭州浙泉网络科技有限公司、杭州海蜗牛生物科技有限公司等企业的支持，是校企合作教材。

由于编者水平有限，书中难免存在不足之处，敬请广大读者批评指正。编者邮箱：extra. terrestrial@163.com。

杨　卓

2024 年 10 月于杭州

目　录

第一章　推销概述

案例导入

带疤的苹果更好吃

一农场主经营着一大片果园，眼看苹果挂满枝头，丰收有望，却不料遭遇一场冰雹袭击。冰雹过后，树上的苹果伤痕累累，几乎找不出一个不带伤的果子。往年鲜亮的苹果尚难找到销路，如今这样一片惨状，又该如何？农场主为此而整日愁眉不展。一天，农场主又像往日一样来到果园，一边踱步，一边想着心事，随手在树上摘了一个苹果，边吃边想，突然间来了灵感，马上跑回家，动手制作了许多宣传品，到处散发，并在当地媒体上发布广告，大意为：本农场的苹果个个带疤，面目丑陋，但吃起来别有滋味，绝非一般苹果可比，君若不信，可来品尝。广告发出之后，果然有好奇者找上门来，一尝，滋味确实不错，一传十，十传百，食用带疤苹果竟成时尚，当其他果农还在为苹果的销路发愁时，此农场主已在美滋滋地点着钞票。这位农场主成功地将“带疤的苹果更好吃”这一观念推销给了顾客。

思考：什么是推销？推销与市场营销有何区别？

第一节　推销的概念与特点

一、推销行为的界定

(一) 认识推销

说起“推销”一词，很多人并不陌生。在许慎的《说文解字》中有“推，排也”，意为“手抵物体向外或向前用力使物体移动”。在常用词语“推拉”中，“推”和“拉”互为反义词，“推”代表“向外发力”使物体“向外移动”，而“拉”的作用力方向恰好相反，它代表“向内发力”，从而使物体“向内移动”。

再看“推销”中的“销”字。在《说文解字》中有“销，铄金也”。也就是说，“销”字在汉代时期的意思是用来锻造金属的某一个步骤(环节)，即“销”是用来熔化金属的步骤。随着时代的发展，“销”字的内涵也逐渐发生了变化。因为“销”的过程会伴随着金属熔化为液态，金属原来的状态消失了，这个过程像极了产品销售过程中产品形态的转移(在售卖产品的过程中，卖家失去了产品的所有权，换取了货币)，“销”逐渐衍生出“出卖货物”的含义。在这一时期，“销”与“售”成为一对新的“组合”，二者成为了近义词。“销”反映了售卖过程，即在某种程度下，“销”就是“售”，“售”就是“销”。“售”注重将商品卖给消费者用以直接消费，而“销”字更加着重于产品所有权的转移，即在商品的销售过程中，卖家丧失了商品的所有权，像销金一般，商品的所有权在卖家手中消失了。

“推销”二字连起来的意思就是卖家“向外用力”，转移商品所有权，进而获取价值的过程。因此，推销是强调向外用力的，推销的目标是用商品的所有权(使用价值)换取价值。

日本的推销大师原一平认为：“推销就是热情，就是战斗，就是勤奋地去工作、去追求。”海因茨·戈德曼认为：“推销就是要顾客深信，他购买你的产品是会得到某些好处的。”

因此，总结众多关于推销的释义，推销可分为广义推销与狭义推销：广义的推销指一个活动主体，试图通过一定的方法和技巧，使特定对象接受某种事物或思想的行为过程；狭义的推销指推销人员在一定的环境里，运用各种推销技术和推销手段，说服一定的推销对象购买产品或服务的特定过程。

(二) 生活中的推销

事实上，在日常生活中，我们对推销活动并不陌生。从房地产开发商的“小蜜蜂”(从事传单派发、寻找意向客户等工作的人员)和“置业顾问”为购房者带来的房产推销，到街头随处可见的发放健身房传单人员的健身卡推销，到我们经常接到的保险推销电话，再到买房后一家家装修公司推销员的微信、短信以及电话推销……推销存在于我们生活的方方面面。可以说，有市场的地方就有推销。

总结生活中遇到的推销现象可以发现，推销可以分为消费品市场的商品推销与生产资料市场的产品推销两大类。二者的区别主要在于，购买的商品是否用于直接消费。其中，消费品市场的商品是买来直接用于最终消费的，而生产资料市场中的产品主要是购买来用于再加工的，进而为下游企业赚取利润。

推销是一种极具挑战性的工作。世界上很多商界成功人士都是靠产品推销起家的，如李嘉诚、王永庆等。因此，从某种程度上讲，推销是实现财富快速跃升的阶梯。

案例分享

李嘉诚的推销之路

一个茶楼卑微的跑堂者，一个五金厂普通的推销员，经过短短几年的奋斗，竟然成为香港商界的风云人物，乃至后来成为风光无限的香港首富。这听起来有点像天方夜谭，但却是不折不扣的事实，创造这一商业神话的人便是后来被誉为香港超人的李嘉诚。李嘉诚先生曾是华人当中名副其实的首富，但其创业初期有过一段不寻常的推销经历。他出生于广东潮安县(现潮州市)一个书香门第，12 岁的李嘉诚在小学毕业后便辍学，在他舅舅的南洋钟表公司做杂工，父亲的早逝给李嘉诚留下一身家庭重担和债务。后来，14 岁的李嘉诚凭着毅力、韧性和真诚在港岛西营盘的春茗茶楼找到一份工作，李嘉诚在努力干好每一件事的同时，给自己定了两门必修功课。其一是时时刻刻揣测茶客的籍贯、年龄、性格、职业、财富等，然后再找机会验证；其二是揣摩顾客的消费心理，既待人真诚又投其所好，让顾客在高兴之余掏腰包。李嘉诚对顾客的消费需求和习惯了如指掌，如谁爱吃干蒸烧卖，谁爱吃虾饺，谁吃肠粉爱加辣椒，谁爱喝红茶、绿茶，什么时候上什么茶点，李嘉诚心中都有一本账，他练就了一套赢得顾客欢心让顾客乖乖掏钱的本领。后来，李嘉诚到一家五金厂做推销员，他每天起得最早，第一个来到厂里挑着铁桶沿街推销。靠着一双铁脚板，他走遍了香港的角角落落，从不放弃每一笔可做的生意。李嘉诚凭着坚韧不拔的毅力，建立了销售网络，赢得了顾客的信任，也深受老板器重。后来，因为塑胶业的蒸蒸日上，李嘉诚开始推销塑胶产品，他肯动脑筋，又很勤奋，在塑胶产品推销过程中业绩突出，20 岁便被提升为业务经理并淘得了第一桶“金”，同时也练就了企业家的才能，为日后进军塑胶业和构建其庞大的商业帝国打下了坚实的基础。

原来家里一贫如洗，仅仅获得了小学学历的李嘉诚，如何成为日后的华人首富呢？他是如何起步的呢？这里要回答的问题很多。通过李嘉诚先生创业的艰辛历程，我们既可以了解李嘉诚先生非凡的智慧，也可以领悟不同时代不同人的成功之道。但许许多多成功人士的共同特点之一是靠推销起家，靠推销技艺这个无形资产白手发家。

然而，怎么起步是白手创业者最艰难的历程。在没有资金、没有背景、没有社会关系的情况下，你除了理想简直一无所有。你不得不在黑暗中到处摸索，这是最险恶的一道关，你必须倾尽全力。记住：没有有形资产，就必须有更多的无形资产。推销技巧便是这许许多多无形资产中最容易被学习掌握、让人快速起步并终身受益的无价瑰宝。

二、推销与市场营销的区别

说起推销，首先不得不将其与市场营销进行区分。单纯从字面上解释，“推销”是卖家“向外用力”，转移商品所有权进而获取价值的过程。再看“营销”，与“推销”一样，都有一个“销”字，也强调转移商品所有权进而获取价值的过程，其不同之处在于“营”。《说文解字》中对“营”的解释为“市居也，从宫”。“营谓周垣”，意思是四周垒土而居。从这个角度讲，“营销”多了一些“乡土气”，它更注重于聚集市场，营造人气，强调对市场的服务地位。因此，“营销”常常和“市场”二字一起出现，市场营销就是创造市场、聚集市场，以实现转移商品所有权进而获取价值的过程。

对比推销与市场营销，推销更加注重于卖家“向外用力”，即推销员主动走出门销售商品；而市场营销更加注重对市场的服务以及运营市场，其核心在于满足需求、挖掘需求，甚至创造需求。推销更加强调主动出击，而市场营销更加注重挖掘需求，吸引消费者前来购物，一个是“推”，一个是“吸引”。

先来看“钻石营销”案例。

案例分享

钻石恒久远，一颗永流传

有一个非常出名的钻石广告语是：钻石恒久远，一颗永流传。这句话的背后有一个非常生动的市场营销故事。那么，想让消费者为钻石买单的最好的办法应该是什么呢？创造需求！

首先，营造稀缺性。由于人们对于物品价值的普遍认知是稀缺的更有价值，很多钻石商们开始打造“钻石是稀缺品”的故事，从而让人们相信钻石很值钱。在这种情况下，钻石是否真的值钱已经不重要了。事实上，南非有大量的钻石矿不允许开采，因为大量开采会影响钻石的市场价值；同时，人们已经掌握了大规模生产、加工钻石的技术，钻石并不稀缺。

其次，为钻石讲故事。“钻石恒久远，一颗永流传”这句话说的是钻石可以长久保存，此言本不虚，但当营销者将钻石与婚姻相结合，让女性认为钻石象征了长久的婚姻，这就已经在讲故事了。因为没有钻戒的婚姻未必不长久，反过来，拥有钻戒的婚姻也未必长长久久。但由于钻石“恒久远”的长久特性，为其赋予“长久婚姻”的祝福含义，则是通过钻石讲了一个非常美好的故事。此招一出，原本并不存在的需求被直接创造出来了。而成功营销之后，钻石商需要做的并不是主动“推销”，只需要坐在店面里等待即可，因为很多女性更加笃定钻戒对美好婚姻的象征意义。

此外，还有很多概念营销，诸如结婚需要买房，“女人要对自己好一点”，进而需要多消费日用化妆品等，都是非常典型的营销案例。

与市场营销相对应，推销更多地需要推销员“走出去”，主动推销自己手中的产品或服务。虽然一部分的产品推销是以观念推销为载体的(例如，“带疤的苹果更好吃”)，但在整体上，推销方式更加聚焦于产品本身的特性。

综上所述，推销是企业营销中不可缺少的环节。在企业经营实践中，营销具有全局性、全过程、战略性的特征，而推销则具有局部性、阶段性、战术性的特征。因此，在具体的营销实践中，推销方案是在营销方案的指导下，根据营销方案的相关规定来制定的，涉及企业经营活动的全过程。一个企业市场营销方案的优劣将在一定程度上影响和制约推销活动能否顺利展开及推销员工作业绩的大小。

三、推销的特点

(一) 推销是科学和艺术的综合体

首先，推销活动是一个科学过程。完整的推销需要经历“寻找顾客→顾客资格审核→接近顾客→推销洽谈→顾客异议处理→推销成交→推销服务”的步骤。想要做好推销需要掌握推销心理学，了解顾客方格与推销员方格，同时根据情境适当采取费比模式、爱达模式或者迪伯达模式等推销方法。

良好的推销员需要把握节奏，一步步将顾客引导到自己想要谈的话题上来，即我们通常所说的因势利导。通过商品的展示，以及商品相关背景性问题的介绍，一步步了解顾客的心理动机，进一步掌握消费者的需求点，从而把握合适的推销时机，采用适度且得体的推销话术赢得消费者的倾心。不仅如此，在很多情形下，推销商品的前提是先要很好地推销自己，只有将消费者的戒备心一步步打破，才有进一步交易的可能性。凡此种种，推销活动中无处不体现着推销过程的科学性。只有进行过良好的推销培训，掌握基本的推销话术与推销技巧，才能更好地区分消费者类型，更加精准地揣摩到消费者的心理活动，从而达成完美的推销活动。

其次，推销活动从始至终都体现了艺术性特征。再完美的推销话术也不可能适用于所有情形，推销技术与推销话术都需要因人而异、因情境而异。从这个角度上讲，推销又具有艺术性。再高水平的推销员也无法提供给我们“放之四海而皆准”的推销话术。推销过程的一个重要特征就是适应性，一千个人眼中有一千个哈姆雷特，因而适合每个人的推销话术也都不尽相同。

高手做推销可以将推销技术幻化于无形，真正做到“无招胜有招”，不拘泥于一招一式，不拘泥于推销的形式，甚至在整个推销过程中，消费者都感受不到对方在推销，但整个过程又都围绕着推销活动进行；全过程都不提产品推销，却又步步为营，引导消费者主动提出购买产品，化被动为主动的推销方式往往更容易被消费者接受。

高手之“高”在于洞察人心，推销高手无一不是对人性和人心有着良好把握的人，而推销的艺术性特征就体现在它不拘泥于形式。

案例分享

王永庆卖大米

你敢相信吗，即使是简简单单的大米销售生意，销售高手也可以做出不一样的效果。

曾是台湾首富的王永庆年轻时在台湾嘉义靠卖大米为生。当时由于米铺多，竞争激烈，王永庆在偏僻小巷中的铺面刚开张就面临门庭冷清的经营局面。为了生计，也为了在市场上立足，王永庆在提高米的质量和服务质量上做起了细枝末节的文章。

首先，王永庆从淘米开始了自己的努力。经过细致挑拣的大米，因为没有了沙子、小石头和杂物从而提高了档次，受到了顾客的青睐。其次，王永庆开始为顾客提供送米上门的服务。对于习惯了自己买米扛回家和体弱、工作忙的一些顾客来说，这样的便民服务无疑又让王永庆得到了很多好评和认可。随后，王永庆在送货上门的同时开展问卷调查工作，询问记录顾客米缸的大小、家庭成员的人数、大人小孩的比例、大米消耗等数据。在收集到资料后，顾客会发现，每当他们的米快要用完的时候，这个小王就会把米送到自家门口，让顾客总是心里热乎乎的。最后，把米倒进米缸。这原本是个很简单的动作，但是，就是在这个简单的动作中，王永庆又一次用细心和职业素养感动了顾客。他在把新米倒进米缸前，一定是将旧米倒出，擦干净米缸，然后倒进新米，再把旧米放在上层。这一系列的行为是对顾客的体贴，也赢得了顾客的心。

(二) 推销具有互动性

电子游戏有两种类型，一种是单机版游戏，还有一种是网络游戏。单机版游戏只有一个游戏的参与者，由于游戏背后的算法是一定的，单机版游戏玩家越努力，玩家的游戏水平就越高，通关的概率也越大。而网络游戏的规则却大不相同。网络游戏的参与方很多，一场游戏的成败不仅仅取决于玩家自身，还取决于对面玩家的水平(为方便分析，假设两方面都只有单一的玩家)。在网络游戏中，即使玩家的水平很高，也不一定胜利，游戏的成败还要看对面玩家的实力，只有在己方玩家的游戏水平高于对家的情形下，游戏才能取得胜利。

推销活动类似于网络游戏，推销活动的参与方包括推销员和推销对象(顾客)两个角色，单独靠推销员或者顾客都无法完成推销。推销员需要通过顾客的购买完成推销活动，而顾客从推销员这里可以获取产品。

(三) 推销具有互利性

在推销过程中，推销员可以获得价值(通过销售商品获得的利润)，而买到商品的顾客则可以从中获得附着在商品上的使用价值。因此，推销具有互利性，推销员、顾客都可以在推销活动中获得效用的增值。

(四) 推销具有说服性

有句话说得好，“天下没有坏买卖，只有蹩脚的买卖人”。任何商品都是有其使用价值的，能不能把商品销售出去，关键是看推销员能不能较好地运用推销相关技术说服消费者。

案例分享

把梳子卖给和尚

经理为了考察几个推销员的业务水平，要求他们在一星期内，把梳子卖给和尚。

第一个人出了门就抱怨和尚都没有头发，还卖什么梳子！找个酒馆喝起了闷酒，睡了一觉，回去告诉经理，和尚没有头发，梳子无法卖！经理微微一笑说，和尚没有头发还需要你告诉我？

第二个人来到了一个寺庙，找到了和尚说，我想卖给你一把梳子。和尚说，梳子对我没用。这个人就把经理的作业说了一遍，说如果卖不出去，就会失业，你要发发慈悲啊！和尚就买了一把。

第三个人也来到一个寺庙卖梳子，和尚说，真的不需要。这个人在庙里转了转，对和尚说，拜佛是不是要心诚？和尚说，是的。心诚是不是需要心存敬意？和尚说，是的。这个人又说，你看，很多香客从很远的地方来到这里，他们十分虔诚，但是却风尘仆仆、蓬头垢面，如何对佛尊敬？如果庙里买些梳子，给这些香客把头发梳整齐了，把脸洗干净了，不是对佛的尊敬？和尚说，此话有理，就买了十把。

第四个人也来到一个寺庙卖梳子，和尚说，真的不需要。这个人对和尚说，如果庙里准备些梳子作为礼物送给香客，又实惠、又有意义，香火会更旺的，和尚想了想，说有道理，就买了一百把梳子。

第五个人也来到一个寺庙卖梳子，和尚说，真的不需要。这个人对和尚说，您是得道高僧，书法造诣极深，如果把您的字刻在梳子上，再刻些“平安梳”“积善梳”字样，将梳子送给香客，是不是既弘扬了佛法，又弘扬了书法，老和尚微微一笑，就买了一千把梳子。

第六个人也来到一个寺庙卖梳子，和尚说，真的不需要。这个人仅对和尚说了一番话，却卖出了一万把梳子。

第六个人说了些什么？他告诉和尚，梳子是善男信女的必备之物，经常被女香客带在身上，如果大师能为梳子开光，让梳子成为她们的护身符，既能积善行善，又能保佑平安，很多香客还能为自己的亲朋好友请上一把，保佑平安，弘扬佛法，扬我寺院之名，岂不是天大善事？大师岂有不做之理？阿弥陀佛，善哉！善哉！大师双手合十，施主有这番美意，老衲岂能不从？

就这样，寺院买了一万把梳子，取名“积善梳”“平安梳”，由大师亲自为香客开光，竟十分兴隆。当然，开光所捐的善款也不少。

第二节 推销的三要素

一、推销人员

推销人员，又叫推销主体，是指主动向推销对象(个人或组织)销售产品或服务的推销主体，包括各类推销员，这里主要指专门从事商业性推销的职业推销人员。

在推销的三个基本要素中，推销人员是最关键的。在销售领域中有一个误解，那就是许多推销员以为他们卖的是产品。事实上，在推销活动中，推销员不仅仅是在推销产品，也是在推销他们自己。

我们经常会有这样的体会：在同等情况下，我们更加愿意购买那些让我们有良好购物体验的推销员所推荐的商品；反过来，有些推销员推销的商品本身没有任何问题，但我们会因为不喜欢这个推销员而选择放弃购买。因此，推销员对于推销业务本身的影响不可谓不大。

一个良好的推销员需要同时具备专业素质和非专业素质。

案例分享

最好的介绍信

马先生要雇一名清洁工到他的办公室做事，有 40 多人前来应聘，但马先生却选中了一个男孩。他的朋友问道：“为什么选中了那个男孩？他既没有介绍信也没有人引荐。”马先生说：“其实，他带来了许多‘介绍信’。他在门口蹭掉了脚上的泥土，进门后随手关上了门，说明他做事小心仔细。当他看到一位残疾老人时，立即起身给老人让座，显得既懂礼貌又有教养。还有我故意在地板上放的那本杂志，其他人都从杂志上迈了过去，只有他俯身捡起那本杂志，并放回桌子上。当我和他交谈时，我发现他衣着整洁，头发梳得整整齐齐，指甲剪得干干净净。难道这不是最好的介绍信吗？”

在具体的推销实践中，客户更倾向于与比自己水平高的推销员接触。在人际交往中，常常会遵循“人往高处走，水往低处流”的规则，也就是说，与比自己强的人接触和交往，可以帮助自己增长见识，拓宽视野和人脉，从而增加自己成功的可能性；反之，若总是与不如自己的人相处，只能不断地为对方付出，而难以收获相应的回报。因此，人们通常都是慕强的。

同样是购买推销品，购买甲的推销品是买，购买乙的推销品一样是买，但客户会挑一个让自己舒服的、听上去会讲话的、看起来更加有水平的推销员购买。因此，在具体的推销实践中，推销员更容易说服那些在某方面比自己稍逊色的客户，而客户也更加倾向于购买那些具备自己身上不具备的品质的推销员所推荐的产品。因此，在推销商品之前，推销员首先需要磨炼自身的品质，让自己成为一个优秀的、具备闪光点的人，从而吸引更多的客户与自己接触，在推销商品的同时交朋友。

从另一个角度讲，比推销商品更加重要的是推销自己。那么，推销员应该如何让自己变得更加优秀呢？通常可以从以下三步着手。

第一步，学会反思。

人是具有主观能动性的，能够基于客观事物产生主观意识。因此，具有主观能动性和学会反思是人类所特有的能力。学会反思的个体能够从已发生的事件中总结和吸取经验教训，从而在下一次面对类似情况时减少或避免发生同样的问题。因此，学会反思是一个优秀的推销员必备的技能。

第二步，学会控制情绪。

人是有感情和情绪的，常见的情绪包括喜、怒、哀、乐、悲、恐、惊。通常情况下，一定程度的情绪对于个体是有益的。比如，恐惧可以帮助身处危险的人摆脱危险，愤怒可以阻止伤害自己的人进一步实施伤害等。然而，当个体长期处于某种情绪时，身体就会产生一些不适，甚至会生病。正如中医所讲，“怒伤肝、喜伤心、忧伤肺、思伤脾、恐伤肾”。因此，适量、适度的情绪是有益的，而过度的情绪对身心是有害的。

在日常工作和生活中，很多情绪都会自然而然地产生。不良的情绪不仅会影响我们的工作效率，而且可能引发客户的反感，从而影响推销的效果。因此，优秀的推销员应该学会控制自己的情绪，而非反过来被情绪所控制。

第三步，知行合一。

完成了“正确的反思”与“学会控制情绪”之后，优秀的推销员下一步要做的就是学会“知行合一”。在“知行合一”中，知是指内心的觉知、对事物的认识，行是指人的实际行为。知为行之始，行为知之成，“知行合一”指的是认知到事情是对的，是应该做的，就立即付之行动。

优秀推销员的行动力都很强，只要认识到符合法律和道德要求的某种推销活动是有必要的，他们就可以很快采取推销行动，从而高效实现推销目标。

二、推销品

推销品，也叫推销客体，是指推销人员向推销对象推销的各种有形与无形商品的总称。现代推销品主要包括商品、服务和观念。事实上，这三者是密不可分的，在推销商品和服务的同时，也是在推销一种观念。作为推销活动的一个基本要素，推销客体必然会影响推销活动的各个方面和环节，如推销品的性质、质量、技术性强弱、体积大小等，都关系到推销活动的实施方案和难易程度等。

产品的整体概念包括：

(1) 核心产品。核心产品是指向顾客提供的产品的基本效用或利益。

(2) 形式产品。形式产品是指核心产品借以实现的形式或目标市场对某一需求的特定满足形式。

(3) 期望产品。期望产品是指购买者在购买产品时期望得到的与产品密切相关的一系列属性和条件。

(4) 延伸产品。延伸产品是指顾客购买形式产品和期望产品时，附带获得的各种利益的总和，比如产品说明书、保证、安装、维修、送货、技术培训等，也就是通常所说的各类综合服务。

(5) 潜在产品。潜在产品是指现有产品包括附加产品在内的，可能发展成为未来最终产品的潜在状态产品。

比如苹果手机的核心产品是打电话和对各种 App 的使用；形式产品就是苹果手机本身；期望产品就是消费者希望从苹果手机的消费中获得好的操作体验，不卡机，功能多；延伸产品包括苹果手机电池的更换、维修服务；潜在产品指消费者可能从 App Store 购买各种 App，或者购买苹果电脑等其他产品。

不管推销员从事何种推销品的推销活动，首先需要做的就是在学习产品相关专业知识的同时学习该行业所有的相关知识。只有将自己变成该领域的“专家”，才能够赢得客户的尊重。在这个过程中，产品相关知识是基础，该行业其他相关知识是扩充。如果没有掌握自己所销售产品的基本知识，该推销员就算不上入门，更算不上一个合格的推销员。掌握产品所在行业的其他相关知识是优秀推销员所应具备的基本素质。

三、推销对象

推销对象又称顾客、客户、购买者等，是接受推销人员推销的推销主体，他们是推销人员推销活动的目标，是说服的对象。

推销对象通常可以分为个体客户与组织客户两种。个体客户为自然人，其购买力较为有限，以满足个人需求为主，我们通常所见的快速消费品的消费，以及买房、买车等购买行为都是以个体客户购买为多；而组织客户的购买力较强，他们购买的商品不仅仅是用于满足个人需求，通常要为满足整个组织的商品需求负责，其购买的产品数量较多，组织客户消费以公司体验套餐购买、公司电脑采购、公司团建旅游等较为常见。

当然，即使推销对象为组织客户，也是由可以代表公司的自然人进行采购的。通常组织客户的采购者可以是公司的采购专员，一些小型公司甚至会由老板进行采购。

在具体的推销实践中，很多推销员并不了解自己所面对的客户，不了解客户的性格，不清楚客户的所思所想，以至于对客户提出的问题答非所问，这对于推销活动的顺利进行是非常不利的。所谓“知己知彼，百战百胜”，成为优秀推销员的重要前提就是能够了解客户，读懂客户话语中的“潜台词”，成为被客户接受的人。

从另一个角度划分，推销对象又可以分为高端客户与普通客户两类。其中，高端客户是指政府部门，金融、电信、铁路、公路、自来水、电力等垄断性行业以及资金充裕、信誉很好、回款及时的企事业单位或者大企业的高层管理人员；普通客户为高端客户之外的所有客户，通常情况下，普通客户为个体客户的情形居多。

第三节 推销工作的流程

一个完整的推销过程遵循“寻找顾客→顾客资格审核→接近顾客→推销洽谈→顾客异议处理→推销成交→推销服务”的步骤，这个步骤就是推销工作的流程，如图 1.1 所示。

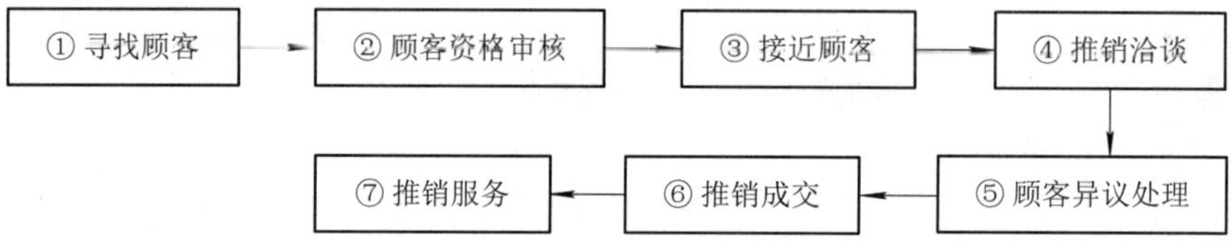

图 1.1 推销工作的流程

由于推销活动的交互性，单靠推销员自己是无法完成推销的。因此，推销的第一步是寻找顾客。好比钓鱼爱好者首先需要找到鱼塘，才能够利用钓竿和钓鱼技术放长线，钓大鱼。

推销过程中的第二步是顾客资格审核。仅仅找到顾客是不够的，因为并不是所有找到的顾客都是我们的目标顾客。精准的目标顾客需要包括三个方面的特点：有需求、买得起、能够当家作主。因此，在找到顾客群体之后，还需要进行顾客资格的审核。要找到对产品有需求、买得起、能够当家作主的顾客。顾客资格审核过程好比钓鱼时筛选钓上来的鱼的过程，把不符合目标的鱼筛选掉。

推销过程中的第三步是接近顾客。接近顾客的步骤包括见顾客前的准备、识别顾客的肢体语言、约见目标顾客和建立信任。

推销过程中的第四步是推销洽谈。推销洽谈是整个推销工作流程中最为重要的一个环节，能否顺利地进行推销洽谈也是推销成功与否的关键。在推销洽谈之前，推销员首先需要掌握适用于不同情境的推销话术，讲话得体，说客户爱听的话是成功推销的前提条件。其次，能否顺利进行推销还有赖于推销员对客户心理、客户人格的洞察与理解。在与客户的沟通中，及时了解客户的人格特征，才能准确把握客户的心理，做到恰如其分。最后，在推销洽谈环节还需要掌握恰当的推销洽谈手段，掌控推销的节奏和方向。

推销的第五步是顾客异议处理。当顾客提出不同意见时，往往不一定是坏事，推销成功与否的关键在于能否正确回答并且打消顾客的顾虑。处理好顾客的异议也常常会成为推销成交的开始。

推销活动的第六步是推销成交，也叫作促成交易。这里最关键的是要善于捕捉顾客下决心购买的信号。在捕捉到顾客想要购买的信号之后，应该顺水推舟，速战速决，直接进入签约付款阶段，以免拖延时间太长而导致失败。毕竟，推销过程中“夜长梦多”的事情并不少见。

推销的最后一步是推销服务。对于很多商品的购买行为，买到商品并不意味着商品交易的完结，能否进行合适的推销服务是推销是否成功的最后一个标准。毕竟，由于售后纠纷而退货的事情也并不少见。同时，做好推销服务工作也能够将普通客户转变为公司的老客户，进而持续不断地为公司带来订单。

第四节　推销行为的伦理规范

案例导入

是否人才难得?

松下电器公司招聘一批基层管理人员，采取笔试与面试相结合的方法。经过一周的考试和面试之后，选出十位佼佼者。当松下幸之助将录取者一一过目时，发现有个成绩特别出色、面试时给他留下深刻印象的年轻人神田三郎未在十人之列。于是松下幸之助当即叫人复查考试情况，吩咐纠正错误。但是，第二天公司收到一个惊人的消息：神田三郎因没有被录取而跳楼自杀了。听到这一消息，松下沉默了好长时间，一位助手在旁也自言自语："多可惜，这么一位有才干的青年，我们没有录取他。""不！"松下摇摇头，"幸亏我们公司没有录取他，意志如此不坚强的人是干不成大事的。"

一、推销人员的职业道德

推销人员的职业道德是指推销人员在推销活动中应遵循的道德规范的总和。推销人员应当具备良好的职业道德，因为他们的行为不仅代表着个人，也代表着企业，并对社会产生影响。推销活动是一种社会行为，它不仅仅是为了个人或企业的利益，也是为了满足客户需求，提供有价值的产品或服务，并促进经济发展和社会进步。因此，作为一名推销员应具备以下职业道德。

（一）守信

案例分享

张良拾履

张良拾履的故事还得从张良刺杀秦始皇说起。张良是韩国人，秦国灭了韩国后，他一心要为国复仇，招募刺客，刺杀秦王。一次，秦始皇向东游访，到了博浪沙，张良与他的刺客暗中行刺，却误中副车。被追捕之后，张良只好隐姓埋名，开始逃亡生活，来到了下邳。

一天，张良正在下邳的一座桥上散步，见到了一位穿着一身褐色衣服的老者。这位老者来到张良面前时，故意把他的鞋子扔到桥下，回头对张良说："小子，你下去把我的鞋子拾上来！"张良惊愕极了，想上去打他一顿，但念及他年纪大了，便忍气吞声地下去将鞋子取上来，并屈膝给他穿上。老者伸着脚穿上了鞋子后便笑着离开了。

张良见此番情景又是大为惊奇。老者走了大约一里路又返了回来，对张良说："你小子是可教之才。五天过后，天刚透亮的时候在此地等我。"张良对此甚是纳闷，但还是跪应道："好。"

五天后天刚一亮，张良便来到了桥上，老者已经在这里等候了，他生气地说："怎么能来得这么晚？你回去吧，五天以后还是在天亮时来见我。"

五天后，张良在鸡鸣时分便来到桥上，但老者又已经等候在这里了，老者又发怒道："怎么又来晚了？你回去吧，五天以后再过来见我。"

五天后，张良在夜半时分便到了桥上。过了一会儿，老者也来了，他高兴地说："就应当这样。"说着他便取出一部书，说："读了这部书，你便可以做帝王的老师。十年过后天下将出现大变，十三年后，如果你想见我，便去找济北谷城山下的黄石，那便是我。"说着便不见了踪影。

张良天明时将这书打开一看，才知是《太公兵法》。张良得兵书后感到惊奇，便常常将其取出诵读。张良多次给刘邦讲述《太公兵法》，刘邦十分高兴，便常常采纳他的计策。张良也常常对他人讲述《太公兵法》，但却没有人能够领悟其中的真谛。于是张良便感叹道："沛公的悟性是上天赐予的啊！"张良便从此跟随了刘邦。张良拾履改变了张良的一生，也无意中为大汉王朝的建立提供了契机。

正如张良拾履的故事一样，要想做一名优秀的推销员，首先需要具备优秀的品格，守信就是传统美德之一。俗话说，无信不立，守信就是一个人最好的"信用背书"。诚实守信是做生意之本，也是做人之本。

(二) 负责

推销人员的责任是确保自己的行为和推销活动不会对企业、客户和社会造成负面影响。具体来说包括以下几个方面：

(1) 对企业负责。推销人员应明确自己的职责和目标，为企业争取利益和增加销售额。应遵守企业的规章制度，遵循企业的价值观，尽力推动企业的发展。

(2) 对客户负责。推销人员应负责任地向客户提供准确的信息，并确保推销的产品或服务符合客户的需求和期望。不应推销质量不过关的产品或服务，也不应使用欺骗手段让客户购买。

(3) 对社会负责。推销人员应意识到自己的行为会对社会产生影响，应尽力避免对公众利益造成损害。应遵守法律和道德规范，不进行欺诈、误导或其他不正当行为。

综上所述，推销人员应在推销过程中始终保持责任感，秉持诚信原则，遵守法律法规，以确保自己的推销活动不损害企业、客户和社会的利益。

(三) 公平

案例分享

某车企的冰激凌事件

在上海某车企的展台前，两位穿着时髦的女推销员正在进行为访客赠送冰激凌的活动。然而，两名员工在展台现场却区别对待中外访客，遇中国访客询问就说冰激凌已经没有了。而当外国人询问冰激凌的时候，两个推销员立马奉上，并热情地为外籍人士介绍几款冰激凌的特点和口味。当看到外籍男子不太会操作的样子，两位热心的工作人员甚至直接"手把手教学"。

该事件在网上一经曝光，立马引起舆论一边倒的声讨，即使该车企之后进行了公开道歉，仍阻挡不住公司的股价大跌以及用户的不满。

公平是进行产品推销的基本道德规范，也是对客户最基本的尊重。公平是推销人员应当秉持的原则之一。推销人员应当提供真实准确的产品信息，不夸大产品的优势或者隐瞒产品的缺点，尊重客户的权益，不进行虚假宣传或欺骗。公平对待客户是建立信任和长期客户关系的基础，同时也是维护企业声誉和推动企业可持续发展的关键因素之一。

(四) 诚实

案例分享

装修公司推销员的欺骗

高明接到某房地产装修公司推销员的电话，该推销员在电话中声称，高明只要第二天到该装修公司，即可以获赠公司的价值1200元的大礼包。

第二天，当高明来到该装修公司时，推销员改变了说法，说“要获得价值1200元的大礼包，首先需要签订装修合同，并交纳2000元的订金”。

高明头也不回地离开了该装修公司。

诚实指的是真实表达主体所拥有信息的行为(指好的一方面)，也就是行为忠于良善的心。“诚实”是褒义词，用于赞美一个人言行一致的好品质。诚实是一个推销员应该具备的基本品质。不诚实的推销员只能做一次性生意，时间久了，必然会被顾客所抛弃。

二、推销人员的职业素质

推销是提升一个人能力的有效途径，李嘉诚、王永庆等优秀的企业家都是从最基本的推销做起，从而一步步成长为商业领军人物的。

在市场竞争日益激烈的今天，随着卖方市场向买方市场的转变，企业经营者越来越意识到企业的销售优势比生产优势更加重要。要取得销售方面的优势，企业必须建立一支优秀的销售队伍。虽说人人都可以成为推销人员，但要想成为一名称职且优秀的推销人员，必须具备与之相对应的综合素质。作为一名合格的推销员，应该具备以下素质。

(一) 思想与心理素质

推销工作确实是一项具有挑战性的任务，但具备强烈的事业心、责任感、意志和毅力的推销人员通常能够克服困难，实现销售目标，同时也能获得自我成就感和事业发展的机会。

1. 强烈的事业心

作为推销员，热爱自己从事的推销事业是非常重要的。只有对推销工作充满激情和热忱，才能持之以恒地面对困难和挑战，并通过自身的努力获得成功。同时，正确的推销观念也是至关重要的。推销的核心是满足顾客的消费需求，因此推销员应当关注顾客的需求，真诚地为顾客着想，提供具有实际价值的解决方案。推销员应当与顾客建立良好的沟通和合作关系，以实现共赢的目的。

2. 高度的责任感

推销人员需要承担起为企业推销产品或服务的责任，并以企业的利益优先。责任感能够使推销人员尽力完成销售任务，满足客户需求，提供优质的产品和服务，同时维护企业的声誉和形象。

3. 坚强的意志和毅力

坚强的意志和毅力对于推销员来说是非常重要的，因为他们需要面对复杂多变的人群和不确定性因素。推销员需要有持久的耐力和韧性，能够应对客户的拒绝和反对，以及面对竞争激烈的市场环境，要能够保持积极的心态，接受挑战并从中学习。

(二) 文化与业务素质

推销工作是具有一定挑战性和创造性的工作。推销员不仅需要具备优秀的沟通和销售技巧，还需要有良好的思维能力和创新思维，以便在面对各种不同的销售场景和客户需求时能够提供创造性的解决方案。另外，推销员的文化素质也很重要，具备较高的文化素质可以使推销员更好地理解和适应客户的需求，更加娴熟地运用语言和表达技巧，与不同背景和文化的客户建立良好的沟通和信任关系。

1. 企业方面的知识

任何推销员都难以脱离企业而独立进行推销业务，推销员的一言一行都代表了企业的声誉与形象。因此，推销员需要具备基本的企业方面的知识，毕竟只有对自己所在企业拥有足够的了解，才能取得顾客的信任，从而获取成功。

2. 产品方面的知识

推销工作本身要求推销员向顾客介绍和推荐产品，如果推销员不懂得所推销产品的知识，会让顾客觉得这个人不专业，从而影响推销工作的顺利进行。一名称职的推销员首先需要掌握产品的技术性能，包括构成产品的原材料，产品的规格、型号、外观，产品能够满足顾客哪些方面的需求等；其次，推销员应该掌握产品的使用与维修方面的技术与知识。在推销一些顾客不常买且价格昂贵、功能复杂的产品时，通常需要推销员亲自示范操作，并经常走访客户以了解商品的使用情况，只有这样，才能够及时排除一般性的技术问题。

3. 市场方面的知识

对推销员进行教育和培训能使他们掌握必要的理论知识和实际技能，有效地进行市场营销和推销活动。

市场营销理论的学习可以帮助推销员了解市场的基本原理和趋势，掌握市场营销战略和策略的基本概念，从而更好地了解客户需求和竞争环境。市场营销调研方法的学习能够让推销员掌握调研技巧，了解如何进行市场调研，包括目标市场的分析、竞争对手的研究和消费者行为的洞察。这些调研数据有助于推销员制定更有效的推销策略和定位方案。此外，推销员还应熟悉相关的市场政策、法令和法规，以确保推销活动的合规性，避免违反法律和道德规范。

4. 顾客方面的知识

推销人员还要懂得消费者心理与购买行为方面的知识(比如商业心理学、公共关系学、人际关系学、行为科学和社会学等方面的知识)，以便分析顾客的购物心理。比如，很多人所熟悉的 MBTI 人格分类，从“外倾—内倾”“感觉—直觉”“思维—情感”和“判断—感知”

四个维度，将个体分成 16 种典型的人格类型。若推销员掌握 MBTI 人格的分类，以及各个不同人格类型的特点，能够准确地判断客户所属的人格类型及特点，自然也就能够做到“知己知彼，百战百胜”，从而在推销过程中对症下药，顺利地进行推销。

5. 竞争方面的知识

了解同行业竞争状况的信息对于成功推销非常重要。以下是推销人员需要掌握的一些竞争方面的关键信息：

(1) 产品供求状况。推销员需了解市场上同行业产品的供求状况，包括产品的需求趋势、市场份额和竞争对手的产品线等。这有助于推销员确定产品的市场潜力和定位自己的产品。

(2) 企业竞争地位。推销员需了解企业在行业中的竞争地位，包括市场份额、品牌知名度、产品质量和创新能力等。这可以帮助推销人员了解企业的优势和劣势，并据此制定相应的推销策略。

(3) 竞争品的优势和劣势。推销员应详细了解竞争对手的产品，包括其特点、优势和劣势。这有助于推销人员准确比较自己的产品与竞争对手的产品，在销售过程中强调自身产品的优势。

(4) 本企业产品的优点。推销员要深入了解自己企业的产品，包括其特点、功能和优势，还应了解自己企业产品的价值主张，以便有效地向潜在客户传递这些信息。

(5) 竞争品的价格。推销员要了解竞争对手产品的定价策略，包括其定价模式、促销策略和优惠条件等。这有助于推销人员根据市场情况进行定价。

(6) 竞争品的销售策略。推销员要了解竞争对手的销售策略，包括其市场定位、目标客户、销售渠道和营销活动等。这可以帮助推销人员制定自己的推销策略，以便与竞争对手区分开来。

(三) 身体素质

推销工作既是一项复杂的脑力劳动，也是一项艰苦的体力劳动。推销员的工作性质决定了他必须有强健的身体，因为健康的身体是实施推销活动一切策略的前提。

三、推销人员的职业能力

推销员具备了一定的思想与心理素质、文化与业务素质及身体素质，这只是具备了做一名推销员的基本条件。要想做一名优秀的推销员还需要具备较强的观察能力、创造能力、社交能力、语言表达能力和应变能力等。

(一) 观察能力

观察能力在商业谈判和销售过程中是十分重要的。推销员应该具备敏锐的观察力，通过观察和分析对方的言谈举止来洞察对方的需求、兴趣和意图。通过敏锐的观察力，推销员可以更好地了解对方，并采取相应的销售策略和沟通方式，以提高销售效果。然而，观察力不仅需要锻炼，还需要不断的实践和经验积累。

(二) 创造能力

事实上，创造能力不仅仅是对推销行业，对很多行业都是不可或缺的重要素质。对于推销人员来说，开拓一个新市场、发掘一个新顾客、采用一种别出心裁的推销手段，都必须具有开拓创新的精神和能力。

(三) 社交能力

作为一名优秀的推销员，良好的沟通技巧对于与客户建立有效的关系至关重要。以下是推销员在沟通和与客户交往中应具备的关键社交要素：

(1) 倾听技巧。推销员应善于倾听客户的需求和关注点，理解客户的痛点和期望。通过倾听，推销员可以更好地了解客户的需求，并提供针对性的解决方案。

(2) 清晰表达。推销员应能够以简单易懂的方式有效地传达产品或服务的信息。清晰准确的表达可以帮助客户更好地理解产品的价值和优势。

(3) 聆听客户反馈。推销员应积极回应客户的反馈和意见，体现对客户的重视和关注。客户的反馈可以提供宝贵的改进意见，并帮助推销员更好地了解客户需求的变化。

(4) 建立信任关系。推销员应以诚信和专业精神建立和维护与客户之间的信任关系。通过提供真实、准确的信息，并履行承诺，推销员可以赢得客户的信任，建立长期稳定的关系。

推销员具备了良好的沟通和交往技巧，可以更好地理解客户需求，提供个性化的解决方案，并与客户建立良好的关系，从而取得更多的销售机会和提高客户满意度。

(四) 语言表达能力

语言表达能力是指一个人以清晰、准确、流畅的方式进行思维表达和信息传递的能力。在推销工作中，具备良好的语言表达能力对于与客户有效沟通、推销产品或服务及建立良好的业务关系至关重要。

(五) 应变能力

案例分享

机智的钢化玻璃杯推销员

一名推销员正在向一大群顾客推销一种钢化玻璃杯，他首先向顾客介绍商品，宣称其钢化玻璃杯掉到地上是不会坏的。接着进行示范表演，可是他碰巧拿到一只质量不合格的杯子，只见他猛地往地下一扔，杯子“砰”一下全碎了，真是出乎意料，他自己也十分吃惊，顾客更是目瞪口呆。面对这样尴尬的局面，这名推销员急中生智，先稳定自己的心境，笑着对顾客说：“看见了吧，这样的杯子就是不合格品，我是不会卖给你们的。”接着他又扔了几只杯子，都获得了成功，获得了顾客的信任。

推销员在与顾客接触前，虽然对推销对象做过一定程度的分析与研究，进行了接洽前的准备，制定了推销方案，但由于实际推销时面对的顾客太多，无法把所有顾客的可能反映全部列举出来，必然会出现一些意想不到的情况。

对于突然的变化，推销员要理智地分析和处理，遇事不惊，随机应变，并立即提出对策，这就是应变能力。世间万事万物都有变化的可能，因此，没有一个一劳永逸的方法可以应对所有的情形，再好的方法也是在一定条件、时间和地点下才适用的。

推销人员应该具备的素质和能力总结如表 1.1 所示。

表 1.1 推销人员应该具备的素质和能力

素质与能力	具 体 表 现
推销人员的职业道德	守信
	负责
	公平
	诚实
推销人员的职业素质	思想与心理素质：强烈的事业心、高度的责任感、坚强的意志和毅力
	文化与业务素质：企业方面的知识、产品方面的知识、市场方面的知识、顾客方面的知识、竞争方面的知识
	身体素质
推销人员的职业能力	观察能力
	创造能力
	社交能力
	语言表达能力
	应变能力

第一章配套习题

第一章 PPT

第二章 推销礼仪

案例导入

推销员礼仪

风景秀丽的某海滨城市的朝阳大街上高耸着一座宏伟楼房，楼顶上“远东贸易公司”六个大字格外醒目。某照明器材厂的业务员金先生按原计划，手拿企业新设计的照明器样品，兴冲冲地登上六楼，脸上的汗珠未来得及擦一下，便直接走进了业务部张经理的办公室，正在处理业务的张经理被吓了一跳。“对不起，这是我们企业设计的新产品，请您过目”，金先生说。张经理停下手中的工作，接过金先生递来的照明器，随口赞叹“好漂亮呀!”并请金先生坐下，他倒上一杯茶递给金先生，然后拿起照明器仔细研究起来。金先生看到张经理对新产品如此感兴趣，如释重负，便往沙发上一靠，跷起二郎腿，一边吸烟一边悠闲地环视着张经理的办公室，当张经理问他电源开关为什么装在这个位置时，金先生习惯性地用手搔了搔头皮。好多年了，别人一问他问题，他就会不自觉地用手去搔头皮。虽然金先生做了较详尽的解释，张经理还是有点半信半疑，谈到价格时，张经理强调：“这个价格比我们预算的高出较多，能否再降低一些。”金先生回答：“我们经理说了，这是最低价格，一分也不能再降了。”张经理沉默了半天没有开口。金先生却有点沉不住气，不由自主地拉松领带，眼睛盯着张经理，张经理皱了皱眉说：“这种照明器的性能先进在什么地方？”金先生又搔了搔头皮，反反复复地说：“造型新，寿命长，节电。”张经理托词离开了办公室，只剩下金先生一个人，金先生等了一会儿感到无聊，便非常随便地拿起办公桌上的电话，同一个朋友闲谈起来。这时，门被推开，进来的却不是张经理，而是办公室秘书……

思考：从礼仪的角度分析，金先生在推销过程中存在哪些问题？

“人靠衣装马靠鞍”这一俗语强调的是：对一个人进行直观判断时，外部形象在整体印象中占据很大的分量。销售冠军不仅要具备足够的内在素质，还要注意自己的外部形象。

第一节 推销礼仪概述

一、推销人员的形象

推销活动不仅是在推销商品，更是在推销推销员自己。一种商品要做到畅销，不仅要注重产品的质量，还应该注重包装及营销方式。对于包装，应从广义的角度来认识，除了产品的销售包装外，还应该包括某些产品的物质载体——企业、推销员及其形象。

为了树立良好的形象，有利于推销工作的开展，推销人员应该注重推销过程中的基本礼仪。在推销商品之前，先把自己推销给顾客，顾客只有接受了你这个人，才可能接受你所推销的商品。所谓推销自己，就是推销自己的言谈举止、仪表风度、个人品质、态度信心、处事原则和价值观念等。

二、推销形象的重要性

第一印象对于推销人员来说非常重要。一个专业得体的形象可以增加客户对产品和品牌的信任度。注重个人形象和礼仪，有利于推销人员为公司树立积极的形象，并提高销售成功的概率。

作为公司的一名员工，推销员的形象既代表个人形象，又代表企业的整体形象。随着市场竞争日益加剧，礼仪在当今推销活动中更加体现出它的重要性。

三、推销形象的构成

推销员的推销形象是由仪表、服饰、举止等形体语言和非形体语言所构成的整体印象。一个推销员给人留下的良好印象可以用以下公式来表示：

整洁的外表 + 得体的服饰 + 恰当的装饰 + 良好的语言 = 良好形象

推销人员的仪容仪表对于给顾客留下良好印象和建立信任是有重要影响的。整洁的外表、得体的穿着和自信的姿态可以增加推销人员的专业形象和亲和力。

第二节 推销员的个人礼仪

仪容是仪表的重要组成部分，由发饰、面容以及人体所有未被服饰遮掩的肌肤(如手部、颈部)等内容构成。

一、仪容礼仪

仪容修饰的要求如下：

(1) 修饰的首要标准是整洁。

(2) 修饰要自然。

(3) 修饰要有整体感。

(4) 修饰要注意突出重点。

(5) 修饰要与环境气氛统一。

仪容修饰的内容如下：

(1) 头发。头发要干净，常洗、常理、常梳；长短要适宜；发式自然。

(2) 胡须。男士不留胡须。

(3) 鼻子。及时查看鼻部卫生，鼻毛不外现。

(4) 口腔。清洁口腔，不要留有“大黄牙”。

(5) 手部。手和指甲保持干净，不蓄长指甲，且指甲修剪整齐。

二、仪表礼仪

(一) 服饰礼仪

1. 着装朴素大方

推销员的着装应注意以下几点：

(1) 推销员的着装是仪表美的一种体现形式，但凡公司要求统一着装的，一定要按要求去做；没有要求统一着装的，最好能够穿戴整齐。穿西装制服时要配衬衣和领带。

(2) 服装的式样和颜色尽量保持朴素、大方。不穿流行服装，因为流行服装会给人不稳定、不成熟的感觉。

(3) 浅色系的服装看起来比较亲切，不会让人有压迫感，但只适合轻松的商业会议或者普通的商品推销。需要注意颜色搭配，比如红色上衣一定不要搭配绿色裤子。

(4) 天天换衬衫，保持领口和袖口的平整和清洁，还可以使用袖扣，但不要总是系同一条领带。

(5) 腰间不悬挂物品，如手机、钥匙等。

案例分享

仪容、仪表的重要性

某经销商听客户讲A公司的服装产品款式和质量不错，一直想跟他们联系。有一天，他在办公室时听见有人敲门。门开后进来一个人，穿着一套皱皱巴巴的浅色旧西装，自称是A公司的推销员。该经销商打量着来人：他身穿羊毛衫，打一条领带，领带飘在羊毛衫的外面，有些脏，好像有油污，黑色皮鞋，没有擦，布满了灰尘。有好大一会儿，经销商都在打量他，心里在开小差，根本听不清他在说什么，只隐约看见他的嘴巴在动，还不停地放些资料在办公桌上。等推销员介绍完，经销商马上对他说：“把资料放在这里，我看一看，你回去吧！”便再也没有跟A公司联系过了。

2. 鞋袜搭配合理

穿西装制服时要穿黑色皮鞋，皮鞋一定要擦亮且不带污垢。女士穿皮鞋应该以中跟或平跟为宜。

(二) 化妆礼仪

饰品和妆容要适当。女性推销员在推销工作中，可以根据自己的情况适当化妆和佩戴饰品。切不可浓妆艳抹，也不宜佩戴贵重或过于花哨的饰品。若佩戴贵重的饰品会让顾客觉得那些饰品都是赚顾客钱买的，影响推销的成功率。

因此，精干的外表、得体的服饰会给顾客留下良好的整体印象，对推销活动产生积极影响。

三、推销员的基本仪态——坐姿、站姿和走姿

坐、站和走是日常生活行为的重要组成部分，如何坐得正确、站得优雅、走得舒适又有气质是非常有讲究的。

(一) 坐姿

坐与站是最容易表现仪态是否端庄的动作，就坐的姿势来说，正确的坐姿既体现形态美，又体现行为美。中国人一向讲究坐姿，老辈人经常教育年轻人要“坐有坐样”，可见，坐姿对于个人仪态是非常重要的。保持正确的坐姿应注意以下几点：

(1) 入座时，应轻、缓、稳，动作协调柔和，神态从容自如。

(2) 从椅子左侧入座，走到椅子前转身，右脚后退半步，然后轻稳坐下。

(3) 女子入座时，要用手把裙子向前拢一下，臀部落座在椅子的2/3位置。

(4) 坐下后，上身要保持直立状，既不前倾，也不后仰；胸微挺，不要耷拉肩膀、含胸驼背，否则给人以萎靡不振的印象。

(5) 头正目平，嘴微闭；两腿自然弯曲，小腿与地面基本垂直，两脚平落地面。

(6) 女士的膝盖靠拢、双脚并拢，绝对不可分开；男士则两腿略分开，看起来既不拘束又显得稳重。

(7) 肩部放松，双臂自然下垂。

(8) 注意两手的位置。若椅子有扶手应将手放在扶手上，若没有扶手，男士可将手轻放两腿上，女士可以双手交握轻放腿上，并面带微笑、眼神温和地注视着前方，这样给人以大方、举止文雅的感觉。

(9) 起立前，右脚先向后收步，然后起立，缓慢离开。

(二) 站姿

站立时，女士要站得优雅，男士要站得稳重。具体应注意以下几点：

(1) 挺胸、抬头、收腹。挺胸能让人看起来挺拔有气质，精力充沛，充满力量。收腹可以使人的身材比例看起来更协调，这种直立姿态显得稳定、平衡。抬头时，要头正颈直，背脊挺直，不要显出萎靡不振或松松垮垮的样子。

(2) 下颌微收，双眼平视，视线与眼睛同高，眼睛看前方一米左右的位置。向上或向下看，都会使印象减弱，显得不沉着。嘴唇应微闭，面带微笑。

(3) 站立时，应注意身体的轻松自然，手臂自然下垂，肩膀既不要向前倾，也不要向后倾，更不能抬肩，要保持平衡。

(4) 注意双手的位置。没有文件时，左手轻轻叠放在右手背上，双手轻靠在腰下，或者轻放两侧，但记得不要拉衣角，互握时手不要摇动，那样十分不雅。

(5) 注意两脚的位置。男士为求稳，可略微分开双脚，与肩同宽。脚尖可以朝前，双膝自然伸直，重心在两脚中间，给人一种从容自如的感觉。女士最好是双脚并拢，也可

以站成“丁”字步，即将两脚尖稍稍展开，右脚在前，将右脚跟靠于左脚内侧，腿绷直并严。

(三) 走姿

一个人的走姿正确，很自然地就会流露出自信、有精神的气质，会给人以专业的信赖感。保持正确走姿应注意以下几点：

(1) 双腿并拢，直而不僵，身体挺直，身体重心落于脚掌前部，下巴微向内收。双脚应笔直地走，脚尖朝前，切莫呈内八或外八字。着地时膝盖应伸直，后脚跟先着地。

(2) 双手自然垂在两侧，双臂随着脚步自然地前后轻轻摆动，切勿同手同脚。

(3) 抬头挺胸，收小腹，臀部收紧，背脊挺直。

(4) 肩平不摇，步幅适中、均匀，两脚落地时脚印正对前方。

(5) 步度是跨步时两脚之间的距离，标准步度是一个人的一脚之长。

(6) 步位是指两脚下落到地面时的位置，步位一般要求两脚交替前进，两脚尖稍外展，走出两条平行线。

(7) 端正、稳健、轻盈、有节奏感、充满活力，鞋跟不要发出太大声响。

(8) 眼睛平视前方，切勿左顾右盼，经过玻璃或镜子前，更不可停下来梳头、补妆或整衣冠。

(9) 尽量靠右行走，携带吊挂式皮包时，应挂在右肩上。携带手提式皮包或袋子时，应提在右手或拿在右身侧。

(10) 行进间，迎面遇到熟人，点头微笑打招呼即可，若要停下步伐交谈，注意不要影响他人行进。

第三节 推销人员的社交礼仪

案例导入

社交礼仪失当带来的危机

西汉初年，汉惠帝不理朝政，吕后逐渐掌控实权。刘邦早年还没认识吕后的时候就有一个孩子，也就是刘邦的庶长子刘肥。刘肥虽然不是吕后所生，但他从小就跟吕后生活在一起，吕后算得上是他的主母兼养母，感情应该是可以的。

汉朝建立时，刘邦大封同姓宗室。刘肥虽然是庶子，没有资格做皇帝，但作为庶长子，刘肥还是颇得刘邦的重视，被封为齐王，这是汉初最大的封国，疆域辽阔、人口众多，非常富庶。

汉惠帝二年，刘肥进京朝贡，汉惠帝刘盈跟吕后一同设宴款待刘肥。因为是家宴，不论君臣，刘肥又是长兄，汉惠帝就把上座让给了刘肥。这刘肥因自小跟汉惠帝、吕后一起长大，感情比较深厚，一时没计较就坐了。

晚年的吕后性情大变，心胸狭隘，跟刘肥小时候那个养大她的主母判若两人。看到刘肥居然敢坐上座，吕后大怒，偷偷命人准备两杯毒酒放在刘肥面前，让他喝下此酒为她祝酒。刘肥不知道杯中的酒是毒酒，便起身准备敬酒。

此时，坐在他旁边的汉惠帝看到有两杯酒，也拿起其中一杯，向太后祝酒。吕后怕汉惠帝喝了毒酒，连忙阻止：“皇上不要喝酒！”还起身把汉惠帝的酒杯打翻。

如此可疑的行为，刘肥自然能看出其中的缘由，便不敢再继续喝酒，学着刘邦当年在鸿门宴的做法，装醉借上厕所的机会跑了。

后来，刘肥暗暗打听，才知道杯中酒竟然是毒酒，吓得面无人色。但是，他此时还在长安，这是吕后的势力范围，吕后要杀他不过是一句话的事情。想到这，刘肥非常惊惧，惶惶不可终日。

齐国内史士看刘肥这个模样，献计道：“吕后有一子一女，她都非常疼爱。子是当今圣上，富甲天下。女是鲁元公主，虽然贵为公主，但封地只有几个城邑。大王你齐国有七十三座城邑，如果你愿意把当中的一个郡献给鲁元公主，吕后一高兴，自然就忘了酒宴上的不快，大王你就安全了。”

刘肥一听，大呼有理，连忙依照建议，献上封地。吕后跟刘肥毕竟还是有感情基础的，听到刘肥主动献地，吕后非常高兴，设宴款待刘肥后，就放刘肥回齐国了。

思考：刘肥的社交礼仪有什么不妥？

除了仪容、仪表、仪态礼仪之外，推销礼仪还包括推销员的言谈举止和习惯。如果说仪容、仪表和仪态是取得与顾客交谈机会的钥匙，那么言谈举止就是通往征服顾客心灵的路。透过一个人的言谈举止，可以看出这个人的修养水平。顾客对推销员的良好印象，不仅仅来自推销员大方得体的外表，更需要靠推销员自己高雅不凡的谈吐和举止。推销员要提高自己的谈吐和举止，可先从以下几个方面提高自己的礼仪水平。

一、入户礼仪

推销人员的入户礼仪有以下几点：

(1) 到顾客办公室或家中访问，进门之前先按门铃或轻轻敲门，然后站在门口等候。无论门是关闭的还是开着的，都应适度地敲门。如果门是关闭的，敲门后，推销员应退后一步，等待客户开门。按门铃或敲门的时间不要过长，无人或未经主人允许，不要擅自进入室内。雨天拜访客户时，雨具不应带入室内，而应放在室外或指定的地方。

(2) 当看见顾客时，应该点头微笑致礼，如无事先预约应先向顾客表示歉意，然后再说明来意。同时要主动向在场人都表示问候或点头示意。

(3) 在顾客家中，未经邀请，不能参观住房，即使与客户较为熟悉，也不要随意抚摸或玩弄顾客桌上的东西，更不能玩顾客名片，不要触动室内的书籍、花草及其他陈设物品。

(4) 在别人(主人)未坐定之前，不要先坐下，坐姿要端正，身体微往前倾，不要跷“二郎腿”。

(5) 在等待接待时要安静，不要通过谈话来消磨时间，也不要不耐烦地总看手表。

(6) 如果是第一次见面，要先做自我介绍，如果已经认识了，只要互相问候并握手即可。

(7) 不要大声对着手机说话或任由自己的手机铃声响起。

小知识

微笑的重要性

纵观历史，在任何时代、任何地区和任何民族中，微笑都是表示友好意思的信号。在推销时微笑，表明你对顾客交谈抱有积极的期待，蕴含着友善、亲切、礼貌和关怀。

但在微笑时，需要注意以下三点。

第一，不要假装微笑。微笑应该真诚、适度、合时宜。推销员要想笑得真诚是不难的，只要把顾客当作自己的朋友或亲人，就可以自然大方、真实亲切地微笑了。

第二，微笑要发自内心。当一个人心情愉快时，会自然流露出微笑，这是一种情绪的调节，是内心情感的自然流露。发自内心的微笑既是一个人自信、真诚、友善、愉快的心态表露，同时又能制造明朗而富有人情味的气氛。发自内心的真诚微笑应该做到"笑到、口到、眼到、心到"。

第三，微笑要适度。微笑很美，能给人以美的享受，但也不能随心所欲地随便乱笑、嘲笑。一般情况下，微笑就是露出八颗牙齿或者笑不露齿的笑。

二、自我介绍和递(接)名片的礼仪

自我介绍是推销员向客户展示自己身份的方式。以下是一个简洁明了的自我介绍示范：

您好，我是××。我代表×××公司，专注于提供高质量的产品/服务。如果您对我们的产品/服务有任何问题或需求，我很愿意为您提供帮助。请随时联系我，这是我的名片。

当递交名片时，如果双手均为空，可以用双手的食指和拇指分别夹住名片的两个角，以正面朝向对方的方式递交。如果一只手有空，可以将名片放在掌心，用食指和拇指夹住名片的一侧，面向对方递交。

接收对方的名片时，应该用双手接收，并且仔细观察一遍。遇到不认识的字或不熟悉的名词时，可以向对方请教以显示自己的谦虚和认真。不要在名片上放其他物品，同时避免潦草地将名片放入口袋，这可能会给对方一种不尊重的感觉。如果对方没有主动递交名片，但你想获取对方的联系方式，可以主动要求，通常对方不会拒绝。

以上是常见的自我介绍和名片递交的方式，推销员可以根据实际情况进行适当调整。

三、称呼礼仪

无论是面见客户，还是打电话、写信给客户，总少不了称呼对方。恰如其分地称呼对方是推销礼仪的内容之一。称呼对方要考虑场合、与对方的熟悉程度，以及对方的年龄、性别、职务等因素。

在比较正式的场合，一般用"姓"加"职务"称呼对方。如果推销员与客户很熟悉，且关系极好，自己的年龄、职务均低于对方，可称对方为"张大哥""李姐"(对女士的"姐"的称呼要谨慎，因为有的人不喜欢被叫得显老)等；如果自己的年龄、职务均高于对方，可直呼其名或"小张""小李"等。

通常情况下，也可称男性为“先生”，青年女性客户、中老年女性客户均可称为“女士”，可在称谓前冠以对方的姓。对教育、新闻、出版、文艺界人士，不论职务、职位可统称为“老师”，对蓝领工人可称为“师傅”。

小知识

称呼的演变

事实上，人们之间的称呼是随着时间不断发生变化的。对于陌生人，很多人会习惯于称呼对方为“师傅”。这里的师傅并不代表师徒关系，它指的是“工人师傅”的意思，是一种尊称。然而，随着时代的发展，有一些词汇的含义悄然发生了变化。人们逐渐喜欢被称作“老师”，显得很有知识和品位的样子。现如今再称呼年轻女性，还可以称呼其为“小姐姐”。

过去的“帅哥”和“美女”指的是颜值特别高的群体，而随着时代的发展，人们习惯于用“帅哥”和“美女”去夸赞别人，这两个词随之由“颜值特别高的群体”变成了“男性”和“女性”的代称。

在单位里称呼别人时，对于副职，最好略过“副”字，直接称呼职位，比如张××是副教授，应该被称作“张教授”，李××是副总经理，应该被称作“李总”。

关系越近的人之间，称谓越会代入“血缘关系”。比如和张××关系一般的时候，称之为“张教授”，而关系越来越近之后，就可以称呼对方为“张哥”了。

四、问候礼仪

问候客户是推销礼仪的基本内容之一。打招呼时，一定要亲切、热情，应是发自内心的问候，而不只是一种表面的形式，要真正从情感上打动客户。需要注意的是，在进行问候时，要根据不同的文化和习俗来选择合适的问候方式，避免冒犯他人或引起误解。

(一) 新、老客户都适用的话题

寒暄是业务沟通的重要一环，可以用来热络关系和创造良好的沟通氛围。根据时间和天气来问候客户是一种常见的方式，可以显示推销人员对客户的关注和关心。

关于时间的问候，可以根据见面的具体时段来选择适当的问候语，比如早上可以说“早上好”，下午可以说“下午好”，这样能够使问候更加贴切和礼貌。

谈论天气也是一种与客户进行轻松交流的自然话题。可以通过表达对天气的喜好或者认同(例如提到太阳出来了、空气湿润等)，来传达积极的情绪。避免抱怨天气，因为抱怨可能会破坏会谈的氛围。

在寒暄中，要以赞美为主，表达对客户或环境的赞扬。这样可以让客户感到受到重视和尊重，建立与客户之间的良好关系。

总之，在寒暄时，根据时间特征问候客户，并谈论一些积极的天气话题，以赞美为主，能够为业务沟通打下良好的基础。

(二) 仅对老客户适用的话题

关于客户兴趣爱好的问候，如“最近又有大作发表吧”“最近股票炒得还好吧”等。关于客户行动的问候，即根据客户最近的活动情况，找出适当的话题问候客户，如“北京之行收获大吗”“去上海出差还顺利吧”等。关于客户健康、容貌问题的问候，如“一年不见，您依然光彩照人”等。

五、握手礼仪

在推销活动中，握手是一种重要的交流方式，用于展示尊重和建立亲近感。以下是关于握手的一些常见礼仪准则：

(1) 面带微笑。握手时应保持友好和亲切的表情，面带微笑，展示出积极的态度和善意。

(2) 眼神接触。在握手时，双方应保持眼神接触，表达出诚意和关注，显示出对对方的尊重和重视。

(3) 双手握手。推销员可以稍微欠身或双手握住对方的手，这样可以传达对客户的尊敬和重视。

(4) 适度用力。在握手时，推销员应掌握用力程度，力度过轻可能会给人敷衍和不真诚的感觉，力度过大则可能显得过于热情和粗鲁。应根据对方的体格和气质，适当调整力度。

(5) 针对性别的握手方式。当男性推销员与女性客户握手时，通常只握住女性的手指部分，动作应轻柔。女性推销员与客户见面时，可以主动伸手以示友好。

(6) 握手时间。握手的时间不宜过长，通常应控制在两三秒钟，以避免让对方感到尴尬或不舒服。

这些握手礼仪准则可以帮助推销员在推销活动中传递友好和尊重的信息，建立良好的第一印象。然而，握手礼仪也有一定的文化和地域差异，推销员应根据具体情况和对方的文化背景作适当调整。

六、面谈中的礼仪

一般情况下，在客户未坐定之前，推销员不应该先坐下。

面见新客户时，椅子或沙发不应坐得太满，背部与椅子或沙发的靠背自然贴靠。上身不宜大角度后仰，身体应尽量端正，两脚呈平行姿态放好，将腿向前伸直或向后弯曲都会使人反感。正确的站姿是两脚着地，两脚呈 45°，腰背挺直，自然挺胸，脖颈伸直，两臂自然下垂。

对客户提供给我们的任何帮助或服务，如帮着提行李、敬茶等，均应随口而出地说谢谢。不可随意取用或玩弄客户室内的东西，如确实需要使用，应先征得客户的同意。

以积极的心态认真听客户讲话，眼神注视对方，如果你赞同客户陈述的观点，应以欠身、点头或以语言“对，是这样”“是的，您说得很对”等，表示同意和鼓励。如因对方语速快、声音小或其他原因没听清楚对方的意思，可以说“对不起，我没听清楚，请再说一遍”。

推销员在陈述推销意见和进行现场示范表演时，态度要热情，语气要平和，动作要沉稳有序，不要紧张、忙乱，否则会给人留下信心不足、业务不熟、缺少训练、不成熟的印象。

交谈结束时，要细心收拾在谈话中出示的文件资料和示范用品。如果是留给客户的文件资料、示范用品，要整理在一起，明确告诉客户。如果确实占用了客户不少时间，告别前应该说“对不起，今天占用了您太多宝贵的时间”，然后握手告别。

推销员在面见客户时，除了遵守一些基本的推销礼节外，还应该尽量避免各种不礼貌或不文雅的习惯。例如，心不在焉、东张西望，不认真听客户讲话，脚不停地颤抖或用脚敲击地板发出响声，不停地看表、神不守舍、慌慌张张，或把物品掉落地上等。

在与女士相处时，不放过每一个细节以对女士加以照顾。比如，和女士走在一起的时候，需要注意让女士走在道路的内侧，自己走在道路的外侧(与车道相交接的那一侧)。上下楼的时候，要注意自己走在外侧，让女士走在内侧(这是一种绅士的做法，可以让女士少走路)。不要在与同性朋友相处时反差过大，判若两人。

七、电话礼仪

电话已经成为推销员常用的一种推销工具。推销员可以通过电话进行市场调查、约见客户、直接进行电话推销或商谈具体的业务事项。因此，推销员也应注意一些使用电话方面的礼节。例如，应主动说明自己的身份、目的；讲话应层次清楚、逻辑性强，音量适度；通话过程中应使用“请”“谢谢”等礼貌用语；打完电话等对方挂断后，再轻轻地挂上电话；接电话时应该注意等铃声响三下再接，接电话太快会让对方受到惊吓，接电话太慢又会让电话那头的人感到被怠慢了。打错电话，应表示歉意。接电话应该态度热情，不要冷冰冰或冷嘲热讽。如果是接到找人的电话，而被找的人不在时，应适当记录一下对方要找的人，以及找人涉及的事项。

八、进餐礼仪

在推销工作中，可能少不了必要的招待与应酬。推销员在进餐时不要铺张浪费、大肆挥霍，要注意进餐礼仪，摈弃坏习惯。请客户进餐时，应注意以下几点。

(1) 宴请地点要考虑顾客心理，并且要以顾客方便为主。

(2) 菜肴要适合顾客的口味，最好由顾客点菜。

(3) 陪客人数要适度，一般不能超过顾客人数。

(4) 不能醉酒，劝酒要适度，以客户酒量为限，要打破一些陈规陋习。

(5) 最好自己单独去结账。

(6) 宴毕应请顾客先走。

(7) 要注意安排主次座位，请顾客坐在主位。如图 2.1 所示，门口正对面的位置为包间中的主位，而紧邻门口的位置是包间中的次位，距离主位越近的位置越重要。

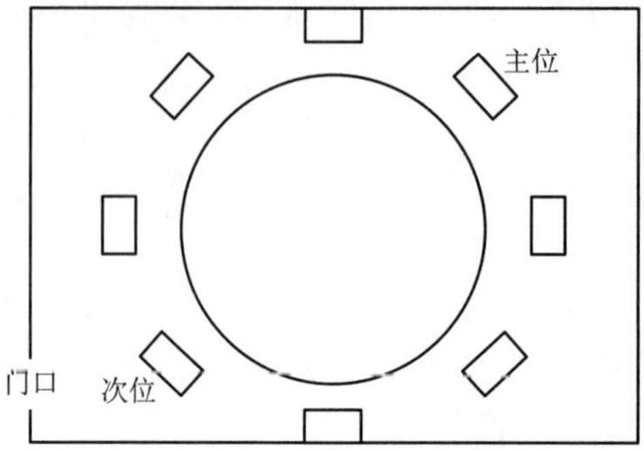

图 2.1　餐桌上的主位与次位

(8) 碰杯的时候需要注意，用自己的杯子上部碰触客户杯子的底部，以表示对对方的尊敬。

(9) 敬酒的时候，要把杯中酒全部喝掉，以表示对对方的尊敬；如果自己酒量不好，那不如干脆一杯都不喝；在喝酒的场合，尽量找一个会喝酒的人陪同，可以在关键时候替自己解围。

第二章配套习题　　第二章 PPT

第三章　推销理论与推销模式

第一节　推销方格理论与顾客方格理论

一、推销方格理论

推销方格理论与顾客方格理论是近年来由美国管理学家罗伯特·布莱克教授和蒙顿教授提出的。其中，推销方格是指用来描绘推销员对顾客与完成推销任务的关心程度及二者相互关系，反映推销员推销心理态度(简称推销心态)的方格图案。即如图 3.1 所示，用一个平面坐标系图形来表示推销人员对顾客和推销任务的重视程度组合，其中纵坐标表示推销员对顾客的关心程度，横坐标表示推销员对完成销售任务的关心程度。

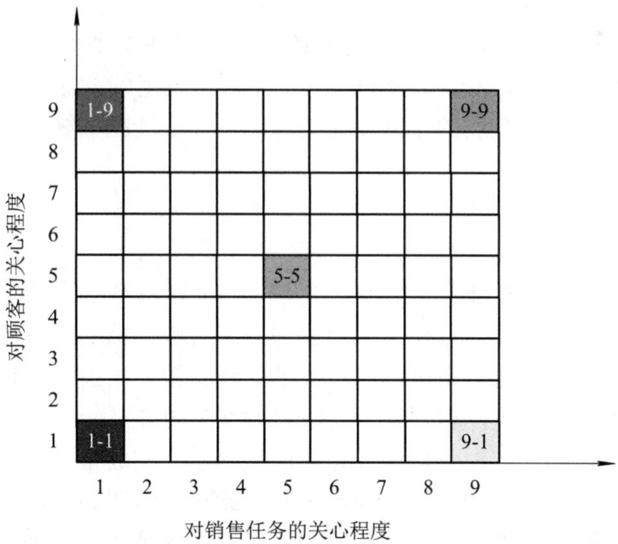

图 3.1　推销方格

纵、横坐标上各有距离相等的九等份，其中 1 代表关心程度最小，9 则代表关心程度最大。纵、横坐标组合成 81 个方格，每一个方格表示一种关心程度组合。

推销方格中的推销心态类型包括事不关己型、顾客导向型、强销导向型、推销技术导向型和解决问题导向型五种。

(一) 事不关己型

事不关己型的推销心态处于推销方格中的(1，1)位置，表示推销人员对顾客的关心程度和对销售任务的关心程度都很低。具有这种心态的推销人员既无明确的工作目标，也无做好工作的意向，人在其位不谋其职，对本职工作漠不关心，做一天和尚撞一天钟，得过且过，缺少工作的责任心和成就感，更无奉献精神可言。他们既不关心自己销售任务的完成状况，也不注意与顾客建立友好长远的关系，更不关心顾客有哪些需求及其需求是否得到满足，根本谈不上深入研究顾客的消费心理、进行市场调研、收集推销资料，整天无所事事、浑浑噩噩。

事不关己型推销心理产生的主要原因：一是推销人员主观上不努力，缺乏进取精神；二是推销人员所在公司没有适当的激励措施和奖励制度。因此，要改变这种推销态度，就要求推销人员严格要求自己，树立积极向上的人生观。同时，公司也要建立明确的奖惩制度，鼓励上进，鞭策后进，激发推销人员的工作热情。

(二) 顾客导向型

顾客导向型的推销心态处于推销方格中的(1，9)位置，处于这种推销态度的推销人员只知道关心顾客，而不关心推销。他们在推销工作中过分顾及与顾客的关系，一味地顺从顾客，迁就顾客，把建立和保持良好的人际关系作为自己推销工作的首要目标，而对推销工作的实际效果和公司的推销情况很少考虑或全然不顾。他们在推销中竭力营造一种温馨的气氛，使顾客有宾至如归的感觉。

这类推销员可以和顾客建立和保持良好的人际关系并受到称赞，但很难完成推销任务。无论从短期还是长期看，(1，9)型心态的推销员所采用的方法都无助于企业效益的提高，其推销业绩是低下的。懦弱的性格使这类推销员过于迁就顾客，甚至迁就顾客的偏见和不合理的要求。

(三) 强销导向型

强销导向型的推销心态处于推销方格中的(9，1)位置，具有这种心态的推销员与顾客导向型的推销员恰恰相反，他们只注重公司的利益，关心推销的实际效果，而不管顾客是否需要及顾客的购买心理。在推销过程中，为了使商品销售出去，他们往往千方百计地说服顾客，使顾客产生购买欲望，有时甚至运用倾力推销的方式。

这类推销员具有较高的工作热情和较强的成就感，把完成推销任务作为自己工作的重点，把提高推销业绩作为自己的目标。他们不研究顾客的消费心理，也不考虑顾客和市场需求，就采取主动行动，不惜采用一切手段来达到推销商品和扩大销售的目的。由于其不讲究技巧和方法，为了达成交易而不尊重顾客的权利，商品交易缺少人情味，不能让顾客心情舒畅地接受推销，更不可能与顾客建立一种长远关系，这种推销属于一次性推销，很难有回头客，甚至会损害公司及产品形象，因而这种类型的推销员也不是理想的推销员。

(四) 推销技术导向型

推销技术导向型的推销心态处于推销方格中的(5，5)位置，处于这种心态的推销人员既关心推销效果，也关心与顾客的人际关系，他们能用辨证法的观点处理这两者的关系，既不一味地取悦于顾客，也不一味搞强行推销，而是采取一种比较可行的推销战术，稳扎稳打，力求成交。为了提高推销绩效，这类推销员十分关注顾客的购买心理，努力钻研业务，认真研究推销方法和技巧，吸取实际推销工作中的经验教训。

但是，推销技术导向型推销员对销售和顾客的关心程度仅在(5，5)的位置，即中等水平上，其推销技术远没有达到娴熟的程度，掌握的产品知识并不丰富，对竞争者的情况仅知一二。他们往往能指出竞争产品的缺点，否定其优点；对自己的产品只强调优点，忽略缺点。这对不了解情况、缺乏产品知识的顾客来说，可能会对推销员的解说信以为真，一旦明白过来，这些顾客就会产生被欺骗的感觉，对推销员萌发出反感和不信任。因此，这类推销员在短时间内可能会取得傲人的成绩，但长期的经济效益却是低下的。由此可见，这类推销员也不是理想的推销人员。

(五) 解决问题导向型

解决问题导向型的推销心态处于推销方格中的(9，9)位置，具有这种推销态度的推销人员既关心顾客，也关心推销效果；既尊重顾客的购买人格，也关心顾客的实际需要。他们把事业的成功建立在既顺畅推销、又满足顾客需求的基础上，他们竭力把推销活动看成是寻找满足顾客和推销员需求的最佳途径的过程，力求从中找到二者最好的结合点和经济利益的最大增长点。

这类推销人员既了解自己，又了解顾客；既了解推销品，又了解推销环境。他们有强烈的事业心和责任感，真诚地关心顾客，乐于帮助顾客，能够把自己的推销工作和顾客的实际需要结合起来，在最大限度地满足顾客需要的同时，取得最佳的推销效果。他们不忘自己的推销职责，也不忘顾客的实际需要；他们既有积极进取、奋发向上的工作作风，又有全心全意为顾客服务、为顾客排忧解难的满腔热忱。所以，这种推销态度是最佳的推销态度，具有这种推销态度的推销人员是最佳的推销人员。

案例分享

实习生与老大娘

在某百货店里，实习生小王正在接待一位顾客。这是一位来自农村的老大娘，她想买一个暖水瓶胆，小王连续给她看了三个暖水瓶胆她都摇头。小王有些奇怪，就问："大娘，这三个都有什么问题吗？"大娘说："三个都坏了。"小王很惊讶："不会的，这可是新进的货呀。""每只瓶胆都有几个黑斑，不明显有毛病吗？"老大娘一边用手指点上面的斑点，一边无奈地摇头。小王这才恍然大悟，笑着解释说："大娘，这不是什么黑斑，这是三块石棉。因为瓶胆是双层玻璃构造，中间是真空的，为了防止瓶胆内壁承受压力过大而破碎，需要将内壁承受的压力分散一部分到外壁上，所以用三块石棉连接内外壁，这样瓶胆就不易破碎了。"大娘听后疑惑地笑笑，最后还是摇摇头走了。小王的师傅老刘得知此事后说道："如果是我的话，我只要说'大娘，相信我吧，这绝不是坏的'大娘肯定会买。你知道为什么吗？"这回轮到小王摇头了。刘师傅说："第一，我在这儿很多年了，周围的老百姓都认识我，他们相信我；第二，我不会说他们听不懂的话。"

二、顾客方格理论

顾客方格是指用来描绘顾客对推销人员与购买任务关心程度及二者相互关系，借以反映顾客购买心态的方格图案(如图 3.2 所示)。顾客方格是研究顾客购买行为和心态的理论，为推销员分析顾客、了解顾客、做好推销提供了理论基础。顾客方格中的推销心态包括漠不关心型、软心肠型、防卫型、干练型和寻求答案型。

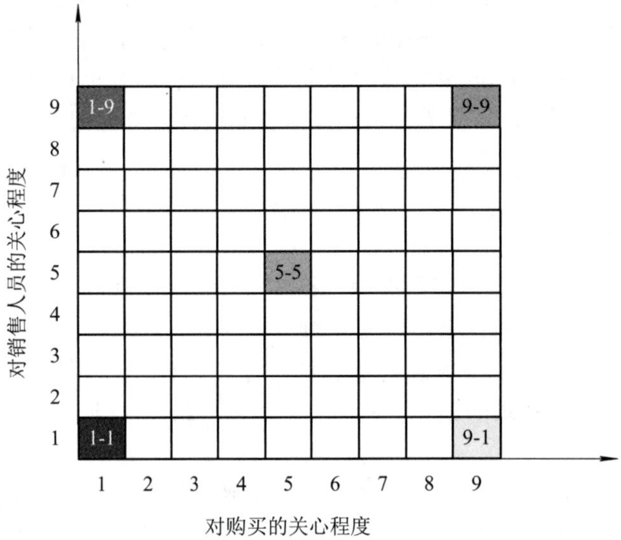

图 3.2 顾客方格

(一) 漠不关心型

漠不关心型的顾客购买心态处在顾客方格图中的(1，1)位置，具有这种心态的顾客对自己的购买行为和推销人员的推销行为均漠然置之，既不关心推销人员，也不关心购买活动。这类顾客一般是受命于人，自己没有购买决策权，或者不愿承担责任，常常将购买决策推给上级主管或其他人。

漠不关心型的顾客是最难打交道也是最难取得推销效果的推销对象，对这类心态的顾客，推销员应先主动了解他们的情况，把顾客的切身利益与购买行为结合起来，利用所掌握的丰富产品知识，引导顾客产生购买责任感或者使他们了解自己的需要。

(二) 软心肠型

软心肠型的顾客购买心态处在顾客方格图中的(1，9)位置，具有这种心态的顾客对推销人员极为关心，而对于购买行为则不太关心。这类顾客往往是一些重感情、轻理智的人，极易被推销人员说服，只要推销员对顾客表示极大关心，满足他们的自尊心，给他们留下一个良好的印象，他们就可能会接受推销品。

这种类型的顾客缺少必要的商品知识和购买经验，不能很好地处理自己的实际需要与购买商品的关系，他们的购买态度由推销员左右。这种购买心态的顾客在现实生活中并不常见，推销员一旦碰上这种心态的顾客，应该尽量营造出良好、融洽的推销气氛，且注重感情投资，使推销成功。

(三) 防卫型

防卫型的顾客购买心态处在顾客方格图中的(9，1)位置，这种购买心态的顾客与软心肠购买心态的顾客恰恰相反，具有防卫型心态的顾客对其购买行为十分关心，而对推销人员十分冷淡，戒心极强，甚至抱着敌对的态度。此类顾客认为推销人员都是一些不诚实的人，本能地采取防卫的态度。

对于这种购买心态的顾客，推销员推销时摆在首要位置的不应该是推销品，而应该是推销员自己。推销员应该首先推销自己，以实际行动赢得顾客的信任，消除顾客的偏见，再引导顾客分析从购买中所获得的利益，这样才能取得良好的推销效果。

(四) 干练型

干练型的顾客购买心态处在顾客方格图中的(5，5)位置上，这种购买心态的顾客既关心自己的购买行为，也关心推销人员的推销工作。此类顾客比较冷静，常常根据自己的知识及经验来选择品牌，决定购买的数量，其购买决策是经过全面的分析和判断的，他们既重感情也重理智。

这类顾客一般都比较自信，甚至具有强烈的虚荣心，推销人员应该摆事实、出证据，让他们自己去作判断，当顾客最后决定购买某种商品时，推销人员如能加上几句赞赏，会取得更好的效果。

(五) 寻求答案型

寻求答案型的顾客购买心态处在顾客方格图中的(9，9)位置上，具有这种购买心态的顾客既高度关心自己的购买行为，又高度关心推销人员的推销工作，此类顾客十分理智，决不感情用事。他们在做出购买决策之前，已明确自己需要购买的东西，了解市场行情，善于自我判断，不轻信广告宣传，不轻信推销人员的允诺，他们需要能解决问题的推销人员。

对于这种类型的顾客，推销员在推销时，一定要了解顾客的实际需要，真心诚意地为顾客服务，对顾客负责，使推销成为解决顾客问题的途径。如果推销员仅仅凭着推销技巧向顾客推销他们根本不需要的东西，只能使推销员本身的形象和所代表公司的形象遭到破坏。

三、推销方格与顾客方格的关系

绘制顾客方格与推销方格的有效组合表如表 3.1 所示。从表 3.1 中可以看到，当推销员为(9，9)型(解决问题导向型)时，无论遇到怎样的顾客，他们都可以顺利达成销售，因此，解决问题导向型推销员常常会成为群体中的销售冠军。而与此相对应的是，(1，1)型(事不关己型)推销员在面对任何一个顾客的时候，都无法成功完成推销，因此，事不关己型推销员不适合做推销。

表 3.1 推销有效组合表

顾客方格	推销员方格				
	(1，1)	(1，9)	(5，5)	(9，1)	(9，9)
(1，1)	-	-	0	0	+
(1，9)	-	+	+	+	+
(5，5)	-	0	+	+	+
(9，1)	-	-	-	0	+
(9，9)	-	0	0	0	+

注：表格中的“+”代表推销成交的概率是 100%，“-”代表推销完全不成交，“0”代表推销成交的概率与推销不成交的概率各为 50%。

(1，9)型(顾客导向型)推销员在面向(1，9)型(软心肠型)顾客时，推销能成功，面对(1，1)型(漠不关心型)顾客和(9，1)型(防卫型)顾客会推销失败，而遇到其他两类顾客时，失败和成功的概率均为 50%。

(5，5)型(推销技术导向型)推销员在面对(1，9)型(软心肠型)顾客和(5，5)型(干练型)顾客时，推销往往能成功，在面对(9，1)型(防卫型)顾客会推销失败，遇到其他两类顾客时，失败和成功的概率均为 50%。

最后是(9，1)型(强销导向型)推销员，他们在面对(1，9)型(软心肠型)顾客和(5，5)型(干练型)顾客时，推销往往能成功，遇到其他三类顾客时，失败和成功的概率均为 50%。

从推销的效果看，“强销导向型”推销员要优于“推销技术导向型”推销员，“顾客导向型”推销员不适合做推销，他们只有遇到(1，9)型(软心肠型)顾客时，才能推销成功。

第二节 四种典型的推销模式

案例导入

杨志卖刀

杨志被高太尉赶出了殿帅府，因为身上没钱，只好将自己祖传的宝刀拿出来卖，遇到了恶霸牛二。牛二道：“你的刀有什么好处？”杨志道：“第一件，砍铜剁铁，刀口不卷；第二件，吹毛得过；第三件，杀人刀上没血。”

牛二就跑到桥下铺子里拿来二十个铜钱，在桥栏杆上叠成一摞，对杨志拍胸脯说：“你要是能一刀剁开铜钱，我就给你三千贯!”杨志说：“这有什么。”他卷起袖子，瞄得较准，一刀便将二十个铜钱剁成两半，旁观的众人齐声喝彩。

牛二对众人吼道：“你们起什么哄？”又问杨志：“你说，第二件好处是什么？”“第二件叫‘吹毛得过’，拿几根头发朝刀口上一吹，立刻断成两截。”“我不信!”牛二就在自己头上拔下一把头发，递给杨志，“你吹给我看!”杨志接过头发，朝刀口上用力一吹，那些头发真的一分为二飘过了刀口。众人又喝彩，这时看热闹的人越来越多了。

牛二又问第三件好处。杨志说：“第三件叫‘杀人不见血’。”“怎么个‘杀人不见血’？”

“把人一刀砍了，刀上却没有血迹，因为刀太快了。”牛二说：“我不信，你去砍一个人我看看。”杨志说：“平白无故谁敢杀人？你不信，找条狗来我杀给你看。”牛二说：“你说的是‘杀人不见血’，没说‘杀狗不见血’！”杨志不耐烦了，“你不想买就拉倒，胡搅蛮缠干什么？”牛二一把揪住杨志，“我偏要买你这把刀！”“你要买，拿钱来呀。”“我没钱！”“没钱你干吗揪住我？”牛二耍无赖了，“我就要你这把刀！”“我不给你！”

杨志挣开身子，顺手一推，把牛二推了一跤。牛二爬起来，嘴里说着：“来呀，是好汉就砍我一刀呀。”一边就来硬夺杨志手里的刀。杨志气极了，牛二却又拳打脚踢。杨志便对众人叫道：“大家都看见的，我杨志没办法才在这里卖刀，这流氓不讲道理要抢我的刀，还打我！”牛二说：“打死你又怎么样？”说着又是一拳。打得杨志“火从心上起，怒向胆边生”，只见寒光一闪，流氓牛二倒在杨家的祖传宝刀下——刀刃上果然滴血未沾。

常用的推销模式有以下四种。

一、爱达模式

爱达模式是欧洲著名的推销专家海因兹·姆·戈德曼在其《推销技巧——怎样赢得顾客》一书中提出的。“爱达”是AIDA的译音，它由注意(Attention)、兴趣(Interest)、欲望(Desire)、行动(Action)的英文单词首字母组成，即引起消费者注意、唤起消费者兴趣、激起消费者购买欲望、促成消费者购买行为，以及使消费者满意。

(一) 引起消费者注意

在引起顾客注意方面，首先要从推销员自身做起，包括推销员形象，推销员的开场白等方面。具体做法可以从以下三个方面着手：

① 向顾客展示货品/介绍小册子；

② 让顾客触摸货品；

③ 为顾客作搭配。

(二) 唤起消费者兴趣

在引起顾客注意之后，接下来就要通过产品展示和推荐使顾客对推销产品产生兴趣。介绍和演示是提高顾客兴趣的有效手段，两种手段往往同时使用，即推销人员边演示边介绍。所谓“眼见为实，耳听为虚”，演示是提高顾客关注度最有效的手段，现场演示能够让顾客非常直观地感受产品的性能和特点。具体做法有以下两点：

① 简略介绍货品的特性、优点及好处；

② 列举其他顾客购买的例子。

(三) 激起消费者购买欲望

顾客产生兴趣并不代表他能立即购买，还需要对其进一步说服和刺激。顾客对产品产生浓厚兴趣只表示他具有强烈的需求意识，而要最后形成购买行为，还需要考虑两个条件：购买能力和购买决策权。在这个阶段，推销人员需要做的就是根据顾客的需求情况、经济情况、社会地位和产品的功能价值进行分析，为顾客提供多种选择方案，并帮助他们下决心做出购买选择，需要推销人员具有较强的说服力。具体做法有以下三个方面：

① 强调货品如何配合顾客独特需要；
② 强调货品的畅销程度；
③ 强调品牌的著名程度或因畅销而随时售罄。

(四) 促成消费者购买行为

顾客一旦产生了购买欲望，采取购买行动就是顺其自然的事情了。这时推销员不能掉以轻心，应该顺水推舟，速战速决，避免顾客受其他外界因素影响而改变决定。具体做法有：
① 主动询问顾客要哪种货品；
② 主动介绍其他配套产品。

案例分享

示范实例三则

1. 一个钢化玻璃推销员身边总是带着一把榔头。在向顾客作示范时，他用榔头猛力敲打钢化玻璃。

2. 一家跨国公司的推销员，为了向顾客证明他们公司生产的电子计算机的按键富有弹性，灵敏度高，用一根香烟触碰按键。

3. 一个实心轮胎推销员，总是让顾客用锤子把一颗铁钉钉进轮胎中。

二、迪伯达模式

迪伯达模式也是海因兹·姆·戈德曼根据自身经验总结出来的一种行之有效的推销模式，与传统的爱达模式相比，迪伯达模式被认为是一种创造性的推销方法，因此被誉为现代推销法则。迪伯达是 DIPADA 的译音，它由 Definition、Identification、Proof、Acceptance、Desire、Action 的首字母组成，即准确地发现客户的需求与欲望，将顾客需求与推销产品结合，证实所推销产品能够满足顾客需求，促使顾客接受所推销的产品，有效刺激顾客的购买欲望，促进顾客采取购买行动。

迪伯达推销模式适用于生产资料市场产品的销售；适用于对老顾客及熟悉顾客的推销；适用于对无形产品的推销及开展无形交易；适用于对有组织购买即单位购买者的推销。

案例分享

先试用后购买

某电脑销售公司刚开业不久，就在当地市场代理了一个新的电脑品牌，在销售竞争中处于劣势，公司张老板很着急，希望想出办法扭转颓势。经过思索，张老板决定针对公司客户采取“先试用后购买”的策略。公司提供足够数量的样机供顾客试用，试用期为一个月，顾客不满意可以退货。试用期间公司准备了丰富的产品技术资料(试用说明书、宣传单等)，并到顾客公司进行关于产品功能配置、操作技术的培训，向电脑公司通报试用该产品的客户信息并安排对方代表人员到相关客户处参观，派遣优秀技术人员进行现场指导和培训。结果，进行试用的公司大部分都接受了该产品，较少出现退货现象，“先试用后购买”策略取得了成功，该电脑品牌也获得了很高的知名度和市场占有率。因此，推销工作不仅需要将顾客需求与推销产品结合，更重要的是能够证实该产品能够很好地满足顾客的需求。

(一) 准确地发现客户的需求与欲望

企业的推销实践表明，成功的推销首先要把重点放在了解顾客的需求上，而不是急于宣传所要推销的产品。只有准确发现顾客的欲望和偏好，才能以此作为说服的要点，有的放矢，唤起顾客的购买欲望。因此，准确发现顾客的需求、了解其偏好是有效说服顾客的基础，是提高推销效率的根本立足点。

(二) 将顾客需求与推销产品结合

在了解顾客欲望和偏好的基础上，有目的地介绍所推销的产品，充分展示产品的功能、优点和特点，把顾客的需求和欲望与所推销的产品结合起来。主要方法有以下三个：

(1) 需求结合法。把握顾客的需求和欲望，从产品功能、价格、质量、售后服务等方面准确地向顾客说明该商品正是他所需求的。

(2) 关系结合法。联想并借助各种人际关系和工作关系，使顾客认可该产品能满足他个人或其单位的相关实际需求。

(3) 逻辑结合法。通过利弊分析和逻辑推理方法，向顾客说明购买该产品是明智的选择，为顾客的购买行为提供信心依据。

(三) 证实所推销产品能够满足顾客需求

用一定的方法向顾客证实所推销产品能满足其真正的需求，能够给顾客带来超值的体验，让顾客感受到物超所值。证实的方法多种多样，可提供人证、物证或例证等有说服力的证据，如顾客所认识的某人用了该产品效果如何，顾客所知道的某单位用了该产品情况怎么样等。也可提供产品信息、功能介绍的宣传单，或者现场展示产品的性能特征，让消费者亲自参与，感受真实的产品，提高接受度。

(四) 促使顾客接受所推销的产品

结合和证实都是手段，促使顾客产生购买欲望才是目的。推销人员可通过对所推销产品的介绍与同类产品的比较分析，促使顾客接受所推销的产品，具体方法包括：

(1) 示范法。推销人员通过现场示范的直观效果促使顾客接受产品，如推销人员在示范过程中，显示产品操作简单、性能优良、物美价廉。

(2) 提问法。推销人员在讲解及演示的过程中，可以不断提问以了解顾客是否认同或理解自己所作的介绍，从而使顾客逐步接受所介绍的产品及理念。

(3) 总结法。推销人员在讲解及演示的过程中，通过对前阶段双方的价值意向和见解的总结归纳，取长补短，求同存异，促使顾客接受所推销的产品。

(4) 试用法。把已介绍和经证实的产品留给顾客试用一段时间，同时征求顾客的使用意见和改进建议，以达到促使顾客接受所推销产品的效果。

(五) 有效刺激顾客的购买欲望

刺激顾客的购买欲望是爱达模式的第三步，也是迪伯达模式的一个推销步骤，同时也是推销过程的一个关键性阶段。如果顾客已经明确对推销人员的示范产生了兴趣和信心，但仍未采取购买行动，说明顾客的购买欲望还未被完全激起。此时，最重要的是要想办法使顾客相信，该产品正是他所需要的产品，且正是购买的最好时机，如不立即购买有可能会涨价、断货。

(六) 促进顾客采取购买行动

促进顾客采取购买行动是推销工作的重要步骤，也是推销所应达到的最后目标。促使顾客购买的方式多种多样，具体参照爱达模式中的相关阐述。这时推销人员应采取的态度就是顺水推舟，速战速决，直接进入签约付款阶段，以免拖延时间太长而导致顾客放弃购买。

三、埃德帕模式

埃德帕是 IDEPA 的译音，它由英文单词 Identification、Demonstration、Elimination、Proof、Acceptance 的第一个字母组成。埃德帕模式包括把推销的产品与顾客的愿望结合起来、向顾客示范产品、淘汰不合格的产品、证实顾客的选择是正确的、促使顾客接受产品五个步骤。

埃德帕模式多适用于向熟悉的中间商或者主动上门有明确购买意向的顾客推销，是零售行业推销较适用的模式。例如，当顾客主动来到零售商店，提出他要购买哪些产品时，或者手里拿着购货清单照单购买时，可以采用埃德帕推销模式。

埃德帕模式中 Identification、Proof、Acceptance 三个步骤所应达到的目标和应采取的行动与迪伯达模式基本相同，这里不再一一叙述。其中，“示范”(Demonstration)是该模式的主要特点，能够满足新时期消费者对购买过程体验的需求。

案例分享

出色的示范

著名推销员乔·吉拉德在推销汽车时有一个独特方法，就是当客户到了他所在的专卖店，看中了某款汽车，并询问该车的性能时，乔·吉拉德二话不说，跳上汽车，猛踩油门，汽车风驰电掣地向远方驶去，在视线范围内又猛一掉头，朝着顾客所在的地方疾驶过来，顾客还没回过神来，汽车在离顾客十几米的地方骤然停稳。顾客惊恐之际，乔·吉拉德会询问顾客，感觉汽车性能如何。顾客无不暗自佩服，连连称赞。乔·吉拉德利用自己娴熟的驾驶技术，给顾客一个出乎意料的精彩展示，征服了顾客，赢得了生意。

四、费比模式

费比模式是由美国奥克拉荷马大学企业管理博士、台湾中兴大学商学院院长郭昆漠教授总结出来的一种推销模式。费比是 FABE 的译音，它由特征(Feature)、优点(Advantage)、利益(Benefit)、依据(Evidence)的英文单词首字母组成。费比模式主要包括四个步骤：向顾客详细介绍产品的特征、充分分析和展示产品的优点、尽可能列举产品给顾客带来的利益、以事实依据说服顾客购买。

费比模式的优点在于事先把产品特征、优点及给顾客带来的利益等罗列出来，印在纸上或写在卡片上，减少了顾客的疑虑和异议。因而在实际推销中，费比模式受到推销员欢迎。费比模式的主要内容和特点体现在以下几个方面：

（一）向顾客详细介绍产品的特征

费比模式的主要特色之一是推销人员提前制作好宣传卡片或材料，以方便向顾客介绍产品的特征。这些宣传卡片可以包含产品的性能、构造、作用、耐久性、经济性、外观优点以及价格情况等信息。如果是新产品或有改进的产品，推销人员应更详细地介绍相关内容。

通过制作宣传卡片，推销人员可以确保他们向顾客介绍产品时所提供的信息准确无误，避免遗漏重要细节或者记忆错误。这种方法还可以帮助推销人员更好地组织语言，以合适的语调和准确的语言向顾客介绍产品特征。

制作好的宣传卡片可以在向顾客介绍时直接交给顾客，让他们自己了解产品的特点和优势。这样，顾客可以仔细研究产品信息，做出更明智的购买决策。

费比模式的成功关键在于提前准备好宣传卡片或材料，使得推销人员可以更好地介绍产品特征，顾客也有机会全面了解产品的优势和价格情况。

（二）充分分析和展示产品的优点

推销人员应努力找出所推销产品相对于竞争产品的独特特征，例如外观设计、功能特点、使用方法、售后服务、产地、品质、品牌和创始人等方面的差异，以进行推介说明。这样做能够激发消费者的兴趣并方便记忆。在产品展示过程中，要充分挖掘产品的优点，简明扼要地向顾客介绍，避免冗长的介绍。对于新产品，要说明产品的开发目的、背景、设计理念、意义以及与老产品相比的差异化优势等方面的信息。当面对有一定专业知识的顾客时，应尽量使用专业术语进行介绍，并力求用词简练、准确。

（三）尽可能列举产品给顾客带来的利益

顾客购买产品追求的是使用价值、声誉价值以及消费者剩余等，因此，分析产品给顾客带来的价值和利益是费比模式中最重要的一环。推销人员在了解顾客需求的基础上，应当清楚地向顾客传达产品所能提供的预期利益，为顾客提供购买的理由。

除了讲述产品的实体利益和功能利益外，推销人员还应当强调产品能带来的内在、形式和附加的利益，包括产品的使用价值、质量保证、售后服务、信誉价值等方面。通过细致的描述和举例说明，推销人员可以更全面地让顾客了解产品的价值，从而提高顾客对产品的关注和兴趣。

在对顾客需求偏好方面了解较少的情况下，推销人员应倾听顾客的关注点和态度，并针对重点进行更多的讲解。观察顾客的专注程度和表现，可以帮助推销人员判断哪些方面是顾客特别关注的，从而更有针对性地进行说明，以满足顾客的需求。

细致的产品分析和个性化的沟通方式有助于推销人员与顾客建立良好的沟通和互动，使顾客更加了解并认可产品的价值，提高购买意向和满意度。

（四）以事实依据说服顾客购买

推销人员可以使用真实数字、实物、人证、物证、例证等有说服力的证据来消除顾客的异议和疑虑，以增加他们对产品的信任和认可。以下是一些常见的证据形式：

(1) 数字证据。推销人员可以提供相关的数据、统计信息或市场研究结果，以支持产品的优势和性能。例如，销售人员可以提供产品的销售记录、市场份额、客户满意度调查结果等。

(2) 实物证据。推销人员可以展示实际的产品样品、模型或进行演示，让顾客亲自体验和了解产品的特点和功能。

(3) 人证。推销人员可以引用满意的客户推荐，或提供客户的见解和反馈。这些客户的口碑和推荐可以有效地增加顾客对产品的信任感。

(4) 物证。推销人员可以提供产品的测试报告、认证证书、质量控制标准等物证，以证明产品的质量符合相关的标准。

(5) 例证。推销人员可以分享成功的案例和实际的使用情况，以描述产品的应用场景、解决问题的能力和满足客户需求的实际效果。

通过提供有说服力的证据，推销人员可以减轻顾客的疑虑和异议，并促使顾客相信购买该产品是正确、明智和合算的选择。这有助于提高产品销量。

案例分享

利用消费者进行推销

东南亚某国斯塔丽公司，独家推销法国莱沙蒂公司的美发用品，如洗发香波、护发素、定型水、亮发摩丝、特效发乳等。但斯塔丽公司并不是把所代理的美发用品推销给各大百货公司的化妆品柜，也不是推销给各超市，再由他们出售给消费者，而是把消费者对象定位为理发店。斯塔丽公司的推销信条是，一定要使本公司推销的美发用品受到理发店的欢迎和好评。因而，斯塔丽公司的推销人员不断地进出各大小理发店，就莱沙蒂美发用品的优点与特点进行说明，并使相当数量的理发店开始使用该产品。而理发店一旦确定使用这一品牌的美发用品，到理发店的顾客也就随之成为这种美发用品的消费者。

同时，由于这种美发用品是理发师所选用的，无形之中，使莱沙蒂公司的品牌有了特殊的吸引力，使消费者感到这种美发用品比起其他商店能够随便买到的同类用品更具魅力，进而对这一品牌产生了好感，大大扩大了这一品牌的知名度。

斯塔丽公司通过把消费者定位在理发店，让消费者通过消费本身来进行有效的推销证明，取得了很大的成功。尽管成效显著，但斯塔丽公司所经销的莱沙蒂美发用品从不随意通过一般的渠道销售。他们仍然只通过理发店为顾客理发，顺带销售这类美发用品，让具有亲身感受的消费者去吸引更多的消费者。

斯塔丽公司的推销人员不断地进出各大小理发店，就莱沙蒂美发用品的优点与特点进行说明，终于说服相当数量的理发店开始使用这一产品。接着，理发店的顾客也就随之成为这种美发用品的消费者(顾客亲身体验证实产品带给顾客的好处，即利益)。使用满意的消费者又成为产品的义务宣传员，吸引更多的顾客购买。这正符合费比模式的主要特征——特征、优点、利益、依据。

第三章配套习题　　第三章 PPT

第四章 推销心理学

案例导入

推销员错在哪了?

有一对姓王的年轻夫妇住在锦州市太和区，他们都受过高等教育，有两个孩子，一个九岁，一个五岁。这对夫妇非常关心孩子的教育，并决心要让他们接受最好的教育。随着孩子的长大，王夫人意识到该让他们看一些百科读物了。一天，当她翻阅一本杂志时，一则有关百科读物的广告吸引了她，于是她打电话给当地的代理商，问是否能见面谈一谈，以下是二人的面谈实录。

王夫人：请告诉我你们这套百科全书有哪些优点。

推销人员：首先请您看看我带来的这套样书。正如您所见到的，本书的装帧是一流的，整套五十卷都是这种真皮套封烫金字的装帧，摆在您的书架上，那感觉一定好极了。

王夫人：我能想象得出，你能给我讲讲其中的内容吗?

推销人员：当然可以，本书内容编排按字母排序，这样便于您查找资料。每幅图片都很漂亮、逼真。

王夫人：我看得出，不过我更感兴趣的是……

推销人员：我知道您想说什么。本书内容包罗万象，有了这套书您就如同有了一套地图集，而且还附有详尽的地形图，这对您这个年龄段的人来说一定很有好处。

王夫人：我要为我的孩子着想。

推销人员：当然！我完全理解。我公司为此书特别配有带锁的玻璃门书箱，这样您的小天使就无法玩弄它们，在上面涂抹了。而且，您知道，这的确是一笔很有价值的投资，即使以后想卖也绝不会赔钱的，何况时间越长收藏价值越大。此外它还是一件很漂亮的室内装饰品，那个精美的小书箱就算我们赠送的。现在我可以填您的订单了吗?

王夫人：哦，我得考虑考虑。你能否留下其中的某部分，比如文学部分，以便让我进一步了解其中的内容呢?

推销人员：我真的没有带文学部分来，不过我想告诉您我公司本周内有一次特别的优惠售书活动，我希望您有好运。

王夫人：我恐怕不需要了。

推销人员：我们明天再谈好吗? 这套书可是给您丈夫的一件很好的礼物。

王夫人：哦，不必了，我们已经没兴趣了，多谢。

推销人员：谢谢，再见，如果您改变主意请给我打电话。

王夫人：再见。

为什么有的客户会对某一件产品情有独钟？

为什么客户会改变主意而选择其他商品？

为什么客户会最终选择相信一个陌生人？

……

我们都知道，要想钓到鱼，选择合适的鱼饵非常关键，因为不同种类的鱼对鱼饵的喜好也不相同。因此，钓鱼者必须站在鱼的角度去思考它们喜欢吃什么，然后根据鱼的喜好选择在钩上挂什么鱼饵，这样才有可能钓到鱼。同理，作为一名销售员，想要赢得客户的选择，也必须站在客户的角度思考问题，知道他们心里在想什么，这样才能更好地提升销售业绩。

销售人员需要了解客户的行为模式和心理需求，以便更好地满足他们的需求并建立信任关系。通过研究心理学，销售人员可以掌握客户的情绪和行为特点，从而更好地与他们进行互动，并利用心理策略进行销售。

销售人员需要迅速建立与客户的共鸣，通过回应客户的情感需求、理解他们的痛点和愿望来引导销售过程。销售人员还可以利用心理学原理，如社会认同、权威性、互惠原则等促使客户做出购买决策。

在竞争激烈的市场环境中，掌握心理学知识可以给销售人员提供竞争优势。通过深入了解客户的心理需求和行为，销售人员可以更好地制定自己的销售策略，提供个性化的解决方案，与客户建立长期互利关系。因此，了解客户心理是销售成功的重要因素。

第一节　推销员必知的心理学效应

一、归因理论

归因理论(Attribution theory)是一种社会心理学理论，用于解释人们如何理解他人行为的原因和因果关系。归因是指观察者通过观察他人的行为推测其背后的原因。归因理论研究了人们为什么在某种情况下做出某种归因，而在另一种情况下做出另一种归因。

归因理论的基本假设是人们在寻求认知平衡时会努力进行归因。当他人的行为不符合预期时，人们倾向于使用已有的认知资源为自己或他人找出原因。人们可能会将行为归因于个人因素(内因)或情境因素(外因)，以解释为什么发生了这样的行为。

例如，当一个人对某项任务的表现不佳时，他可能不会将其归因于自己缺乏才能或不努力。相反，当一个人取得成功时，他可能会将其归因于自己的能力或努力。这种归因过程可以帮助我们解释和预测他人的行为，并对我们自己的行为做出解释。

总的来说，归因理论认为人们在寻求认知平衡时会倾向于解释他人的行为，并通过归因过程为这些行为提供原因。人们的归因可以基于个人因素或情境因素，这取决于具体情况和个体的认知。

通常情况下，出于人性的本能，人们更容易把自己的成功归因于内因(即把自己的成功归因于个人努力、个人能力等方面因素)，而把别人的成功归因于外因(即把他人的成功归因于运气、机遇等环境方面的因素)。

优秀的推销员首先要学会更多地进行内部归因，即使某些情况的发生并非由推销员自身的失误导致。无论面对顾客还是单位领导，善于内部归因的员工都会让人感到有担当，敢于(勇于)承担责任，是值得合作和信赖的。

案例分享

这么重要为什么不打领带呢？

在一场面试中，面试官问应试者，面试是否重要，面试者回答，重要。

面试官随即问道："这么重要为什么不打领带呢？"

面试者慌乱中答道："来的时候太匆忙，我忘记了。"

以上的回复是难以让面试官满意的，因为面试者的本能是遇到事情从别人身上找原因，不愿意承担责任。面试官最喜欢的员工是这样回答的："好的王总，过去我们公司的要求是穿西装，不要求打领带，但是，从今天开始，您以后任何时候见到我都是打领带的。"

其实上班是否打领带的事情并没有那么重要，它仅仅是一个压力测试，测试面试者的应变能力，即在面对压力的时候，如何立刻修正过去的行为。

二、潜意识与自我暗示

推销是一项具有挑战性的工作，因为成功并不能得到保证。尽管有一些销售冠军可以实现令人难以置信的销售业绩，但有时他们也会遭遇失败和挫折。推销工作可能会让人感到疲惫、沮丧和失望。然而，如果你考虑要放弃，可以思考一下：你是否设定了过高的目标？你最近给自己奖励了吗？

案例分享

治疗敲门恐惧症

曾经有一位著名的训练师，在对推销人员进行推销训练时，有一套精彩的问答，用来减轻推销人员对敲门的恐惧。训练师先要求推销人员想象自己正站在即将拜访的顾客门外。

训练师："请问，你现在位于何处？"

推销员："我正站在顾客家的门外！"

训练师："很好！那么，接下来，你想到哪里去呢？"

推销员："我想进入这位顾客的家中啊！"

训练师："当你进入顾客家里之后，最坏的情况会是怎样呢？"

推销员："最坏的情况？大概是被顾客赶出来吧！"

训练师："被赶出来后，你又会站在哪里呢？"

推销员："就……还是站在顾客家的门外啊！"

训练师："很好，那不就是你此刻所站的位置吗？最坏的结果，不过就是回到原处，又有什么好恐惧的呢？"

在很多情况下，最坏的结果就是回到原点，我们不但不会有什么损失，甚至还能获得一次宝贵的经验，又为何不抓紧时间，努力尝试一下呢？

潜意识是人类心理活动中不能立即认知或没有察觉到的部分。弗洛伊德将潜意识划分为前意识和潜意识两个层面。

潜意识对于我们的意识体验有着最基本的影响。它塑造了我们对自己和他人的看法，决定了我们如何解读日常活动的意义，并影响我们的本能反应和行动方式。潜意识在人类的生存和进化过程中扮演着不可或缺的角色。

尽管我们无法直接觉察潜意识，但可以通过分析梦境、自由联想和心理治疗等方法来揭示它的存在和了解它的作用。心理学和心理治疗领域的专家经常使用这些方法来了解和深入研究潜意识中的冲突、欲望和动机。

自我暗示是通过五种感官元素(视觉、听觉、嗅觉、味觉、触觉)给自己心理暗示或刺激。它是意识思想与潜意识行动之间的媒介，是人的心理活动的一种方式。自我暗示可以启示、提醒和指导个人的注意力、追求、努力和行动方向，从而影响个人的行为。通过自我暗示，人们可以以积极的方式影响自己，增强自信心、改变消极思维、培养积极习惯，以实现个人目标和潜力的发挥。

积极的自我暗示是通过与自己的前意识和潜意识进行对话的过程来实现的。积极的自我暗示可以帮助推销人员塑造积极的心态，使他们对自己的能力和潜力产生积极的信念。这种积极的心态和信念可以增强推销人员与顾客的互动，提高推销人员的销售技巧以及应对挑战和困难的能力。

通过积极的自我暗示，推销人员可以让自己相信自己能够取得成功，以积极的态度面对销售任务和目标。这种自信心和积极态度将激发推销人员的动力，帮助他们克服困难，并坚持努力实现销售目标。

简单来说，自我暗示就是自己的前意识与潜意识相互对话的过程。积极的自我暗示有利于建立推销员的自信心，在提升推销员的耐挫折能力方面起着非常大的作用。

案例分享

保险业怪才的优秀推销表现

克里蒙·斯通被称为“保险业怪才”，他是美国联合保险公司的董事长，也是美国最大的商业巨子之一。

斯通幼年丧父，靠母亲替人缝衣服维持生活。为补贴家用，他很小就出去卖报纸了。有一次，他走进一家餐馆叫卖报纸，被赶了出来。然后他趁餐馆老板不备，又溜进去卖报。气恼的餐馆老板一脚把他踢了出去，可是斯通只是揉了揉屁股，手里拿着更多的报纸。有一次溜进餐馆，那些客人见到他这种勇气，终于劝老板不要再撵他，并纷纷买他的报纸看。虽然斯通的屁股被踢疼了，但他的口袋里装满了钱。

斯通还在上中学的时候，就开始试着去推销保险了。他来到一栋大楼前，当年卖报纸时的情景又出现在他眼前。他一边发抖，一边安慰自己：“如果你做了，没有损失，还可能有大的收获，那就放手去做，还要马上就做。”

他走进大楼，心想如果被踢出来，他就像当年卖报纸被踢出餐馆一样，再试着进去。但他没有被踢出来，每一间办公室他都去了。每一次走出一间办公室而没有收获的话，他就担心到下一个办公室会碰到钉子。不过，他毫不迟疑地强迫自己走进下一个办公室。他的脑海里一直想着："马上就做。"期间他找到了一个秘诀，就是从一个办公室出来后立刻冲进下一个办公室，这样就没有时间感到害怕而放弃了。

有一天，有两个人向他买了保险。就推销数量来说，他是失败的，但在了解自己和推销技术方面，他有了极大的收获。

第二天，他卖出了 4 份保险。第三天，6 份……他的事业开始了。

20 岁的时候，斯通创立了只有他一个人的保险经纪社，开业的第一天，他就在繁华的大街上推销出了 54 份保险。有一天，他达到了令人几乎不敢相信的纪录，122 份！以一天 8 小时计算，每 4 分钟就成交 1 份。

1938 年底，克里蒙·斯通成了一名拥资过百万的富翁。

斯通说成功的秘诀在于"碰到挫折后，永不放弃"的精神。他还说："如果你以坚定、乐观的态度面对困难，你反而能从中获得好处。"

事实上，对于推销员来说，失败很正常。由于种种原因，人们往往对各商家的推销员有些不欢迎。但是，当人们遇到有忍耐精神、谦和礼貌的推销员时，情况就不同了。因为人们知道，有忍耐精神的推销员是不容易打发的，而且常常会由于钦佩那个推销员的忍耐精神而购买他的商品。

三、首因效应与近因效应

首因效应指的是初次接触到的信息对人们后续行为和评价产生的影响。当我们与别人初次交往时，最初形成的印象会在对方的思维中占据主导地位，这种影响就是首因效应。首因效应可以持续地影响我们对某人或某事的看法，甚至会影响我们与其后续交往的态度和行为，这是因为我们往往会根据最初的印象来过滤、解释和评价后续的信息。因此，重视首次交往中给人的印象是非常重要的，这对于建立良好的人际关系和有效的沟通至关重要。

生活中朋友之间可以不断进行交际和交流，但很多推销员与顾客之间往往只有一面之缘。推销员与顾客之间有限的见面机会，决定了推销员给顾客留下的第一印象在商品销售中占据着极为重要的地位。因此，首次见面，推销员不应该仅仅想着怎样卖东西，更重要的是考虑怎样给买主留下好印象。在服饰方面，要注意衣服穿着是否搭配、适宜，服饰应与环境和谐，这样可以缩小与买主的距离。在仪表方面，会面前要先行检查一下，如发型是否合适、头发是否凌乱、胡子是否刮净、妆容是否得体等。

近因效应指的是人们在记忆一系列事物时，对于末尾部分项目的记忆效果优于中间部分项目的现象。当人们接收到一系列信息时，靠近最后的信息更容易在短时记忆中保持清晰，而靠近开头的信息可能会逐渐模糊或被后续信息所替代。因此，最近的信息更容易在记忆中留下深刻的印象，这部分信息的记忆效果往往优于中间部分的信息。

近因效应的明显程度会受到信息前后间隔时间的影响。如果信息前后的间隔时间较长，即记忆过程中的时间跨度较大，近因效应会更加显著。这是因为前面的信息逐渐在记忆中消退，相对而言，最近的信息在短时记忆中更为鲜明。

近因效应适用于推销员与老顾客之间的关系处理。推销员与老顾客之间由于信任和顾客的复购，已经建立起一定的关系。对于与老顾客之间的关系维系，推销员更需要注意利用近因效应，给对方留下一个良好的印象。

四、焦点效应

当你拿起一张包括你在内的团体照片时，你会先看谁呢？毫无疑问，一定先看自己。

在人际交往中，尊重并记住别人的姓名可以展示出对他们的关心，建立良好的人际关系。这一点在销售业务中也非常重要，因为记住客户的姓名能够向他们展示你对他们的关注，并架构起更强的连接。

记住客户姓名对销售过程中的拓展非常有帮助。当你能称呼客户的名字时，会给他们一种被重视的感觉，从而建立起更深层的信任和亲近感，这有助于促成更好的销售关系和维系长期的客户忠诚度。因此，尊重并牢记别人的姓名是一项非常有价值的技能，这不仅有助于建立良好的人际关系，还对销售业务的发展非常有帮助。

原本对于钢铁行业一窍不通的安德鲁·卡内基是如何成为举世闻名的钢铁大王的？他成功的秘诀之一就是极为尊重别人的姓名。

案例分享

让别人觉得自己很特别

10 岁时，卡内基无意间得到一只母兔，不久，母兔就生下一窝小兔子。可是，他的零花钱有限，没有足够的钱买饲料来喂这一窝小兔子。于是，他想出一个主意，他告诉邻居小朋友，只要他们肯拿食物来，他就用该小朋友的名字为小兔子命名。

小朋友们听了，立刻踊跃地提供食物。这件事给卡内基带来极为深刻的启示：人们非常在乎自己的姓名。

卡内基长大成人后，有一次为了竞标太平洋铁路公司的卧车合约，与竞争者布尔门铁路公司针锋相对。双方为了中标，不断削价火拼，均已到了无利可图的地步。

一天，卡内基与布尔门都到纽约去见太平洋铁路公司的董事长，他们在饭店门口巧遇了。

卡内基对布尔门说：“我们这不都是在为难自己吗？”

布尔门说：“你指的是什么？”

卡内基向布尔门陈述恶性竞争的危害，并提议携手合作。布尔门认为有些道理，可是仍旧无法完全接受。

布尔门突然问道：“假如我们合作，新公司要取什么名字呢？”

卡内基想起了童年养兔子的往事，断然回答：“当然要取‘布尔门卧车公司’啦！”

布尔门听了，顿时双眼发亮，两人很快就达成了合作协议。

又有一次，卡内基在美国宾州匹兹堡建了一家钢铁厂，专门生产铁轨。当时，美国宾夕法尼亚铁路公司是使用铁轨的大客户，该铁路公司的董事长叫汤姆生。卡内基又想起养兔子的往事，于是，他把新建的钢铁厂命名为“汤姆生钢铁厂”。

卡内基这一套“尊重别人姓名”的本事，使他无往不利，生意兴隆，最后建立起了他的钢铁王国。

五、互惠效应

互惠效应是一种社会心理学概念，它指的是人们倾向于以相等或相近的方式回应别人的行为。这种互惠效应有助于建立和加强人际关系，促进社会互动和合作。

在人们的意识中，接受别人的恩惠、馈赠或邀请不是理所应当的，因此，人们倾向于以另一种好处或退让来回报对方，这样才能够感到心安。这种互惠心理使得人们更愿意相互帮助、支持和合作，从而促进社会的稳定和发展。

互惠效应的巨大影响体现在各个领域，如商业、政治、人际关系等。人们倾向于回报给予他们好处的人，并对不回报的行为感到不满。互惠效应正应了那句俗语——“要想取之，必先予之”。当我们表现出对顾客有利，更容易使顾客卸下防备，让顾客对我们建立起信任，而这种信任感对于推销成交是至关重要的。

因此，对于推销员而言，把互惠效应运用到销售中会产生积极的效果。如一些蛋糕店让路人免费品尝自己的蛋糕，其最终目的是让路人去购买。假如路人接受了蛋糕店免费提供的糕点，尽管觉得味道一般，但他一定会有这样的想法：我是不是应该买一袋呢？吃都吃了，不买的话是不是显得有些失礼呢？

可见，想要获得什么样的回报，往往不在于别人想要给你什么，而在于你曾经给了别人什么。当你实实在在地为别人做了一些事情，给他带去了一些好处，他就会想方设法地报答你。

案例分享

免费的上门服务

一天，王女士接到一个电话，对方是一位年轻的男士，自称是智能家居安防系统的服务人员，询问王女士是否愿意了解一些家庭安全管理方面的知识，是否愿意让公司的工作人员到她家里检查一下有没有什么安全隐患，而且参加这项活动可以免费得到一个家用灭火器，并声称这一切服务都是不收费的。

王女士对此很感兴趣，于是欣然接受了对方的提议，他们约好第二天上午等着工作人员上门服务。

第二天一早，那家智能家居安防系统的服务人员果然来了，他们对王女士家里的水电系统进行了仔细的检查，并真的赠送给王女士一个手持式便携灭火器。检查完毕后，服务人员给王女士讲了一些关于家居安防系统的常规知识，并对王女士家里的安全隐患做了一个评估。王女士感觉安装一套智能家居安防系统很有必要，于是，服务人员便向王女士系统地介绍了公司的产品。最后王女士自然而然地购买了一套智能家居安防系统，并且觉得这家公司的服务人员给了自己极大的帮助。

在上面的案例中，王女士因为收下了服务人员馈赠的小型灭火器，并且对智能家居安防系统确实有需要，最后的成交也就是必然的了，这就是互惠心理在起作用。

六、稀缺效应

在《西游记》的通天河那一回里有下面的一些描述。

案例分享

通天河的商品贸易

通天河金鱼精作妖法，弄寒风飘大雪，“径过八百里，亘古少人行”，通天河尽皆冻结。三藏一行人到了河边，勒马观看，路上有人行走。

三藏问道：“施主，那些走在冰上的人往哪里去？”

陈老道：“河那边乃西梁女国，这些人都是做买卖的。我这边百钱之物，到那边可值万钱；那边百钱之物，到这边亦可值万钱。利重本轻，所以人们不顾生死而去。常年家有五七人一船，或十数人一船，漂洋而过。见如今河道冻住，故舍命而步行也。”

正如案例中所述，商品的价值在很大程度上取决于“物以稀为贵”。在生活中，原本一件对自己没有什么吸引力的东西，当它变得很抢手时，这件东西就会变得很有诱惑力。

是什么魔力让同样一件东西的价值转变如此巨大呢？是因为稀缺性。当我们能获得某种东西的机会越来越少的时候，其价值就会升高。比如有存世仅有两只的某种花瓶，若砸碎其中一只，另外一只成为独一无二的花瓶，它的价值会由于稀缺性而上涨几十倍，此时一只花瓶的价值远远大于原来两只花瓶的价值之和。

稀缺效应在商品购买中起着重要的作用。人们通常认为稀缺的物品更有价值，因为它们似乎更难以获取，这种心理现象会激发人们产生购买欲望。

商家常常利用稀缺效应来吸引顾客。如通过宣传一次性大甩卖、清仓大特价等促销手段，创造购买的紧迫感，让顾客觉得如果不立即行动，就会错过难得的机会。这种情况下，人们往往更容易做出购买决策，因为他们害怕错失这些看似稀缺的优惠。

稀缺效应会对人们的行为产生全面、深刻的影响，推销人员可以通过限时特惠、独家推出等方式有效利用稀缺效应进行推销。这种心理现象促使人们更倾向于采取行动，因为他们希望抓住那些看似稀缺的机会，以免失去某种珍贵或难以再得到的东西。

案例分享

机智的房产推销

克鲁斯是一名从事房产业务的推销员，在他手上有两套房子待售。此时，他在和客户交谈时会这样说：“您看这两套房子怎么样？不过其中一套房子前两天已经被一个客户预订了，今天我们可以看看另一套，其实也是非常不错的。”

听克鲁斯这么一说，客户肯定会产生“被人预订的房子肯定是更好的房子”的想法。在这种心理暗示下，客户在看完两套房子后甚至更加坚定了自己的想法，也表达了想要购得那套被预订的房子的愿望。但是克鲁斯并没有立刻答应，而是认真地说：“看来您也非常喜欢那套房子，这样吧，我询问一下那个预订房子的客户有没有可能变动，您明天下午三点钟左右给我打电话，好吗？”

第二天下午，客户果然如约打来电话询问房子的事情，克鲁斯用略带兴奋的语气对客户说：“好消息，您看中的房子有希望了，我打电话询问了预订房子的客户，他因为资金出现了一些问题，只能取消购房计划了。感谢上帝，这回房子的主人就是您了。”

在上述案例中，克鲁斯无疑很好地利用稀缺效应实现了快速成交的目的。

当销售人员发现顾客对某种商品感兴趣时，可以巧妙地引导顾客，并在说明商品质量可靠、价格实惠的同时，使用善意的提醒来提高顾客的购买欲望。例如，销售人员可以提醒顾客：“这款商品刚刚卖出去一套，这恐怕是我们这里的最后一套了，如果错过，就需要再等一个星期再来了。”听到这样的话，顾客往往会因为害怕错过而迅速做出决定，尽快购买，以免别人抢先。

实际上，顾客的犹豫不决通常是因为对产品的不确定，因此，销售人员应始终给予顾客肯定的启发，帮助他们消除疑虑。通过真诚和良好的服务赢得顾客的信任也是很重要的，这种积极的互动和对顾客需求的关注有助于顾客做出更自信和明智的购买决策。

七、折中效应

折中效应是指在做出决策或选择时，人们倾向于选择位于极端立场之间的中间选择。产生折中效应的原因是人们认为中间选择往往能够平衡不同立场的优点和缺点，从而达到更好的结果。折中效应常常被用于决策心理学和消费者行为研究中。

通常，推销员在报价时要保留一定的弹性空间以供谈判使用。如果推销员一开始就透露底价，而顾客继续要求增加其他优惠条件，推销员就会陷入无路可退的境地。因此，推销员在报价时并不一定要提供市场最低价，而是应根据市场零售价报出一个合理的价格，让顾客即使进行市场调查，仍觉得这可能是市场最低供货价。一旦推销员承诺现报价即为市场最低供货价，就不能在价格上让步，因为让步越多，顾客对报价的质疑就越大，甚至会怀疑销售员的诚信度。

在销售过程中，买卖双方通常都关注自身利益，买方希望以最低的价格购得更有价值的商品，卖方则希望以更高的价格获取更大的利润。这就是我们常见的买卖双方进行讨价还价的根本原因。

在生活中，一些商店门口挂着“谢绝议价”的牌子，这样的商店通常不会吸引顾客进入。因为在一般消费者的习惯中，讨价还价已经成为一种可能而必然的行为。如果不能进行讨价还价，消费者很可能会认为商家缺乏灵活性，从而降低购买的意愿。

案例分享

价格是最重要的吗？

有一个女孩去逛街，她在一家服装店看上了一条裙子，但在最后谈到价格时，店家寸步不让，坚持按照衣服标签上的 290 元出售。女孩明显还要说些什么的时候，店家指着墙上的一个牌子说：“您也看到了，我们这里明示‘谢绝议价’，这是我们店的规定，是不能砍价的。”女孩听了没有再说什么，又随意转了一下便离开了。

她转到另一家店，看到了同款的裙子，店家的标价是 390 元。见到有顾客到来，店家笑盈盈地迎上来说："您喜欢的话，可以先试试，现在我们店里有优惠。"这样的态度明显引起了女孩的兴趣，刚才遭遇的不快似乎也消散了不少。女孩很愉快地拿起裙子进入试衣间，试穿效果很好，店员也一直在旁边夸赞。到了谈价格的时候，女孩坚持让店家优惠一些。店家笑着说："其实这条裙子也没多大利润，但是看你穿着这么合适，想要特意去找这样的模特还找不来呢，你穿着就相当于给我们店的服装做宣传了。这样吧，给你打八五折，331.5 元。"

这个价格自然也不是女孩能接受的，她说："这个价格实在超出了我的预算。再优惠一些吧，给我一个最优惠的价格，我以后会经常来的。"店家明显看出女孩是真心想买，便没有在价格上一再坚持，而是说："好吧，你这么可爱，我还真不忍心拒绝呢。那就给你一个我们店 VIP 客户才能够享受到的折扣吧，七五折，292.5 元。这个价格可是最低了，不能再便宜了。"女孩一听，这价格比上一家还贵 2.5 元呢，但是 2.5 元算什么，对方已经一再做出让步了，至少心理平衡了。最终女孩以 292.5 元的价格买下了裙子，但是很明显她的心情很好。

第一个商家的裙子尽管价格较低，但是由于店家说话生硬，毫无回旋的余地，让女孩听着极不舒服，这也是交易失败的原因所在。第二个商家的标价明显高出很多，而最终成交价也跟第一家差不多，但是带给女孩的感受却是愉悦的。

案例中这个女孩的购物经历说明了一个道理，那就是很多顾客在购买过程中并不喜欢一口价。哪怕你给出的价格的确是最便宜的，也不如给他们一个讨价还价的空间，因为这也可以满足他们喜欢砍价的心理。而且，通常情况下，顾客往往不相信推销员第一次给出的价格是最低价，如果你不给他们留有议价的余地，他们便不会心甘情愿地购买。因此，对于推销员而言，要善于运用折中效应。

八、退让效应

一位出色的推销员能够通过一定的技巧和策略，让客户在谈判过程中接受交易的条件，甚至最终同意他们曾经否决的事情。

推销可以被比作向山上推一个球，谈判中的第一次认可可以被视作球到达半山腰的某个平缓地带。一旦到达这一点，人们会感觉良好，压力减轻，轻松了很多。在推销中，此时客户也会进一步肯定刚刚做出的决定，他们更容易接受你可能提出的其他要求。

这个比喻强调了在谈判中获取第一次认可的重要性。一旦得到了对方的初步认同，你就可以利用这个动力和信任来进一步推动谈判，并最终达成双方满意的交易。

优秀的推销员都有一个秘诀：在谈判时不要同时提出所有要求，要先让对方同意一个或部分要求，然后再回过头来追加要求。

案例分享

拓跋宏的机智迁都

在我国南北朝时期，北魏孝文帝拓跋宏鉴于北魏国都平城地处于北方边境，一方面，气候环境恶劣，不利于经济发展；另一方面，偏北的地理位置也不利于北魏对整个中原地区的统治。在一定时间的准备之后，拓跋宏决定迁都。

在迁都之前，他先试探性地了解大臣们的态度，结果发现反对者居多。孝文帝于是宣布南下攻南朝，大臣们虽然满腹牢骚，但也不得不随军出征。待平南大军走到洛阳，孝文帝让大臣们二选一：要么继续进军，要么大军停下来，在洛阳迁都。大臣们虽然不愿意迁都，但和南下打仗相比，迁都还算稍微好一点的选择，于是，没有人敢再对迁都提出异议。迁都大计遂成。

对于推销员来说，如果想要别人答应你的某种请求，可以先提出一个比较大的、难以做到的、对方有可能拒绝的请求，然后在对方拒绝之后，再把你真正的请求提出来。这样就相当于你向对方做出了让步，而对方则有义务也对你做出相应的让步，因此，你的请求就很容易被对方接受了。相反，如果没有之前的退让，直接提出要求，则遭受对方拒绝的可能性是非常大的。

案例分享

化妆品推销有技巧

某家化妆品公司派两名推销员上门推销一种价格昂贵的新产品，结果第一名推销员空手而归，而第二名推销员推销出去10套。同样的产品，为什么推销结果会出现这么大的差距呢？

原来第一名推销员为了实现销售，使尽了浑身解数，苦苦劝说顾客购买自己的商品，但是绝大多数顾客都因为价格太高而婉言拒绝，其他顾客也会因是新产品而心存顾虑，因此，推销失败。

第二名推销员知道销售这样一款价格昂贵的新产品的难度很大，于是决定变通一下。他在上门拜访顾客时，先向顾客介绍另外一款更加高档和昂贵的化妆品，等顾客表示明确的异议之后，他才拿出自己真正要销售的这款化妆品，并说："既然您觉得那一款太过昂贵，这款化妆品在功能上和那款类似，但是价格会便宜很多，您是否考虑一下？"就这样，有一些顾客竟然真的认真考虑起第二名推销员推销的化妆品。第二名推销员在和顾客谈论商品的时候，主动做出让步，从而促使顾客也对自己做出让步和牺牲，最终和自己达成交易。

在上面的案例中，第二名推销员采用的"先大后小、先难后易"的推销方式，确实能够起到意想不到的效果。

一般来说，最开始设置的起点越高，对实现退让效应越有效，因为这样对方可以让步的空间比较大。但在实际销售过程中，也要注意到，如果起点要求太极端、太过分，就会激起顾客的抵制心理，让顾客感到你说话太没谱，从而彻底失去对你的信任。因此，销售员如果要使用这个策略，一定要根据具体情况把握好分寸，使其对顾客的影响力达到最佳。

案例分享

另辟蹊径的房产推销

阿诺斯从事房产销售工作，他精明强干，不到两年，就由小职员晋升为销售主管。每次他准备销售一套新房子的时候，都不会像一般的销售员那样，只是一味地向客户介绍这套房子如何好，如何有升值空间等，而是另辟蹊径，很坦率地告诉客户说："这套房子所在的小区四周有几家工厂，若住进来可能有些吵，唯一的优势是价格比较便宜。"

在向客户交代了房子的基本情况之后，阿诺斯也会亲自带客户到现场参观。当客户来到现场，发现那个地方并非如阿诺斯说的那样不理想，不禁反问："现场感觉很安静，哪有你说的那样吵？而且现在无论搬到哪里，噪声都是不可避免的。"

正是因为这种良好的体验，让客户坚信实际情况比阿诺斯介绍的要好得多，因此，客户交易起来也多是非常爽快。

九、承诺与一致原则

承诺与一致原则强调了人们对自己所作承诺的认同感和行为的一致性。当人们做出承诺后，他们往往会努力保持其承诺，即使在某些情况下明知道承诺是错误的或不利的。这是因为承诺已经在潜移默化中成为其价值观和思维的一部分，引导着他们的行为。承诺与一致原则在道德、伦理和个人责任等方面起到了重要作用，帮助人们保持诚信和可靠性。

承诺与一致原则确实可以在我们的思维和行为中产生很大的影响。一旦我们做出承诺或采取一种立场，在之后的决策和行动中，我们会倾向于保持一致，并遵守我们之前所做的承诺。这是因为我们希望保持自己的行为合乎逻辑和连贯性，避免相互矛盾的言行。同时，我们也会受到内部和外部的压力，要求我们遵守承诺以维护自己的信誉和声誉。公开承诺尤其重要，因为它不仅给予他人对我们的期望，而且也给我们自己设定了一个标准，使我们更有动力去实现承诺。此外，公开承诺还会让其他人对我们更加信任和尊重，从而加强我们在社交和职业场合的影响力。

然而，我们也应该注意，承诺与一致原则并不意味着我们应该一味地坚持不变。在面对新的信息和情况时，我们有时需要重新评估和调整我们的立场和承诺。关键是要意识到我们的决策和行动应该基于理性思考和明智判断，而不仅仅是为了保持一致。

案例分享

奇怪的推销员

华尔菲亚电器公司是生产自动化养鸡设备的，经理威伯先生发现宾夕法尼亚州的销售情况不妙。当他到达该地区时，推销员代表皱着眉头向他诉苦，咒骂当地富裕的农民："他们一毛不拔，您无法卖给他们任何东西。"

"是吗?"威伯先生微笑着，盯住推销员的眼睛。

"真的，"推销员的眼睛没有躲闪，"他们对公司意见很大，我试过多次都没有用!"

"也许是真的，"威伯先生说，"让我们一起去看看吧。"

推销员笑了，他心里想：你们这些当官的，高高在上，平常满口理论，这下可得让你尝尝厉害，他特地选了一家最难对付的农户。

上述案例中的推销员做出了看似非常不合理的决策，即给威伯先生寻找了一家最难对付的农户。推销员这样的做法是不符合公司利益的，同时也不会给他自己带来任何的好处。

那么，这个推销员为何选择了一个看似“害人害己”的做法，给威伯先生推荐一家最难对付的农户呢？

从承诺与一致原则去理解推销员，一切就都说得通了。因为推销员之前做出了承诺：“他们一毛不拔，您无法卖给他们任何东西”以及“他们对公司意见很大，我试过多次都没有用”。在这种情况下，给威伯先生推荐最难对付的农户可以证明自己所言非虚，即“事实与他的承诺是一致的”。

十、认知失调理论

认知失调理论是由美国社会心理学家利昂·费斯廷格提出的一种态度改变理论。根据该理论，当个体意识到自己的态度之间或态度与行为之间存在矛盾时，就会产生认知不和谐的状态，即认知失调。这种认知失调会导致个体感到心理上的紧张和不适，为了减轻这种紧张，个体会采取一些方法，如改变认知、增加新的认知、重新评估认知的重要性或改变行为，以重新建立内部的一致性和平衡状态。认知失调理论对于理解人们为何会尝试改变或调整他们的态度和行为具有重要的启示作用。从某种程度上讲，认知失调理论是“承诺与一致原则”在认知角度的某种延续。个体之所以会产生认知失调，正是由于其做法与承诺不一致了。

以戒烟为例，你很想戒掉烟瘾，但当你的好朋友给你香烟的时候你又抽了一支烟，这时候你戒烟的态度和你抽烟的行为产生了矛盾，引起了认知失调。我们可以采用以下几种方法减少由于戒烟而引起的认知失调：

(1) 改变态度使其与行为保持一致。这意味着接受自己可能不想真正戒烟，以保持态度和行为的一致性。

(2) 增加一致性认知。通过寻找与吸烟行为一致的认知来减少失调，比如认为吸烟有助于放松和保持体形。

(3) 改变认知的重要性。将一致性认知视为重要的，而将不一致的认知边缘化，比如认为放松和保持体形比远期健康问题更重要。

(4) 归因于缺乏选择。让自己相信吸烟行为是在没有其他选择的情况下做出的，比如将吸烟归因于生活中的压力。

(5) 使行为与态度一致。决定再次戒烟，无论他人是否给予香烟，避免再次出现行为与态度的冲突。

这些方法旨在减少认知失调，帮助个体更好地应对戒烟过程中的心理冲突，但请注意，在戒烟或其他行为改变的过程中，每个人的情况可能有所不同，因此个体化的方法和支持也很重要。

认知失调理论在产品推销中同样起着非常重要的作用。比如在烟酒类商品的销售中，为了照顾顾客情绪可以跟他们说，烟酒也是一种社交方式，可能会为事业成功提供契机。再比如，对于拥有房产的人，要跟他说房产是保值的，因为这样会让对方心里觉得舒服。

十一、富兰克林效应

富兰克林效应是一个观点，它提出了一种人际关系中的心理动态。根据富兰克林效应，比起你主动帮助过的人，那些帮助过你的人更有可能再次帮助你。这个效应表明，让别人帮助你，可以增加他们对你的好感和愿意再次帮助你的意愿。

案例分享

富兰克林借书

1736年的一天，富兰克林在发表演讲，而另一个议员却完全反对他的观点，于是这位议员发表了一篇演讲，一点情面都不留地批评了富兰克林。富兰克林有点懵，但又想争取这位议员的认同。

富兰克林打听到这名议员收藏了一本很珍贵的书，于是他给议员写了一封信，诚恳地表达了自己想要借阅这本书的想法。议员觉得也不是什么大事，于是爽快地把书借给了富兰克林。

一周后，富兰克林归还了这本书，并且郑重地表达了谢意。等到两个人下次见面的时候，这个议员对富兰克林的态度简直两极反转。他不仅主动和富兰克林讲话，还表示随时愿意为富兰克林效劳。后来他们成了好朋友，并且保持了终生的友谊。

现实中，我们往往会发现，那些曾经帮助过我们的人，在我们遇到困境的时候，通常还是会选择帮助。一个可能的解释是，他们之前的付出对他们来说是沉没成本，如果后来突然不帮忙了，一方面之前的沉没成本全部付诸东流，另一方面，相当于承认自己当初的判断错了，不应该帮助这个人，而承认之前的过错对于一个人是不愉快的体验，因此，人们在潜意识中仍旧会选择帮忙。从另一个角度讲，一个之前帮助过你的人，很可能是因为你身上有他欣赏的品质，因此，他很有可能再次帮助你。

案例分享

兄弟俩的逃亡之旅

二战的时候，犹太人遭到了德国纳粹的迫害。有两个犹太兄弟准备逃跑，但是对向谁寻求帮助的问题，兄弟俩产生了分歧。弟弟主张向父亲曾经资助的一个珠宝商求助，这名珠宝商也曾多次表示有机会一定要报恩。哥哥则认为应该向早年资助他们家族起步的另一位轮船商求助。两个人谁也说服不了对方，于是分头行动，从此失去了联系。

多年以后，由轮船商冒死相助逃到美国的哥哥回国寻找弟弟，发现弟弟全家早就被迫害了。后来哥哥从纳粹档案中找到了举报弟弟藏匿处的举报人的名字，正是那个他们家帮助过的珠宝商。

哥哥沉默了很久……

从上面的案例中可以看出，相比于自己帮助过的人，那些帮助过自己的人往往会由于沉没成本等原因而更愿意选择再次帮忙。

十二、登门槛效应

登门槛效应指的是当一个人或组织完成一项行动或决定后，他们更有可能继续参与类似的行动或决策，即使后续的决策或行动可能与他们原本的偏好、利益或理性决策是不一致的。这是因为一旦跨越了起始的门槛，人们更容易保持一致性，并将之前的决策或行为作为参考点。

例如，当人们购买一个品牌的产品后，他们可能会更倾向于继续购买该品牌的产品，即使其他品牌可能提供更好的选择。这是因为他们已经形成了对该品牌的认同感和忠心，跨越了购买的门槛。

登门槛效应在市场营销、销售和个人决策等领域具有重要影响。对于企业而言，一旦他们成功吸引客户进行初次购买，便更有可能将这些客户转化为忠诚的重复购买者。对于个人而言，一旦他们采取了某种行动或决定，在未来的情境中，便更有可能持续按照先前的选择行事。

案例分享

推销大师这样做

有一个著名的推销大师，他对员工说："你们在推销业务时只会问'您好，能不能给我一分钟介绍一下我们公司的产品？'每次话没说完，都会'啪'的一声吃到闭门羹。你们这不就是在骚扰吗？顾客没报警就算客气的了。"

于是，这些员工就好奇地问："您是如何向顾客推销的呢？"

他回答说："我会说'您好，我是一个路过的推销员，口渴了，您能给我一杯水喝吗？'于是我走进顾客的家，熟悉一下环境，并且夸他们家的布置很有品位，然后顾客在给我准备水的过程中，自然而然地唠唠家长里短，我就可以隐晦地说上几句自己所推销的家用电器。顾客在没有压力的情形下，自然就会接话。这样一来，产品推销的成功率可以提高 50% 以上。"

第二节　学会运用同理心

同理心，也被称为换位思考或共情，是一种思考方式，意味着我们能够设身处地地思考，站在他人的角度上感受和理解他们的情绪、想法和立场，以及以他们的视角思考和处理问题。学会运用同理心在人际交往中是非常重要的，因为同理心涉及情绪自我管理、换位思考、倾听能力和尊重表达等多方面内容。

同理心能帮助我们与他人建立情感连接，使我们更好地理解和感受他人的情绪和需求。同理心还能使我们放下以自我为中心的态度，关注他人的感受和立场。通过同理心，我们可以更好地沟通、解决冲突和建立良好的关系。同理心也有助于我们培养情商，提高情绪的认知和管理能力。换位思考可以让我们更全面地看待问题，并从多个角度分析和处理问题，帮助我们更好地回应他人的情绪。

总之，同理心是一种非常重要的能力，在人际关系和情商的发展中扮演着重要的角色。通过培养和运用同理心，我们能够更好地理解他人、改善人际关系并提高自己的情商水平。

案例分享

顾客到底是怎么想的？

乔·吉拉德是吉尼斯世界纪录大全认可的世界上最成功的推销员，连续 12 年荣登世界销售第一的宝座。他所保持的汽车销售纪录——连续 12 年平均每天销售 6 辆车，至今无人能破。下面是乔·吉拉德一次成功的推销经历。

一天，乔·吉拉德像往常一样在展销厅推销他的汽车。这时进来一位中年女士，她说需要一辆福特汽车，颜色最好是白色的，因为她比较喜欢白色。刚才在对面车行，那里的销售员说现在没有，必须要等一个星期才行，所以她就想先随便转转。聊天中，中年女士还透露说，之所以今天购车，是希望可以把这辆车当作自己的生日礼物。

"哦，生日快乐！夫人。"乔·吉拉德听这位中年女士说完，立刻诚恳地向中年女士表示了祝福之意，随后便带这位女士进入接待室，并递给她一份新车的宣传资料和一杯水，让她先休息一下并看看新车的资料，然后出去了一下。

一分钟后，吉拉德回来对那位中年女士说："女士，您喜欢的颜色是白色吗？现在我给您推荐一辆我们的新款汽车，希望您能喜欢。"聊了一小会儿，一位女工作人员走了进来，手里捧着一束鲜花，满脸微笑地递到中年女士手中，并真诚地说："祝您生日快乐，女士！"

中年女士很吃惊，继而感动得眼泪都快要流下来了。"我的上帝，我都不记得上次收到花是什么时候了，已经很久没有人为我庆祝生日了"，中年女士声音略带哽咽地说。"之前在另一家车行的那位销售员，估计是觉得我买不起，所以才对我不理不睬的，我想去看看样车，他却让我等一个星期再看，所以我才来你们这儿，其实你们的雪佛兰也不错。"说完，中年女士听了吉拉德的建议，爽快地签下了购车订单。

案例中乔·吉拉德对汽车的成功推销，离不开他对顾客心理的准确把握。而他连续 12 年平均每天销售 6 辆车的纪录无人能破，也源于他超出常人的同理心。

那么，推销员应该如何获得较高水平的同理心呢？

一、认识到人与人之间是有差异的

做推销，首先需要认识到人与人之间是有差异的。人与人之间的差异首先来自基因，其次来自一个人后天所处的环境。不同人有不同的气质(如心理学家将气质分为多血质、黏液质、胆汁质和抑郁质四种类型)和不同的人格(如 MBTI 人格理论将人格分为 16 种典型类型)。

不同气质及人格的人，其收集信息并处理信息，以及生活方式和态度是完全不同的。因此，要想做一名优秀的推销员，首先需要正视人与人之间的差异，然后运用同理心，站在顾客的角度去推销，才能取得事半功倍的效果。

二、努力提高情商

运用同理心的另一个前提是提升自身的情商水平。

(一) 情商的定义

在介绍情商之前，首先需要了解智商、逆商和财商。

智商(Intelligence Quotient，IQ)是用来衡量个体智力发展水平的指标，涵盖观察力、记忆力、想象力、分析判断能力、思维能力、应变能力等方面。

逆商(Adversity Quotient，AQ)是指一个人面对逆境、挫折和困境时的反应方式和能力。它用于衡量个体应对压力和克服困难的能力。

财商(Financial Quotient，FQ)是指个人或集体在认识、创造和管理财富方面的能力。它包括财务知识、财务观念、财务行为等多个方面。财商的高低影响个体或组织在财务领域的决策能力和经济状况。财商包括两方面的能力：一是创造财富及认识财富倍增规律的能力(即价值观)；二是驾驭财富及应用财富的能力。

情商(Emotional Intelligence)是指情绪智商或情绪商数，主要由自我意识、情绪管理、自我激励、人际关系和情绪察觉这五个方面组成。情商不同于一些表面上的奉承或巴结行为，它关注的是个体对情绪的认知和处理能力。其中，自我意识、情绪管理和自我激励主要涉及个体内部的情绪控制和自我调节的能力，而情绪察觉和人际关系则更偏向于个体与他人之间的沟通和关系处理。虽然处理相互关系只是情商的一个特征，但它与外倾的特性有关。因此，要提升情商需要从个体的情绪控制能力入手，同时关注外部关系的处理。通过提升自我意识、情绪管理和自我激励的能力，个体可以更好地管理自己的情绪，从而更有效地与他人进行沟通和处理关系。总的来说，情商的提升需要平衡个体的内在情绪控制能力和外部关系处理能力，但提升情商的根本在于提升个体对情绪的认知和管理能力。

(二) 提升情商的步骤

步骤一：认识自我。要认识自我就要识别自我的前意识，寻找潜意识，了解自我的心理机制和自我认知。事实上，了解自己是最不容易的，因为一个人很难看到自己的缺点，即使看到缺点，承认自己的缺点也是一件非常不容易的事。因此，了解自我，学会反思，是提升情商的第一步。

步骤二：学会控制情绪。喜、怒、哀、乐、悲、恐、惊是个体常见的情绪化体验，适当的情绪可以帮助个体避免危险，适当融入集体环境，是有益的。然而，当个体长期处于某一情绪之中，比如悲伤，则会对身心都产生不良的影响。控制情绪能力强的人在做事情的时候，很少会受到情绪的影响，相反，他们会在需要的时候，展示出相应的情绪，情绪收放自如对于成功推销产品是大有裨益的。学会控制情绪的重要方法就是提高自我认知能力。

步骤三：自我激励。适当的自我激励可以增加一个人的正能量，让其长时间保持积极和阳光的状态，展现出自信满满的样子。自信的状态最有魅力，当客户感受到你身上散发出来的积极、阳光和自信的状态，他们也会被感染，进而沟通也会变得更加融洽。

步骤四：认知他人的情绪。认知他人情绪的前提是了解他人，很多人之所以难以理解他人，是因为对他人不够了解，而不理解对方，自然很难感同身受。在无法感知对方情绪的时候做推销，很难与他人达成共识。认知他人情绪的有效方法就是学习人格类型的相关知识，比较常见的有 MBTI 人格和大五人格等。

步骤五：处理相互关系。完成了以上四个步骤之后，良好地处理自己与他人之间的相互关系就成为顺理成章的事情了。在认知他人的情绪之后，要善于站在对方的角度考虑问题，并且注重多运用赞美和肯定性的话术来拉近彼此之间的距离。

案例分享

李嘉诚卖铁桶的故事

李嘉诚是从做推销起步的。有一次他到一个杂货店推销铁质水桶，但杂货店老板因为铁质水桶价格比较贵，普通市民多会购买相对便宜的塑料水桶，因而拒绝了李嘉诚的推销。

李嘉诚登门拜访了好几次，杂货店老板仍旧没有答应。后来，一个偶然的机会，他得知这位老板老年得子，对孩子十分宠爱，而且这孩子十分喜欢看赛马，但是老板要在店里招呼生意，所以一直都没有时间陪孩子一起去看。李嘉诚了解到这个情况后，立即表示愿意自己出钱带孩子去看赛马，此举无疑让老板十分感动，不久就在李嘉诚那里采购了一批铁桶。

第三节　顾客的人格类型及应对技巧

在了解顾客的人格类型及应对技巧前，我们先来了解四种典型的气质类型及性格与气质的关系。

一、四种典型的气质类型

罗马医生盖伦根据希腊医生希波克拉底的体液理论，提出了多血质、黏液质、胆汁质、抑郁质四种气质类型。

(1) 多血质。“多血质”是中医理论中的一个体质分类，它描述了一个人的体液中血液方面相对占优势的状态。多血质的人通常表现为活泼好动、善于交际、思维敏捷，并且容易接受新事物。黄蓉是金庸先生创作的《射雕英雄传》中的一个典型的多血质形象，她机智聪明、灵活机敏，在故事中展现了多血质的特质。

(2) 黏液质。黏液质的人通常表现出安静、冷静的特点，善于克制情绪，保持平稳的注意力。《射雕英雄传》中的郭靖是一个经典的黏液质代表人物，展现了这种气质类型的特点。

(3) 胆汁质。胆汁质的人通常表现出精力旺盛、情绪兴奋、反应迅速、热情肯干和积极主动的特点。《三国演义》中的张飞和《水浒传》中的李逵被认为是胆汁质的典型代表人物。

(4) 抑郁质。抑郁质是人格心理学上的一个理论概念，用来描述一种个体心理特征。它指的是一个人具有敏感、思考深入、内向、多愁善感等特点，但也容易陷入悲伤、郁闷的状态，常表现出优柔寡断的倾向。《红楼梦》中林黛玉的性格特点与抑郁质有一定的相似之处。

事实上，生活中大部分人的气质类型没有那么典型，绝大多数人的气质类型是几种气质类型的混合，即多数人是同时具有以上四种气质类型的，只是不同气质类型所占的比重不同。有的人更加偏向多血质，表现为活泼好动；有的人胆汁质占据主导地位，平时易怒而不好惹；还有的人同时有两种气质类型都比较典型，比如活泼好动的同时兼具易怒的特点。但一般而言，黏液质不会和多血质同时占据主导地位，抑郁质也不会和胆汁质同时占据主导地位。

二、性格与气质的关系

性格和气质是两种不同但相关的个性心理特征。性格指的是一个人相对稳定和持久的个性特征，包括情感、行为和思维方式等方面。性格是相对固定的，通常在成长和发展过程中形成，并相对稳定地影响着个体的行为。气质是指个体在生理和心理上对刺激物作出反应的方式，它体现了个体的生理特征和反应模式，涉及情绪、活动水平、情绪稳定性等方面。相比于性格，气质更多地与个体的遗传和生物学因素相关，对外界刺激作出的反应较为稳定和持久。

(一) 性格与气质的区别

气质是指与个体的生物学特征相关的情绪和行为的动力特征，主要由遗传和生理因素决定。气质是先天的，难以改变，而且我们对其没有价值判断，因为它们无好坏之分。性格则是指人的行为特征和与社会环境的互动方式，它受到个体的经历、学习和社会环境的影响。性格是后天形成的，对个体的行为和社会评价有着明显的影响。性格有好坏之分，我们常常用积极的性格特质(例如乐观、坚韧)来描述一个人。气质相对来说很难改变，它的可塑性很小，而性格在一定程度上是可塑的，容易受到环境的影响。虽然性格有一定的稳定性，但通过个人的努力和外部环境的引导，人们可以在一定程度上塑造和改变性格。

(二) 性格与气质的联系

性格和气质之间的联系是密切而复杂的。以下是它们之间的三种联系：

(1) 气质对性格具有渲染作用。不同的气质类型可以赋予相同性格特征不同的色彩。例如，具有勤劳的性格特征的人，多血质的人可能表现出精神饱满和精力充沛；而黏液质的人则可能表现出踏实肯干和认真仔细。同样，具有友善的性格特征的人，胆汁质的人可能表现出热情豪爽，而抑郁质的人可能表现出温柔。

(2) 气质对性格的形成与发展产生影响。气质会影响性格的形成与发展的速度。当气质与性格具有较高一致性时，气质有助于性格的形成与发展；而当二者不一致时，气质可能会阻碍性格的形成与发展。例如，胆汁质的人更容易形成勇敢、果断和主动的性格特征，而黏液质的人则较难形成这种性格特征。

(3) 性格对气质具有调节作用。性格在一定程度上对气质起着重要的调节作用，性格可以掩盖和改造气质，使气质服从于生活实践的要求。举例来说，飞行员必须具备冷静沉着、机智勇敢等性格特征，严格的军事训练可以掩盖或改造胆汁质者易冲动和急躁的气质特征。这种情况下，性格可以在一定程度上调节和影响气质的表现。

如果将性格比作各种不同的树，气质则类似树的种子。不同的环境会对树的生长产生不同的影响，就像松树和橡树在不同环境下会呈现不同的样貌。然而，不论环境如何变化，松树的种子始终会长成松树，而不会变成橡树。这个比喻说明了性格的稳定性，指明了气质对一个人的长期行为和特点的影响。尽管外在环境可能对个体产生一定的影响，但气质所确定的基本性格特点是相对固定的，并且在大多数情况下保持不变。

三、MBTI 人格理论

不同人具有不同的思维方式和表达方式，这会导致沟通不畅的现象。伊莎贝尔·迈尔斯的观点指出，人们使用不同的心理工具进行思考和表达，由此引发的差异是普遍的和正常的。在推销实务中，沟通不畅往往是导致推销不顺利的主要原因之一，而不是商品本身的问题。因此，通过研究不同的人格类型，我们可以更准确地了解自己和他人，了解个体获取信息、处理信息和做出决策的常用方式，以及个体在沟通和表达意愿方面的典型特征。这样，我们才能提高推销成功的概率。

MBTI 人格理论是以荣格人格理论为基础形成的。MBTI 人格理论共有四个维度，每个维度有两个方向，分别是外倾(E)和内倾(I)、感觉(S)和直觉(N)、思维(T)和情感(F)、判断(J)和感知(P)。

(一) 外倾—内倾偏好(EI)

对于个体而言，内倾和外倾是两种不同的生活态度或倾向。内倾型个体更关注内部世界、抽象概念和想法，而外倾型个体更注重外部世界和人、事、物之间的互动。然而，这并不意味着每个人只能被局限在某一种倾向中。良好发展的个体可以在必要时灵活地适应外部世界的需求，同时也能够处理抽象思维问题。内倾型个体相对更擅长思考抽象问题，而外倾型个体更擅长在实际行动中处理具体的人与事的问题。就像左右手取向一样，内外倾的倾向也是相对稳定的。因此，每个人都有自己独特的倾向和偏好，这将影响他们对事物的感知和判断方式。

(二) 感觉—直觉偏好(SN)

荣格在他的理论中提出了两种截然不同的感知方式：感觉和直觉。感觉型的个体倾向于直接利用身体的五种感官来感知环境，而直觉型的个体则更倾向于在无意识中综合和联系各种外部信息，从而间接地感知环境。

从童年开始，个体的感知方式就会倾向于感觉与直觉中的一种，这种倾向会对个体的发展产生基本的差异。个体在发展过程中会有足够的能力来掌控自己的心理活动，他们会频繁地使用自己偏好的感知方式来获取信息，并尽可能地避开自己不喜欢的感知方式。不论是偏好感觉还是直觉，个体都会经常使用自己更喜欢的感知方式，关注这种方式所提供的信息，并基于这些信息来建构和更新对世界的认知。同时，另一种不被偏好的感知方式则较少受到关注。这种个体间的感知方式差异是荣格人格理论的一部分。

(三) 思维—情感偏好(TF)

个体在对信息进行判断时会采用不同的方式，包括思维方式和情感方式。思维方式是基于理性逻辑的加工，通过逻辑推理和分析来得出客观的结论。情感方式则是基于个人的主观价值取向和情感反应对事物进行评估，这也是理性的过程。

对于同一件事情，不同的判断方式往往会得出不同的结论。根据荣格的理论，每个人天生倾向于并更加信赖其中一种判断方式，即思维或情感。这种倾向可能会影响个体在决策和判断过程中的偏好和决策结果。

了解个体的判断方式倾向有助于更好地理解他们的决策和行为，促进更有效的沟通和交流。同时，意识到自己和他人的判断方式差异也有助于从更广泛的视野做出更全面的决策。

(四) 判断—感知偏好(JP)

感知与判断是心理过程中的两种不同方式，无法同时进行。在日常生活中，我们会在感知和判断之间进行切换。尽管在生活中我们需要同时进行感知和判断，但大多数人会更偏好其中一种方式。他们会认为这种方式更舒适、自如，并且会更多地采用它来处理各种事务。如果在不到 10 分钟的时间内，一个人就开始告诉你该怎么做，那么他可能是倾向于判断的类型。“判断—感知”维度可以透露出个体对信息处理和决策的偏好。需要注意的是，人格类型理论是一种描述性理论，用于辅助理解和解释个体的行为和偏好，不应被用作评判个体价值的标准。

通过上面的介绍可知，“外倾—内倾”是人们获取信息的渠道(能量的来源)，即将自己的主要精力投注在外部世界还是内部世界；“感觉—直觉”是一个人获取信息的方式，即选择使用感觉还是直觉来感受事件本身；“思维—情感”是一个人加工所获取信息的方式，即选择使用思维还是情感加工信息；“判断—感知”反应着一个人的生活方式，即他(她)在日常生活中，选择判断态度还是感知态度。总结 MBTI 人格理论的四个维度辨别标准如表 4.1 所示。

表 4.1　MBTI 人格理论的四个维度辨别标准

维度	偏　好	对个体选择的影响
EI	外倾或内倾	将自己的主要精力投注在外部世界还是内部世界
SN	感觉或直觉	当两种感知方式都可行时，选择使用感觉还是直觉
TF	思维或情感	当两种判断方式都可行时，选择使用思维还是情感
JP	判断或感知	在日常生活中，选择判断态度还是感知态度

根据荣格的理论，从“外倾—内倾”“感觉—直觉”“思维—情感”和“判断—感知”四个维度，可将人格划分为 16 种典型的类型。另外，在很多的 MBTI 测试实践中，又增加了“A”和“T”两个维度，其中，“A”代表稳定、坚决，能抵抗压力；“T”代表谨慎和犹豫。因此，在一般情况下，测试结果为“A”的个体的 MBTI 人格类型更加稳定，而测试结果为“T”的个体，其 MBTI 人格类型容易随着时间发生变动。

(五) MBTI 人格理论的 16 种人格类型及其特征

1. ISFJ——抚育者(守卫者)

ISFJ 型人格被称为抚育者或守卫者。这种人格类型的人通常都非常细心、传统、有耐心和有条理，具有奉献精神，愿意为他人提供服务和保护。对于 ISFJ 型人格的人来说，有同情心、忠诚、体贴和尽责是很突出的特点，他们常常扮演着默默守护并支持他人的角色，被称为“监护人和支持者”。

无论有多麻烦，只要有人真正需要帮助，ISFJ 型人格的人都会尽全力去帮助他们，并且常常会在这方面花很多时间。他们热衷于协助朋友，确保每一件事情都能妥善安排以达成目标。ISFJ 型人格的人天性沉静、友善、谦逊，因此备受人们尊敬。他们注重提供实际的帮助，具有牺牲精神，乐于成为一位默默无闻的英雄，特别是在家庭方面。ISFJ 型人格的人最具有特色的性格优势是默默地提供帮助，确保事情能够井然有序地进行。

对于 ISFJ 型人格的人来说，他们倾向于设定长期目标，并为实现这些目标制订具体的阶段性计划。他们通常专注于眼前的任务，并能冷静地应对变化。他们愿意从事各种工作，且不轻易想要改变工作。ISFJ 型人格的人偏好清晰的组织结构，喜欢从事实际服务性的工作，例如学前教育和小学教师、保健服务、家庭医生、护士等。

ISFJ 型人格的人喜欢拥有私密空间，可以安静地思考而不受干扰。他们懂得储蓄，在退休之前会有足够的储蓄以满足未来的生活需求。他们通常不主动追求领导职位，但他们由于具有经验和责任感，可能会被提升为领导。作为领导者，他们以人为本，激励他人自觉地按照组织规定完成任务。

以上描述基于 MBTI 理论中的 ISFJ 人格类型。需要注意的是，人的行为和偏好是多样化的，不能仅根据人格类型论断一个人的全部特质和行为方式。

2. ESFJ——助手和贴心人(执政官)

ESFJ 型人格的人被称为助手、贴心人或执政官。ESFJ 型人格的个体通常表现出认真、忠诚、爱交际、易亲近、负责，喜欢和谐、善于合作、机巧、严谨、热情积极，并具有同情心强和传统的特点。他们喜欢关注他人的需求，并愿意为他人着想。由于外向的特点，他们常常能够和周围的人建立良好的人际关系，并善于在团队合作中发挥作用。在职业方面，ESFJ 型人格的人通常在需要与人交往、提供支持和关怀的岗位上表现出色，如教育、医疗保健、社会工作等领域。

ESFJ 型人格的人是乐于助人的人，他们通过理解和关爱将人们凝聚在一起，扮演着助手和贴心人的角色。他们十分重视人际关系的和谐，在组织任务时喜欢与他人一起准时高效地完成工作。ESFJ 型人格的人特别关注人类的基本需求，如健康和社会福利，乐于帮助那些需要帮助的人。他们强调安全和稳定性，以热情、体贴周到和友好的特点著称。他们喜欢有组织、秩序良好的工作环境，能够坚守承诺。

ESFJ 型人格的人在父母、配偶和职工这些角色上都有很高的信誉和责任感。他们喜欢能够实际帮助他人的组织工作，即使退休后仍忙于与人际关系相关的活动。他们通常尊重权威，遵守规则，擅长与他人合作，并能按时准确地完成任务。适合 ESFJ 型人格的人的工作包括儿童保育员、牙科助理、小学教师、护士、办公室经理、放射技师、接待员或秘书、教练等。ESFJ 人格类型的人注重人际关系，关注他人的需求，并且擅于发挥团队成员的能动性。他们常常以身作则，通过展示自己的价值观和道德标准来影响他人。然而，由于过于注重人际关系和谐，他们有时候可能会在决策和行动上显得不够果断。

3. ISTJ——检查员(物流师)

ISTJ 型人格的人被称为检查员或物流师。这种人格类型的人通常以求实、严谨、深入、系统为特点。他们通情达理、坚定、有条理，注重责任和明智的决策，刻苦努力、实际可靠。ISTJ 型人格的人倾向于有计划、有系统地工作，他们善于将任务按照计划完成。他们是非常注重细节，并且认真对待工作的人。这种人格类型的人在组织、管理、执行任务方面表现出色，常常被认为是可靠的团队成员。

ISTJ 人格类型的人通常以认真负责、可靠实际而闻名。他们注重细节，小心谨慎，遵守诺言。他们善于系统思考，计划和准备充分，能够规划并控制自己的目标以达到预期质量。ISTJ 人格类型的人擅长行政管理和制定规则，擅长把控恰当的时间和地点，并按部就班地完成任务。

ISTJ 人格类型的人尊重传统，重视家庭和社会价值观，他们在工作中表现出稳定、有毅力和肯努力的状态，常常成为组织中的领导者。他们适合从事需要处理事实和数据的工作，如会计、审计员、牙医、电工、主管和科学教师等。他们注重任务的完成，领导风格侧重于利用以往的经验和实际情况来指导决策，更关注任务本身而非人际关系，不太善于表扬别人。

4. ESTJ——实施者和监管者(总经理)

ESTJ 人格类型的人在职业角度上常常被称为实施者、监管者或总经理。ESTJ 人格类型的人具有有逻辑、果断、客观、高效、直率、实际的特点，他们注重传统和规则，具有责任心强和效率高的工作风格。他们善于按照一定的标准组织和利用资源来完成任务，秩序和组织对他们而言非常重要。他们在工作中是实干家，愿意亲自动手并展示领导能力。

ESTJ 人格类型的人对任务有高度的责任感，善于预见可能的困难并避免错误。在需要有组织、有结构并要求达成预期效果的活动中，ESTJ 人格类型的人通常能够表现出色。

ESTJ 人格类型的人在家庭和社会角色定位上非常认真和负责，常常成为家庭、社区、公司和社会的支柱。他们喜欢不停地忙碌，将忙碌作为一种爱好。ESTJ 人格类型的人适合从事有层次结构和系统管理的工作，喜欢有明确目标的任务。适合他们的工作包括政府工作人员、保险代理人、主管、技师和销售人员等，这些工作能给他们带来成就感。在领导方面，他们擅长调动资源，快速解决问题，注重事务的完成，相对较少考虑人际关系。他们追求稳定、可预见性和效率，通常希望在一家公司长期工作，直到退休。

5. ISFP——艺术创作者(探险家)

ISFP 人格类型的人被称作艺术创作者、探险家，他们通常温柔、体贴和谦虚，富有同情心，注重和谐与和平。他们通常具有较强的适应能力和敏感度，善于观察和合作。ISFP 型人格的人倾向于过有灵性的生活，注重当下的体验，喜欢创作艺术品和为生活增添美感。他们懂得关心他人，乐于帮助那些需要帮助的人。ISFP 型人格的人也倾向于避免与他人发生冲突，保持和谐的关系。他们擅长发现他人的优点，展现他们好的一面。

ISFP 人格类型的人通常喜欢从事安静的幕后工作，帮助他人实现目标和梦想。他们的职业范围很广，可能是木匠、技工、饮食服务员、护士、理疗师、技术人员等。他们以热情参与工作，并努力使团队合作愉快，因此受到同事们的喜爱。他们关心朋友和家人，愿意花时间加深与他人的情感联系。在领导风格上，ISFP 人格类型的人倾向于依靠团队对他们的信任来激励团队成员，他们擅长表扬和鼓励而不是过度批评。通常情况下，ISFP 型人格的人并不主动追求领导职位，他们通常是在需要时被提拔为领导。

6. ESFP——鞭策者(表演者)

ESFP 人格类型的人被称为鞭策者、表演者，他们通常是友善、有趣、热情洋溢的人。他们喜欢社交和交际，善于与他人打成一片。ESFP 人格类型的人喜欢享受生活，能够从各种活动和事物中找到乐趣，并乐于与他人分享这些乐趣。他们具有同情心，慷慨大方，善于行动和喜欢刺激。他们能够以独特的方式活跃气氛，并激励他人将事情做好。ESFP 人格类型人的独特优势在于他们能够以有趣和生动的方式满足他人的实际需求，将资源和人联系在一起。他们往往能够赢得他人的喜爱和欢迎。

ESFP 人格类型的人倾向于保持乐观的生活态度，并能在任何情况下找到合适的位置。他们喜欢活泼、行动导向、和谐的环境，并喜欢与人相处。ESFP 人格类型的人喜欢为他人提供直接和实际的服务，通常在需要微笑服务的工作中表现出色。公务主管、教练、设计师、工厂主管、接待员、娱乐工作者、治疗师等工作都适合 ESFP 人格类型的人。他们擅长与不同年龄、背景和人格类型的人交流，能展现积极的形象。在领导方面，ESFP 人格类型的人注重人际关系，激发个人主观能动性，强调团队合作，在危急情况下，他们也能快速反应。

7. ISTP——分析员和操作者(鉴赏家)

ISTP 型人格的人被称为分析员、操作者或鉴赏家。这种人格类型的人具有逻辑思维强、实际、务实、注重实质，以及具备分析能力、勤奋、独立和勇于冒险的特点。他们是注重用行动解决问题的分析员和操作者。ISTP 人格类型的人擅长观察，特别是基于理性和客观实际的观察，善于收集事实和数据来分析问题的原因。他们擅长使用工具、进行框架分析和解决问题，喜欢具有挑战性的问题，并通过实施自己独创的方案来找到解决问题的方法。他们通常不喜欢抽象或不实际的事物，喜欢冒险和寻求刺激，比如摩托车、飞行、冲浪等活动。当面临需要紧急解决的实际问题时，ISTP 型人格的人能够迅速提供理性分析和解决方案。

ISTP 型人格的人更倾向于放松自如，不太重视职业规划，更愿意将时间花在自己的兴趣爱好上。他们喜欢以项目为目标的工作，可以自由发挥并独立解决问题，适合如工程师、建筑工人和运输操作员等工作。ISTP 型人格的人擅长找到最直接、高效的方法来完成任务。他们通常熟悉工作的标准、规程和要求，因此在面临危机时能够从容应对和快速反应。在领导风格上，ISTP 型人格的人更注重以身作则，通过行动来激励他人。他们管理风格相对宽松，通常是提供必要的信息，让每个人按照自己的风格完成工作。

8. ESTP——推进者和执行者(企业家)

ESTP 型人格的人通常被称为推进者、执行者或企业家。他们具有很多积极的特点，如好动、随遇而安、爱热闹、多才多艺、精力充沛、机敏、重实效和随和等。作为推进者和执行者，他们喜欢自由，重视行动，是解决问题的积极主动者。他们充满活力，喜欢享受生活中的美好时刻，喜欢参与各种活动。他们直言不讳，口才好。ESTP 型人格的人喜欢观察，擅长实际操作。在资源紧张的情况下，他们能够迅速灵活地找到最实际有效的方式来完成任务。

ESTP 型人格的人将工作作为生活的重点，他们工作风格积极主动、行动迅速，喜欢风险与回报相对较大的机会。他们需要灵活自由的工作环境，适合从事审计、手工艺、农业、市场营销、执法、销售、客服、运输等工作。在工作之余，ESTP 型人格的人喜欢参加各种活动，特别喜欢与家人和朋友一起娱乐。作为领导者，ESTP 型人格的人可以随时承担责任，尤其在危急时刻，他们能够迅速解决问题，突破束缚。他们健谈、注重事实，有说服力，善于表达并让他人接受自己的观点。

9. INFP——理想主义者(调停者)

INFP 型人格的人被称为理想主义者、调停者，他们通常具有以下特点：善良、富有同情心、坚守诺言、有创造性、有奉献精神、沉默、温和、适应性强、好奇、忠诚、专心等。INFP 型人格的人倾向于敏感、内省、复杂、有爱心、关心他人，被描述为和谐使者和情感体察者。他们内心有坚定不移的核心价值观，这指导着他们的交往和决策，他们执着地追求理想的生活。他们希望从事对自己和他人都有发展和贡献的工作，因为他们认为工作除了赚钱外还应该有意义。对于 INFP 型人格的人来说，按照自己坚信的道德责任生活至关重要。他们拥有丰富的想象力，喜欢探索新思想、新主意和各种可能。对于他们认为重要的事情，他们会坚持不懈地默默推动，从不放弃。尽管他们通常表现出温和幽默的个性，但他们经常被忽视，许多人很难理解他们复杂的内在世界。他们希望自己的生活可以符合他们完美主义的理想追求。

INFP 人格类型的人倾向于追求个人的自我价值和完美主义，这可能导致他们在寻找理想职业方面遇到挑战，常常会频繁换工作。他们喜欢有创造力发挥空间的工作，不喜欢受限于规章制度。他们在处理宏观项目上表现出色，但对细节可能不太擅长。INFP 型人格的人适合从事符合他们价值观的工作，如咨询师、编辑、讲师、艺术家、记者、心理学家、教育学家、社会科学家等。他们具有低调、温和的领导风格，善于间接引导他人，并擅长发现每个人的特点，将适合的人安排到合适的工作岗位，共同完成任务。人们通常都喜欢与 INFP 型人格的人共事，虽然可能不完全理解他们的思维方式和行为。

10. ENFP——创新者和行动者(竞选者)

ENFP 型人格的人通常被称为创新者、行动者或竞选者，因为他们具有友善、热情、有创造性、独立、好奇、有想象力、多才多艺、善于表达、友好、精力充沛和好动的特点。他们常常充满好奇心，富有创意，充满热忱，是富有关怀和创新精神的人。他们懂得与人相处，能够理解群体的运作方式，并在追求重要目标时表现出很强的说服力。他们适应能力强，无论身处何地，都能发挥自己的优势。

ENFP 型人格的人常常受到新事物、新体验的鼓舞，是变革的推动者，非常适合从事创新企业和项目的工作。他们善于发现和欣赏他人的长处，能够预知他人的需求并提供帮助，他们的热情和乐趣贯穿生活的方方面面。当需要发挥创造力和人格魅力，鼓励人们应对变化时，他们能够出色地发挥作用。

ENFP 型人格的人被描述为一直保持年轻的心态，热情好奇，善于交友，易于亲近。他们对生活充满热爱，能够吸引他人靠近。他们珍惜有深度和真挚的亲密关系，并努力创建和保持开放诚实的沟通。他们喜欢能够发挥自己各种新主意的工作环境，不喜欢受到过多的约束和限制。对于 ENFP 型人格的人来说，与同事之间的和谐关系很重要。他们的职业发展通常不是传统的线性发展，有时即使没有正式的资质，他们也能够赢得别人的信任并得到聘用，因为他们擅长说服他人。ENFP 型人格的人相对适合艺术家、顾问、艺人、记者、公关、社会科学家、社会工作者等工作。他们的领导风格是激励人心、发现他人潜力并帮助其发挥才能，凭借远见和信心引领团队向前。他们在管理人员、资源和项目方面表现出色，能够满足组织的需求。

11. INFJ——预言家和促进者(提倡者)

INFJ 类型人格的人通常秉持诺言、富有同情心、坚定、敏感、深沉、忠诚，且具有创造性。他们注重概念和保险，理想主义，有远见和见解，被称为理想化的预言家和促进者。

INFJ 人格类型的人倾向于思考未来，对人际关系的潜力具有强烈直觉，并善于用自己的洞察力来理解复杂的含义。他们追求生命的意义和人与人之间的联系，对与内心价值不相关的细节不太关注。他们能够站在他人的角度来理解他人和做出决定，在对自己的价值有贡献的人和机构上保持忠诚。他们通常并不显眼，喜欢安静地施展影响力，他们认为能够作出贡献就是成就。然而，当他们的价值观受到侵犯时，他们会毫不犹豫地维护自己的观点并坚持下去。

根据这些特点，INFJ 型人格的人适合从事需要创造性的工作，例如教育顾问、心理学家、科学家、社会工作者等。教育顾问能够帮助人们发现自己的潜力并实现目标；心理学家能够提供支持和指导；科学家能够进行深入的研究探索；社会工作者能够影响社会并帮助他人。这些职业给予 INFJ 型人格的人发挥他们的创造力和人际关系技巧的机会，使他们能够在工作中实现自己的理想和价值。当然，个体之间的差异非常大，所以并不是每个 INFJ 型人格的人都适合或者喜欢从事这些职业，每个人应该通过自我探索和了解来确定自己最适合的职业。

INFJ 型人格的人注重工作中的人际关系，喜欢在办公室装饰纪念品或照片，这反映了他们对个人情感的重视。他们倡导职业道德，坚守承诺，并希望通过工作做出有贡献和有意义的事情，从而赢得尊重。作为领导者，INFJ 型人格的人倾向于以理想激励他人，注重关注员工的需求与新想法，采取低调、温和却坚定的行动，默默而坚定地推动实现长期目标，这些特点反映了 INFJ 型人格的人在工作中的价值观和行为方式。需要注意的是，人的行为和领导风格受到多种因素的影响，人格类型只是其中之一。

12. ENFJ——鼓舞者和教练(主人公)

ENFJ 型人格的人通常具备热情、有同情心、可信赖和擅长支持他人成长的特点，被称为鼓舞者和教练员。他们善于与别人配合，能够迅速理解他人的需求，促使有不同利益和动机的人达成共识，如同催化剂一样促使人们发挥优势。他们可以是鼓舞人心的领导者，也可以是忠诚的追随者。他们擅长交际，能从人际关系中获取动力，并全力以赴地建立和维护这些关系。他们喜欢有组织、秩序和结论，擅长在人际关系敏感的环境中发挥辅助他人取得成功的才能。这些特点使得 ENFJ 人格类型的人在人际交往和领导力方面具有优势。

ENFJ 型人格的人通常被那些改善人类和社会环境的工作所吸引，他们热衷于社区公益、家政服务等工作，并以真诚和热心吸引他人的参与。ENFJ 型人格的人喜欢注重人的价值的工作环境，他们在和谐的工作环境中，能够充分展现出色的表现，他们适合从事演员、顾问、治疗师、设计师、音乐家、作家、教师等与理想和促进和谐关系有关的工作。ENFJ 型人格的人具有教练型的领导风格，他们善于理解他人的需求，善于倾听和支持，并为部下的需求负责。无论是工作上还是私事上，他们都努力为他人着想。

13. INTP——理论概念设计师(逻辑学家)

INTP 型人格的人具备逻辑思考能力强、疑心较重、保守、超脱、谨慎、独立、精确等特点。INTP 型人格的人追求纯粹的逻辑和通用真理，喜欢思考问题并寻求合理的解释。他们注重理性的交流，并欣赏优美的理论和逻辑。INTP 型人格的人不容易轻易接受普遍认可的事实，对于真理的理解和认同通常需要经过深思熟虑。在平时表现低调，但当挑战真理时会坚持自己的观点。INTP 型人格的人性情沉静、有适应力、灵活，善于对抽象的思想或复杂问题进行分析并掌握关键要素。

在工作中，INTP 型人格的人通常在独立工作时表现最佳，不喜欢例行常规的工作，喜欢挑战常规。他们非常重视智慧和执行能力，通常不追求领导职位，而是更愿意在幕后专注于自己擅长的领域。作为领导者，他们注重启发他人的思维和逻辑，通常不会按等级和资历评判一个人的能力，而是看重其工作经验。

INTP 型人格的人适合从事医疗卫生、艺术与设计、发明、音乐、摄影、通信、翻译、记者、作家、数据管理、金融分析、教育与咨询、数学、企业管理等方面的工作。

14. ENTP——探索者和发明家(辩论家)

ENTP 型人格的人具有聪明、有创业精神、独立、坦率、有创造性、适应力强、善于分析、足智多谋和好问等特点。

ENTP 型人格的人倾向于成为探索者和发明家，他们喜欢追求新颖和复杂的事物，并能将新的思想付诸实践，实现独特的功能和应用。他们喜欢发现新的途径，应用各种理论来提高系统或人的效率。他们独立自主，注重适应和创新，并能预见和适应变化。他们不喜欢教条主义和官僚主义，并且在环境发生变化时能够快速应对。

ENTP 型人格的人适合从事演员、化学工程师、计算机分析师、调查员、记者、市场营销、公关、心理学家、销售代理等工作。他们天生具有企业家的素质，更适合在具有灵活性和创造力的工作环境中发挥创新能力，特别适合在创业阶段作出贡献。ENTP 型人格的人的领导风格是通过创造前所未有的价值来引导团队，给予团队成员自由空间，鼓励发挥个人的主观能动性。

15. INTJ——科学家(建筑师)

INTJ 型人格的人通常具备独立思考和逻辑分析的能力，他们善于整合复杂、理论化和抽象化的事物，并制定有效的策略来实现目标。他们对知识和专业技能非常重视，注重秩序和效率。冷静的思考习惯使他们能够快速识别和解决问题，并且在必要时表现出果断、坚决和强硬的特点。

INTJ 型人格的人通常具有创造力和洞察力，独立性强，被称为有远见的“概念性策划者”。他们能够清楚地看到未来的可能性，并有能力迅速将想法付诸实践。在十六种人格类型中，INTJ 型人格的人独立性最强。他们最独特的优势在于能够从全局的角度看待事物，快速识别信息和整体之间的关系，是具有长远眼光的策划者。当他们安静地专注于自己的思考、理论和原则时，能够达到最佳状态。

INTJ 型人格的人通常注重自身内在的目标和标准，并且会为此目标努力实践。社交对他们来说通常不是主要的兴趣，除非与某个特定的目的相关。他们朋友较少，但对于那些符合他们标准的朋友，他们会长久地维系友谊。INTJ 型人格的人适合与有知识和智慧的人一起工作，他们喜欢有隐私和学习空间的工作环境，能够发挥和拓展自己的知识和技能。适合他们的工作包括计算机系统分析员、电气工程师、法官、律师、摄影师、心理学家、研究人员、科学家和大学讲师等。

在领导风格上，INTJ 型人格的人通常果断坚定，按照组织架构的整体目标驱动。有时他们可能会感到困惑，为什么别人不能像他们一样清楚地看到远景。他们善于发现问题，喜欢批评，相对不太重视人际关系。因此，他们领导各种性格的人组成的团队可能比较具有挑战性。

16. ENTJ——策划者和执行者(指挥官)

ENTJ 型人格的人具备逻辑性强、果断和计划性强的特点，他们擅长制定策略、协调任务以及解决问题。他们有很强的领导才能，喜欢指导他人，使其实现共同的目标。ENTJ 型人格的人通常是组织者，在效率低下或有分歧的情况下能够迅速负责并采取行动。他们很少拒绝挑战，总能运用自身的资源找到解决问题的方法。

在职业选择方面，ENTJ 型人格的人通常在事业上有长远的目标和周全的计划，因此很容易在组织中担任领导角色。他们喜欢与独立、果断的人共事，适合在注重结果和成就的环境中发展。行政管理、市场推广、银行家和执行总监等工作更适合他们。ENTJ 型人格的人的领导风格是注重远见、有目标、果断，直接而坚定地推动工作，通常更注重事务本身而不是人际关系。他们对工作和与之相关的活动会投入很多时间和精力。

(六) 主导型心理功能

在具体的生活、生产实践当中，人们会发现，即使两个人属于同一种人格类型，但仍旧存在很多的差异。同一人格类型产生个体差异的部分原因是主导型心理功能不同。

主导型心理功能在决策和行动中起着重要的作用。它为个体提供了一种权威力量，帮助他们在生活中做出决策并坚持目标。通过不断锻炼和发展自己擅长的主导型心理功能，个体可以使其更加强大，并在生活中发挥主导作用。类比船长指挥船只航行，主导型心理功能就像是船长，为个体提供方向和指导决策。如果每个人都轮流掌舵，没有一个权威的决策者，很难在目标和航线上达成一致，难以取得成功。同样，个体也需要一种主导的心理功能来引导和统筹自己的决策。通过持续发展和强化主导型心理功能，个体可以逐渐将其作为主导力量，使其在决策和行动中取得优势地位，指导整个生活过程。

1. 主导型心理功能产生的原因

对于个体来说，仅靠一种心理功能是远远不够的。为了维持生活的稳定运作，个体需要另外一种充分发展但相对较弱的心理功能作为辅助，其作用主要是积极配合主导心理功能的发挥。辅助心理功能在个体的心理发展中扮演着重要的角色，个体需要发展并维持辅助心理功能，以保持生活的平衡和稳定运作。如果主导心理功能属于判断维度，辅助心理功能通常属于感知维度，提供对主导心理功能判断的信息支持。感知功能(感觉或直觉)可以为判断提供有力的支持和补充。反之，如果主导心理功能属于感知维度，判断功能(思维或情感)通常处于辅助地位，为实现个体的目标提供动力补充。

除了在重要的生活事件中提供支持，辅助心理功能还起到平衡外倾和内倾、外部世界和内部世界的作用。个体倾向于将主导心理功能投入到自己更感兴趣的事务上，辅助功能则负责处理生活中的次要事务，以确保主要目标的实现不受干扰。因此，发展和维持辅助心理功能对于个体的心理健康和生活的平衡至关重要。

外倾型个体通常更加关注外部世界的人和事件，主导心理功能主要用于处理外部事务，而辅助心理功能用于处理内部事务。没有辅助心理功能的平衡发展，外倾型个体可能会表现出过度外倾和表面化的特点。

而内倾型个体则需要同时应对内外两个世界，他们将主导心理功能用于内部世界的思考和想法，而辅助心理功能则用于处理外部事务。由于外部世界的结果通常是显而易见的，内倾型个体通常不情愿使用自己的主导心理功能来处理外部事务，除非迫不得已。每种心理类型都有其独特的优势和倾向，最佳的结果通常是能够平衡地应对内外两个世界。这种平衡有助于个体在不同领域中发展，而不会过度倾向于内倾或外倾。

2. 如何识别个体的主导心理功能

外倾型个体的主导心理功能通常是展露在外的，并且他们对外部世界比较敏感和投入。他们喜欢与人交往，表达自己的想法和情感，往往容易被他人察觉和理解。相反，内倾型个体的主导心理功能更倾向于内向，他们更喜欢内省和独自思考。他们倾向于将主要精力投入到内在世界中，对他人公开展示的一面通常只是他们次要的辅助心理功能。对于大多数人来说，了解内倾型个体的真实内心是相对困难的，除非和他们建立了亲密的关系或者对他们的工作产生了极大的兴趣。因此，外倾型个体更容易被他人了解和接触，而内倾型个体相对保守和内敛，不太容易被他人深入理解。

在确定内倾型个体的主导心理功能时，有时我们可能会得出与其外表行为相反的结论。那些以思维或情感为主导心理功能的内倾型个体，表面上可能并不像典型的判断型。他们可能不太愿意直接展现出自己的判断能力，除非面对与他们内部世界密切相关的重要事件。在这种情况下，他们会出人意料地表现出明确的态度和明确的立场，展示出他们作为判断型人格的特质。

同样地，那些以感觉或直觉为主导的内倾型个体，在外表上也可能不像感知型。他们可能更倾向于以判断型的形式来处理外部世界，展现出辅助心理功能的判断能力，而将更重要的感知功能保留以处理自己的内部世界。

对于外倾型个体而言，他们的主导心理功能总是直接在外部展现，而辅助心理功能则处于辅助的角色，为主导心理功能提供支持。人们可以直接与他们沟通和处理各种事务。无论何时何地，人们都可以直接从他们那里得到明确的结论。

相比之下，内倾型个体的主导心理功能更像是在军帐里坐镇，处理重要的任务。而辅助心理功能则在内倾型个体的周围，负责处理外部事务或协助主导心理功能的工作。当有事务到来时，内倾型个体通常会先派遣辅助心理功能去处理，只有在面对非常重要的事情或者对方是亲密的朋友时，主导心理功能才会亲自出面。

因此，在与内倾型个体打交道时，不能仅仅通过短暂的接触就认为自己了解他们的真实想法。内倾型个体与外倾型个体在主导心理功能的机制上存在很大差异。

总结外倾型与内倾型个体的主导心理功能与辅助心理功能机制，如表 4.2 所示。

表 4.2 外倾型与内倾型个体的主导心理功能与辅助心理功能机制

外 倾 型	内 倾 型
判断、感知偏好反映了个体的主导心理功能	判断、感知偏好反映了个体的辅助心理功能
主导心理功能用在外部世界	主导心理功能用在内部世界
辅助心理功能用在内部世界	辅助心理功能用在外部世界

从 MBTI 人格类型的四个字母判断主导心理功能可分为三步。

第一步，需要知道处于主导地位的心理功能必然属于感知维度(第二个字母)或者判断维度(第三个字母)。

第二步，从与对方的交流中，判断个体获取能量的渠道(外倾或内倾)。

第三步，从个体的判断和感知偏好中发现其主导的心理功能，但需要区别对待外倾型和内倾型个体。

外倾型个体会用自己的主导心理功能处理外部世界的事务，因此，可以直接通过他们的判断和感知偏好(JP)进行辨别。如果一个外倾型个体的人格类型是“J”结尾的，他的生活方式属于判断型，进而就可以推断一个人的主导心理功能应该是思维(T)或情感(F)中的一种。同理，如果一个人的人格类型是以“P”结尾的，他的生活方式就是感知型，那么他的主导心理功能必然属于感知维度，不是感觉(S)就是直觉(N)。

内倾型个体则恰恰相反，他们的主导心理功能并不会体现在判断和感知偏好(JP)中，因为他们一般不会动用自己的主导心理功能来处理外部事务，相反，在外部世界展现的是他们的辅助心理功能。因此，如果一个内倾型个体的人格类型以“J”结尾，那么，他的主导心理功能反而应该是来自感知维度的感觉(S)或直觉(N)。如果其人格类型以“P”结尾，那么，他的主导心理功能就应该是来自判断维度的思维(T)或情感(F)。

表 4.3 展示了 16 种人格类型的主导心理功能(见画线的字母)。

表 4.3　16 种人格类型的主导心理功能

维度	ST	SF	NF	NT
IJ	ISTJ	ISFJ	INFJ	INTJ
IP	ISTP	ISFP	INFP	INTP
EP	ESTP	ESFP	ENFP	ENTP
EJ	ESTJ	ESFJ	ENFJ	ENTJ

(七) MBTI 人格理论的四大气质类型

在对事物的感知上，偏好感觉的人更关注客观事实，偏好直觉的人则更喜欢评估事情的可能性。

“感觉—直觉”(SN)与“外倾—内倾”(EI)等其他三个维度都是完全独立的。感觉型个体(S)倾向于依赖实际的观察和具体的细节，他们通过五种感官来感知世界。他们重视实际的经验和直接的观察，更关注当前的现实情况而非未来的可能性。他们相信通过感官获取的信息是可靠的，对基于经验和客观事实的分析较为信任。直觉型个体(N)则更注重未来的可能性和隐藏的意义，他们依靠直觉和灵感来获取信息，对抽象概念和模式感兴趣，更关注事物的内在含义而非具体的细节。直觉型个体倾向于从直觉中获得洞察力，对创新和未来发展有较强的预测能力。

感觉型人格的人的典型特点之一是观察生活很敏锐，追求快乐；而直觉型人格的人往往对生活充满期待，追求灵感。

如前文所述，“外倾—内倾”(EI)反映的是个体获取能量的来源，“思维—情感”(TF)反映的是个体处理信息的方式，“判断—感知”(JP)反映的是个体的生活方式，“感觉—直觉”(SN)反映的是个体获取信息的方式。在四个维度中，“感觉—直觉”(SN)最直接地面向信息、获取信息，与“气质”概念的内涵最为接近，因此，凯尔西从“感觉—直觉”(SN)角度，先将 16 种人格类型划分为感觉(S)和直觉(N)的两大类。进一步，结合“直觉”(N)获得的信息是抽象的，涉及到如何将抽象数据处理成可以理解的信息的问题，因此将“直觉”(N)与“思维—情感”(TF)的信息处理方式相匹配，将“直觉”(N)大类划分为 NT 和 NF 两种气质；结合“感觉”(S)能获取现实且直接的信息，需要考虑如何“判断—感知”(JP)，于是将“感觉”(S)大类划分为 SJ 和 SP 两种气质。

因此，凯尔西将 16 型人格分为四种具有共性的气质类型，即 NT、NF、SJ 和 SP。NT 包括 INTJ、INTP、ENTJ 和 ENTP 四种人格；NF 包括 INFJ、INFP、ENFJ 和 ENFP 四种人格；SJ 包括 ISTJ、ISFJ、ESTJ 和 ESFJ 四种人格；SP 包括 ISTP、ISFP、ESTP 和 ESFP 四种人格。

1. NT——概念创造者(分析家)

性格类型：INTJ、INTP、ENTJ 和 ENTP。

气质特征：掌握概念、知识和技能，崇尚经验、逻辑，概念和思想始终如一，不断追求进步。

核心价值：知识和技能、掌握和控制。

压力源：缺乏知识和技能。

压力下的反应：困惑、沮丧、焦虑。

减压措施：找寻新的项目，重新获得知识和技能。

2. NF——理想主义者和情感培养者(外交家)

性格类型：INFJ、INFP、ENFJ 和 ENFP。

气质类型：寻找一切事物的意义和价值所在；有较高的道德水准，擅长与人合作和鼓舞他人。

核心价值：有意义、真诚、自我实现。

压力源：冲突、表里不一、被背叛。

压力下的反应：隔离、隐蔽、抑郁。

减压措施：自我认知，拥有新的梦想，被肯定和被关爱。

3. SJ——监护人和传统继承者(守护者)

性格类型：ISTJ、ISFJ、ESTJ 和 ESFJ。

气质特征：脚踏实地、忠诚负责、守时可靠、循规蹈矩，关心和支持他人，严守日程表做事，小心谨慎，不做错事，把握“应该”“不应该”的原则。

核心价值：传统、有归属感和责任心，注重人身安全和生活安稳。

压力源：被遗弃、没有责任和所有权。

压力下的反应：抱怨、疲倦、内疚、担心。

减压措施：参与新的活动，找到新的组织，被认可和赞赏。

4. SP——工匠和实感体验者(探险家)

性格类型：ISTP、ISFP、ESTP 和 ESFP。

气质特征：需要自由，希望能够产生影响，崇尚自然美和艺术美，能量集中在各种技能表演，不断寻求变化和刺激。

核心价值：行动自由、活在当下、产生影响。

压力源：被限制、枯燥、平庸。

压力下的反应：叛逆、冒险、不顾后果。

减压措施：找到新的选择，投入新活动，开发自己独特的价值。

5. MBTI 气质与盖伦体液气质的异同

MBTI 气质类型分为 NT、NF、SJ 和 SP 四种，其中，NT 是分析家，NF 是外交家，SJ 是守护者，SP 是探险家。在 MBTI 的四种气质类型中，NT 和 NF 都属于依靠“直觉”获取信息，SJ 和 SP 同属于依靠“感觉”获取信息。无论是黏液质、多血质、抑郁质还是胆汁质，都难以反应每个个体的现实状态，因为除了极少数典型气质类型个体，多数人是四种气质类型的混合体。因此，与盖伦体液气质理论相比，MBTI 气质类型更加符合人们的生活和生产实践特征。

四、推销员应对不同人格客户的技巧

所谓“知己知彼，百战百胜”，在推销实务中，掌握个体的人格特征会极大地提升成交率。当推销人员较了解自己客户的人格特征时，也就更了解他们的需求，进而可以恰如其分地进行推销，推销到消费者的“心坎里”。具体的推销技巧如下：

(1) 寻找人格相关线索。现如今，很多人把 MBTI 人格理论作为招聘员工或者社交的工具之一。在很多人的微信名称、微信朋友圈，或者自媒体平台都有标注自己所属的 MBTI 人格类型，因此在推销时，可先从各个媒介寻找客户的 MBTI 人格信息。如果能够直接找到客户所属的人格类型，那么对于推销员选择推销话术以及制定推销策略都有很大的帮助。比如，如果客户是 ENTJ 型人格，那么他往往比较执着和偏执，推销员在推销的时候千万不要和客户反着来，避免引发客户反感。ENTJ 型人格通常会有比较大的抱负，适当的夸赞是非常有必要的(这里也需要注意夸赞的技巧，最好是不露痕迹的夸赞，不会引起对方反感)。

如果不能直接找到客户的 MBTI 人格类型证据，我们可以在和客户聊天的时候引导对方讲出自己所属的人格类型，并适当予以夸奖。毕竟，谈及 MBTI 人格类型总比问对方工作(收入)要更容易被客户接受。交流的时候可以抛砖引玉，比如说出自己的人格类型，看看对方是否感兴趣，如果对方不感兴趣，及时终止相关话题；若对方相应地讲出自己的人格类型，就达到此阶段的目的了。

(2) 判断客户的内倾/外倾特征。如果没有办法直接得到客户的 MBTI 人格类型信息，推销员可以通过与客户交流判断其内倾/外倾特征。通常情况下，具有外倾性格特质的人更喜欢人际交往，讲话时更容易滔滔不绝。但需要注意的是，有的人的内倾/外倾特征不明显。比如，有人性格特征的主导心理是外倾型，但在有些场合话却不多。因此，对客户内倾/外倾特征的判断还需要结合更多的信息，防止出现判断偏差。

具体可以结合表 4.4 对客户内倾/外倾特征进行判断。如果客户的内倾/外倾特征不明显，可以先从客户身上寻找其他维度的人格特征。

表 4.4 内倾/外倾人格的区别

外倾型(E)	内倾型(I)
事后思考型。只有亲身经历之后，才能真正理解生活	事前思考型。只有在理解了生活之后，才能开始生活
轻松、自信。总是乐观地评估事情的难度，敢于直接尝试各种新鲜和未知的事物	谨慎、多疑。倾向于对事情进行评估，只有在全面了解和评估之后，才会考虑尝试新事物
精神指向外部世界。兴趣和注意力都集中在客观事物上，尤其是眼前的事物。他们的生活是由外部世界的各种人和事构成的	精神指向内部世界。对客观存在于外部世界的事物毫不关心，兴趣和注意力都集中在自己的内心活动上。他们的生活是由内心世界的各种观点和理念构成的
教化型人才，行动的巨人，现实成就无数，生活模式是“行动—思考—行动”，如此循环	文化型人才，思想的巨人，能够创造性地提出各种抽象概念，生活模式是“思考—行动—思考”，如此循环
关键的行为决策往往取决于客观条件	关键的行为决策往往取决于内心的价值观
慷慨地顺应外界的要求，认为这些要求本身就是生活的一部分	极力抵抗外部世界的种种要求，努力维护自己的内心世界
简单易懂，亲切随和，通常善于社交，乐于周旋于各种人和事中，面对抽象的理念往往不知所措	微妙复杂，沉默寡言，一般比较害羞，与现实生活中的人和事相比，他们更乐于思考并沉浸在抽象事物中
热情开朗但用情不深，随着生活的继续，会随时卸下身上的情感负担	感情强烈深刻，会把经历过的情感仔细封存，小心看护
典型弱点是思想浅薄，这一问题在极端外倾的个体身上表现得尤为突出	典型弱点是不切实际，这一问题在极端内倾的个体身上表现得尤为突出
心理健康和人格完善的关键在于合理发展人格的内倾性，使之与自身的外倾性相互平衡	心理健康和人格完善的关键在于合理发展人格的外倾性，使之与自身的内倾性相互平衡

(3) 判断顾客的生活方式。判断型的人认为应该按照自己的意愿去选择和改变生活，感知型的人则认为人们应该尽可能地去体验和理解生活。因此，判断型的人喜欢将事情安排得井井有条，而感知型的人则喜欢随机应变，为了避免错过任何宝贵的生活体验或者灵感启迪，他们很少提前计划或者进行抉择。在生活中，这两类人的区别也是显而易见的。

正如“判断”这个词所代表的意思，判断型个体永远都在追求结论，他们喜欢对各种事情指手画脚，哪怕毫无必要。通常来说，判断型的人不仅会将自己要做的事情提前计划好，还会对别人的事情指指点点。但凡有一点机会，判断型的人就会忍不住大肆干涉别人的想法。如果你刚认识一个人不到 10 分钟，他就开始告诉你“你应该怎么做”，那他一定属于判断型。

有些个体的判断偏好不是非常典型，他们会在心里念叨对方的是非对错，但并不会真的说出口。而感知型的人根本就不会思考这样的问题，与其去评判别人，他们更愿意去了解别人在做什么。

感知型个体对于“是什么”和“为什么”的强烈好奇并不意味着他们在追求最终的结论。不到万不得已，感知型个体从来不会对任何事情下定论，甚至在必须做决定的时候也拒绝表态。在感知型的人看来，任何事物都包含着错综复杂的因素，而谁也不可能完全掌握所有的真相。因此，每当看到判断型个体如此热切地追求结论，他们会非常诧异。只有判断型的人才会相信“一个糟糕的决定也比没有决定强”。在面对问题时，感知型的人倾向于通过更好地理解问题而最终解决问题。

(4) 引导顾客多说。当我们引导顾客多说的时候，就有更多的机会从顾客那里获得更多的人格类型信息。无论是“感觉—直觉”(SN)的信息搜集方式，还是“思维—情感”(TF)的信息加工方式，获得任何一点儿信息都有利于帮助推销员进一步判断客户的人格特征和购物偏好。

① “感觉—直觉”(SN)型个体的特点。感觉型个体通过五种感官来获取信息和感知世界。对于感觉型个体来说，从任何感官获得的任何形式的信息都是自己的亲身经历，因此这些信息也都是真实可信的，而那些由他人口述或者书面转达的二手信息，相比之下就不那么可靠了。在感觉型个体看来，文字在转化成客观事实之前，仅仅是一些抽象符号而已，因此，抽象文字的可信度远远不如实际经验。相比之下，直觉型个体对于感官感知到的东西并不感兴趣，他们更关注自己的直觉，而这些直觉就来自他们无意识中对于事物发展可能性的预测。这些无意识中的心理活动的范畴极广，既包括个体原始的想法、投射、事业追求和创意发明，也包括艺术创作、科学发现等人类群体的结晶。

② “思维—情感”(TF)型个体的特点。约兰德·雅各比指出，“思维”是从“真—假”的角度进行评估判断的，而“情感”则以“可接受—不可接受”为标准进行判断。

(5) 完全信息下的推销应对策略。在信息完全，了解到客户人格特征的情形下，梳理应对不同人格类型的人应该采取的推销应对策略如表 4.5 所示。

表 4.5 对不同人格类型的人采取相应的推销应对策略

人格类型	性格特点	相应的推销策略
ISFJ (守卫者)	仔细认真、传统、有耐心、有条理、有献身精神，愿意服务和保护他人	有耐心、友善，维护良好的交流氛围，尽量使用爱达模式展示产品的性价比
ESFJ (执政官)	认真、忠诚、爱交际、易亲近、负责、喜欢和谐、易于合作	有耐心、友善，维护良好的交流氛围，让顾客尽量多发言，展示产品性价比
ISTJ (物流师)	求实、严谨、深入、系统，通情达理、坚定、有条理、负责、明智	尽量使用爱达模式，展示产品性价比，用事实和数据说话
ESTJ (总经理)	有逻辑、果断、客观、高效、直率、实际、有条理，不感情用事、认真	尽量使用爱达模式，展示产品性价比，用数据说话，认真聆听客户的反馈
ISFP (探险家)	体贴、温柔、谦虚、适应能力强、敏感、善于观察和合作、忠诚	有耐心、友善，维护良好的交流氛围，送礼品或赠品，表达关怀
ESFP (表演者)	热情、随遇而安、爱开玩笑、友善、活泼、爱交际、健谈、易于合作	有耐心、友善，维护良好的交流氛围，送礼品或赠品，让顾客尽量多发言

续表

人格类型	性格特点	相应的推销策略
ISTP (鉴赏家)	有逻辑、适可而止、实际、现实、求实、有分析能力、勤勉、独立	有耐心，尽量使用爱达模式，展示产品性价比，维护良好的交流氛围
ESTP (企业家)	好动、随遇而安、爱热闹、多才多艺、精力充沛、机敏、重实效	适当赞美，使用爱达模式，展示产品性价比，维护良好的交流氛围，认真聆听客户的反馈
INFP (调停者)	善良、富有同情心、坚守诺言、有创造性、有献身精神、沉默、温和	有耐心、友善，维护良好的交流氛围，送礼品或赠品，表达关怀
ENFP (竞选者)	友善热情、有创造性、独立、好奇，有想象力、多才多艺、善于表达	有耐心、友善，维护良好的交流氛围，让顾客尽量多发言
INFJ (提倡者)	坚守诺言、富有同情心、坚定、敏感、深沉、忠诚、有创造性	有耐心、友善，维护良好的交流氛围，展示产品性价比
ENFJ (主人公)	忠诚、理想主义、易亲近、善于表达、擅长文字、负责任、精力充沛	适当赞美、有耐心、友善，维护良好的交流氛围，让顾客尽量多发言
INTP (逻辑学家)	有逻辑、怀疑心重、保守、超脱、谨慎、独立、精确、有独创性	聊天话术应该注重逻辑和理念，尽量使用爱达模式，展示产品性价比，用事实和数据说话
ENTP (辩论家)	聪明、有创业精神、独立、坦率、多谋善断、有创造性、适应力强	适当赞美，不要违拗顾客，在推销过程中应该将产品的性能进行展示和对比，用事实说话，使用爱达模式，让顾客尽量多发言
INTJ (建筑师)	独立、有逻辑、有批判精神和系统性思维、有远景、要求严格	聊天话术应该注重逻辑和理念，使用爱达模式，展示产品性价比，用事实和数据说话
ENTJ (指挥官)	有逻辑、果断、计划性强、固执、善谋略、有批判精神、有克制力	适当赞美，在推销过程中应该将产品的性能进行展示和对比，用事实说话，不要违拗顾客

推销策略与人格类型相匹配是非常重要的，比如，如果推销员让 ENTJ 人格类型的人多理解自己推销的不容易，无异于白费口舌，不会有任何的效果。

(6) 不完全信息下的推销应对策略。在信息不完全的情形下，只能尽量运用手中掌握的有限信息判断客户的气质类型，进而推导出相应的推销策略。这里需要考虑两种情形。

情形一：了解到客户的气质类型。绘制四种气质类型相对应的推销策略如表 4.6 所示。

表 4.6　对不同气质类型的人采取相应的推销应对策略

气质类型	气质特点	相应的推销策略
NT (分析家)	掌握概念、知识和技能，崇尚经验、逻辑，概念和思想始终如一，不断追求进步	注重推销的逻辑，以数据和事实说话，可以使用爱达模式，在推销过程中应该将产品的性能进行展示和对比
NF (外交家)	寻找一切事物的意义和价值所在，有较高的道德水准，擅长与人合作和鼓舞他人	注重推销过程中的道德与理念交流，可以给客户送礼品或赠品，表达关怀，展示商品的性价比和社会效益

续表

气质类型	气质特点	相应的推销策略
SJ (守护者)	脚踏实地、忠诚负责、守时可靠、循规蹈矩，关心和支持他人，严守日程表做事，小心谨慎，不做错事，把握“应该”“不应该”的原则	有耐心、友善，维护良好的交流氛围，可以给客户送礼品或赠品，表达关怀
SP (探险家)	需要自由，希望能够产生影响，崇尚自然美和艺术美，能量集中在各种技能表演，不断寻求变化和刺激	建议客户上手实际体验商品，使用爱达模式，尽量展示商品的“新、奇、特”

情形二：所获得的客户信息极度不完整，只了解到零星的客户人格信息。事实上，在更多的推销实务中，很难获得足够完整的客户人格相关信息。因此，推销员应该掌握在客户信息极度不完整的情形下，可以采取的推销策略。绘制“四个维度—八个指标”对应的推销策略如表 4.7 所示。

表 4.7　有限信息下采取相应的推销策略

有限的客户信息	客户特点	相应的推销策略
E	更喜欢人际交往，讲话时更容易滔滔不绝	引导顾客多交流，从倾听中尽量获得更多的客户相关信息和购物偏好
I	精神指向内部世界，对客观存在于外部世界的事物毫不关心，兴趣和注意力都集中在自己的内心活动上	以爱达模式等手段展示商品，用数据和事实为客户展示商品的性价比
N	对于感官感知到的东西并不感兴趣，他们更关注自己的直觉	注重推销的逻辑，以数据和事实说话，可以“借人之口”表述商品的优点
S	通过五种感官来获取信息和感知世界	建议客户上手实际体验商品，尽量展示商品的“新、奇、特”
T	从“真—假”的角度进行评估判断	以数据和事实说话，展示商品的性能
F	以“可接受—不可接受”为标准进行判断	有耐心、友善，维护良好的交流氛围，可以给客户送礼品或赠品，表达关怀
J	认为应该按照自己的意愿去选择和改变生活	注重推销的逻辑，以数据和事实说话，尊重顾客，适当赞美，不违拗顾客
P	认为人们应该尽可能地去体验和理解生活	有耐心、友善，维护良好的交流氛围，可以给客户送礼品或赠品，表达关怀，表达对客户的认同

第四章配套习题　　第四章 PPT

第五章 寻找潜在顾客

案例导入

为什么小刘订单更多?

某企业的一位推销员小张干推销工作多年，经验丰富，关系户较多，加之他积极肯干，在过去的几年中，推销量在公司内始终首屈一指。谁知自一位新推销员小刘参加推销员培训回来后，不到半年，其推销量直线上升，当年就超过小张。对此小张百思不得其解，问小刘："你出门比较少，关系户没我多，为什么推销量比我大呢?"小刘指着手中的资料说："我主要是在拜访前分析这些资料，有针对性地拜访。比如，我对 124 名老顾客进行分析后，感到有购买可能的只有 94 户，根据以往经验，94 户中有 21 户的订货量不大，所以，我只拜访 73 户，结果，订货率较高。其实，我 124 户的老顾客中只有 57 户订货。订货率不足 50%，但是可以节约出大量时间去拜访新顾客。当然，这些新顾客也是经过挑选的，尽管订货概率不高，但建立了关系，还是值得的。"

第一节 寻找顾客概述

寻找顾客是指既能因购买某种推销品获得价值，又有支付能力购买这种商品的个人或组织(即准顾客)。而一个人是否是推销员的准顾客需要满足两个条件：

(1) 购买商品或服务的个人或组织能从所购买的商品中获得好处或价值；

(2) 不管个人或组织对推销的商品有多么强烈的需要和欲望，也不管该商品能给他们带来多大的利益和价值，他们必须有购买该商品的购买能力。

诚然，寻找潜在顾客(准顾客)对公司和推销员均有非常重要的作用，具体表现在以下两方面。

一、不断补充新顾客稳定顾客队伍

随着时间的推移，一部分老顾客会逐渐转向其他竞争对手，或者结束长久以来的购物习惯，因此，对于一个企业而言，顾客队伍的数量是不断变化着的。所谓"逆水行舟，不进则退"，若企业不能持续补充新顾客，则企业的存量客户群人数就会越来越少，进而影响到公司的销售业绩。因此，任何一家销售公司或公司的销售部门，都需要不断地寻找潜在顾客，以稳定顾客队伍。

二、增加企业的知名度

在企业寻找潜在顾客的过程中，同样会产生“副产品”，即增加企业的知名度。从某种程度上讲，寻找顾客的过程，相当于为企业打广告，企业既需要宣传自己的公司，又要让潜在顾客知道和了解自己公司的产品，企业知名度也在无形之中被打开了。

第二节 寻找潜在顾客的常用方法

一、地毯式访问法

地毯式访问法是推销员常用的一种方法，通过对特定区域或特定职业的个人或组织进行逐一访问，寻找潜在顾客。该方法适用于推销员对目标客户的情况了解不多或者完全不了解的情况。他们会选择一个具体的“地毯”区域，例如某个小区的居民，然后逐一访问每个人或组织，力求不错过任何一个潜在客户。举个例子，假设推销员想要推销某一品牌的除油喷剂，他们可以选定一个小区作为“地毯”，然后逐户拜访居民，介绍该产品并尝试促成销售。这种方法可以帮助推销员直接接触潜在客户，从而增加销售机会。

地毯式访问法通常简单、直接，对目标区域内的客户不加甄别地一一访问，可以做到不遗漏任何一个潜在客户，但也会相应地对一些客户造成困扰。在企业里，这种访问方法常常被称作是“陌拜”(陌拜，即拜访陌生店铺/企业)或“地推”(地推，意指沿着街道，一家家推销)。

地毯式访问法的优点：

(1) 地毯式访问法允许涵盖多个领域、观点和群体，从而获得更全面和多样化的数据；

(2) 地毯式访问法可以更好地代表整个人群或研究对象的各个方面，减少了偏见和局限性。

地毯式访问法的缺点：

(1) 地毯式访问法需要更多的时间和资源，因为需要广泛接触和收集大量的信息和数据；

(2) 推销人员的冒昧造访，会受到顾客的拒绝甚至是厌恶，顾客容易产生抵触情绪；

(3) 地毯式访问法可能受可用资源的限制，例如时间、资金和人力等，可能无法覆盖所有需要的群体和领域。

二、链式引荐法(无限连锁法)

链式引荐法是一种推销策略，通过请求顾客推荐其他潜在顾客来建立一个无限扩展的销售链条。该方法的关键在于首先要与第一位顾客建立信任，并请求他们引荐其他潜在顾客，由这些顾客进一步发展更多的潜在顾客。这样能够建立一个无限扩大的“顾客链”。但需要注意的是，为了保持链条的正常运转，推销人员需要不断向系统添加“润滑油”，即维持各链条节点之间的良好关系。

这种方法可以有效地扩大潜在顾客群体，利用现有客户的信任和口碑来吸引新客户。该方法依赖于顾客之间的信任和推荐效应，从而实现销售链条的持续发展。然而，在使用链式引荐法时，推销人员需要谨慎处理顾客关系，提供良好的产品和服务，以确保顾客愿意继续推荐，并维持销售链条的可持续性。

案例分享

250 定律

连锁介绍法是吉拉德使用的一个方法，只要有人介绍客户向他买车，成交后，他都会付给介绍人 25 美元，25 美元虽不是一笔庞大的金额，但也能够吸引一些人，举手之劳即能赚到 25 美元。吉拉德的一句名言是：“买过我汽车的顾客都会帮我推销。”他 60%的业绩都来自老顾客及老顾客所推荐的顾客。他提出了一个“250 定律”，就是在每个顾客的背后都有“250 个人”，这些人是他们的亲戚、朋友、邻居、同事……如果你得罪了一个人，就等于得罪了 250 个人。

在推销实务中，维系老顾客带来的成交率往往是开发新顾客的 3～5 倍，这主要是因为老顾客对公司、对推销员、对产品是认可的，除了自己购买产品之外，很多人还会自发地向身边有需要的人宣传。而熟人宣传往往会消除顾客购物时的“不信任感”，从而大大提高产品的成交率。这也正是链式引荐法推销成交效率高的原因所在。

链式引荐法的优点：

(1) 可以避免推销人员寻找顾客的盲目性；

(2) 由于介绍人与被介绍人之间已经存在信任关系，所以被介绍人更有可能相信销售人员的产品或服务，提高了信任度和销售机会；

(3) 可以帮助销售人员通过现有客户建立与更多新客户的联系，有效扩大客户群体。

链式引荐法的缺点：

(1) 链式引荐法的成功与现有客户的意愿和能力紧密相关，若现有客户不愿或不能进行介绍，会影响销售人员的销售机会；

(2) 链式引荐法主要依赖于已有客户的朋友圈和联系人，因此在开拓新市场或进入新领域时，可能面临较大的限制。

注意事项：

(1) 取信于现有顾客；

(2) 对现有顾客介绍的未来顾客，推销人员也应进行可行性研究与必要的准备工作；

(3) 推销人员应尽可能多地从现有顾客处了解关于新顾客的情况；

(4) 推销人员在访问过现有顾客介绍的顾客后，应及时向现有顾客(介绍人)汇报情况。

三、中心开花法

在很多团体中，一小部分人的身份、地位或者专业技术水平会为其带来“光环效应”，从而使得很多人追随到其周围，形成一个小团体。其中，具有核心地位的个人就是这个团体的中心人物。通常情况下，一个团体内的中心人物的影响力会辐射到整个团体，且核心人物的影响力是普通团体成员的数倍。

“中心开花法”是一种市场推广策略，其核心思想是通过发掘具有影响力和号召力的核心人物来扩展市场。推销人员会在特定推销区域寻找这些核心人物，并利用他们的影响力来寻找潜在买家。这种策略特别适用于旅游、金融、保险等无形商品以及时尚性较强的商品。通过利用核心人物的影响力，推销人员可以更有效地接触目标受众，使其成为潜在顾客。核心人物的影响力可以迅速传播到整个团体，使得更多人受到影响并跟随核心人物周围。这种方法能够最大程度地利用核心人物的影响力来扩大市场份额。

案例分享

小张的成功推销

小张是某医疗保健机构的推销员，该医疗保健公司主要提供各个集团的体检套餐服务。在一次业务分配中，小张被分配去A公司推销业务。

在实际的推销过程中，小张逐渐发现，平时学的理论是一回事，而真正进行推销的时候，可能连公司的大门都进不去，他遇到的第一个人就是保安。由于提前没有做好相关准备，又没有预约，第一次的拜访请求被保安拒绝了。

小张并没有气馁，在盛夏的时候，他每次路过A公司，都会顺路给保安带一瓶矿泉水，如此往复3次，保安终于认可了他，为他通报了拜访请求。

然而，小张并没有直接见到A公司的总经理，和他对接的是总经理秘书高女士。虽然不是总经理本人，但高女士的派头也不小，初出茅庐的小张阅历尚浅，初次见面并没有打动高女士，又一次碰壁的小张只好灰溜溜地离开。

小张并没有灰心，因为他发现，高女士虽然不是总经理，但她总经理秘书的身份会接触到公司的核心工作内容，而且对员工是否购买体检产品、购买哪家公司的体检产品是有足够话语权的。高女士就是这家公司内的“核心人物”。

在细心观察之后，小张注意到高女士微微隆起的腹部，他判断，高女士应该是孕妇。于是小张以一个“小弟弟”的身份隔三岔五地向高女士发送一些孕期需要注意的“小贴士”。用小张的话来说，就是“像关心女朋友一般，体贴地为高女士发关怀信息”，且把握好分寸。这样一来二去，小张与高女士就熟悉了，甚至二人成了朋友。

之后的一切就都顺理成章了，A公司很快与小张签下了整个年度的员工体检服务，并且由于小张他们公司的体检业务确实做得不错以及A公司在业务领域的甲方地位，A公司还向多个乙方公司推荐了小张公司的体检套餐，小张于是收获了成功。

中心开花法的优点：

(1) 只需集中精力做核心人物的工作，可提高效率；

(2) 利用核心人物的影响作用，可能会扩大商品知名度。

中心开花法的缺点：

(1) 推销人员需反复地向核心人物做细致的说服工作；

(2) 核心人物的寻找与确定较困难。

四、关系网编织法

在政治经济学中，人是社会关系的总和。通常情况下，每个人都有一个由 200 多个经常或不经常联系的人组成的“关系网”。脱离了社会生活的个体，就像小说《鲁滨逊漂流记》中的鲁滨逊一样，可谓寸步难行。

关系网编织法是在推销实务中常用的一种方法，它的核心思想是充分利用与人交往的机会，将自己的熟人、亲友等转化为潜在顾客，并通过这些人的口碑传播，不断扩大顾客群。这种方法依赖于人际关系和口碑效应，通过建立信任和亲近感，推销员能够更容易地接触到潜在客户，并最终促成销售。

关系网编织法的关键在于推销员要主动地与潜在客户建立联系，并通过积极的沟通和互动来建立持久的关系。这包括与现有客户保持良好的关系，了解他们的需求和偏好，并争取他们的口碑推荐；同时，还要利用他们的社交圈子，通过引荐和介绍来获取新的客户。

然而，需要注意的是，在使用关系网编织法时，推销员应保持诚信和专业，避免过度依赖个人关系而出现过度推销或滥用关系的情况。此外，成功运用关系网编织法需要推销员具备良好的人际交往和沟通能力，以及对市场和客户需求的深入了解，以便能够提供有价值的产品或服务，赢得客户的信任和支持。

关系网编织法的具体实施方法有如下四种：

(1) 通信录搜索法。你的手机通信录中有多少人的联系方式？你的毕业纪念册中有多少人的联系方式？你还有其他的通信录吗？通过搜索自己的通信录，搜索到尽可能多的认识的人。

(2) 五同法。五同即同学、同宗、同乡、同事、同好。同学是一起上学的人；同宗是同姓同族，即所谓“五百年前是一家”的人；同乡就是大家常说的“老乡”；同事是一起共事的人；同好是拥有共同爱好的人。你和客户之间拥有越多相同或相似的地方，就有越多的共同话题以及越多的信任，而取得信任是成功推销的第一步。

(3) 联想法。上学时，你们班上最淘气的是谁？学习最好的是谁？你的同桌是谁？班上最听话的是谁？和你最要好的是谁？联想法可以补充自己关系网中的其他联系人。

(4) 25 桌请帖法。假如你刚喜得贵子，正准备摆 25 桌满月酒，好好庆祝一番，你会邀请谁？25 桌请帖法同样可以作为关系网编织的有效补充。

五、个人观察法

个人观察法指推销人员在潜在客户经常活动的场所，通过对在场人员的行为进行观察和判断，来确定谁是准客户的方法。

案例分享

某知名演员教学员识人

在一档综艺节目中，某知名演员带着学员们一起坐在大巴车上，手把手教他们如何观察生活。他们首先来到了一个急诊中心，该知名演员让大家观察这里的每个人，因为研究人的外表对表演是非常有帮助的。这时出来了一位女士，该演员问大家，觉得她是病患还是职工。大部分学员都认为她是来看病的，结果该演员很确定地告诉大家，这个人是医院的职工，而且她的交通工具极有可能是电瓶车。

当学员们还有些疑惑的时候，这个女士真的骑着电动摩托出现了，学员们表现得非常激动，纷纷询问老师是如何看出来的。该演员表示，这个女士出现的时候，看到摄影器等器材时，第一反应是一脸的厌烦，意思好像是说："你们跑到我医院来干什么啊？"但如果是个病人，她只会产生"他们在干什么啊？"的好奇感。第二个细节是这位女士穿着拖鞋，手里只背着背包，而一般来看病的人，手里拿的要么是药，要么是光片，或是手上有各种单据。最关键的是，这位女士手上有把电动车的钥匙。

还有，从该女士出来的时间段来看，她很有可能是上的"三班倒"。前一天她应该是值的夜班，现在到她的下班时间了。该演员将这些细节全部都串联起来，所以得出这位女士是医院职工的结论。

之后，该演员告诉大家识人应从衣着打扮、言行举止、语气、语调，以及用词等方面进行观察。因此，学会观察生活，对于演员是非常重要的。

事实上，学会观察人和生活，不仅仅对于演绎角色很重要，对于能否顺利开展推销也同样是至关重要的。正所谓"知己知彼，百战百胜"，如果推销员能够了解到客户足够多的信息，那么，推销也就成功一半了。

然而，个人观察法对推销员个人的阅历和识人能力等方面都有较高的要求，这也决定了这种方法并不是每个推销员都能够顺利掌握。

个人观察法的优点：

(1) 通过直接观察顾客的行为和反应，可以获取真实和准确的数据；

(2) 通过观察和记录顾客的行为，可以更深入地了解他们的需求、偏好和习惯，从而更好地满足他们的需求；

(3) 观察可以收集到顾客在不同环境和情境中的行为和反应，帮助推销人员全面了解他们。

个人观察法的缺点：

(1) 个人观察法依赖于观察者的主观判断和解释，可能存在个人偏见和误解；

(2) 顾客意识到被观察时，可能会改变自己的行为，以符合观察者的期望，导致观察数据失真；

(3) 个人观察一般难以涵盖大量的样本，有可能只能观察到有限的顾客行为，观察结果不能代表整个顾客群体。

六、委托助手法

委托助手法(也叫猎犬法)是一种推销人员委托他人寻找潜在客户的方法。推销员通过支付费用，请特定的人员在其业务地区或客户群中为推销员收集信息和情报，以了解有关的客户和市场。在汽车销售领域，一些推销员可能会主动寻找汽车修理厂老板建立合作关系。他们与修理厂老板约定，如果发现有车主有意进行汽车更换，修理厂老板立即联系推销员。每成功推销一位客户，推销员会向修理厂老板支付一定比例的提成。

这种委托助手法可以帮助销售人员扩大客户群并增加销售机会。通过与其他业务相关的个人或组织合作，推销员与“助手”均可以从合作中获得互惠互利的结果。

委托助手法的优点：

(1) 可以使推销人员把时间和精力用于有效的推销工作上，避免大量浪费时间的现象；

(2) 可以节省大量的推销费用；

(3) 可以借助推销助手的说服力，扩大产品的社会影响。

委托助手法的缺点：

(1) 推销助手的人选难以确定；

(2) 推销人员会处于被动状态，其推销绩效在很大程度上取决于推销助手的合作；

(3) 推销人员必须给推销助手提供必备的推销用具和必要的推销训练。

需要注意的问题：在推销助手提供信息后，推销人员应该立即告诉推销助手这位客户是否已经列在自己的客户名册上，若推销成功，推销人员要立即向推销助手支付报酬。

七、广告拓展法

广告拓展法是指推销员利用不同的广告媒介来寻找顾客的方法。根据广告的传播方式不同，可以将广告分为开放式广告和封闭式广告两类。

开放式广告也称为被动式广告，指的是当潜在对象接触或注意到广告传播媒体时，可以看到或听到广告的形式。这些广告包括电视广告、电台广告、报纸杂志广告、招贴广告、路牌广告等。开放式广告的传播是一种被动的方式，需要潜在对象主动去接触广告媒介。封闭式广告也称为主动式广告，指的是广告的传播直接传送至特定目标对象，相对于开放式广告，封闭式广告具有一定的主动性。例如，邮寄广告、电话广告等就属于封闭式广告。这种广告的传播方式更加直接，可以直接发送给特定的目标对象。推销人员可以根据目标受众的特点和传播效果选择适合的方式进行广告拓展。

广告拓展法的优点：

(1) 通过广告拓展法，企业能够将产品或服务的信息传递给更多的潜在顾客，提高企业知名度和曝光率；

(2) 通过广告拓展法，企业可以针对不同的市场细分进行广告投放，吸引更多具有购买潜力的顾客；

(3) 广告拓展法能更广泛地传达产品或服务的独特优势和价值，有助于增加销售量和销售额，提升企业的利润水平。

广告拓展法的缺点：

(1) 广告拓展法通常需要投入大量资金用于广告渠道的购买和制作，对于小型企业来说需要承担较高的费用；

(2) 广告拓展法可能导致广告效果难以准确衡量，特别是在涉及多个渠道和广告形式的情况下，使得企业难以确定投放广告的回报率；

(3) 通过广告拓展法吸引的潜在顾客可能对产品或服务的真实价值和需求了解有限，这就可能存在转化率和客户满意度低的风险。

广告拓展法的关键是选好广告媒体。随着时代的发展，以及手机移动端产品的普及，淘宝、微信、百度、今日头条、抖音、快手、哔哩哔哩、西瓜视频、微信视频号、喜马拉雅、微博等 App 逐渐成为人们常见、常用的新媒体平台。而传统的电视、电台、报纸杂志等平台逐渐被边缘化，很多年轻人甚至多年没有看过电视，受欢迎的广告媒体也发生了迁移。

因此，如今的广告拓展应该更多地考虑向新媒体平台投送，包括抖音、快手的贴屏广告以及微信公众号广告等形式。

八、文案调查法

文案调查法也称为二手资料调查法，是通过搜集、分析、研究和利用现有信息资料来获取所需的信息的调查方法。调研人员在写字台上进行调查，而不需要实地去寻找信息来源。

利用文案调查法可以帮助推销人员寻找潜在顾客，减少推销工作的盲目性，并节省时间和费用。同时，通过查询资料，可以对潜在顾客进行了解，为接触顾客和推销做好准备。实际上，世界上 80%左右被认为具有开拓性的工作，都是在不断重复前人的工作，并在此基础上进行改进和创新。

九、网络搜寻法

(一) 主动问卷法

主动问卷法的操作步骤如下：

(1) 建立被访者电子邮箱地址信息库；

(2) 选定调研目标；

(3) 设计调查问卷；

(4) 调查结果分析。

(二) 被动问卷法

被动问卷法是通过将问卷放置在网站上，等待访问者主动填写问卷来进行数据收集的调研方法。相对于主动问卷法，被动问卷法更像是等待机会的方式。使用这种方法不需要建立被访者的邮箱地址信息库，并且在进行数据分析之前也无法选择特定的调研目标。但被动问卷法所涉及的被调查者范围更广，几乎每个上网的人都可以成为被调查者。被动问卷法通常适用于类似人口普查的调研，特别是对于网站自身建设的调研。

运用主动问卷法与被动问卷法时，推销人员经常利用的资料有：

(1) 统计资料，如国家相关部门的统计调查报告、行业团体公布的调查统计资料、行业在报刊或期刊等上面刊登的统计调查资料、统计年鉴等；

(2) 名录类资料，如客户名录(现有客户、旧客户、失去的客户)、电话黄页、同学名录、职员名录、协会名录、名人录、会员名录、企业年鉴、公司年鉴、工商企业目录和产品目录等；

(3) 大众媒体类资料，如报纸、广播、杂志、电视等大众媒体；

(4) 其他资料，如客户发布的消息、企业内刊、产品介绍等。

(三) 自媒体搜寻法

随着移动互联网的普及，很多人都开始使用自媒体平台账号浏览信息。同时，很多自媒体平台会根据用户的搜索和使用习惯，向用户提供精准的内容。因此，推销员通过相关自媒体账号常常可以被搜到或者被平台推送到一些关联度较高的客户账号，利用自媒体账号与客户建立连接，往往可以收到不错的效果。

常见的自媒体平台包括微信公众号、微博、抖音、快手、西瓜视频、哔哩哔哩、今日头条、小红书、喜马拉雅等。其中，微信公众号、小红书等平台的社交属性尤为强大。

寻找顾客的九种方法各有优缺点，很难说哪种方法最优。由于人力、物力、财力等方面的限制，对于单个推销员来说，是不可能穷尽所有方案的。推销员应该选择符合公司产品以及自身特点、符合当前客观外部环境的方法。正如那句话所说：适合的才是最好的。

第五章配套习题　　第五章 PPT

第六章 顾客资格审核

案例导入

推销为何会“功败垂成”？

推销员刘伟与湖北某电器公司的购货代理商洽谈业务，时间过了半年多，却一直没有结果。他百思不得其解，于是他怀疑自己是在与一个没有决策权的人打交道。为了证实自己的猜想，他给这家公司打了一个匿名电话，询问公司哪一位先生负责购买电器订货事宜。他从侧面了解到拥有购买决定权的是公司的总工程师，而不是那个同自己多次交往的购货代理商。

推销人员通过各种渠道找到客户源之后，还需要对这些客户进行资格审核。因为，寻找潜在顾客的行为是推销员自己主动发起的，被找到的客户在这个活动中是被动的。推销员很可能找到他认为合适的客户，但准客户自身却丝毫没有需求。在这种情况下，若推销员再围绕该顾客下功夫，可能会浪费很多精力而没有丝毫进展。

一个典型的例子就是人寿保险的顾客资格审核。对于保险公司而言，并非所有的客户都是符合要求的目标客户。仅从年龄判断，70 岁的客户健康状况会比 20 岁的客户差很多，因此，在同样投保之后，70 岁客户需要理赔的概率将远高于 20 岁的客户。倘若不对顾客进行资格审核，保险公司的投保客户都是 60 岁以上的客户，那么保险公司的“出保率”将大大提高，从而导致公司出现“资不抵债”的情形。

所以，在推销活动中，顾客资格审核流程是非常必要的。

第一节 建立准顾客档案

进行顾客资格审核的第一步是建立准顾客档案。建立准顾客档案的目的是分析客户资料，包括分析客户购买需求与欲望、分析客户购买力、分析客户购买资格和分析客户信用。

准顾客档案具体需要登记的内容应该包括客户基础资料、客户特征和交易现状。其中，客户基础资料包括名称、地址、企业规模、电话、个人爱好等；客户特征包括经营方向、服务区域、发展潜力等；交易现状包括与本公司交易的时间、数量、信用状况、存在问题等。表 6.1 为个体准客户档案的样表，表 6.2 为组织准客户档案的样表。

表 6.1　个体准客户的档案

姓名		出生日期	
性别		学历及母校	
职务、职称		主要经历	
月收入		性格、爱好	
住址		现工作单位	
电话		何时购何物	
电子邮箱		家庭状况	

表 6.2　组织准客户的档案

<table>
<tr><td>企业名称</td><td></td><td rowspan="5">企业负责人</td><td>姓名</td><td></td><td>其他</td></tr>
<tr><td>地址、电话</td><td></td><td>电话</td><td></td><td rowspan="9"></td></tr>
<tr><td>开业时间</td><td></td><td>职务、职称</td><td></td></tr>
<tr><td>开始交往时间</td><td></td><td>爱好</td><td></td></tr>
<tr><td>信用状况</td><td></td><td>性格</td><td></td></tr>
<tr><td>经营项目</td><td></td><td rowspan="5">采购经办人</td><td>姓名</td><td></td></tr>
<tr><td>何时购何物</td><td></td><td>电话、地址</td><td></td></tr>
<tr><td rowspan="3">企业规模及经营状况</td><td></td><td>出生日期</td><td></td></tr>
<tr><td></td><td>性格、爱好</td><td></td></tr>
<tr><td></td><td>与本公司交情</td><td></td></tr>
</table>

建立顾客档案的重要性：

(1) 有助于推销员与顾客建立密切联系；

(2) 有助于推销员制订严密的访谈计划，提高推销成功率；

(3) 有助于推销员安排好拜访日程，提高推销工作效率；

(4) 能促使顾客重复购买，增加购买次数。

第二节　目标客户筛选

一、顾客需求审核——是否需要

推销的目的是确保产品或服务与潜在顾客的需求相匹配。审查顾客需求是推销人员的一项重要任务，通过审查顾客需求，推销人员可以更好地了解顾客的问题、需求和偏好。这包括了解他们的业务痛点、目标、预算限制以及期望解决的具体问题。只有在充分了解顾客的需求后，推销人员才能提供有针对性的解决方案，并确保产品或服务能够满足顾客的期望和需求。在推销过程中，审查顾客需求有助于推销人员识别潜在客户，找到对所推销产品或服务有真实需求的顾客。这样可以减少浪费时间和资源，将精力集中在那些最有可能成为实际客户的人身上。

顾客需求审核的内容具体包括是否需要、何时需要，以及需要多少。

顾客需求审核的第一步是审核顾客是否需要该推销品。在推销的过程中，推销员首先需要搞清楚，顾客的真正需求是什么，搞清楚自己的产品上是否附加着顾客的这种需求，这是推销活动可以顺利开展的前提。表 6.3 所示为几种产品形式及其可以满足的顾客需求。

表 6.3 产品形式及其可以满足的顾客需求

产品形式	顾客需求
房子	户口、教育、住宿、出租
车	便捷出行、跑出租、身份的显示
空调	制冷、制热
化妆品	变美丽
电脑	办公、打游戏

然而，需要商品的并不代表就一定是目标顾客，因为需要商品的人也可能不具备充足的购买力。其次，有一些客户对于推销品虽然具有需求，但并不着急购买。因此推销员需要加以甄别，优先将产品推给急需购买的客户。而对于不急需的客户保持联系，让他在需要商品的时候可以第一时间想到你。最后，还需要确定的就是客户对推销品的需求量，方便联系产品部门下单。

二、顾客支付能力的审核——是否有钱

在对顾客支付能力的审核中，首先需要判断顾客的工作类型。因为，不同类型的工作往往代表着不同的收入。根据“中商情报网”的统计，2022 年我国最赚钱的行业依次是：银行、煤炭开采、石油加工、保险、通信服务、证券、白酒、航运、基础建设、光伏设备、电池、能源金属、房屋建设、空调、消费电子零部件及组装、物流、乘用车、新能源发电、医疗等。

不同地区的客户，其收入的整体情况也会呈现出明显的差异。表 6.4 为 2022 年部分省份统计局统计的平均工资数据。

客户的工作类型可以从很多蛛丝马迹中寻找线索。比如，医护工作者身上可能会有药品/消毒水味，律师讲话逻辑性较强，教师常常好为人师，销售善于处理人际关系，程序员或技术人员相对内向而不善言谈……

其次，可以根据客户休息的时间判断其工作性质。比如周日休息的客户有可能是打卡上班族，工作日休息的人有可能从事服务性工作(因为周末他们的客户会更多地光顾生意)，休息日不固定的可能是医生……

再次，可以通过客户的穿着、包，以及座驾判断其工作和消费实力。但需要注意的是，有些名包、名表有可能是仿制品，而豪车也有可能是客户低价购买的二手车，或者是租来的。因此，单纯凭借客户的穿着、包，以及座驾判断其消费实力可能会有所偏颇，应该结合各种因素综合判断其工作类型和消费实力。

表 6.4　2022 年部分省份统计局统计的平均工资数据

省　份	城镇非私营单位平均工资/元	城镇私营单位平均工资/元
浙江	128 825	71 934
广东	124 916	77 657
江苏	121 724	71 835
福建	103 803	65 392
云南	103 128	50 338
山东	102 247	—
四川	101 800	59 121
内蒙古	100 990	52 318
陕西	98 843	54 557
安徽	98 649	57 095
广西	92 066	49 951
湖南	91 413	55 780
甘肃	90 870	48 108
河北	90 745	48 494
山西	90 495	47 275
黑龙江	88 235	—
江西	87 972	53 650
吉林	87 222	47 921

需要注意的是，在和客户初次见面的时候，最好不要直接询问其工作，这容易让客户感觉被冒犯，毕竟工作对于很多人属于隐私类话题。推销员可以通过闲聊引导客户主动讲出其工作类型或工作场所，尽量避免直接提问工作或收入等私人敏感话题。

三、购买人资格的审核——是否能“当家作主”

目标客户筛选的第三步是审核其能否在家庭或单位中“说了算”。

在家庭中通常会有两种决策方式：第一种是民主式，第二种是由某个家庭成员说了算。对于一些产品的购买，即使是民主式的家庭，也需要某一个家庭成员最终决定。因此，对于一些两(多)口之家，总会有一个人说了算。推销员可以察言观色，看看家里谁的话语权更大。

对于企业客户，首先要询问对方公司的商品采购是由谁负责的。多数公司的商品采购由采购部门的采购员完成，但也有一些企业的商品采购权并未下放，因此，在与对接的客户进行推销洽谈之前，推销员一定要问清楚，对方是否拥有商品采购的决定权。

购买人资格审查的目的：

(1) 寻找与确定真正有购买兴趣的顾客；

(2) 使推销人员能直接面向具有购买决策权的顾客开展推销活动。

购买人资格审查的内容：

(1) 企业或组织的购买人资格审查；

(2) 家庭与个人生活资料的购买人资格审查。

客户购买资格的分析：

(1) 审核顾客是否符合购买推销商品的限制条件；

(2) 客户购买资格的分析主要是对于某些特殊消费品的推销工作而言的，只有满足一定的限制条件，推销人员才能对客户开展推销工作。

客户购买权力分析：

(1) 对于集团购买人的购买权力分析。要求推销人员在了解对应集团购买人的组织结构和职能划分的基础上，选择负责购买或采购的组织以及组织的中心人物来开展推销工作。

(2) 对于家庭和个人的购买权力分析。根据不同地区、文化、经济状况等相关因素，准确地确定家庭中的购买决策中心人物，对其展开推销工作。

顾客购买权力分析的目的在于事先确定推销对象是否真正具有购买推销商品的决策权。

家庭的购买角色有五个：发起者、影响者、决策者、购买者和使用者。

家庭购买决策的类型有：丈夫支配型、妻子支配型和共同支配型。

案例分享

判断购买权力不能想当然

美国有位汽车推销人员应一个家庭电话的约请前往推销汽车，推销人员进门后只见这个家里坐着一位老太太和一位小姐，便认定是小姐要买汽车，推销人员根本不理会那位老太太。经过半天时间的面谈，小姐答应可以考虑购买推销人员所推销的汽车，只是还要最后请示那位老太太，让她做出最后的决定，因为是老太太购买汽车赠送给小姐。结果老太太横眉怒目，打发这位汽车推销人员赶快离开。后来又有一位汽车推销人员应约上门推销，这位推销人员善于察言观色，同时向老太太和小姐展开攻势，很快就达成交易。

推销员在面对顾客的时候，首先需要判断出顾客的角色，即判断顾客究竟是产品购买的发起者、影响者、决策者、购买者还是使用者。在有的情形中，一个顾客有可能同时是发起者和购买者，或者兼具购买者和决策者的身份。在一些较为复杂的情形中，推销员同时面对两个甚至多个顾客，而这多个顾客又可能扮演不同的角色，有的是决策者，有的是购买者，还有的可能是发起者，推销员则需在顾及决策者感受的同时，兼顾其他产品购买参与方(影响方)的感受。如果推销员顾此失彼，则很容易由于惹怒其他购买的参与方而导致推销失败。

客户购买信用分析：

客户购买信用分析涉及推销后货款的安全回收问题。这种分析需要考虑客户是否具备支付能力，即客户是否有足够的经济实力来履行支付义务。同时，确认顾客的诚信也是非常重要的，这可以通过调查和了解顾客的信用状况来进行评估。例如对于某些知名企业或上市公司，推销员可以从网上的公开资料对他们进行了解，具体可从新、老顾客两方面入手。

对于新顾客，需要进行全面的信用调查和评估，了解他们的财务状况、支付记录以及其他相关信用信息。这有助于判断他们是否具备履行支付承诺的能力和意愿。

对于老顾客，也需要关注他们的信用状况是否发生变化。他们可能面临经济困境或其他变化，导致支付能力下降或信用风险增加。因此，定期更新老顾客的信用信息，并进行必要的调查，可以帮助推销员及时发现潜在的风险，并采取适当的措施。

购买信用分析的目的是确保推销后货款的安全回收，通过评估顾客的支付能力和诚信状况，减少支付风险，维护商家的利益。

小练习

如果你是计算机推销人员，你手中有如表 6.5 所示的 7 位潜在客户的资料。请分析这些资料，并用三要素来审查每一个人，然后回答问题。

表 6.5　潜在客户资料

序号	家 庭	年 龄	职 业	年收入/万元	专业、学历
1	单身男性	28	广告公司职员	6	广告专业本科
2	夫妻、孩子	35、34、6	机关干部	4	经管专业专科
3	单身女性	20	餐厅服务员	1	餐饮专业职高
4	单身男性	30	作家	5	中文专业研究生
5	夫妻	25、24	中专教师	4	市场营销专业本科
6	夫妻	60、55	退休工人	2	高中
7	夫妻、孩子	28、26、2	个体户	6	高中

请问：你认为哪两位客户最有可能购买计算机？为什么？

四、顾客的进一步分类与筛选

优秀的、业绩优良的推销员都是懂得取舍的高手。毕竟一个人的精力是有限的，只有将有限的精力放在“对的人”身上才能实现真正的事半功倍。

推销不是见人就推销，而是要去找真正需要自己的顾客，再把时间花在这些顾客身上。

顾客有很多种性格。比如软心肠型顾客，他们很容易相信推销员，是可以迅速成交的，这类客户在人群中的占比可以达到 3%；有 20%的顾客是寻求答案型的，他们需要推销员讲述成功案例才会相信；还有的顾客即使看到成功的案例，他们也不相信(防卫型顾客)，他们需要自己身边有人使用推销产品，并且效果好才会相信。

因此，推销员首先需要找到这 3%的软心肠型顾客，让他们成为自己和公司产品的传播者；然后把足够的案例展示在那 20%的寻求答案型顾客面前；最后再说服那些防卫型顾客，让他们看到我们的产品很好，我们的公司和推销员的服务很好。

第六章配套习题　　第六章 PPT

第七章 有效接近顾客

案例导入

“一毛不拔”的客户

华尔菲亚电器公司是生产自动化养鸡设备的，经理威伯先生发现宾夕法尼亚州的销售情况不妙。

当他到达该地区时，推销员代表皱着眉头向他诉苦，咒骂当地富裕的农民：“他们一毛不拔，您无法卖给他们任何东西。”

“是吗?”威伯先生微笑着，盯住推销员的眼睛。

“真的，”推销员的眼睛没有躲闪，“他们对公司意见很大，我试过多次都没有用!”

“也许是真的，”威伯先生说，“让我们一起去看看吧”。

推销员笑了。他心里想：你们这些当官的，高高在上，平常满口理论，这下可得让你尝尝厉害。他特地选了一家最难对付的农户。

“嘭、嘭、嘭”，威伯先生轻轻地敲那家农舍的门。

门打开一条小缝，屈根保老太太探出头来。当她看见站在威伯先生后面的推销员时，“砰”的一声，关上了大门。

威伯先生继续敲门，屈根保老太太又打开门，满脸怒色，恶狠狠地说：“我不买你的电器，什么电器公司，一帮骗子!”

“对不起，屈根保太太，打扰您了。”威伯先生笑着说：“我不是来推销电器的，我是想买一篓鸡蛋。”

屈根保老太太把门开大了一点，用怀疑的眼光上下打量着威伯先生。

“我知道您养了许多美尼克鸡，我想买一篓新鲜鸡蛋。”

门又打开了一点，屈根保老太太好奇地问：“你怎么知道我的鸡是良种鸡？”

“是这样的，”威伯先生说，“我也养了一些鸡，可是，我的鸡没有您的鸡好。”

适当的称赞，抹掉了屈根保老太太脸上的怒色，但她还是有些怀疑：“那你为什么不吃自己的鸡蛋呢?”

“我养的来杭鸡下白蛋，您的美尼克鸡下棕蛋，您知道，棕蛋比白蛋营养价值高。”

到这时，屈根保老太太疑虑全消，放胆走出来。大门洞开时，威伯先生眼睛一扫，发现一个精致的牛栏。

“我想，”威伯先生继续说，“您养鸡赚的钱，一定比您先生养牛赚的钱要多。”

“是啊！”屈根保老太太眉开眼笑地说，“明明我赚的钱比他多，我家那个老顽固，就是不承认。”

深谙人际关系技巧的威伯先生一语中的，顽固的屈根保老太太竟骂她丈夫是“老顽固”。

这时，威伯先生成了屈根保老太太受欢迎的客人。她邀请威伯先生参观她的鸡舍，推销员跟着威伯先生走进了屈根保老太太的家。

在参观的时候，威伯先生注意到，屈根保老太太在鸡舍里安装了一些各式各样的小型机械，这些小型机械能省力省时。威伯先生是“诚于嘉许，宽于称道”的老手，适时地给予了赞扬。

一边参观，一边谈，威伯先生“漫不经心”地介绍了几种新饲料和养鸡的新方法，又“郑重”地向屈根保老太太“请教”了几个问题。“内行话”缩短了他们之间的距离，顷刻间，屈根保老太太就高兴地和威伯先生交流起养鸡的经验来。

没过多久，屈根保老太太主动提起她的一些邻居在鸡舍里安装了自动化电器，“据说效果很好”，她诚恳地征求威伯先生“诚实的”意见，问威伯先生这样做是否“值得”……

两个星期之后，屈根保老太太的那些美尼克良种鸡就在电灯的照耀下，满意地“咕咕”叫唤起来。威伯先生推销了电器，屈根保老太太得到了更多的鸡蛋，双方皆大欢喜。

所谓接近顾客，是指推销人员向推销对象发出推销信息，进行推销联系和沟通推销关系的过程。

第一节 接近目标客户的方法

一、接近目标客户的渠道

(一) 微信接近客户

通过微信接近客户，首先需要了解客户的头像与客户心理特征之间的关系。

1. 微信头像与客户人格特征

一个人选择头像，往往会跟他内心的倾向性、人格类型有一定的相关性。每一种类型的头像都是个体内心欲望的投射，因为他(她)需要通过头像来表达自己的需求与表现欲。

(1) 自拍照头像。使用自拍照头像的客户可能具有自信和强烈的表现欲。他们对自己的外貌感到自豪，并乐于展示真实的形象给朋友们看。他们不在乎他人对自己的评价，更注重自己内心的满足和愉悦。这类人通常以简单、直接的方式行事，不喜欢过于复杂。他们可能更关注人际交往的快乐和真实性，而不是外界的观点和期待。

(2) 家人的照片。使用孩子照片作为头像的用户表达了对孩子的重视和关爱，将孩子看作是生活的中心和一切的源泉。这表明他们非常珍视家庭和家人，将家庭责任放在首位。而使用情侣或另一半照片作为头像的用户可能表达了对感情关系的重视和承诺。除了表现恩爱，他们更希望宣示自己在感情关系中的主导地位或主权。这意味着他们有长久的情感投入和责任感，以及愿意为了维持良好的感情关系而努力。因此，这些人通常长情、有责任感，非常重视家庭和家人，将家人置于首要位置。他们愿意为了维系感情关系而付出努力，并对自己所承诺的事情负责。

(3) 漫画照片。使用漫画头像的客户可能对幽默事物有一定的欣赏和表达能力。他们可能希望以一种轻松和有趣的方式展示自己，对幽默和娱乐性元素更感兴趣。此外，他们可能有较为活跃的思维，喜欢探索新思想和概念，对于创意和创新也有一定的追求。他们更倾向于以有趣的方式与他人互动，并寻求引发思考和享受轻松氛围的交流。总之，使用漫画头像的客户往往具有幽默感，思维活跃且喜欢在交流中保持娱乐和轻松的氛围。

(4) 宠物或动物照片。选择用动物照片作为头像的人可能在某种程度上展现了一些特质。虽然无法准确判断一个人是否细腻、善良和有爱心，但这种头像选择表明了他们对动物的喜爱和关注。喜欢宠物并将宠物视为朋友和家人的人通常会在照顾和关心他人方面展现出一定的能力。

(5) 风景照片。使用风景照片作为头像的人通常倾向于保持低调，追求个人内心的平静和满足。他们通常具有高效率的工作方式，注重完成任务，并且不希望将自己过多暴露于外界。他们的行为方式往往温和友好，与他人相处时不爱争吵或引起冲突，更倾向于在自己的小世界中安静地享受生活。

(6) 植物照片。将植物照片作为头像可能表明一个人对自然、平和和内心宁静的追求。这类人可能不喜欢高压的环境，更倾向于和谐、轻松的氛围。他们可能更喜欢与大自然接触，并通过植物来表达他们内心的平和和宁静。

需要注意的是，微信头像通常只适合作一种参考，客户的性格特质需要结合多方面的信息综合判断。

2. 寻找话题与顾客聊天

当顾客添加了推销员的微信时，起码说明了顾客对产品是有需求的。因此，接近顾客的关键在于如何开启话题，如何打消顾客的顾虑与压力，如何让顾客接受推销员，乃至接受推销员手中的产品。寻找话题与顾客聊天的具体步骤如下：

第一步，观察顾客的微信朋友圈。对于一些开放微信朋友圈的客户，推销员可以从中获取大量的信息。结合信息判断客户的工作、收入、爱好等情况，有助于寻找话题接近顾客，以及后续推销洽谈的顺利开展。但在判断客户情况时，需要注意的是客观且理性，如果通过客户微信朋友圈得出似是而非的结论，反而可能会引发客户的反感，从而造成接近顾客的尝试失败。例如，张迎通过微信添加了高经理，他发现高经理微信朋友圈里有许多装修风格的图片(以九宫格的形式发布在朋友圈)，张迎判断，客户可能是搞设计的，于是问客户：“高总，请问您是设计师吗？”这样的问话很快引发了客户的不快，客户并没有回复。原因在于，客户并非从事设计类工作，他在朋友圈分享装修风格的图片单纯是为自己以后装修提供一些风格参考。推销员这样冒昧的猜测与提问，会让客户感觉这个推销员“不专业”且缺乏内涵，从而打消了客户与其进一步接触的任何想法。

第二步，寻找可以开启的“共同话题”。观察顾客朋友圈所透露出来的信息，比如顾客朋友圈发布了很多装修风格的图片，推销员可以提问：“高先生，您朋友圈的那几张装修图片真漂亮啊，您是喜欢哪种装修风格呢？”即通过提问让顾客主动讲话，然后从中判断附着在顾客身上的有用信息，多听少说，多做询问性的提问，少做判断性的提问。

第三步，尝试将顾客约出来洽谈。微信交流可以获得的信息毕竟是有限的，推销员很难从中获得顾客的有效信息。因此，通过微信接触到顾客以后，还是需要将顾客约出来进行推销洽谈。推销洽谈不仅仅可以听到顾客的声音，感受其语气和语速，还可以通过观察顾客的肢体语言得到更多的信息，并且，通过面对面的推销洽谈，可以将商品展示给消费者，从而在更大程度上提高成交概率。

如果顾客的微信朋友圈没有内容，或者微信朋友圈不对你可见，可以采用如下话术。

参考话术一："张总您好，我在这个行业已经有八年的时间了，累计服务了 1000 多个客户。在我看来，销售的身份对我来说只是副业，主业是为客户解决问题。合不合作，您说了算。我做服务，您看结果，期待能够帮到您。"

参考话术二："张总您好，虽然我们加上了好友，但我知道合作需要过程。因为作为消费者，您需要了解我。作为销售，我也需要了解您所有的需求。所以，接下来您负责坦诚您的全部需求，我负责给您解决问题。提前预祝我们本次合作愉快。"

参考话术三："张总您好，虽然我的身份是做销售的，但我知道先做人后做事的道理。因为我做销售永远是根据客户的需求来做决定，您需要我就推荐，您不需要我绝不多言。即使您看不上产品，能够多一个懂产品的朋友，在您需要的时候为您作参考，也未必是一件坏事。"

案例分享

"尴尬"的窗帘推销

刘欣在购房后并不急于给新房装修，因为他在其他地方有住处。但对于他而言，迟早都需要装修，因此，刘欣加了很多装修公司的推销员。

在"水、电、木、瓦、油"的"硬装修"之外，买窗帘、装窗帘等"软装修"就更加不着急了。

某一天，刘欣接到了一个写着"装窗帘"的微信号。在添加好友之后，刘欣直白地告诉对方，自己是需要装窗帘的，只是现在暂时不装，当需要的时候再联系。

一年以后，当一切硬装完成后，刘欣开始考虑软装。而当他打开微信，找到之前那个给他推销装窗帘的微信号，询问窗帘的相关信息时，该微信号却弹出来一个感叹号，显示"对方已不是您的好友"……

(二) 短信接近客户

与微信相比，短信接近客户的好处在于，推销员不需要经过客户的允许，即可将所要传达的信息发送到客户手机上。但相应地，通过短信接近客户会增加更多的盲目性。因为推销员选择的客户可能仅仅是符合购买资质，却没有购买推销品的需求。通过短信接近顾客是单向的、没有互动的。一些人常常会忽略短信，将其当作是"垃圾信息"或者"广告信息"处理，还有一些人觉得自己受到了打扰而感到不悦。

但短信推销的优点在于，这种方法可以尽可能多地将推销品的信息送达客户，增加推销活动的传播面。从推销概率的角度讲，越高的推销信息送达率，会达成越高的推销成交概率。

(三) 电话接近客户

与微信和短信相比，通过电话接近顾客更加直接，如果能够接通顾客的电话，可以直接听到顾客的语音。相比于文字与图片，语音可以提供更多的信息，通过客户回复的速度快慢，语气舒缓与否，语调的高低等信息，可以分析出很多客户对推销员以及产品的相关态度和倾向。因此，从信息量获取的角度看，电话接近客户的方法能获取更多信息。

然而，电话接近顾客也会带来很多的问题。其一，电话沟通增加了很多顾客的不安全感，尤其是在移动互联网高度发达的今天，很多客户的资料和信息被一些公司所掌握，增加了客户的不安全感。其二，有些顾客会感觉被骚扰了，特别是当推销员打电话的时机不合适，比如在客户睡觉的时候打电话，抑或是在客户开会的时候打电话，都会让客户有被骚扰的感觉。很多客户接到推销电话会直接挂掉，甚至有的客户会直接设置骚扰电话拦截，让一些电话号码无法拨打进去。

(四) 自媒体接近客户

在微信、短信和电话之外，自媒体成为如今的又一条有效接近客户的渠道。随着移动互联网的高速发展，消费者进入了“自媒体时代”，很多人同时拥有小红书、微信公众号、抖音、快手、哔哩哔哩、微博等多种自媒体平台账号。自媒体拥有了很广泛的群众基础。

但与微信、短信和电话不同的是，用户的自媒体分布呈现“群落”态势。也就是说，微信、短信和电话是人手一个号的，有的人甚至拥有两部或多部手机，从而可以拥有两个或多个微信、短信及电话号码。但自媒体不同，有的客户拥有小红书账号但没有快手账号，有的人拥有抖音账号却没有注册哔哩哔哩。自媒体平台的客户分布就好像一个个村落一般，用户的平台选择会受到其自身喜好的影响。

通过自媒体账号接近顾客的优点在于，首先，平台的大数据推送机制更容易为推销员推送符合需求的精准化客户，省去了大量进行顾客需求审核的环节；其次，自媒体平台通过私信联系客户是无须客户同意的，可以实现消息的100%送达；最后，通过多种自媒体寻找和筛选客户，可以有效地拓展客户的“流量池”。

当然，通过自媒体平台接近顾客也有其缺点。首先，有很多自媒体用户没有养成经常查看私聊信息的习惯，导致未阅读到私信内容；其次，很多用户即使看到私信，也会由于防备心而不回复信息。但通过自媒体平台联系客户时如果收到了客户的回复，起码说明对方对推销品是有需求的，后续推销活动的开展就容易多了。

(五) 四种渠道对比分析

对比四种接近顾客渠道的优势、劣势，如表 7.1 所示。在信息送达程度方面，短信和自媒体平台的信息送达程度最高，不管顾客是否同意，来自这两种渠道的信息几乎都可以发送到顾客的手机(账号)上；其次是微信与顾客沟通，推销员可以将简短的语言发送到好友申请的信息中；最后，电话渠道的信息送达率较低，只有顾客接电话之后，推销员才能将信息传递出去。

表 7.1 四种接近顾客渠道的优势、劣势对比

接近顾客的渠道	信息送达程度	可获得的顾客信息量
微信	较高	多
短信	高	少
电话	较低	多
自媒体	高	较多

从获得的顾客信息量角度看，微信和电话渠道获得的顾客信息最多。如果顾客通过了微信好友，则说明顾客对产品是有需求的；而当顾客接到电话之后，推销员可以从顾客讲话的语气、语速等信息中获得更多信息。自媒体渠道可以通过顾客发布或分享的内容获取足够的信息，但有些平台，比如快手、抖音的顾客不常查看私信信息，信息虽然送达了，推销员可以获得的信息量也较大，但可能无法收到顾客的反馈。另外，短信是可以获得顾客信息量最少的渠道，毕竟只有彼此的文字交流信息。

不论是从微信、短信、电话还是自媒体平台联系到顾客，最终的目标还是约顾客出来面谈。因为与短信息相比，面谈不仅可以听到顾客的声音，还能实时看到顾客的肢体语言与顾客状态，与电话相比，面谈不仅更加正式，还可以切实感受到顾客的态度，了解到顾客真正的意向。因此，无论从何种渠道接近顾客，约见顾客都是必不可少的环节。

二、约见顾客前的准备

在约见顾客之前，尤其当自己即将面对的顾客是企业领导的时候，需要进行精心的推销前准备。

比如，推销员应该准备 10 分钟的对话，即要求自己能够在 10 分钟之内把所要表述的内容讲清楚。因为很多企业领导的时间很宝贵，通常能够抽出 10 分钟与推销员见面已经是很难得的了。

在准备 10 分钟话术之前，推销员需要查询公司的名称，或者用“企查查”“天眼查”等工具查询公司相关的信息。推销员需要尽最大可能查到与公司相关的所有资料，包括这家公司到底是做什么的，他们过去是做什么的，他们有没有竞争对手，他们的竞争对手是做什么的，他们竞争对手的产品大概是什么价位，这家公司的经营状况是怎样的，如果公司的领导过去还发表过言论，或者他还有抖音等平台的短视频作品，推销员还需要搜索并了解一下。

做好上述准备可以使推销员在未见顾客之前就已了解公司领导的资料，甚至把他演讲的内容都背下来。推销员应该做到能够在人海当中一眼找到这个领导，甚至把他当作自己特别熟悉的亲人一样了解。因为只有这样做，见面后才能与顾客在很短时间内产生亲和感，像“神交已久”的老友一般。

推销员要做到对现场每一分钟的谈话都进行深入的准备，也只有做到如此，才能在短短的 10 分钟内打动大多数人。下面是这 10 分钟的话术建议：

(1) 确定目标。明确你的推销目标是什么，希望在这 10 分钟内传达什么信息或获得什么结果。

(2) 精炼信息。使你要传达的信息简洁明了，并确保重点突出。避免冗长的介绍和过于注重细节，将重心放在最关键的信息上。

(3) 充分了解顾客。在推销前，研究企业领导的背景和公司的情况。了解他们的需求、关注点和利益，以便在对话中更好地与他们沟通。

(4) 准备好问题。提前准备一些针对特定顾客的问题，以便深入了解他们的需求和问题。这样不仅可以展示你的兴趣，还能提供有针对性的解决方案。

三、约见顾客的工作内容

约见顾客的基本内容就是确定推销拜访的对象、目的、时间和地点。约见拜访的任务是把握最佳时机，确定最佳的推销时间和地点，拜访最佳的推销对象以提高推销效率。

(一) 确定拜访对象

对于推销员来说，确定拜访对象的决策权是非常重要的。即使已经确定了拜访的对象，推销员仍需要确保该对象具有购买决策的权力，避免在无关或无权的人身上浪费时间。

在实施推销活动时，许多具有决策权的人工作繁忙，他们常常将日常拜访和会见等工作交给秘书、助手或其他相关人员处理。在这种情况下，推销员应尊重这些接待人员，并将他们视为同等重要甚至更重要的人。推销员需要设法与他们建立良好的关系，获得他们的支持和配合。因为这些接待人员通常具有对购买决策的重要影响力，甚至可以直接决定是否购买以及购买哪家公司的产品。

(二) 明确拜访事由

推销拜访还需要讲明拜访的事由。明代小说《西游记》中有一个小妖怪的名字是“有来有去”，这个名字对人物来去“交代”得非常清楚。同理，推销员在拜访客户的时候，也需要“有来有去”，明确拜访事由就是介绍拜访主题的问题。通常情况下，拜访事由可以分为六种：以进行正式推销为由，以从事市场调查为由，以提供服务为由，以签订交易合同为由，以收取货款为由和以走访潜在客户为由。

(三) 约定拜访时间

叙述文的四要素：时间、地点、人物、事件，对于推销员拜访客户也同样适用，而拜访时间妥当与否，直接关系到能否接近顾客，甚至整个推销活动的成败。推销员在约定拜访时间的时候应该注意六个方面的问题：① 根据拜访对象的特点选择时间；② 根据拜访的目的和要求选择时间；③ 根据地点和路线选择拜访时间；④ 尊重拜访对象的意愿，在确定拜访时间方面留有余地；⑤ 讲究推销信用，准时赴约；⑥ 合理利用拜访时间，提高拜访的效用。

总之，约定拜访时间要充分尊重顾客的意愿，通过友好协商的方式确定拜访时间，约定拜访时间的过程要友好且站在顾客角度着想。要做到严以律己，宽以待人，推销员自己一定不可以迟到等。

(四) 确定拜访地点

具体选择哪种拜访地点，要根据拜访对象、目的、时间和方式等具体情况来确定。以下是五种常见的拜访地点：

(1) 工作地点。在对方的工作场所进行会面，例如公司办公室或会议室是最常见的拜访地点，特别适用于商务拜访。

(2) 推销对象的居住地点。这种选择可以节省推销对象的时间，但应确保在经过推销对象允许的情况下选择这个地点。如果拜访对象同意，可以在他们的住所进行拜访。

(3) 社交场合。有时在社交场合进行拜访可以增加舒适度和融洽感，例如在咖啡馆、餐厅或活动场所进行拜访。

(4) 公共场所。某些情况下，公共场所如图书馆、公园或展览馆等也可选作拜访地点。这些场所可能提供更宽松和轻松的环境，适合一些非正式的会面。

(5) 其他场所。具体情况下，还可以根据需要选择其他适合的地点，比如会议中心、行业展览会或其他专业场所。

需要记住的是，选择拜访地点时需尊重对方的隐私和意愿，并确保选择的地点方便对方，同时有利于推销或商务活动的进行。

案例分享

推销地点的选择合适吗？

某婚恋平台的红娘联系到一位准顾客，向其介绍了自己公司的优势，以及海量的男女会员用户，可以通过大数据比对，为该准顾客提供符合择偶要求的会员。经过一番洽谈之后，红娘提出让准顾客抽时间来公司进行面谈，把公司地址发给准顾客之后，该顾客便没有回复了……

第二节 读懂顾客的肢体语言

推销员在面对客户时，首先接触到的往往是其肢体语言。客户的眼神、表情、坐姿等方面往往会传递一些反映其内心状态和性格特质的重要信息，把握住这些信息，正确接收到客户肢体语言传递的“无声语言”是优秀推销员所需具备的重要素质。

一、读懂顾客眼睛里传递的信息

眼睛是人类交流中非常重要的工具之一。通过眼神和目光，我们可以传达和接收信息，眼睛是我们感知世界最敏锐的感官之一。瞳孔的运动对外界刺激非常敏感，它会根据不同的情绪和认知状态产生变化。这种变化往往是自发且难以控制的，因此可以更准确地反映一个人的内心状态和情感体验。眼睛能够表达情感、意图和内心状态，传递出真实的情感和态度，有时甚至能够透露出一个人的真实意图。

眼睛传递的信息是最有价值、最为准确的。为什么这么说呢？因为眼睛是传达身体感受的焦点，瞳孔的运动是独立、自觉、不受意识控制的。舌头能骗人，但没有经过专业训练的普通人，通过他的眼睛就能看出他是怎么想的。因此，正如俗语说的那样，“眼睛是心灵的窗户”，你在想些什么，你的眼睛都会立刻忠实地呈现出来。

案例分享

周女士到底是怎么想的？

宋佳的第一份工作就是在一家冰箱厂做销售。经过一个月的岗前培训后经理让她去拜访一位姓周的客户。宋佳来到这位客户家里，一阵寒暄过后，开始转入正题。

“周女士，根据我们公司的回访记录，您有意向更换一台冰箱，所以我今天特地过来看看您准备买什么款式的。”

“是啊，最近温度越来越高了，家里的老冰箱制冷效果不是很好，已经咨询过维修部门了，他们建议更换一台。”

“嗯，是这样啊，您可以看看我们公司的冰箱，它由智能节能专家控制系统全自动控制，4D匀冷保鲜，空间自由组合，更能减少电能损耗。”

“是吗？”顾客一直用眼睛盯着看宋佳，看起来很认真的样子。

宋佳以为这位客户被她的话打动了，于是说得更起劲了：“相对于市场上其他公司的产品来说，我们公司的冰箱在静音方面更胜一筹，声音在19分贝左右，所以您休息时绝对不会受到一丝的打扰。”

在听完宋佳的叙述后，周女士并没有做出购买决定，而只是礼貌地说要再考虑考虑，过两天再回复。

对于推销员来说，分析客户的眼神就像是趴在客户的“窗户”上向里观望。推销员要学会从客户的眼神里看出他的真实想法，并拿出应对之策。成功的推销人员都是善于观察的人，他们能捕捉到顾客眼睛里哪怕一丝的异样，从而调整自己的销售策略。

在和客户谈话的时候，销售人员要时时观察对方的眼睛，因为推销就是一种人与人之间的交流，交流时注视着对方的眼睛是对别人尊敬的表现，同时也能从对方的眼睛中读懂一些内容，这些内容也许是话语没有表达出来的。因此，推销员在销售中要学会观察客户的眼睛，读懂客户眼睛里所表达的意思。

在上面的案例中，宋佳见客户用眼睛盯着自己，就以为客户是对产品感兴趣，但事实并非如此。案例中的周女士尽管把目光停留在了宋佳身上，但是最终并没有签单，就证明客户没有认可宋佳的说法与他们公司的产品。

眼神是内心活动的一面镜子，不同的眼神代表着不同的含义。在商品的推销中，推销员会遇到形形色色的客户，难免会遇到客户的冷眼，当然也会得到客户的理解、支持的眼神。把握这些眼神所代表的含义，必将给推销员的工作提供很大的帮助。一般在推销过程中，客户的眼神可以分为以下几种类型。

(一) 柔和友好型

与柔和友好型的客户交流时，他们眉眼含笑、嘴角上扬，传递出积极的情绪和好意。这种积极的表现让推销员感到受欢迎，建立起一种愉快的氛围。与柔和友好型的客户洽谈是非常愉快的经历。这样的客户往往表现出善良、真诚和热情，他们对人的态度友好，不容易产生戒心或抵触情绪。

(二) 怀疑型

怀疑型顾客往往对推销员充满怀疑，因为他们对于产品的选择非常谨慎。如果推销员的信息缺乏足够的说服力，客户会表现出怀疑的迹象。这可能包括微皱的眉头、缩小的瞳孔和眼神中透露出迟疑的神色。这些身体语言信号是怀疑型顾客表达他们不信任的方式之一。推销员可能需要采取不同的策略来获取他们的信任，如提供更具说服力的信息、解答疑虑或提供客户评价等。

(三) 好奇型

当推销员的产品引起客户的浓厚兴趣时，客户往往会表现出一系列的肢体语言信号。瞳孔扩大、微微张开嘴巴、抬高眼皮以及专注地盯着推销员或产品，都是表示极大兴趣的迹象。尤其是当产品具有独特的功能和精细的制作工艺时，如果客户之前没有遇到过类似的产品，他们可能会被产品的奇特性所吸引并感到惊讶。推销员要抓住客户的这种延伸特征，并利用它们进行有效的引导。推销员可以进一步介绍产品的特点和优势，解释技术细节，提供示范或演示，以满足客户的好奇心和兴趣。通过确保客户对产品的认知和理解，并与其积极互动，推销员可以大大提高客户购买产品的概率。

(四) 沉静型

对于沉静型顾客来说，他们的瞳孔通常会保持自然状态，眼皮不动，并且以冷静的态度看待推销员。这表明推销员的产品或话题对他们来说不足为奇，无法引起他们的兴趣。这样的顾客通常见多识广，有着自己的主见，并且非常冷静，不容易被推销员说服。

面对这样的顾客，推销员最实际的推销方式是以真诚的服务和优秀的产品品质来打动他们。推销员可以重点强调产品的实用性、性能优势和与竞争对手的差异。此外，还可以提供真实的案例和评价，帮助他们做出理性的决策，以及回答顾客提出的具体问题，展示自己在产品知识和专业领域的能力。因此，对于沉静型顾客，推销员应该以真诚、专业和有实力的方式与他们交流，以期打动他们并赢得他们的信任和购买意愿。

二、"眉语"是顾客的第二张嘴

"眉语"也是体态语言的一种，指在特定的语言环境中，人们用眉毛舒展或者收缩等动作来替代语言，以此表达情绪。眉毛不仅可以表现出不同的情绪，还能够传达出很多信息，进行交流，人们常说的"眉目传情""挤眉弄眼""眉来眼去"等都是一种交流、一种暗示，有时"眉语"甚至比有声语言更能传达出真挚的情意。

推销员要善于通过顾客的"眉语"了解其内心情感，要学会用"眉语"与顾客交流，从而有效地表情达意，最终顺利成交。

案例分享

善读“眉语”的推销员

李女士准备买一套新的职业套装，在会见一个重要的客户时穿。但她在商场转了大半天也没有看上眼的，感到很沮丧。她又转到一家精品屋，进去后就一屁股坐在一个小凳子上。这时一位推销员过来询问她是否需要帮助。李女士有气无力地说想要买在会见客户时穿的职业套装，但转了多半天也没有选中合适的。

推销员见李女士眉头紧锁，就知道她确实很累了，于是倒了一杯水端到她面前说：“看样子您确实很累了，不如先坐下休息一会儿，会见客户穿的服装确实不能马虎，一会儿您可以在我们店里转转，我们这儿刚好新上了一批新款的职业套装。”

见推销员如此热情，李女士情绪好了很多，她边喝水边和推销员讲述这多半天的经历。推销员从李女士透露的信息中已经知道她想要的款式和价位，于是在李女士喝完水后，给她推荐了一款深灰色职业套装。李女士一看，便眉毛上扬，露出了欣喜的表情，但是很快又皱起了眉头，问道：“价格偏贵了，能不能打折呢？”推销员最终给了8折优惠，李女士非常满意，眉开眼笑地购买了那款职业套装。

在上面的案例中，李女士因为购物未果而眉头紧锁，见到喜欢的套装便眉毛上扬，又因为价格过高而皱眉，最终谈妥价格，因买到自己心仪的服装而眉开眼笑。可见，不同的“眉语”表达不同的人物情绪，推销员更要通过观察顾客的“眉语”来了解其内心情感。

具体来讲，我们常常见到的顾客“眉语”有以下几种。

(一) 扬眉

扬眉是一种表达高兴神态和积极心情的身体语言。当顾客对推销员的产品感到兴奋和满意时，他们可能会扬起双眉，使眉毛稍微分开并拉平眉间的皱纹，同时额头的皮肤向上挤紧，形成水平方向的长条皱纹。这种表情传达了顾客对商品的喜爱和兴趣。

然而，如果顾客出现一只眉毛上扬，一只眉毛下降的表情，这可能表示对推销员介绍的商品心存怀疑或者还有些不理解。在这种情况下，推销员需要进一步证明产品的价值，提供更多解释或回答顾客的疑问，以消除顾客的疑虑。持续的沟通和解释对于获取客户的信任和提高他们购买产品的概率非常重要。

(二) 皱眉

当顾客的双眉紧蹙时，通常表示他们感到忧虑、不高兴、不耐烦或者为难。这表明顾客对推销员所说的话或者推销的产品感到不满意、不喜欢，并且存在强烈的抗拒心理，不愿再听介绍。如果顾客在皱眉的同时还低头、侧脸，并且脸部表情非常紧绷，这表明对方非常厌恶和反感。这可能意味着顾客对推销员的行为或者所提供的产品有很大的反感，可能已经形成了坚定的决心不会购买或者进一步了解。

在这种情况下，推销员需要注意顾客的身体语言和情绪反应，应该尊重顾客的感受，并尽量不逾越他们的舒适边界。如果顾客表现出明显的不满和反感，推销员可能需要改变策略，关注顾客的需求和兴趣，并以更加温和和关怀的方式进行沟通和互动。

(三) 耸眉

耸眉指眉毛上扬，停留一会儿又下降，有时也会伴有撇嘴的动作，这表示的是一种厌烦和不欢迎，有时也表示一种无奈。顾客露出这种不愉快的表情，就表示他不愿意接受商品。这时，推销员要保持冷静，对顾客的心理表示理解，用最有力的证据去说服顾客。

(四) 闪眉

当顾客表现出眉毛上扬又立刻下降的闪动，并伴随着扬头和微笑的动作时，这通常表示他们感到惊喜和欢迎对方的到来。这种眉毛闪动是一种积极的表现，显示出对方的到来让他们眼前一亮。特别是在对方是一个老顾客的情况下，他们还可能通过连续闪动眉毛的动作向你问好。

推销员在面对这种情况时，最好的应对策略是以同样的方式回应，也就是用“闪眉”来回应顾客的欢迎。这种幽默、聪明的回应会给顾客留下好印象，并加强彼此之间的连接。如果顾客在推销过程中展示了这种表情，那么成交的希望非常高。推销员应该继续积极地与顾客互动，并提供有关产品的更多信息和优势，以进一步推动销售过程。

三、头部动作往往先于决策

在很多情况下，人们嘴里说的话和肢体语言所传达的意思是不相符的，人的嘴巴可能会说谎，但是身体很难说谎。人的头部属于人体的“司令部”，人的眼睛、耳朵、舌头、鼻子会把外界的信息输送到居于中心位置的大脑。大脑会根据所收集到的信息，有针对性地做出反应，并通过同步动作呈现。所以头部往往是人们关注、观察身体语言的重点。从某种意义上说，观察头部所得到的信息也是最为准确的。

例如，点头表示同意或认可，摇头则表示不同意或否定。抬头可以表达自信、兴奋或好奇，而低头则可能表示羞愧、恐惧或不信任。头部的微小动作和姿态变化可以透露出人的内心想法和情绪状态。在推销过程中，推销员应该多注意观察客户头部的细微动作，并结合其他肢体语言的信号来洞察客户的心理状态。这样可以帮助推销员更好地理解客户的需求和反应，并作出相应的调整和引导。

(一) 点头

客户的点头行为通常表示赞许和认可，传递出肯定的意思。如果客户在与推销员的交谈中频繁点头，这表明他们对谈话内容很感兴趣，推销员可以继续发言。然而，需要注意客户点头的频率。如果客户快速地点头，可能意味着否定，表达出不耐烦的情绪，或是在提示推销员结束自己的发言，给予客户表达观点的机会。在这种情况下，推销员应适当地收敛言辞，迅速结束谈话，以免引起对方的厌烦，导致推销失败。

有时，客户为了迅速摆脱推销员，可能会频繁点头，表达对产品的浓厚兴趣，并称过几天会给出答复。推销员当时可能会相信这些客户的说法，但事后却迟迟未收到客户的回复。因此，推销员需要识破客户可能的谎言，提醒自己谨慎对待这样的情况，尽量通过进一步的跟进和询问来明确客户的真实意图，以避免被误导。

(二) 摇头

摇头的频率和速度都可以传达心理信息。稳定频率、适中速度的摇头表明客户对推销员的内容持否定态度，这时推销员应该及时调整策略。如果摇头频率较少且动作缓慢，可能代表客户认为推销员的介绍非常出色，此时推销员可以根据具体情况作出相应的反应。然而，如果客户快速地摇头，这通常表示他们的否定态度已经很坚决，短时间内很难改变他们的想法，这时推销员最好尽快结束拜访。总之，推销员需要综合考虑摇头的频率、速度，以及其他身体语言信号，灵活应对，并与客户进行积极的沟通与交流。

(三) 低头

低头是一种肢体语言，可以表达否定和不认可的情绪，尽管相对摇头来说不那么直接。客户可能因为各种原因不想与推销员直接发生言语冲突而表现出低头的行为，在面对这种情况时，推销员应该尽快找出客户不满意的地方，并妥善解决，以便恢复与客户的正常交流。通过这样的处理，推销员才有可能赢得客户的信任并达成合作。

另外，有时客户低头可能是因为他们没有理解推销员的话，正在沉思。在这种情况下，推销员可以适时改变语速，并提醒客户跟上自己的谈话节奏。积极引导客户也是推销员应该采取的策略之一。推销员可以通过有效的沟通和引导，促进客户理解并提升客户兴趣，从而提高购买的可能性。

(四) 头部倾斜

当客户对推销员的话有疑问或需要深思时，他们可能会表现出头部向一侧倾斜、身体前倾，并用手接触脸颊的思考姿势，这种姿势通常表明客户正在思索或考虑。推销员应该积极引导客户并及时解答他们的疑惑，因为当客户的疑惑得到解答时，往往也是最后决策的关键时刻。

出现头部倾斜动作也可能是客户对推销员表现出严重的不屑和不满，此时推销员挽回的机会可能会很小。在这种情况下，推销员需要重新评估沟通策略，通过诚挚和解决问题的态度来尝试缓解客户的不满情绪，但成功的机会可能相对较低。推销员应该尽量尊重客户的感受并寻求合适的解决方案，同时也要明确自己的限度。

(五) 头部后仰

顾客仰头放松是一个身体语言信号，表明他们对推销员或产品感到满意或放松。在这种情况下，推销员应该保持警惕，并且可以利用顾客的开放态度巧妙地提出交易请求。然而，推销员需要注意适度，不应过分侵入或施加压力，以免引起顾客的反感。恰当的交易请求可能在这种情况下产生积极的效果，但推销员仍需根据具体情况和顾客的反应进行灵活调整和处理。

四、手部动作是客户内心活动的“心电图”

手部动作在人类交流中扮演着重要的角色。研究表明，手部动作可以反映一个人内心的情绪和意图。因为手部有丰富的神经末梢，能够感受到来自内心的微妙反应，所以人的心理变化往往会通过手部动作迅速地表达出来，这也解释了为什么我们将客户的手部动作视为其内心活动的"心电图"。例如，当人受到威胁或遇到不愉快的情境时，他们往往会将双臂交叉紧紧抱于胸前。这个动作表达出一种自我保护的意图，通过形成一道身体防线来抵御外部危险，达到保护自己的目的。在这种情况下，推销员继续坚持谈话是徒劳无功的，因为客户的内心是抗拒的。推销员需要采取一些措施来消除客户的戒备之心，与客户重新建立信任和互动。首先，推销员可以倾听客户的疑虑和不满，只有通过倾听并回应客户的需求，才能打破壁垒。其次，推销员可以提供更多的信息和证据来支持其观点，这些信息应该是准确、有说服力且客户可验证的，以增加客户对推销员的信任。此外，通过与客户建立良好的沟通关系，推销员可以促进积极的对话，表达对客户的关注，并提供个性化的解决方案，以满足客户的需求和期望。通过这些方法，推销员可以努力消除客户的戒备之心，并重新建立起积极的对话和互动，提高客户购买产品或接受服务的概率。

手部动作还可以传达其他的意思和信息。举例来说，握手可以象征着友好和互信，拍手可以表示鼓励和喜悦，手势可以用来传达指示或强调某个观点等。因此，手部动作的重要性不容忽视，手部动作是我们交流和表达自己的重要工具，可以揭示出我们内心深处的情感和意图。

案例分享

这单子的成交概率有多大？

一名保险公司的推销员去拜访一位王姓客户。

"您好，王先生！我是人寿保险公司的销售员，昨天打电话和您预约过的。最近我们公司推出了一种新的保险业务，不知道您有没有兴趣了解一下？"推销员开门见山道。

"哦，是这样，那你先大概介绍一下这项保险的内容吧。"

"这项保险主要针对交通人身意外，最高250万元的保障，最长30年，满期返还128%保费。所以，购买这项保险不但给自己提供了一份非常大的安全保障，还等于存了一笔钱，相当划算。"

"看起来这个保险不错，很值得购买。"王先生边说边双臂交叉，抱于胸前。

推销员见客户认可，又接着说："是啊，只要入了这项保险，将来您的养老费都不用愁了。"

"那好吧，让我再考虑一下，明天给你回话。"王先生很干脆地结束了两个人之间的谈话。

手不仅能帮推销员很好地表达自己，还可以让推销员通过双手获知客户的性格特征。有时候，客户本来对推销员的产品不感兴趣，但是为了让推销员早点离开，于是装作喜欢推销员的产品来敷衍推销员，而实际上他是不会购买的。因为此时客户在撒谎，而客户为了掩饰这种说谎的心理，就不得不借助于手势，所以，推销员只有读懂了这些手势，才能很好地销售产品。就像上面案例中的那位客户，他在回答推销员的问题之后双臂交叉抱于胸前的行为，已明确表达了其内心的真实想法，所以推销员最终也没能成功推销。

很多时候，推销员对客户所说的话摸不着头脑，不知道客户的话哪句是真的，哪句是假的。客户尽管不想购买，但是嘴上却说得好好的，让推销员信以为真。但是不管客户怎样说谎，他的手势都无法隐藏这些说谎信息。

美国心理学家桑·费德曼博士在他的研究中指出，手上的小动作欺骗人的可能性很小，手就像一面镜子一样，把你的心意照了个底朝天。那么，不同的手部动作代表什么样的性格，又有什么深层次的含义呢？

(一) 搓手掌

手掌搓动是一种常见的肢体语言，常常表达着不同的情感和心理状态。孩子在拿着有趣的玩具时会表现出喜悦和兴奋，他们会冲着你笑，还可能搓动小手掌，这表明他们对玩具充满期待和兴奋。类似地，当主管收到一份重大订单，他在会议上鼓励员工时可能会搓手掌。这表明他对这份订单充满期待，并且有自信能够成功完成。手掌搓动可以反映自信和期待的心理状态。

然而，手掌搓动也有另一种含义，即紧张和不安。对于那些初次登台演讲的人来说，紧张时也经常会搓手掌，这是紧张和不安的一种表现方式。需要注意的是，肢体语言的解读并不是绝对准确的，它可能因个人习惯、文化背景以及具体情境而有所差异。因此，在解读肢体语言时，还需要综合考虑其他语言和线索来理解其真正的含义。

(二) 遮住嘴巴

当顾客使用手遮住嘴巴时，这可能是他们不自觉地暗示着说谎的行为。在面对这种情况时，推销员可以采取一些策略来引导对话并处理这个问题。首先，你可以停下来并直接询问顾客是否有任何问题或疑虑。例如，你可以问："您有什么问题吗？"或者，"我发现您对我的观点不是很赞同，让我们一起来探讨一下吧。"这样做有助于打开对话，让顾客感到被尊重，并提供机会让顾客表达异议或提出问题。此外，当顾客将手指放在嘴唇之间时，这可能意味着他们内心需要安全感。作为推销员，你可以回应这种手势，给顾客一些承诺和保证，以增强他们的安全感。例如，你可以说："我完全理解您的担忧，我会为您提供详尽的解释和支持，确保您做出明智的决策。"这样的回应有助于顾客建立信任和信心，感到更加放心。

总之，当遇到顾客使用手遮住嘴巴或把手放在嘴唇之间时，推销员要以尊重和关注顾客需求的方式回应。适当地引导对话，解释自己的立场，并提供承诺和保证，有助于增强顾客的信任和安全感。

(三) 抓耳朵、揪头发

当推销员拿出订单让客户签字而客户表现出抓耳朵、揪头发等细微动作时，这可能意味着客户对产品的兴趣不够强烈或者存在某种犹豫和不确定的情绪。客户可能表面上口头承认产品的好处，但他们的身体语言暗示了一些不确定因素。

推销员应该注意到客户的这些动作，并着重倾听客户的需求。客户可能有一些问题或顾虑需要解决，抑或客户需要了解更多的信息。推销员应该积极与客户互动，提供进一步的解释和说明，回答客户的疑问，并确保客户得到充分的理解和信心。通过积极的沟通和解决客户的顾虑，推销员可以增加客户对产品的兴趣和认可，提高购买的概率。

（四）抓挠脖子

客户在与推销员交谈的过程中，如果他时不时地用手指抓挠脖子，那是客户疑惑和不确定的表现，等同于他在说："我不太确定是否认同你的意见。"即便客户说"我非常喜欢贵公司的产品"，同时他却在抓挠脖子，我们也可以断定，实际上他并不喜欢。

（五）拉拽衣领

德斯蒙德·莫里斯的研究探讨了一种现象，即撒谎可能引起面部和颈部神经组织的刺痒感。当人们撒谎并感受到对话中出现质疑时，他们可能会出现血压升高的情况，导致脖子出汗，进而可能触发拉拽衣领的动作。然而，仅仅通过观察顾客频繁拉拽衣领还不足以断定顾客在撒谎。拉拽衣领可能是由各种其他因素引起的，例如热或不适。除了身体语言外，推销员需要结合其他线索，如言辞、语气和其他肢体语言信号，以更准确地判断顾客是否在撒谎。

判断撒谎是一个复杂的过程，不能简单依赖单一的身体语言信号。综合观察和分析客户的行为、言语有助于推销员了解客户的真实意图和情感状态。

（六）手托下巴

手托下巴是一种常见的动作，它可以帮助人们集中注意力和思考。手托下巴可以给颈部提供额外的支撑，减轻颈部肌肉的负担，从而减少不必要的肌肉紧张和不适感，这使得头部更加稳定，同时促进血液的流通。虽然手托下巴可能有助于一些人的思考过程，但它并不是一种必需的动作。每个人在进行思考时可能会有不同的习惯和偏好，他们需要找到适合自己的方式来保持舒适和集中注意力。

（七）背手

背手的姿势通常被认为是一种自信和成熟的表现。当一个人背手时，展示出了一种放松和冷静的态度，似乎他对周围的事物有很好的掌控力。这个姿势还暗示着权威和自信，给人一种镇定自若的印象。然而，需要注意的是，此观点并不适用于每个人，因为姿势无法完全代表一个人的内在状态和个性特征。

（八）十指交叉

十指交叉和面部遮挡可以传达隐藏感觉或对推销员不感兴趣的信息。如果客户突然放开双手并前倾身体，这可能表明他们希望表达自己的观点或者想结束交谈。此外，十指交叉也可以表示焦虑或紧张不安的情绪。理解这些偶发的身体语言信号可以帮助我们更好地解读客户的意图和情绪。

总之，推销员在与客户交往时，为了更多地了解对方，应该多留心一下他的双手，因为他的双手还是性格特征的外在表现。

五、"脚语"带来的信息

人体的哪个部位最诚实，最能揭示一个人的真实意图呢？

英国心理学家莫里斯经过研究发现了一个有趣的现象：人体中越是远离大脑的位置，其可信度越大。因此，我们的脚才是人体中最诚实的部位。

案例分享

为什么偏偏托孤给他？

在汉武帝时期，有两位声名显赫的将军大破匈奴，并通过赫赫有名的“漠北决战”改变了多年以来汉匈之间的强弱关系。一位叫卫青，还有一位青年将领叫霍去病。

霍去病年少有为，仅仅二十几岁就将匈奴人赶到贝加尔湖畔，并由此为后世将军确立了“封狼居胥”的最高荣誉。然而，天妒英才，霍去病年纪轻轻就故去了，使得大汉王朝受到了重大挫折。

“巫蛊之祸”后的汉武帝决定立自己的小儿子刘弗陵为帝。谁能成为未来年幼天子的辅政大臣着实成为一件棘手的事情。

经过深思熟虑之后，汉武帝决定委任霍去病的弟弟霍光为托孤大臣。经过旁人的谈论，以及汉武帝的观察，他发现霍光这个人特别有意思，他的轿子每次停退的位置都是固定的，而且每天霍光上朝走路的位置也是固定不变的。有好事者专门测量过，发现霍光每次走路的地点和步数都分毫不差。

人的“脚语”之所以能够准确地反映人们的情绪，主要与人类的进化历史和生存机制有关。在几百万年的进化过程中，人类的脚已经具备了快速应对周围情况的能力。这种反应是一种本能反应，不需要经过理性思考。人类的大脑边缘部分负责监测周围的环境和情况，并能够确定脚应该如何做出相应的反应：停下来、逃跑或攻击敌人。这种反应机制可以追溯到我们的祖先，这种生存机制的遗传基因在人类中得以延续。

然而，在现实生活中，我们与他人相处时通常会首先关注对方的面部表情。由于受习惯和社会文化影响，人们更多地通过面部表情来传达信息，这也导致了人们在面部表情上更容易掩饰情绪或撒谎。另外，手作为身体的中心部位，诚实度一般，人们有时会利用手势来欺骗他人。相比之下，脚位于身体的边缘部位，很少引起人们的特别关注。因此，大部分人没有特别留意自己的脚所表达的信息。脚相对于面部和手部来说更具有诚实度，因此成为了人们心理信息流露的一种独特方式，也就是所谓的“脚语”。

总的来说，人的“脚语”之所以能准确地反映人们的情绪，是源于人类的进化历史和生存机制，以及脚在人际交往中相对被忽略的特殊地位。

“脚语”可以反映人的情绪和性格品质。不同的心情和性格会导致人走路时的姿势和步调不同。例如，快节奏和重节奏的脚步可以表达愤怒或激动的情绪，而快节奏和轻节奏的脚步则表达快乐和轻松的情绪。此外，“脚语”还可以反映一个人的性格品质。一个外表端庄秀美的女子如果走路匆匆忙忙，脚步重且乱，可能意味着她性格开朗、直率；而一个看上去五大三粗的人如果走路小心翼翼，可能表示他在表面上粗糙，但内心非常细腻。

“脚语”能够展现出人的心理趋向。例如，一个人坐下来就跷起二郎腿可能显示了他不服输的精神，而女性跷起二郎腿可能意味着她对自己的容貌有信心并且渴望自我展示。此外，当人站立时，他们的脚通常会朝向他们关注的主体方向或事物，这是他们内心的一种表达方式。

小知识

如何读“脚语”

我们通常最先关注到人的表情和手势，却没有意识到，人的“脚”也说了很多内容。通过观察一个人移动脚的方式，可以洞察此人的内心世界。例如，女性站在男性追求者面前，如果其一条腿前伸，表明她喜欢这名男性；如果双脚交叉或者不动，表示不喜欢。当然，这种“脚语”并不适用于男性。如果一名男性感觉紧张，会通过增加脚步移动来表达这种情绪，而女性则相反，如果她们感觉紧张，就会保持双脚不动。

此外，研究者还发现“精英”男性和女性的腿脚动作相对较少，因为他们喜欢主宰对话过程，同样喜欢控制自己的身体。性格外向者脚部动作少，害羞者脚步移动相对频繁，自大傲慢的人通常能更好地控制身体，脚部动作也少。

可见，通过观察脚部动作，我们还可以判断一个人是否在撒谎。如果一个人的双脚完全静止，安分得有点过分，那他很有可能在说谎。

不少人认为，一个人说谎时会因为紧张而增加动作，但事实上，说谎者往往发出完全错误的信号。每个人都关注眼睛和脸部，但人们善于控制(那些部位的)动作。因此，一个人发出的信号是否可靠需看脚部的动作。

对于推销员来说，发现顾客脚部的秘密语言，在很大程度上能够了解其性格特征、情绪和心理状态，甚至对所推销产品的看法。因此，推销员一定要善加利用“脚语”。

案例分享

小白的洞察力

小白大学毕业后进入了一家大公司做推销员，在入职培训阶段，一位老员工向他讲了如何读懂客户的脚部动作促进销售的案例，小白觉得很神奇。培训结束后，小白被分配到公司的专营店工作。

一天，当小白向一位顾客介绍完自己的产品后，便询问顾客觉得产品如何。这时，她发现顾客的脚开始变得活跃起来，她知道这位顾客应该对自己的产品很满意。

接着，小白又给这位顾客介绍了一下同类产品的情况，顾客听着介绍，刚才活跃的两只脚顿时停了下来。注意到这一点后，小白询问：“您有什么其他的想法吗？”

顾客惊讶地问：“没有啊，你怎么知道我有其他的想法呢？”

小白笑着说：“我能感觉到您对我们这款产品有些顾虑。”

顾客说：“你猜对了，刚才我以为这款产品很适合我，但是刚才听了你对同类产品的介绍，我感觉那个品牌的价格便宜些，更适合我！”

“嗯，那款产品也确实不错，所以我才拿来做对比。不过从专业角度，我还是建议您购买我们的这款产品。因为无论从品牌还是做工来看，您都会发现区别是很明显的。”小白坦诚地说。

最终，这位顾客因为小白的坦诚和独到的观察力，决定购买他推荐的产品。

推销员应该学会通过观察顾客的脚部动作来探知其性格和心理，以便及时有效地调整推销策略，从而保证自己与顾客的交易取得成功。那么，我们该怎样通过观察一个人的脚部动作来了解其内心呢？

(一) 张开双腿

当顾客双腿张开，稳坐在椅子上时，通常表明他们此时的自信心较高。对于这类顾客，推销员需要表现出自信，并相信自己的产品能够给顾客带来好处。推销员应该保持彬彬有礼的态度，既不过于谦卑，也不过于傲慢，同时要清晰地介绍产品，展示自己的专业知识，以便让顾客感受到自己的专业性，这样会增加顾客接受产品的可能性。

(二) 单腿直立

单腿直立，另一条腿或弯曲或交叉或斜放在一侧。当人们做出这样的姿势时，身体的重心往往会放在一侧的臀部和腿上，从而使得另一条腿得到休息。这是保留意见或轻微拒绝的意思，也可能是感到拘束和缺乏信心的表现。推销员可以采取以下策略来了解顾客的想法：

(1) 倾听和观察。推销员应该倾听顾客的发言和观察他们的肢体语言，以获取更多信息。

(2) 提问并澄清疑虑。推销员可以积极主动地问顾客是否有任何疑虑或顾虑，并提供解答。

(3) 针对性的沟通。推销员应该根据顾客的姿势和表情进行针对性的沟通。如果顾客感到拘束或缺乏信心，推销员可以用亲切和鼓励的语言来传递信息，以增加顾客的舒适感和信心。

通过分析顾客的心理状态并针对性地应对，推销员可以更好地了解顾客的需求和疑虑，并为他们提供更准确和有针对性的解决方案，从而提高购买产品的概率。

(三) 腿脚并拢

双腿合并、双脚并拢、双手自然下垂，这通常被认为是一种中性的姿态，表明顾客没有明确的倾向。这种姿势传达了一种不置可否的信号，即顾客在决策过程中尚未做出具体的选择。他们可能还在权衡各种选项，或者对推销员提供的信息持保留态度。作为推销员，你可以利用这个中性态度，继续向顾客提供更多相关的信息，解答疑虑，并寻求进一步沟通和互动的机会，以提高顾客的兴趣和购买意愿。

(四) 脚踝相扣

人们在自我克制时，往往会表现出一些特定的身体语言信号。一个常见的例子是将脚踝交叠。在这种情况下，男性通常会敞开双膝，而女性则会尽量将双膝并拢，减少两腿之间的缝隙。这种姿势反映了个体的紧张和自我抑制，暗示他们正努力控制消极情绪或表达缺乏把握的情感。此外，他们可能会表现出沉默和寡言。

在推销环节中，顾客的脚踝交叠可能是他们内心犹豫或不确定的外在表现。然而，如果顾客对谈话非常投入，他们的双腿可能会自然地伸向前方，这表示他们对于所讨论的内容感兴趣，并且不再表现出紧张或自我抑制的姿势。推销员可以通过观察顾客的身体语言，识别并解读这些信号，从而更好地理解顾客的情绪和意愿，并对其进行相应的引导和沟通。

（五）转向脚

一般情况下，人们都会将身体转向自己喜欢的事物或人。推销人员也可以通过这种信息来判断客户是否愿意与自己交谈。

如果你看到两个顾客正在谈话，很想加入他们的讨论，但你又不确定他们是否欢迎你的加入。怎么办呢？你只需要观察一下他们的身体和脚的动作就可以了。如果他们移动自己的身体和双脚来欢迎你，那么，他们是真心实意地欢迎你；如果他们没有移动双脚，只是转了转身说了声"你好"，那就表示他们不欢迎你。

（六）脚尖踮起

当顾客坐在椅子前端，脚尖踮起，并呈现出积极的姿势时，表示他们对与推销员合作有强烈意愿和积极情绪。这是一个良好的信号，推销员可以善加利用，与顾客建立良好的合作关系并推进交易。

（七）跷二郎腿

如果顾客跷起的腿形成一个角度，可能表明他们有着执拗、性格坚强和好斗的特点，他们很难被说服。在这种情况下，推销员需要保持自己的坚定立场和原则，以避免落于下风。然而，这并不意味着所有表现出这种动作的顾客都具有这样的性格特点，因为每个人的身体语言和个性特点可能存在差异。

在推销实践中，有些顾客会通过减少脚部动作来控制自己的身体，表达他们喜欢主导对话和保持控制地位的愿望。作为推销员，细心观察并识别常见的身体语言可以更好地了解顾客的内心想法。

六、坐姿中的信息

在销售中，当推销员与顾客进行谈判时，顾客的不同坐姿可以反映出他们不同的态度和心理。推销员要善于从顾客的坐姿中发现有价值的信息，洞察顾客的内心，为自己的销售提供指导，增加成交的可能，提高销售量。

由此可见，坐姿在很大程度上反映了一个人的心理状态。那么，各种坐姿表达了顾客怎样的心理呢？这些微小的细节又能传达给推销员一些什么样的信息呢？

案例分享

善察情绪的施利芬

老板让施利芬去拜访一位难缠的客户，之前公司已经派出多位推销员，但是每一个都垂头丧气地回来，哭丧着脸说："这真的是一位难缠的客户，简直无法沟通，所以对于这种客户还是不要浪费时间了。"在听了同事们的抱怨之后，施利芬知道这次工作的难度，所以没有贸然前去拜访，而是花了充足的时间来搜集这位客户的资料，准备充分之后才预约了这位客户。

施利芬如约来到客户的办公室，这位客户确实如同事们所说的那样，甚至都没有起身迎接，还把双脚放在办公桌上，仰在椅子上看着施利芬。施利芬见对方这样的态度没有立即落座，而是非常郑重地对客户说："您好，先生，或许是我之前的同事给您带来了不快，还请您谅解！"

客户听施利芬这么一说，立刻有点尴尬地把脚从办公桌上拿下来说："请坐吧，至少你比你的那些同事要懂礼貌得多！"

施利芬坐在客户前面的椅子上，仍旧满脸恭敬地说："看来或许是真的，我的同事给您带来了不快，在此我再次真诚地向您道歉。"

客户听后，满面笑容地说："看来你是真的和你那些同事不一样，来吧，让我们谈谈合作的事情。"至此，这位傲慢的客户彻底放下了抵触的情绪。

坐姿是一种最常见的动作习惯，从坐姿细微的区别可以推测出一个人的性情以及为人处世的方式。如果你是个细心的人，在接触客户后的三至五分钟内，即使你们之间没有交谈，你也能大致了解对方的性情。下面通过分析不同的坐姿了解客户的心理。

(一) "弹弓式"坐姿

弹弓式坐姿是一种自信的体现，通常表明坐着的人具有冷静和自信的态度。一些男性会倾向于使用这种坐姿来展示他们的强势。在与顾客互动时，如果顾客采用这种姿势，可能意味着他们想向推销员施加压力或者创造一种轻松自在的假象，以试图让推销员放松警惕。他们想表达的信息可能是："我很镇定，你不必试图欺骗我。"

对于推销员来说，面对这种类型的客户，最明智的做法是保持谦逊和礼貌。推销员可以通过展现专业知识和自信应对有这种坐姿的顾客，但要避免显得傲慢或过于自信。重要的是与客户建立良好的沟通和信任关系，逐渐降低他们的警惕心理。推销员可以倾听客户的需求和意见，并提供客观、准确的信息，以帮助客户做出明智的决策。通过积极、礼貌地与客户互动，并提供真诚的建议，推销员可以提高客户的满意度和购买意愿。

(二) 起跑式坐姿

当客户表现出收脚、身体前倾或者双手抓住椅子侧面等行为时，这可能意味着他们对当前的交谈失去了兴趣或者希望结束会谈。

作为推销员，注意到这些身体语言信号是很重要的。在这种情况下，你可以尝试重新引导客户对你推销的产品产生兴趣，可以通过强调产品的特点和优势，解答客户的疑虑或者提供示范来吸引他们的注意力。另外，你也可以尝试转换话题的方向，带来新的内容或者有趣的观点，以重新激发客户的兴趣。如果你觉得客户对会谈失去了兴趣或者他们的暗示明确地表明他们希望结束会谈，那么干脆结束会谈并表示感谢，为下次会谈争取机会。

(三) 军人式坐姿

当客户表现出正襟危坐、紧凑的坐姿，并且注意聆听推销员的陈述时，这通常意味着客户已经对产品或服务产生了浓厚的兴趣。如果客户同时抚摸下巴可能是思考的体现，所以这时候推销员可以大胆地询问客户的想法，可能会得到积极的回答。

相反，当客户在推销员提供购买意见后表现出抚摸下巴并交叉双臂的肢体语言时，这可能意味着客户有所保留或不满意。这时推销员需要注意避免使用滑头的手法，以免让客户感到不悦。重要的是以非侵入性的方式继续与客户沟通，了解他们的需要并提供更满意的解决方案。

(四) 把腿放在椅子的扶手上

将腿放在椅子的扶手上可能表明客户想要获取支配和控制的地位，并希望通过椅背来保护自己。这种坐姿可能暗示客户对推销员的谈话内容不太感兴趣。然而，不同的客户可能有不同的原因和心态来采取特定的坐姿。虽然有些客户可能试图故意迷惑对方，但并非所有客户都是这样的。推销员需要敏锐地观察客户的身体语言，并根据具体情况采取有效的策略。

七、空间和声音映射心理距离

(一) 空间距离与心理距离

人们所在空间一般分为四个层次，包括亲密空间、个人空间、社交空间和公众空间。一般而言，人与人之间的关系越远，社交空间的距离越大，反之，人与人之间的关系越近，社交空间的距离越小。四个空间可按如下标准划分：

(1) 亲密空间。社交距离为15 cm～46 cm，一般存在于最亲的人之间，如与父母、子女、爱人之间。

(2) 个人空间。社交距离为46 cm～120 cm，一般存在于亲朋好友之间，如促膝谈心、聊家常时的空间。

(3) 社交空间。社交距离为120 cm～360 cm，一般社交场合与人接触、上下级之间都属于社交空间。保持此距离，会产生威严感、庄重感。

(4) 公众空间。社交距离大于360 cm。

那么，为什么会出现“人与人之间的关系越近，社交空间的距离越小”的现象呢？空间距离，实际上反映的是人与人之间的心理距离。心理距离越近，那么交流所需要的空间距离就越近，类似地，心理距离越远，交流所需要的空间距离也就越远。

因而，当与父母、子女、爱人交流的时候，由于心理距离近，所需要的空间距离就近。类似地，对于两个完全陌生的人，由于彼此之间并不认识，需要较多的空间距离来保证自己的心理安全感，因此，社交距离就需要大于360 cm了。

在具体的推销实践中，可以通过推销员与顾客之间的距离判断成交的可能性。

情形一：如果客户将推销员拒之门外，这表明客户对推销员比较抗拒和防范心理较重，因此推销成功的可能性较低。在这种情况下，推销员需要采取措施来建立信任，并提供更具说服力的信息，以打破客户的防御壁垒。

情形二：如果客户与推销员之间只隔着茶几交谈，这可能意味着客户对推销员和产品有一定的兴趣，并愿意与推销员进行沟通。这种情况下，推销员有机会更详细地介绍产品，解答客户的疑问，并采取进一步的行动来增加成交的机会。

情形三：如果推销员坐在客户旁边且客户耐心倾听推销员的讲解，这说明客户对产品表现出极高的兴趣和关注度。在这种情况下，推销员可以充分利用客户的积极态度，深入介绍产品的特点和优势，并提供相关的资料，以促进交易的顺利进行。

(二) 声音特点与心理距离

为什么两人在吵架的时候，明明彼此之间的距离很近，还要提高嗓门？

事实上，交流的声音高低与心理距离也是有关系的。一般而言，交流的声音越高，代表着交流双方的心理距离越远，需要提高嗓门以补偿心理距离；反之，交流的声音越低，代表着交流双方的心理距离越近，也就仅仅需要较低的交流声音了。

交流的声音高低与心理距离的关系，可以解释为什么情侣之间仅仅耳语就可以交流。因为情侣之间的心理距离近，仅仅需要较低的声音交流，就可以感到很舒适。因此，吵架的两个人的物理空间距离即使很近，但彼此的心理距离远，需要提高嗓门以弥补心理沟通距离渐行渐远。

推销员可以根据客户的声音特点判断客户的心理，具体可从以下几个方面入手。

1. 从客户音调判断成交的可能性

音调的高低可以反映一个人的性格特征和心理状态。在心理学中，人格是相对稳定的个体特质，表现出在一段时间内的相对一致性。这意味着一个人的声音可能会在一定时间范围内保持相对稳定的音调，反映其性格特征，如自信、冷静或活泼等。然而，在谈话时的心理状态可能会受到更多随机因素的影响，比如环境、情绪和其他个体。一个人的音调可能会在不同的谈话情境中出现变化。例如，当一个人处于兴奋、激动或紧张的状态时，他的音调可能会变高。相反，当一个人感到沮丧、消沉或生气时，他的音调可能会变低。

因此，在分析一个人的声音时，我们不能仅仅依靠音调的高低来确定其性格特征或心理状态，还需要综合考虑其他因素，如语速、语气、词汇选择和身体语言等，以获取更准确的信息。

1) 高亢的声调

通常情况下，在公众场合说话声调高亢的个体精力旺盛，对很多事情拥有掌控力，多属于多血质。从MBTI人格角度讲，这类个体更加偏向于ENTJ(指挥官)、ENFJ(主人公)、ESTP(企业家)、ESFP(表演者)、ESTJ(总经理)等类型。

相对应地，在公众场合说话声调低的个体往往精力不足，对一些事情采取“回避”的措施，多属于黏液质或抑郁质。从MBTI人格角度讲，这类个体更加偏向于INTJ(建筑师)、INTP(逻辑学家)、ISTP(鉴赏家)、ISTJ(物流师)、ISFJ(守卫者)等类型。

在一般情况下，说话声调高亢的个体可能给人一种掌控全局的印象，尤其是在公众场合中。这种特点可能与个人性格有关，但并不是绝对适用于所有人。男性个体开朗、富有正义感以及善于交际的特点与说话声调高亢之间可能存在某种相关性，但并非必然。人们的性格和行为受多种因素的影响，并且会因个体差异而异。同样地，女性个体易亲近、人缘好并易获得他人信任的特点也不一定与说话声调高亢有直接关联。女性个体的人缘好和可信任的特点可能是由于其他性格特点、社交技巧和个人魅力所致。

2) 温和而沉稳的声调

说话声调温和沉稳的人通常倾向于慢条斯理、温和地处理问题。他们常常表现出同情心，并且看到他人处于困境中不会袖手旁观。尽管初次接触可能难以与他们交流，但他们的忠诚度和可靠性令人信赖。

在女性中，柔和低沉的声音通常暗示她们的性格内向。她们的情绪容易受到周围环境的影响，但她们又渴望表达自己的观点。与这样的人相处时，应该给予她们充分的空间表达自己的观点。

而对于声音温和沉稳的男性来说，他们看上去可能显得老实可靠。然而，他们也可能有顽固的一面，坚持己见，不会讨好他人，也不容许别人的意见对自己产生影响。

3) 沙哑的声调

声调沙哑的人可能会展现出强烈的个性。当他们担任公司的领导者时，他们可能会利用自身的力量来扩大自己的影响力，并在团队中发挥领导作用。他们可能具有愈挫愈勇的势头，并全力以赴。

对于具有这种声调特质的女性来说，她们可能在外表上显得温柔，但内心具有强烈的性格。尽管她们对别人都非常友善和礼貌，但并不会展现自己真实的性格，给人一种神秘感。她们可能在同性之间不太受欢迎，但很容易吸引异性的赞赏。此外，她们对服装品位有很高的要求，可能在音乐、绘画等方面有天赋。与这类人交往时，最好不要把自己的想法强加给她们。

对于具有这种声调特质的男性来说，他们往往是耐力十足的人。尽管他们对自己确定的事情充满激情，但最大的缺点是容易自以为是，对一些看似不重要的事情不够重视，从而可能遭受不必要的损失。

4) 粗而沉的声调

对于发出粗而沉声调的人，他们可能会给人一种乐善好施和喜欢领导别人的印象。他们可能表现出活跃的特点，不安于平凡。无论是男性还是女性，他们可能在与同性之间建立良好的人际关系方面比较擅长，容易赢得别人的信任，因为他们相对容易相处。如果是男性，他们可能会从事实业行业。

2. 从客户语气判断成交的可能性

语气在人的情绪和心理变化中扮演着重要的角色。通过观察和了解对方的语气，我们可以推测对方的情绪状态和内心活动，这种理解对有效的交流至关重要。如果能够准确地理解语气与心理之间的关系，我们就能更好地避免使用不恰当的语气，并且能够根据对方的语气准确地捕捉到他们的心理信息。通过对对方的语气进行观察和分析，我们能更准确地理解对方的想法、感受和意图。这为我们在交流中做出合理的回应和行为提供了依据，从而达到更理想的交流效果。

1) 肯定的语气

使用肯定语气的人往往具备自信的特质，他们对自己的观点和行为非常坚定。即使面对怀疑或反对，他们仍然相信自己的努力会最终赢得认可。这种自信使他们在现实生活中表现得从容自若，充满信心。此外，这类人通常还具备一定的客观分析能力，能够准确地了解自身和外部环境。他们对自己和周围的情况有清晰的认识，这也是他们能够展现信心和自信的重要原因。

难得的是，在面对成功和赞美时，这类人仍然保持理性和客观。他们不会被成功冲昏头脑，也不会因赞美而失去清醒的判断力。相反，他们会对自己的成就保持冷静的态度，并继续努力提高自己。这种理性和客观使得他们在处理成功和赞美时能够保持平衡，不被情绪左右。

2) 盛气凌人的语气

盛气凌人的语气通常含有夸大和夸张的成分，它可以被看作是一种自信的表现，但实际上可能是一种建立在不自信基础上的对抗方式。这种语气常常通过夸大、夸张和威胁等方式来突出自己的优势或权威，以达到某种特定的目的。尽管这种盛气凌人的语气在某些情况下可能会起到一定的积极作用，但它也可能引起他人的不悦或抵触，并且使他人远离合作和互信的氛围。真正的成功和胜利通常需要建立在对事物全面了解和掌握的基础上，而非仅仅依靠咄咄逼人的语气。

建立积极的人际关系和成功的合作通常需要一种平衡的态度和相互尊重的基础。真正的自信应该来自实际知识和能力的积累，以及良好的沟通和合作技巧。

3. 从客户语速判断成交的可能性

快速说话的人常常被认为性格急躁，可能更符合胆汁质气质类型；而慢条斯理的人通常被认为性格冷静，更符合黏液质气质类型。

说话语速快的人往往更开放、大方，对于推销员来说，只要能准确找到客户的需求点，就可以加速销售的过程。与此相反，说话语速慢的人更注重理性和分析，推销员需要将产品的各个方面数据、性能以及对客户的利益进行清晰的呈现，以增加销售的机会。

4. 从客户的“口头禅”判断性格特点

在现实生活中，每个人都可能会在无意之中说出一些口头禅。这些口头禅是人们在不知不觉中自然形成的一种特有语言习惯，它可以反映出人们的一些性格特征。

值得注意的是，一个人的口头语出现得太过频繁的话，他很有可能办事不够干练、意志不够坚定。

1) 经常说“说真的、老实说、的确、不骗你”的人

那些经常使用“说真的、老实说、的确、不骗你”等语言表达的人通常非常在意别人对他们的评价。他们可能持有一种渴望被认可和理解的心态，因此对他们来说，被朋友误解或怀疑会引发内心的不平衡和不安。这种行为可能源于对自我形象和信誉的敏感，他们试图通过强调自己的真实和诚实来确保别人对他们的正确理解。他们可能会为了避免被误会而做出额外的努力，以获得周围人的认可和肯定。了解这一点可以帮助我们更好地与这样的人相处，尊重他们的感受，并给予他们更多的关爱和理解。

2) 经常说“你应该、必须、必定会、一定要”的人

经常使用强调性词语如“你应该、必须、必定会、一定要”的人常常具有判断型的人格特征(在 MBTI 人格特征中，最后一个字母为“J”)。他们在经历事情时通常比较冷静、理智，不会冲动行事，能够从容地应对各种情况。这类人往往能够在组织或企业中扮演领导职务，他们具备自信并能够胜任重要任务。

然而，如果这种口头语使用过多，可能会导致固执的结果。过度强调自己的观点和意见，不愿意听取他人的建议或反对意见，可能导致与他人的沟通和合作出现问题。因此，尽管判断型的人格特征使得这类人在决策方面表现出自信和有能力，但平衡和灵活地对待他

人意见仍然非常重要。

3) 经常说“听说、据说”的人

经常使用诸如“听说、据说”的措辞的人，通常在表达观点或传递信息时会保留余地，不会做出绝对的断言。他们可能对各种事物有广泛的了解，但在做决定时又缺乏决断力，不太适合担任领导角色。他们由于处事方式圆滑，通常很受人喜欢。他们不容易与他人发生冲突，时刻给自己和他人留有面子，因此人缘较好。然而，这也意味着他们在面对问题时可能缺乏坚定的立场，难以做出明确的决策。

4) 经常说“可能是吧、或许是吧、大概是吧”的人

经常说“可能是吧、或许是吧、大概是吧”的人倾向于有较高的防备心理，不轻易暴露自己的真实想法和心理状态。他们常常从事外交等相关工作，需要处理复杂的关系和人际交往。由于他们有着强烈的自我防备心理，他人很难找到他们的把柄或揭露他们的真实意图。即使在事情发展不明朗时，他们可能也会声称事先已经预料到了这一结果，以保护自己的形象。因此，在与这类人打交道时，需要格外小心，注意他们言语背后的含义和可能存在的谨慎态度。

5) 经常说“但是、不过”的人

经常使用“但是、不过”等转折词语的人往往具有委婉、温和的性格，他们不轻易做出绝对的表态。他们由于说话方式较为委婉，很少冒犯他人，因此容易与人融洽相处。他们常常在肯定他人观点之后，使用转折词语引入自己的观点。

这类人通常懂得在语言上运用技巧，为自己的观点提供依据，并留有余地。然而，有时候他们可能给人一种圆滑的感觉，而且内心存在一些否定他人的心理，有时还会为了否定而否定，这样的做法可能会令原本愉快的对话变得乏味。尽管使用转折词语可以表达不同的观点和意见，但过度使用转折词语或心理上存在否定他人的倾向可能会破坏良好的交流氛围。在与这样的人交流时，我们可以试着理解他们的观点，与他们保持开放和建设性的对话，以促进更好的沟通和理解。

6) 经常说“啊、呀、这个、那个、嗯”的人

经常使用“啊”“呀”“这个”“那个”“嗯”等词的人通常在说话和办事方面比较谨慎，他们往往是我们日常生活中常见的“老好人”类型。这类人注重细节，更加小心谨慎，可能在表达和决策时会思考较多，力求达到周全和公正。当别人之间产生矛盾时，他们通常会扮演调解员的角色，并尝试解决矛盾。由于谨慎和公正的特点，他们更容易看到问题的各个方面，能够理解双方的观点，并通过沟通和协调来寻求解决方案。他们可能会倾听各方的诉求，并努力缓和紧张关系，促进和谐与合作，在 MBTI 人格类型中，这类人通常属于“守护者”的类型。

总的来说，这类人在人际关系中扮演着调解角色，他们常常通过谨慎的言辞和行为举止，力求维护和谐的氛围，并促进人们之间的理解与交流。

八、酒杯文化中的客户心理

酒在商务交际中扮演了重要的角色，它不仅可以促进人与人之间的关系，还可以作为

推销员揣摩客户心理的工具。通过观察客户在酒桌上的行为举止，细心的推销员可以得到一些关于客户性格的线索。

一个人所选的酒的种类常常与个人喜好和性格有所关联。例如，有些人可能喜欢浓烈的威士忌，表明他们偏向坚定和成熟；而一些人更倾向于清淡的葡萄酒，他们可能更注重细节和品味。此外，举杯的姿势以及喝酒的风格也可以透露出一些信息。例如，迅速干杯的人可能倾向于冒险和做决断，而慢慢品味酒味的人则可能更加细致和冷静。

通过观察这些细节和线索，推销员可以初步了解客户的性格特点。这使得推销员能够更好地与客户建立联系和沟通，并以积极的方式引导客户。然而，需要注意的是，这只是一个参考，人的行为受多种因素的影响，不能仅凭酒的选择就做出绝对的判断。推销员还需要结合其他方面的观察和沟通，以全面了解客户，并更好地满足他们的需求和期望。

案例分享

通过“酒”判断客户的身份

王建是一名房地产公司的推销员，有一次他约客户在酒店谈生意。他问客户想喝点什么时，客户说：“我只喜欢喝红酒，其他的酒我一概不喝。”王建突然想起有一次和朋友聊天时，朋友告诉他喜欢喝红酒的人都是性格慷慨、追求高雅，并且实力非常雄厚的。

于是，他就向客户推荐了一套质量最好的房子，他竭尽所能地向客户介绍房子的设计之独特，风景之优美，品位之高雅，住在这样的房子里，正好与其身份相匹配。虽然价钱有点贵，但这个房子绝对值这个价。令王建惊喜的是，客户开心地说：“价钱我不在乎，只要房子好。”客户实地看房之后，买卖就成交了。

在这个案例中，王建就是通过客户喜好红酒初步了解客户的性格，从而确立了正确的销售策略。可以说，在这则成功的推销案例中，酒让推销员王建成功地找到了销售的突破口，从而掌握了销售的主动权，使结果朝自己希望的方向发展，推进销售的成功。

那么，酒和客户的性格之间究竟有什么联系呢？

(一) 从酒的类型判断客户的喜好

1. 喝白酒的客户

白酒的度数一般以 40 度为界线，高于 40 度属于高度白酒，低于 40 度属于低度白酒。

喜好低度白酒的客户可能具备思想保守、善良宽容、积极乐观以及善于人际交往等特点。对于这样的客户，推销员可以采取一种示弱的策略，以引起他们的同情，这有助于增加销售成功的机会。

而喜好高度白酒的客户则可能性格更为强势，追求自主权，喜欢表达自己的心声，喜欢冒险和挑战。对于这类客户，推销员可以更多地征求他们的意见，给予他们应有的尊重，这样客户会对推销员产生好感。

推销员通过不同度数的白酒了解客户的倾向和个性特点，并采取相应的销售策略，有助于建立积极的销售关系。

2. 喝啤酒的客户

喜欢喝啤酒的客户通常具有较温和的性格，喜欢帮助和迎合他人，但他们在面临决策时可能缺乏明确的主见。针对这类客户，推销员可以主动提供建议，帮助他们做出决策。

首先，推销员可以表现出自信和专业性，以建立客户对推销员的信任感。然后，推销员可以向客户提供产品的不同选项，并解释每种选项的优势和特点，以帮助客户做出决策。推销员可以了解客户的需求和偏好，并根据客户的地域风俗进行适当的推荐，如考虑北方人更偏好白酒，南方人则更多喜欢啤酒的情况。

同时，推销员可以询问和倾听客户的反馈，以进一步了解客户的需求和偏好。这样可以帮助推销员更好地理解客户的主观意愿，并为客户提供更加个性化的服务和满意的建议。

总的来说，对于这类喜欢喝啤酒的客户，推销员要在提供建议和引导决策时更主动一些，同时考虑客户的地域风俗和个人偏好，以提高客户购买产品的概率。

3. 喝红葡萄酒的客户

喜欢喝红葡萄酒的客户通常是积极向上的人，但他们也非常现实并注重眼前的利益。他们可能迷恋金钱和权力。

与这类客户交谈时，推销员应注重可操作性，保持冷静，强调利益和回报，并采用个性化的销售策略，以增加产品的吸引力并提高购买概率。

4. 喝白葡萄酒的客户

对于喝白葡萄酒的客户来说，他们通常是温和而有时富有激情的。然而，这种激情可能不会持续太久。

对待这类客户，推销员要趁他们心情好的时候采取速战速决的策略，以防止他们情绪低落后做出否定的答复。

5. 喝香槟的客户

选择香槟的客户往往经济实力较为雄厚，因此推销员在与这类客户打交道时需要做好充分的准备。

在与这类客户接触时，推销员要注意着装，以展现专业和精致的形象。此外，对于这些客户来说，他们可能对时尚、政治、经济等热点话题比较感兴趣，推销员可以在这些方面加强自身的知识储备，以便与客户进行有意义的交流。提升自身的思想水平，能够给对方留下良好的印象。当推销员能够以独到的见解和知识来参与话题讨论时，客户可能会对其更加钦佩或赞赏。这种赢得客户尊重的态度和交流方式有助于推销员更轻松地谈论产品，并与客户建立起更亲近的关系。然而，重要的是要确保这种准备是真诚和自然的，而不是敷衍和虚伪的。客户往往能够察觉到推销员是否真正对他们感兴趣和关心。因此，推销员应该保持诚实、真诚和专业的态度，以建立起客户的信任和好感。

6. 喝苏打水的客户

与喝苏打水的客户相处时，他们可能会有一些奇怪的想法，会追求妙趣横生的生活体验，能给周围的人带来一些有趣的时刻。然而，由于对生活有理想化的期望，他们可能相对敏感。

推销员在与这类客户相处时，可以利用他们的这种心理满足他们的需求。赞美客户、欣赏他们的理念和独特之处，可以帮助推销员弱化客户的心理防线，并促成交易。了解客户的兴趣和价值观，将产品与他们的期望和愿望相匹配，并提供相应的解决方案，这可以增加推销成功的机会。

然而，推销员也应该保持真诚和透明，确保所提供的产品或服务能够真正满足客户的需求。虽然利用客户的心理可能有助于推销过程，但推销员应该避免过度夸大或误导客户，以建立长期的信任关系。

7. 喝威士忌加水的客户

喝威士忌加水的客户通常具有较高的社交技巧和人际交往能力，他们非常擅长应酬，并且受人尊重。对于推销员来说，与这类客户接触一般会非常愉快。

如果推销员在推销过程中遇到障碍或阻力，争取这类客户的支持是一个明智的策略。由于这类客户在社交圈子中的地位和影响力较高，他们的认可和支持可以在一定程度上帮助推销员克服困难，取得突破。推销员可以寻求这类客户的意见、建议和帮助，在产品推广和营销方面得到他们的支持和推动。然而，推销员仍然需要以诚实、专业和有说服力的方式与客户进行交流和沟通。只有理解客户的需求并提供适当的解决方案，才能获得客户的支持和信任，从而实现销售目标。

8. 喝威士忌加冰的客户

喝威士忌加冰的客户通常是真正喜欢喝酒的人，他们注重实用性，并且不会故作姿态。他们在判断事物时往往会以实际效果为主，不追求虚华或虚浮的东西。与人交往上，他们有明确的喜好和不喜欢的事物，很少妥协或委曲求全。

当推销员与这类客户打交道时，关键是信守承诺。一旦推销员赢得了他们的信任，这些客户会全力以赴支持推销员的工作，以及在生活上给予帮助。他们会相信推销员是值得信赖的，如果推销员能够持续提供优质的产品和服务，与他们建立起坚实的合作关系，那么这种合作可能会非常成功。

对于这类客户，推销员需要直言不讳、真诚待人，展示产品的实际效果和优势。通过以实用性为导向的方式，提供让他们满意的解决方案，迅速赢得他们的尊重和信任。一旦建立了良好的合作关系，推销员就可以依靠这些客户的支持和口碑传播，进一步扩大业务。

(二) 从拿酒杯的姿势看客户心理

喝酒时拿酒杯的不同姿势也同样可以反映出客户不一样的内心世界。

1. 紧抓酒杯并用拇指按住杯口的客户坦诚

当客户通过紧抓酒杯并用拇指按住杯口的动作来持杯时，通常表明他们想要更稳固地握住酒杯，准备一饮而尽。用这种姿势拿酒杯的客户通常是坦诚、豪爽的类型，并且一般不会拒绝他人的合理请求。对于这类客户，推销员最好采取诚实而直接的方式与他们相处。

与这样的客户交流时，推销员不应过于机智或要小聪明，而应以诚相待。诚实地解释产品的特点、优势和价格，回答客户可能有的疑问或问题。推销员可以利用客户的坦诚和豪爽个性，更加直接且真诚地与他们展开对话，建立信任和共鸣。通过诚实和透明地与客户交流，推销员有更大的机会赢得客户的认可和购买决策。

2. 紧握杯子并用拇指顶住杯子边缘的客户聪明

紧握杯子并用拇指顶住杯子边缘的举动通常显示出客户的聪明与理性。这类客户可能更加自律，对于喝酒也会保持节制。当他们不再有兴趣或不想继续购买时，他们通常会以一种圆满的方式表达出来，避免让场面尴尬。

对于推销员来说，面对这类客户时应该给予他们足够的思考时间。一旦客户表明对产品没有兴趣，花费更多时间说服他们往往是徒劳的。推销员可以尊重客户的决定，提供产品的相关信息和优势，然后给予客户空间来考虑和做决策。这种尊重客户意愿的方法可以节省时间，同时也避免了不必要的压力和尴尬。

3. 握住酒杯的脚并食指前伸的客户贪婪

贪婪型客户会在其身体语言中传递出一种贪婪的信号。他们往往表现出握住酒杯的脚以及食指前伸的举止，这显示了他们渴望追求更多的东西。虽然这类客户可能给人品位独特的印象，但他们对权势和地位较高的人比较感兴趣，并擅长迎合和赞美这些人。

对于推销员来说，面对这类客户需要注意自己的着装细节和行为举止。推销员需要保持谨慎和小心，以避免让客户对自己产生轻视或不尊重。建立起与这类客户的沟通渠道可能会具有挑战性，推销员可以通过客户感兴趣的话题展开交谈，投其所好，逐渐建立起信任和共鸣。同时，推销员还可以通过提供与客户需求相关的个性化方案和优惠条件，来满足他们的贪婪心理。但也要确保所提供的产品或服务的真实性和可行性，以避免引起客户的疑虑和不信任。

九、从吸烟看客户的性格特征

很多客户都有吸烟的习惯，这也同样为推销员了解客户打开了一个窗口。吸烟反映了一个人的内心需要。聪明细心的推销员能够从那一缕缕的青烟中看出客户内心的想法，从对方吸烟的动作和拿烟的姿势中解读出客户的心理和性格，然后对症下药，采取相应的销售策略，最终取得销售的成功。

案例分享

通过“吸烟”判断客户性格

宋先生是一家家具公司的推销员，原来他的推销一直成绩平平，毫无出众之处，可是后来不知什么原因，他的销售业绩突然大幅增长，让所有人都感到不可思议。人们问他到底是怎么回事，他笑着说：“我有高人指点。”别人一听，更好奇了，就问：“什么高人指点，你讲一下嘛！”宋先生经不住别人的恳求，只好说出其中原因：“我从吸烟来判断客户的性格，然后根据他的性格选择相应的销售策略。比如O形拿烟法的人往往说得比唱得好听，你不能光听他说的话，还要找出他话语背后的内容，否则你就很容易跳进他为你设的陷阱。握拳式吸烟法的人则比较自卑，你必须小心对待，以免一不小心伤害到他们的自尊。一般来说，这些方法都是很管用的，虽不能说百发百中，但至少也是十发八中。”别人一听，都惊奇地说道：“想不到从吸烟中也能看出这么多东西。”

那么，推销员应该如何从吸烟来判断客户的性格特征呢？

（一）从客户的吸烟动作来判断

1. 仰头向上吐烟

仰头向上吐烟的顾客通常比较以自我为中心，不太会考虑别人的感受。因此，销售人员需要保持冷静、客观的态度，不要过于迎合他们，但也不要过于对立，要保持自己的专业形象和原则。同时，可以适当地与他们建立联系，了解他们的需求和想法，从而更好地满足他们的需求。

2. 向下吐烟圈

向下吐烟圈通常被视为一种心烦意乱或消极情绪的表现，这可能暗示顾客心中存在一些疑虑或焦虑的事情。销售人员在面对这类顾客时，应当保持耐心并等待顾客做出决定。在等待的过程中，可以尝试猜测顾客的决定，并制定相应的策略。

首先，销售人员应该给予顾客足够的空间和时间来思考和做决策。不要过早地打断或催促顾客，而是以友好和专业的态度提供合适的帮助和支持。对于顾客可能的决定，销售人员可以进行一些合理的猜测，但需要注意不要过于主观或妄下结论。

其次，销售人员可以通过观察顾客的行为和表情来获取一些线索。除了向下吐烟圈，顾客可能还会流露出其他非言语的情绪信号，例如皱眉、深思或者不安的神情。这些信号可以帮助销售人员更好地了解顾客的心理状态，从而调整自己的服务策略。

最后，在等待顾客做决策的过程中，销售人员可以主动提供一些与顾客关注内容或疑惑相关的信息或建议。这些信息或建议可以是产品特点的解释、市场趋势的分析或者以往顾客的购买经验等。通过提供有用的信息，销售人员可以帮助顾客更好地做出决策，并增加购买的可信度。

3. 吸烟时一直不断地磕烟灰

吸烟时一直不断地磕烟灰的行为可以反映出顾客内心的焦虑和矛盾情绪。面对这类顾客，推销员可以从以下几方面着手缓解客户的情绪。

首先，要设身处地地去理解他们内心的不安和矛盾情绪。可能是因为压力大、困惑、人际关系问题、事业瓶颈等原因导致的内心不安。推销员应与顾客保持沟通，试图了解他所面临的具体问题和困惑，以便更好地提供帮助。

其次，推销员可提供一些应对焦虑情绪的方法和建议。例如，可以引导他们进行深呼吸或冥想来缓解压力，鼓励他们积极参加运动或健身活动，寻找适合自己的放松方式，比如听音乐、阅读书籍或尝试艺术创作等。此外，也可以向他们推荐一些专业的心理咨询服务，帮助他们找到解决问题的途径。

最后，要记得给予这类顾客足够的关注和支持。与他们建立信任关系，耐心倾听，并提供真诚的建议和帮助。通过持续的关心，帮助他们渐渐消除内心的不安和矛盾，最终找到解决问题的方法。

4. 吸烟的速度

顾客吸烟的速度和他们的情绪相关。对于吸烟速度较慢的顾客，他们可能面临一些困难或问题，正在思考如何解决。在应对这样的顾客时，推销员可以采取以下策略：

(1) 耐心倾听。给予顾客充分的时间和空间来表达他们的问题和担忧，倾听他们的需求并展现出关心和理解。

(2) 给予支持和建议。根据顾客所面临的问题，提供合适的建议和解决方案，帮助他们找到解决问题的途径。

(3) 提供额外帮助。如果问题比较复杂或需要额外的支持，推销员可以主动提供帮助，例如寻找相关资料或联系其他专业人士。

(4) 保持积极态度。即使面对棘手的情况，保持积极的态度能够给予顾客信心和安慰，让他们感到你是一个可信赖的合作伙伴。

对于吸烟速度较快的顾客，他们急于解决问题或结束当前的工作。在应对这样的顾客时，推销员可以采取以下策略：

(1) 快速反应。迅速响应顾客的需求，并通过迅速行动来解决问题，不让顾客等待过久。

(2) 提供高效解决方案。了解顾客的需求后，尽快给出明确、有效的解决方案，让顾客能够迅速解决问题。

(3) 加强沟通。与顾客保持密切的沟通，确保双方对问题的理解一致，减少可能的误解和延误。

(4) 提供额外帮助。如果顾客需要额外的支持或协助，及时提供相应的资源和帮助，使他们能够更快地完成手头的事务。

5. 没吸几口就掐灭了

顾客在吸烟时没有吸完就掐灭了，这可能意味着他对谈话内容不感兴趣或者心思不在谈话上。他可能想赶快结束谈话，或者已经有了其他重要的事情需要去处理。尽管烟点上了，但没有吸完，可能是因为他的时间比较紧迫，想尽快结束当前的活动。

在这种情况下，销售人员需要表现出自己的专业和自信，让顾客感到你是有经验和能力的，从而增加他们的信任和兴趣。同时，可以适当地提供一些有用的信息或建议，让顾客感到你是在帮助他们解决问题。

6. 烟灰已经很长了却没有意识到

有些顾客，烟灰已经很长了却没有意识到，这类人的特点是谨慎、隐藏自己、固执、不善交流且常被误解。他们可能会在行事上更注重细节和全面考虑，对待事物更加谨慎小心。这类人由于不善于与人交流，容易被他人误解其意图或动机，但是由于他们的专注和认真态度，往往能赢得别人的信任和尊重。

这类客户通常比较难以说服，因为他们对自己的判断和决策非常自信。因此，销售人员需要表现出自己的专业知识和信心，让顾客感到你是有经验和能力的，从而增加他们的信任和兴趣。同时，推销员可以适当地提供一些有用的信息或建议，让顾客感到你是在帮助他们解决问题。此外，推销员也可以适当地提出一些有趣的话题或问题，让顾客感到你是在关注他们的需求和兴趣，从而增加他们的亲近感和信任度。

7. 香烟快烧到嘴巴还一直吸

香烟快烧到嘴巴还一直吸的客户通常比较注重实惠，不太关注虚名和面子。因此，销售人员可以适当地提供一些有用的信息或建议，让顾客感到你是在帮助他们解决问题。同时，也可以适当地提出一些有趣的话题或问题，让顾客感到你是在关注他们的需求和兴趣，从而增加他们的亲近感和信任度。此外，适当地给予一些小恩小惠，如价格打折、赠品等，这些都可以引起客户的兴趣，从而引导交易的完成。

8. 没吸几口，大部分香烟自己燃到尽头

有些顾客点燃一根香烟，有时只是应付地吸上几口，而其余大部分就让它燃到尽头。这种类型的人通常比较注重人际关系的培养，会尊重他人和尊重自己，社交能力较强。他们更加注重自身的形象和品质，因此在购买产品时通常会更加谨慎和理性。

针对这类客户，推销员要从产品本身的品质、功能、性价比等方面入手，充分展现产品的优势和价值，让客户真正感受到购买的必要性和正确性。同时，在交流过程中要注意客户的反馈和需求，积极倾听客户的需求和意见，并针对性地提供解决方案，让客户感受到对他们的尊重和关注。

(二) 从客户拿烟的习惯来判断

1. 用食指与中指的第一指节夹烟

用食指与中指的第一指节夹烟的客户对个人卫生和细节非常注重，这种拿烟动作体现了他们对自己的身体健康和环境卫生的敏感性。他们可能更关注一些细微的事情，并且在日常生活中可能会更加注意清洁和卫生方面的问题。在性格方面，这种人可能有一些神经质的表现，更容易受到外界的干扰和影响。但这并不意味着他们是真正的神经质，而是在某些情况下可能表现得过于敏感或紧张。在工作上，这种人可能有很好的构思能力，但在决策和实践方面可能会缺乏一定的决断力和积极性。他们可能会过度思考和犹豫不决，导致在实际行动中显得缺乏主动性。

针对这类客户，推销员可以在工作中提供一些细致入微的解决方案，更好地满足他们个人卫生和细节方面的要求。同时，可以适当引导他们在决策和实践中更加果断和积极，激发他们的主动性。

2. 用食指和中指的指根夹烟

用食指和中指的指根夹烟的客户是积极主动的人，做事情干净利落。他们通常会全力以赴去做自己想做的事情，并且非常乐于助人。然而，由于他们有时候控制力不够强，可能会比较随性，难免会有一些随心所欲的行为。这类客户对于自己的要求比较高，他们追求完美，希望每件事情都能做到最好。然而，他们的韧性可能相对较低，一旦经历一次失败或挫折，就会失去信心，情绪会出现比较大的波动。有时候，他们可能会走向极端，产生悲观或消极的情绪。

对于这类客户，推销员可以采取以下策略来引导和促成购买决策：

(1) 引导他们认识到购买商品的好处。通过详细介绍产品的功能、特点和优势，让客户了解购买商品对他们有何益处，例如提高效率、节省时间或提升形象等。

(2) 提供客观的数据和分析。针对客户的需求和痛点，向他们提供相关的数据和案例，通过具体的实例来说明购买商品能够解决问题并获得更好的效果。

(3) 给予积极的反馈和鼓励。强调客户的积极品质和能力，鼓励他们相信自己能够成功。同时，适度的赞美和正面的反馈可以增强他们的自信心，减少因失败而产生的消极情绪。

(4) 提供后续支持和服务。承诺在购买后提供必要的支持和服务，例如售后保修、技术指导等，让客户感到放心和安心。

总之，与这类客户合作时，推销员需要关注客户的情感需求，积极引导他们并提供适当的支持，帮助他们克服失败的心理障碍，从而促成购买决策。

3. 用拇指与食指的第二根指节夹烟(手心向外)

用拇指与食指的第二根指节夹烟(手心向外)的客户可以被认为是具有很强社交能力的人，他们口才流利，善于表达。然而，由于嘴巴不严，他们可能会因言失控导致麻烦。他们有同情心，愿意帮助别人，但可能常常付出却没有得到回报。这类人热情，但缺乏毅力，可能会在行动上遇到困难。他们可能会说得头头是道，但在真正付诸行动时缺乏持久的热情，容易中途放弃。面对这类客户，推销员要多长一个心眼，不但要听他说的话，还要分析他讲的话靠不靠谱，不然有可能会被他捉弄。

4. 用拇指与食指的第二根指节夹烟(手心向里)

用拇指与食指的第二根指节夹烟(手心向里)的客户具备一定的城府和警觉性，通常在与他人交往时保持谨慎和戒备心态，不轻易表露真实想法。他们可能较少展示真心，并且容易给人难以接近的感觉。他们有很强的自控力和决心，在做决定时会认真考虑，并以谨慎的态度做出行动。他们可能需要一定的时间来制订计划并付诸行动。面向这类客户，推销员要善智善勇，积极地与客户周旋，避免客户的霸王条款。

5. 把香烟叼在嘴边，烟头稍微往上翘

有些客户会把香烟叼在嘴边，烟头稍微往上翘，这类客户往往善良、热情，但也存在一些问题需要注意。首先，他们可能比较情绪化，容易受情绪的影响而做出冲动的决策。其次，他们可能在行事上缺乏考虑，容易被他人所欺骗。虽然他们表面上积极主动，但却常常持有不切实际的观点且容易犯错。此外，有时他们难以客观地分析当前形势，可能导致事态发展的结果不尽如人意。面对这类客户，推销员要循循善诱，耐心解答客户提出的每一个问题。当客户的疑虑打消了，成交也就是必然的了。

以上的方法可以作为辅助手段判断客户的性格特点，也可以作为一种参考，但不可过于绝对地对号入座，毕竟对于个体而言，出现少数例外情况也是难免的。

第三节　根据生活细节判断客户的性格特点

在生活中，除了客户的眼神、“眉语”、声音、坐姿等信息，还有很多潜移默化的细节在无声中诉说着客户的性格特点。了解这些生活细节折射出的含义，有利于推销员更好地掌握客户的性格特质，进而为接近顾客、攻克其心理防线埋下伏笔。

需要注意的是，通过生活细节对客户性格特点做出的判断可以作为一种参考，但在推销实践中，偶尔也会由于一些特殊原因，出现不符合常规判断的情形，推销员还需要具体问题具体分析。

一、客户开车的习惯

在当代社会，很多客户家里都有车，很多人出行都更加喜欢自驾。而开车习惯也能显露出客户的性格特质，具体体现在以下三方面。

(一) 按规定速度开车的人

按规定速度开车的人通常被称为遵守交通规则的驾驶员。这类人在驾驶过程中非常注重安全，严格按照道路交通法规的要求进行操作。他们驾驶车辆的主要目的是到达目的地，并不追求刺激或者表现自己的驾驶技巧。这些人往往具有稳定和理性的思维方式，他们善于冷静分析问题，并能够保持平和的心态，不轻易受到外界环境的干扰。在处理事务时，他们通常采取保守而中立的态度，注重稳定和可持续发展。遵守交通规则的驾驶员一般注重遵守规则、尊重他人的权益，因此与他人的相处通常是和谐友好的。他们不容易冲动和得罪他人，也更加谨慎小心，不容易上当受骗。在工作上，这类人通常遵纪守法，不冒险行事。他们常常按部就班，踏实敬业，不追求过高的风险收益。他们善于合理规划和安排工作，注重细节和执行力，因此往往能够取得一定的成绩。

(二) 行车速度比规定速度慢的人

行车速度比规定速度慢可能是由驾驶者缺乏安全感或不自信导致的。坐在方向盘后面会增加对车辆和道路的控制感，但对于一些人来说，这种责任可能会让他们感到害怕并觉得无法应对。他们可能担心犯错或失去对局势的控制。还有些人为了避免承担过多责任，更倾向于将权限委托给他人，这样他们就能减轻压力并避免感受到无法掌控一切的恐惧。对于这类人，可以通过增强自信心、提高驾驶技能和了解交通规则来克服这种恐惧感。

(三) 从停车习惯看客户消费习惯

通常情况下，有两种较为常见的停车习惯，即侧方停车和倒车入库。开车的熟练程度与开车的次数正相关，因此，家里有车库的人，通常在倒车入库方面更加熟练，而家里没有车库的客户，可能会经常需要侧方停车。

从这个角度讲，推销员可以通过观察客户停车的熟练程度判断他经常倒车入库还是侧方停车。一般来说，倒车入库熟练的客户更有可能拥有自己的车库，从而有可能拥有更强的消费实力。

二、客户讲话的形态和习惯

在日常生活中，人们很容易在谈及的话题里流露出自己的情绪，所以，推销员要想准确读懂一个人的性格和内心想法，可以从谈论的话题及对方的相关状态中寻找答案。

(一) 喜欢夸夸其谈的人

夸夸其谈的人通常非常自信和乐观，他们喜欢表达自己对事物的看法和想法，经常会在各种场合里展现自己的口才和知识。他们的思维活跃，擅长掌握大局和宏观把控，能够给人带来积极向上的影响。不过，夸夸其谈的人有时候也容易表现出一些缺点。由于他们注重宏观和整体性的思考，可能会忽略细节和实施的具体方案。在工作中，他们可能缺乏耐心和不够细致，更喜欢进行理论性的讨论而忽略实际问题的解决，比较典型的人物有《天龙八部》中的鸠摩智。

(二) 善于使用礼貌用语的人

善于使用礼貌用语的人通常能够展现出他们的修养和教养。掌握了恰当的礼貌用语，能够在交往中传递出一种友善和尊重他人的态度。这些人往往注重与他人的沟通，因此对他人更包容和友善。他们会尊重他人的观点和感受，并且懂得体谅别人的处境。在与人初次见面时，使用礼貌性用语不仅能体现自己对对方的尊重，也能给对方留下积极的印象。这种行为能使人感到被重视，有利于形成良好的人际互动和相处氛围。

《射雕英雄传》中的郭靖就是这种类型的人，他以诚实、正直和宽容的品质著称。他总是用礼貌和善良的态度对待每个人，不论对方的身份和地位如何。他的行为展示了一个有修养和价值观的人应有的品质。

(三) 善于称赞他人的人

善于称赞他人的人通常具备一定的观察力和洞察力，他们能够通过观察他人的表情、言行举止等准确地判断对方的心情和需求。他们懂得在与他人交往时，用适当的方式夸奖称赞对方，使对方感到受到认可和重视。这类人一般善于言辞，善于察言观色，能够以巧妙的方式表达自己的赞美之词，从而取得他人的好感。这类人还具备较强的灵活性和适应能力，他们能够根据不同的人和不同的场合，运用不同的称赞技巧，使自己在各种社交场合中都能得体地与人相处，并保持良好的关系。他们懂得倾听和关心他人，能够主动发现并强调对方的优点和闪光点，使对方感到被理解和被接纳。这样的人一般能够在人际关系中获得更多的支持和赞许。

例如，《射雕英雄传》中的黄蓉就是一个比较典型的善于称赞他人的人。她拥有出色的观察力和判断力，能够准确地洞察对方的心理需求，并用恰当的方式给予称赞和肯定。她和各种性格迥异的人都能够建立良好的关系，并得到他们的喜爱和信任。黄蓉在处理人际关系时灵活机智，善于运用巧妙的言辞来化解矛盾，使得周围的人都愿意与她共事和相处。

(四) 用语简洁的人

用语简洁的人通常表现出豪爽的个性，他们开朗大方，处理问题干练，言之凿凿。他们信守诺言，一言九鼎，善于放下心中的包袱。这类人具备开拓创新的精神，独特的人格魅力吸引着周围的人。在《天龙八部》中，乔峰就是一个相对典型的用语简洁的人。

(五) 讲话时拖泥带水的人

讲话时拖泥带水的人往往性格较为软弱，缺乏责任心和坚定的决断力。他们常常为一些小事纠结不已，追求完美而忽略了问题的主要部分。尽管他们可能对现状不满意，但却不愿意主动去改变现状，缺乏开拓创新的精神。这种人往往表现得犹豫不决，言辞含糊不清，给人一种拖泥带水、迟疑不决的感觉。

(六) 喜欢发牢骚的人

喜欢发牢骚的人通常追求享受和舒适，但却不愿意自己付出真正的努力。面对困难和挫折时，他们更倾向于选择退缩和抱怨，而不是积极主动地解决问题。这类人往往有着对别人要求严格的态度，却很少能够自我约束，缺乏为他人着想的意识。他们常常表现出消极的情绪和抱怨的倾向，而不是实际去改变和解决问题。这种行为往往给人一种不负责任、缺乏行动力和不会自我反省的印象。

(七) 喜欢使用方言的人

喜欢使用方言的人通常有着自己独特的文化背景和身份认同，他们对方言的使用带有一种亲切感和归属感，这也反映了他们对传统文化的珍视。正因为如此，他们通常展现出自信、有魄力和有胆量，能够坚持自己的价值观念并勇敢面对困难。在工作中，他们常常有强烈的目标意识和执行力，能够投入大量的努力去实现自己的目标。他们重视人际关系，注重人情味，善于与他人建立深厚的情感，这对工作中的合作和沟通都非常有益。

然而，有时候他们可能对新事物的接受度较低。他们更倾向于保持传统的方式和观念，对于一些新的想法和变革可能会持保留态度。因此，在面对需要适应和接受新事物的工作环境时，他们可能需要花费更多的时间和精力来适应和融入。

(八) 说话时喜欢引经据典的人

喜欢引经据典的人通常具备广博的知识储备和熟知传统文化。他们善于从经典著作、名人名言中汲取智慧与哲理，为自己的观点提供支撑和论证。这种倾向表明他们注重思考和思想深度，希望通过引用经典语录来提高自己的说服力和影响力。引经据典的人通常受到一定程度的赞赏和关注，因为他们能够在言谈中展示自己的学识和智慧。然而，过于频繁或不合时宜地使用名言警句可能会显得刻意炫耀或迎合，进而引发他人的反感或质疑。

(九) 时不时在话语中穿插一些英语单词或句子的人

一个人时不时在交流中穿插英语单词或句子，可能是因为他们对英语感兴趣，或者曾经在学习、生活中接触到英语。这种行为反映了他们希望展示自己的语言能力，以获得别人的认可和赞赏。此外，这种说话方式也可能是一种社交策略，用来塑造自己的形象。在某些情况下，使用英语单词或句子可以给人留下一种开放、时尚或国际化的印象。这种表达方式可能源自他们希望被视为与众不同或与国际接轨的个体。然而，有时候这种行为也可能反映出一种内心的不自信和紧张。他们可能担心自己的母语表达不够好或不够流利，因此借助英语来弥补这种不足。或者他们担心别人会对他们的母语表达产生质疑或批评，因此选择使用英语来规避这种情况。

(十) 喜欢说“我怎么样”的人

喜欢说“我怎么样”的人往往希望得到他人的认同和赞扬，他们希望自己的行为、外表或者表现得到肯定。他们可能对自己的能力和价值有一定的自信，但也希望得到他人的肯定和鼓励。这类人可能比较注重外在形象和社交关系，他们常常会主动向他人展示自己的成就和优点，以求得他人的认同和喜欢。他们通常非常自信，相信自己在某些方面具有出色的能力，并且希望通过自己的表现来证明自己的价值。然而，喜欢说“我怎么样”的人也可能过于关注他人的评价和期待，容易受到他人的意见和批评影响。他们可能对自己的成就和表现要求过高，对他人的意见过于敏感，容易产生压力和焦虑。

(十一) 谈论的内容倾向于生活中琐事的人

倾向于谈论一些日常生活中的琐事(比如家庭、工作、娱乐等方面的话题)的人更注重生活的细节和舒适感，他们可能会分享自己的日常饮食、购物、旅行等经历，或者讨论家里的装修、孩子的教育等话题。他们可能也会关注一些新鲜事物和娱乐活动，比如最近的电影、音乐、综艺节目等。对于这类人而言，他们在谈论琐事时可能更加注重轻松、愉快的氛围，不太喜欢过多的争论和复杂的讨论。他们可能更喜欢分享和倾听一些有趣的故事和笑话，以增添生活的乐趣。对于他们来说，琐事的谈论是一种放松和融洽的方式，可以和朋友、家人一起交流，增进彼此之间的感情。

(十二) 喜欢谈论他人私事的人

喜欢谈论他人私事的人通常是具有一定社交欲望和好奇心的人。他们可能希望通过获取别人的信息来扩大社交圈或者满足自己的好奇心。然而，这种行为也有可能出于其他动机，比如炫耀自己消息灵通、获取他人的注意力或者嫉妒他人。

(十三) “好提当年勇”的人

“好提当年勇”的人通常是指那些曾经取得过较大成就或者拥有很高抱负的人。他们可能对现实产生不满，认为自己过去取得的成就或抱负并未得到足够的认可或实现。这类人往往通过展示自己过去的优秀表现来表达他们的想法，试图让他人认识到自己的价值和能力。但是，时光流转，过去的辉煌并不一定能够完全符合当前的需求和环境。

(十四) 不断变换话题的人

频繁变换话题的人可能具有较强的自我中心意识和控制欲。他们更倾向于以自己的观点为中心，不太关注他人的看法。这可能与他们希望在交谈中充分展示自己的想法和见解相关。他们可能认为自己的观点更重要，因此会不断引导和变换话题，以使别人聚焦在他们所关心的问题上。然而，这种行为也可能给其他人带来困扰，因为频繁的话题变换可能导致交流的混乱和无法产生有意义的对话。

(十五) 不愿意对别人进行评论的人

不愿意对别人进行评论的人可能是出于各种原因，如尊重他人的隐私、避免伤害他人感情、保持中立等。这类人通常会更注重个人的品德和道德观念，坚持不评价他人以维护良好的人际关系和社交和谐。他们在言行上更加真诚和正直，并力图与人和睦相处。对于这样的人，我们应该尊重他们的选择，并尽量避免给他们带来过多的争议或为难之处。在MBTI人格特征中，这类人通常属于“F”的类型，即具有较高的感性特质。

(十六) 喜欢使用新名词的人

喜欢使用新名词的人通常是对新事物和新概念有着强烈的兴趣和好奇心的人。他们渴望学习和了解各种新的概念、技术或流行语，以保持自己的思维活跃和跟上时代的步伐。这样的人在接受新知识和新概念方面通常较快，他们愿意主动学习和尝试，对于新的名词也会积极运用到自己的生活或工作中。他们对创新和变化持开放态度，能够更好地适应社会和行业的发展。然而，这类人由于追求潮流和热门的事物，有时会过于注重表面现象而忽视深入思考和理解问题的本质。他们可能缺乏足够的主见和独立思考能力，在面对困难时缺乏韧性和解决问题的毅力。

三、客户的饮食习惯

来自天南海北的客户，总会由于小时候的家庭条件、地域特征，以及自己的性格特质而形成不同的饮食习惯。比如四川的人爱吃麻、江西的人爱吃辣，浙江人爱吃甜食等。不同的个体也会形成差异很大的饮食习惯。比如，有的人喜欢清淡饮食，还有的人爱吃烧烤。在客户的不同饮食习惯中，仅从是否挑食来看，就能发现一些典型的性格特质。

(一) 吃饭挑食的人

吃饭挑食的人通常是具有较为特殊口味或是对食物有较高要求的人。他们可能会比较挑剔，对于食物的质量、口感、味道等方面有自己的偏好和追求。挑食的人往往对食材的新鲜度、烹饪方式以及食物的卫生情况比较在意，他们相对注重给自己提供营养均衡、美味可口的饮食体验。他们可能更倾向于在品尝新的食物之前，先观察研究一番。

挑食的人对于自己的底线有较强的意识，不会随意妥协自己的口味。他们通常会花更多的时间和精力在选择食材、烹饪方法上，以确保满足自己的要求。虽然吃饭挑食的人可能在选择食物方面较为挑剔，但这并不代表他们对其他事物也是如此。通常来说，这类人在生活中也会凭借较高的底线意识和边界感，在做事情上更加认真、严谨。他们会根据自己的原则和价值观来对待事情，不太在乎他人对自己的看法。吃饭挑食的人可能拥有一个相对独立且强大的内心世界，他们注重自己内心的满足感，相对不易受他人的评判和外部因素的干扰。他们可能更愿意按照自己的方式去生活，追求内心的平衡和满足。

总之，吃饭挑食的人在饮食方面有较高的要求，他们注重食物的质量、口感和味道。同时，他们也具备较强的底线意识和边界感，在生活中更加认真、严谨，倾向于按照自己的原则去做事，不太关心他人对自己的看法。

(二) 吃饭不挑食的人

吃饭不挑食的人通常是心态较为开放、乐观豁达的人。他们在选择食物时更注重的是口感和满足感，而非追求高档或特定种类的食物。这种人一般对新事物持有较大的包容心，对于各种新鲜的尝试都持开放的态度。他们能够快速适应新环境，容易与陌生人打成一片。

与此同时，吃饭不挑食的人通常具备较高的智力和才华。他们能够灵活思考，善于解决问题，并且对多个领域都有一定的了解和兴趣。由于他们对各个方面都不拘小节，因此能够更加全面地掌握知识，并将其运用到实际生活中。

另外，吃饭不挑食的人一般精力充沛，能够同时应付多件事情。他们善于管理时间，擅长组织和安排自己的日常任务，能够高效地完成各项工作。他们的精力旺盛也意味着他们有更多的机会参与各种活动，拓宽人脉圈子。

总之，吃饭不挑食的人一般具备亲切随和、聪明、有才华和精力旺盛等优点。这些优点使得他们在生活和工作中更容易融入、适应和取得成功。

四、喜欢养宠物的客户

喜欢养宠物的人，通常较有爱心。而由于各种宠物的不同特性，不同个性特征的客户也会有倾向性地选择更符合自己内心需求的宠物品种。因此，观察客户的宠物品种选择，可以大致判断出客户的一些倾向性特征。

(一) 喜欢养鸟的人

喜欢养鸟的人的性格细腻，注重细节，喜欢精心打理自己的空间。他们不太喜欢烦琐的人际关系，更倾向于独处或者和少数亲近的朋友相处。养鸟对他们来说是一种兴趣和乐趣，能够自娱自乐，帮助打发多余的时间和排解寂寞。通过观察鸟儿的行为、听鸟儿的歌唱，他们可以感受到大自然的美好，并且与鸟儿建立起一种特殊的情感联系。养鸟需要花费时间和精力去照顾它们，这种责任感和关爱也让他们感到满足和快乐。

(二) 喜欢养鱼的人

养鱼的人通常喜欢细水长流的生活方式，他们注重生活品质和平静的心境。养鱼可以给他们带来放松和舒适的感觉，观赏鱼儿游动的美丽姿态也能让他们心情愉悦。他们可能对养鱼有比较深入的了解，会关注鱼类的品种、饲养条件和养殖技巧等方面的知识。养鱼的过程也可以培养他们的责任感和耐心，因为需要定期喂养和清理鱼缸。在生活中，养鱼的人一般是比较细心和谨慎的，因为他们明白养鱼需要一定的时间和精力来照料。他们乐于陪伴鱼儿成长，并享受与鱼儿互动的乐趣。养鱼也可以给他们带来一种责任感和成就感，尤其当看到鱼儿健康快乐地生活在自己的鱼缸中时。

此外，养鱼的人可能对美学有一定的追求，他们喜欢鱼缸中的布置和装饰，注重营造一个舒适、美观的鱼儿家园。他们也可能对水质管理、鱼类繁殖等方面有一定的研究和兴趣。

(三) 喜欢养猫的人

喜欢养猫的人通常是独立、自主的个体。他们对于猫咪的特性有一定的了解，愿意给予猫咪一定的空间和自由。与养狗相比，养猫更加省事，因为猫咪通常不需要太多的运动和社交，也不需要频繁的外出。这也符合喜欢宁静和恬淡生活的人的内心需求。

喜欢养猫的人大多内向，他们享受独处的时光，更喜欢在安静的环境中思考和放松。他们可能不太擅长和陌生人交流，对于展现自己的内心世界有一定的保留。通过猫咪，他们可以找到一个默契和共处的伙伴，在猫咪的陪伴下感受平静和温暖。

（四）喜欢养狗的人

喜欢养狗的人通常注重家庭和社交生活。他们喜爱狗的忠诚和友善特性，并且很愿意在日常生活中与它们互动和玩耍。养狗的人更有责任感，愿意为宠物提供必要的照顾和关爱。养狗也需要投入大量的时间和精力。狗作为高度社交化的动物，需要定期运动、玩耍和社交互动，因此养狗的人通常会安排一些时间来满足它们的需求。

总而言之，养狗的人通常是热爱生活、注重家庭和社交生活的人。他们愿意为宠物提供必要的关爱和照顾，同时也享受与宠物相处的快乐时光。

五、客户的读书习惯

读书不仅能使人获取知识、提升素养，还能在某种程度上反映出一个人的性格和心理。从一个人喜欢看的书，可以分析出他的一些性格特点。

（一）喜欢阅读财经杂志的人

喜欢阅读财经杂志的人通常对经济和金融领域的动态非常感兴趣，希望通过了解最新的财经信息来提升自己的知识水平和投资决策能力。这些人通常注重个人的发展和成长，他们不满足于现状，渴望进一步提高自己的财务水平和社会地位。他们具备迎难而上的勇气，愿意面对挑战和困难，并从中获得成长和进步。他们深知在竞争激烈的商业环境中，要想超越他人，自身的实力和知识储备是非常重要的，因此他们会不断学习和积累，以便在职场竞争中取得优势。除了对知识的追求，喜欢阅读财经杂志的人还常常崇尚权威，他们认可行业内的专家和成功人士，因此，喜欢阅读财经杂志的人可能会关注一些成功企业家的经验和观点，借鉴他们的思想和行动方式，以期能够在自己的领域中取得更好的成就。

与此同时，喜欢阅读财经杂志的人也渴望荣誉和成功。他们希望通过积极地学习和实践，能够在职业生涯中获得更高的地位和回报。因此，他们会努力工作，寻找成功的机会，并且愿意为此付出相应的努力和奋斗。

（二）喜欢读时装杂志的人

喜欢读时装杂志的人通常是对时尚非常感兴趣的人，他们追求时尚、关注外表，并且在日常生活中会尽力改变自己在别人眼中的形象。他们可能喜欢购买时尚的服装和配饰，并且对时尚潮流和品牌非常了解。杂志可以提供最新的时尚资讯，包括最新的服装设计、流行趋势、品牌推荐等，通过阅读时装杂志，他们可以了解到当前的时尚风格和流行元素，以及如何将它们应用到自己的穿衣风格中。同时，喜欢读时装杂志的人也可能对时尚产业非常感兴趣，包括时尚设计、时装周等。他们可能会定期参加时尚活动，或者关注国内外时装发布会的最新消息。

总体而言，喜欢读时装杂志的人追求时尚、注重外貌，在日常生活中表现出一定的个性和品位，他们通过阅读时装杂志来获取时尚信息，并展示自己在时尚领域的水平和能力。

（三）喜欢读言情小说的人

喜欢读言情小说的人通常是非常注重感情的人，他们有很强的表达情感的能力，能够通过阅读小说中的故事情节，与其中的人物一起经历悲欢离合，并且在这个过程中培养自己的洞察力。这类人通常对于感情问题有较高的自信，他们敢于面对和表达自己的情感，而且相对来说比较豁达。他们能够从小说中吸取经验教训，在感情的道路上更加成熟和明智。由于敏感、善于洞察和表达情感的能力强，喜欢读言情小说的人通常具备一定的人际交往能力，懂得与他人建立真挚的情感关系。因此，这类人一般能更好地处理工作中的人际关系，更容易获得成功和成就事业的机会。

总的来说，喜欢读言情小说的人注重感情，具备较高的心理洞察力和情感表达能力，他们在面对挫折和困难时能够快速恢复元气，并且有可能取得较好的事业成就。

（四）喜欢看武侠小说的人

喜欢看武侠小说的人通常是具有丰富想象力的人，他们享受在武侠小说中追随英雄主角的冒险旅程。他们在现实生活中可能感到某种压抑或无趣，因此通过阅读武侠小说来满足自己内心深处渴望成为英雄的愿望。

这类人通常对武侠故事中的英雄特点产生共鸣，他们希望自己能够超越平凡，成为出类拔萃的人物。他们可能会崇拜武侠主角的勇敢、智慧和正义感，并将这些特质融入自己的生活中。这种倾向也反映在他们的个性上，有些人可能会表现出固执和倔强的特点，但并不影响他们同时具有吸引人的特征。喜欢看武侠小说的人情感丰富，他们对于故事中的爱情、友情、家国情怀等情感元素都十分关注。这些故事经常涉及到荣誉、忠诚和热血，在喜欢看武侠小说的人心中引发共鸣。他们对于角色之间的情感纠葛、爱恨情仇有着强烈的兴趣，喜欢用情感去感受故事。

总的来说，喜欢看武侠小说的人具有丰富的想象力和情感世界，他们希望自己能够从平凡中脱颖而出，成为一个有勇气、智慧和正义感的英雄。这类人倾向于追求刺激与冒险，并通过阅读武侠小说来满足内心的渴望和情感需求。

（五）喜欢读历史书籍的人

喜欢读历史书籍的人通常富有创造力和实干精神，他们重视实际问题，不喜欢无意义的社交。他们愿意花时间在有建设性的工作上，并且能够从历史事件中获取对他们个人生活有意义的启示。这类人通常具备很强的分析和辨别能力，他们能够理解历史事件背后的深层原因，从而使周围的人对其赞赏有加。

通过阅读历史书籍，人们可以了解过去的经验和智慧，将其应用于现实生活中。喜欢读历史书籍的人通常思维开阔，能够从历史中提取出有价值的教训，并将其应用于当下的决策和行动中。他们善于观察和分析，能够理解各种因果关系，从而更好地应对和解决当前面临的问题。

此外，喜欢读历史书籍的人往往对历史事件抱有浓厚的兴趣和热爱，他们享受挖掘和探索历史背后的故事和真相。他们可能对历史的某个特定时期或者某个国家、地区的历史特别感兴趣，因此会深入研究相关的书籍和资料。

总之，喜欢读历史书籍的人具备丰富的创造力和实践能力，他们懂得如何将历史的智慧运用到生活当中，并在工作和社交中展现出优秀的能力。他们通过阅读历史书籍，不断提升自己的见识和知识水平，从而为自己的发展和成长打下坚实的基础。

(六) 喜欢看通俗读物的人

喜欢看通俗读物的人通常喜欢轻松、有趣的阅读内容。他们可能喜欢街头小报和期刊，这些读物通常以简洁明了的方式呈现各种信息和娱乐内容。这些人热情友好，喜欢与人交流和分享他们所阅读的内容。通俗读物读者的特点之一是善于使用巧妙而又幽默的话语。他们对于搞笑、幽默的表达方式较为擅长，并且能够运用恰当的语言调动气氛，使得与他们的交谈变得活跃有趣。

此外，通俗读物爱好者还具备很强的收集和创造能力。他们对于各种趣味性的话题有着敏锐的感知力，能够迅速从周围环境中发现新奇有趣的事物，并将其收集起来或者创造出有趣的内容。这使得他们在办公室或社交场合中经常成为营造气氛的人物，深受欢迎。

总的来说，喜欢看通俗读物的人乐观开朗，善于交际，并且对于搞笑幽默有独到的见解。他们的收集和创造能力使得他们在社交中成为活跃的角色，为周围的人带来欢乐和轻松氛围。

(七) 喜欢看漫画书的人

喜欢看漫画书的人通常是对动漫文化有浓厚兴趣的人。他们对视觉艺术、故事情节和角色设计有着独特的欣赏和理解能力。同时，他们可能对游戏也有一定的兴趣，因为漫画和游戏在某种程度上都是娱乐方式的延伸。这类人通常保持着童心未泯的态度，喜欢追忆或创造属于自己的奇幻冒险世界。他们内心年轻、有活力，可能对新鲜事物和新技术有较高的接受度。漫画书可以带给他们欢乐和兴奋，并满足他们对幻想、冒险和各种情感体验的渴望。喜欢看漫画书的人通常性格开朗、友善、平易近人。他们喜欢与他人分享自己的兴趣和观点，愿意和周围的人进行交流和互动。他们容易接近，对待别人不太有防备心理，愿意主动去了解和帮助他人。

总体来说，喜欢看漫画书的人具有积极向上的态度，追求快乐和自由自在的生活方式。他们通过漫画书来放松心情、愉悦身心，并在其中找到共鸣和情感寄托。同时，他们也可以通过与其他人分享漫画书的乐趣来建立更多的人际关系。

(八) 喜欢读侦探小说的人

喜欢读侦探小说的人通常富有探索精神和求知欲，他们享受在故事中解谜，参与破案的过程。侦探小说给予他们一个机会，让他们在虚拟的世界中成为推理高手。这类人通常对逻辑和细节很敏感，他们能够通过观察和推理，从碎片信息中找到线索，拼凑出完整的故事情节。他们善于分析问题并从多个角度进行推理，往往能够在其他人迷茫时找到突破口和答案。喜欢读侦探小说的人对解密和解谜过程有着特殊的兴趣，他们享受思考的乐趣，喜欢挑战自己的智力和观察力。通过阅读侦探小说，他们可以锻炼、培养推理能力和逻辑思维能力。

此外，喜欢读侦探小说的人还可能会对谜题和难题感兴趣，喜欢解决问题，善于观察和分析，喜欢挑战自己，追求智力上的成就感。

(九) 喜欢读科幻小说的人

喜欢读科幻小说的人通常具备一定的想象力和创造力。他们对于未知的科学技术抱有浓厚的好奇心，科幻小说往往能够给予他们关于未来的展望和设想，激发他们对于可能性的思考。这类人也倾向于在想象中制订各种计划和构思，但并不一定追求实际的可行性。他们更注重思维的创造性和未来的可能性，对于现实中的困难和实施过程可能缺乏持之以恒的精神。喜欢读科幻小说的人通常对于他人的认可和赞赏比较看重，因为这样能够让他们感到自己的想法和创作得到了肯定。相比于追求个人辉煌的成就，他们更愿意将自己的想象和创作分享给他人，获得赞誉和共鸣。

总而言之，喜欢读科幻小说的人通常富有想象力和创造力，对科学技术以及未来发展抱有强烈的兴趣。他们在想象中探索各种可能性，并乐于与他人分享自己的创作和观点。

(十) 喜欢看传记的人

喜欢看传记的人通常是有一定追求知识和了解他人生命经历的意愿的人。他们对历史、文化和人物故事有较高的兴趣，希望通过阅读传记来深入了解那些杰出人物的思想、行动和成就。这类人希望通过他人的经验和智慧，提升自己的见识和认知水平。他们通常具有强烈的好奇心，渴望了解更多关于过去和现在的世界的秘密和真相。喜欢看传记的人也往往具有谨慎小心的特点，他们在做出决定之前往往会细致地研究各个方面的信息和详情，不会轻率行事。他们喜欢通过分析和评估各种选择的利弊得失及可行性来做出决策，以确保自己做出的选择尽可能是最好的。

此外，喜欢看传记的人通常都是具备整体性思维的人。他们会从全局的角度来考虑问题，不会把事情仅仅局限在表象或一时的利益上。他们会思考事物的发展趋势和长远影响，以便做出更明智、更全面的决策。

(十一) 喜欢浏览报纸和新闻性杂志的人

喜欢浏览报纸和新闻性杂志的人可能是对时事感兴趣的人，乐于了解世界各地发生的各种事件和话题。喜欢看时事文字的人通常是积极主动的现实主义者，他们对社会现象和问题持有较为批判性的态度，并试图通过了解各种新思想来拓宽自己的视野。阅读报纸和新闻性杂志可以满足这些人对信息的渴望。报纸通常提供了全面和及时的新闻报道，覆盖政治、经济、文化等多个领域，而新闻性杂志则更加专注于深度报道和分析。通过阅读这些媒体，人们可以获得不同角度和深度的信息，了解全球和本国的最新动态。喜欢浏览报纸和新闻性杂志的人通常具备较强的意志力和学习能力。他们愿意花时间去深入了解复杂的社会问题，关注各种观点的对比和争论，并从中寻找启发和反思。这也使得他们对新思想和观点的态度比较开放，愿意尝试不同的观点和解决方法。

总的来说，喜欢浏览报纸和新闻性杂志的人多是积极主动、思考能力强的现实主义者，他们通过接触各种信息来了解世界和社会，并从中获得对待问题和思考的启示。

六、客户的笔迹

自仓颉造字起，华夏的文字一直流传至今，这本身就是一种奇迹。而观世界各国今日流行的文字，也只有汉字的书法，是可以装裱起来做艺术品的。老话说得好，“字如其人”，在某种程度上，推销员也可以通过客户的字体得到很多有用的信息。

（一）运笔走势

运笔走势可以反映一个人的性格特点和思维方式。如果书写者的运笔有力、笔力浑厚，通常说明他性格坚强、积极进取，具有强烈的支配欲望。这类人往往自信心较强，但也容易过于自满。他们常常能够在工作和生活中表现出比较强大的气魄和决心。如果书写者的运笔协调流利、轻重得当，说明他善于思考、善于动脑筋，并具备较强的理解分析能力和灵活变通的能力，善于随机应变。他们在处理问题时往往能够权衡利弊，把握好轻重缓急，更加具备逻辑思考的能力。而如果书写者的运笔显得轻浮，这可能意味着他缺乏魄力和毅力，对事物缺乏深入思考。在生活中，这类人常常不能如愿以偿，因为他们缺乏对目标的坚持和追求。他们可能更加注重眼前的享受，而忽视了事物背后的本质和深层含义。

综上所述，书写者的运笔走势反映了其性格特点和思维方式。不同的运笔走势对应着不同的个性特征和行为表现，这些特征将在一个人的工作和生活中产生一定的影响。

（二）书写笔风

书写笔风能够揭示书写者的个性和思维方式。如果全篇文字连笔多，书写速度快，说明书写者充满活力，待人热情，并且他们动作迅速。他们可能是一个积极主动的人，善于抓住机会和应对突发情况。在与他人交流时，他们可能更加直接和坦诚。他们的思维方式可能比较快速，注重行动和执行力。

相反，如果全篇文字工笔慢写，笔速缓慢，说明书写者性情和蔼，富于耐心，善于思考且办事讲究准确性和条理性。他们可能是一个细致入微的人，注重细节和精确性。在处理问题时，他们往往会花费更多的时间来思考和分析，以确保结果的准确性和高质量。他们可能不太善于口头表达，但往往能够在需要时给出有条理的回答和意见。

（三）字形架构

字形架构是指一个人书写中所呈现出的字体形状和结构。根据字形架构可以初步了解书写者的个性和特征。如果书写者的字体简洁明了，没有太多花样，通常说明书写者比较诚实，办事认真细致，心地善良且能关心他人。这样的人可能比较注重实际，喜欢简单直接的表达方式，工作中也会比较踏实认真。而如果字体独特，伴有花体和怪体，并夹杂很多异体字和非规范字，那么说明书写者有较丰富的想象力和幽默感。这样的人通常具有创造力，善于表达自己的个性和情感，但他们可能也会多愁善感，比较在意外界对自己的看法。

（四）外观轮廓

字迹的外观轮廓是指一个人书写时字体的大小和形状。根据字体的大小和形状，可以初步了解一个人的性格和特点。如果书写者的字体大小适中，端正工整，说明他平易近人、温柔谨慎，处理问题时比较稳重。他可能更注重细节，并且比较容易与人相处。如果书写者的字体很长，说明他活泼好动，有较强的主动性和自信心。这样的人可能更加积极主动，善于发起行动。如果书写者的字形很大，甚至不受纸上格线的约束，说明他往往办事热情洋溢、充满青春活力，并且在多个方面都有所擅长。这样的人可能有较多的能量，喜欢挑战和表现自己。如果书写者的字形很小，说明他精力集中，有良好的注意力和控制力，办事周密谨慎，思考问题比较深入。这样的人可能更注重细节和准确性，更容易追求完美。

(五) 大小布局

大小布局在书写中具有重要的意义。对于文字松散而不凌乱的书写者来说，他们的文字往往更易阅读和理解，给人一种开放、大方的感觉。而对于文字密集拥挤的书写者来说，他们可能更注重细节，喜欢把问题考虑得更加全面、周密。

在实际应用中，大小布局的选择应该根据具体的情况而定。对于需要迅速传达信息或与他人交流的场合，采用文字松散的布局可能更合适，使读者能够更快速地获取主要内容。而对于需要仔细思考、权衡利弊的问题，则可以采用文字密集的布局，以便更充分地表达自己的观点和思考。

需要注意的是，通过以上一些细节特征判断客户个性特征仍需结合各个因素综合筛选和考虑，避免因为一两个因素导致误判。

第四节　推销接近的基本方法

常见的推销接近的基本方法有 10 种，分别是：馈赠接近法、介绍接近法、求教接近法、问题接近法、震惊接近法、好奇接近法、表演接近法、赞美接近法、利益接近法和产品接近法，如图 7.1 所示。

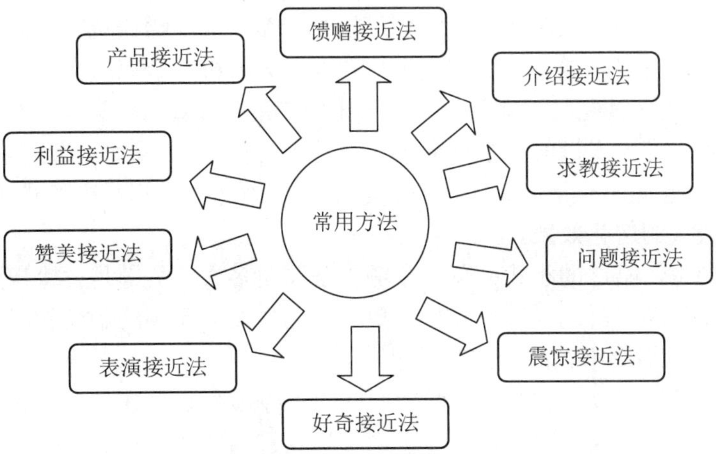

图 7.1　推销接近的基本方法

一、馈赠接近法

馈赠接近法实际上迎合了推销心理中的“互惠效应”，即当别人给了我们某些好处，或者做了某些退让，我们就会本能地想到以另一种好处来报答别人，或者也做出一些退让，这样才感到心安。

在政治经济学中，人是社会关系的总和，因而，人本身就是群体性的。而在群体中生活的个体，必然就会潜移默化地遵循一些大家都遵循的“潜规则”。比如：“来而不往非礼也”，谁也不愿意平白无故地欠别人人情，因为人情债是最难还的。从这个角度讲，若在销售之前，推销员已经从某个方面给到客户帮助或者便利，那么从人情世故的本能出发，在同等条件下，客户一定会优先考虑购买你的产品或服务。

以装修推销为例，若客户通过了你的微信好友请求，则说明对方对装修是有需求的。推销员可以先了解客户是第几次装修，装修是自己住还是出租，再拿出一些典型的装修风格给客户选择，以了解客户的偏好。如果了解到该客户是第一次装修，那么，可以时不时地发给顾客一些带图(视频)的装修资料，或者是初次装修时需要注意的问题(防止踩坑)等。这种帮助不属于物质方面的礼品，顾客接受推销员的帮助并不会形成压力，而如果你切切实实地为顾客提供了帮助，他们也就在实际意义上接受了你的帮助，当顾客真正考虑装修的时候，他们会首先找你的。

当然，馈赠接近法并不仅限于这种点滴的帮助，也可以是一些小礼品。赠送礼品时需要注意赠送对方喜欢的，可以通过交流了解一些对方的爱好，比如，有的客户喜欢收藏，有的客户喜欢运动，有的客户爱好旅游等。可以给喜欢收藏的客户赠送邮票，给喜欢运动的客户赠送球拍，给喜欢旅游的客户赠送风景明信片，或者高端的风景金属书签等。此外，可以给女士赠送香水、口红或者护肤用品(这里需要注意客户常用的品牌，不可以比客户常用的品牌差太多)，可以给男士赠送剃须刀。香水、口红、护肤用品和剃须刀这些用品属于易耗品，客户总会用得到的。

有的时候，可以根据顾客是否婚配、是否育有子女等选择赠送的礼品。比如，当我们不确定顾客喜欢的礼品类型或者顾客喜欢的商品品牌时，若了解到顾客是有子女的，给顾客赠送礼品的问题则被大大简化了。我们可以给顾客的子女赠送玩具，同时获得顾客及其子女的好感，比如可以赠送儿童编程小型机器人、无人机、金属汽车模型、芭比娃娃、迪士尼邮票等(赠送的玩具礼品需要结合顾客孩子的年龄，比如 1～3 岁的婴幼儿是不适合赠送编程小型机器人和无人机的)。给顾客子女赠送玩具礼品，通常可以起到事半功倍的效果，赢得顾客的喜欢(起码不至于因为不了解顾客喜好而遭遇送礼不得当的尴尬)，即运用较小的花费，收获较大的送礼效果。

需要注意的是，赠送的小礼品总体金额未必需要多大，关键是要“送到客户的‘心坎上’”。赠送的小礼品要看起来比实际价值更高，比如 50 元买的赠品起码要给人看起来像 80 元的，这样可以提高小礼品的馈赠效果。

当然，推销员还可以通过顾客的微信朋友圈探寻顾客的爱好，以及喜欢的礼品类型。

正如那句话所说：要想取之，必先予之。当我们想要从客户处获得订单的时候，首先考虑的，不是自己如何赚钱，而是我们如何可以帮到客户，我们可以给客户带来什么价值。

二、介绍接近法

介绍接近法可分为自我介绍接近法和他人介绍接近法。自我介绍接近法是指推销员在口头介绍自己后，主动展示工作证、身份证、介绍信、名片等辅助材料，以证明自己的真实身份和专业形象。同时，推销员需要表现出彬彬有礼的态度和运用巧妙的言辞，以赢得对方的了解和信任，并消除对方可能存在的戒心。但是需要注意的是，自我介绍接近法通常很难引起顾客的注意和兴趣，也不容易转入正式洽谈。因此，在实际工作中自我介绍接近法应结合其他方法一起使用，才能取得较好的效果。

通常情况下，他人介绍接近法的效果要比自我介绍接近法好。这是因为被介绍者与介绍人之间存在良好的关系，减轻了推销员与顾客之间的不信任感。而介绍人在这个过程中所起的作用，主要取决于推销员与介绍人及顾客与介绍人之间关系的密切程度。关系越密切，通过介绍达成交易的概率就越高。

三、求教接近法

求教接近法指利用向准顾客请教问题的机会来接近对方的方法。这种方法很好地利用了人们喜欢被人尊重或重视的心理需求，“求教”的含义是：“您比我强”，或者“您在某个领域是专家”。这种方法看起来好像平平无奇，但实际上已经以谦逊的方式抬高对方，没有赞美顾客，但胜似赞美，达到了很好的“褒扬”效果。最关键的是，这种方法的“褒扬”几乎不露痕迹，而又容易被顾客所接受。

使用求教接近法的时候需要注意：

(1) 诚恳和谦虚的态度。在提问时要表现出真诚和谦虚的态度，尊重对方的知识和经验，以便获得更好的帮助。

(2) 先赞美后请教。在求教之前可以适当地表达赞美，让对方感受到被肯定和重视，然后再提出问题。这样的顺序可以增加对方的好感，并提高求教的效果。

(3) 先请教后推销。在向对方请教问题的过程中，不要过早涉及自己推销的产品或服务。因为推销往往会引起顾客的抗拒心理，而在求教的过程中，人们更倾向于分享和帮助。

(4) 分析顾客的话语。在与顾客交流时，仔细倾听并分析顾客的话语，从中找到线索和信息，这样可以更准确地了解顾客的需求和问题，为下一步的推销提供有针对性的建议。

四、问题接近法

问题接近法也称为问答接近法或讨论接近法。该方法指的是推销员利用提问方式或与顾客讨论问题的方式来接近顾客，以促使顾客对产品或服务产生兴趣并提供销售机会。

在推销实践中，通过问题接近法，推销员可以利用顾客感兴趣的话题引入，结合顾客的说法提出相关问题，从而引导顾客的注意力和兴趣。通过一步步引入自己的推销品，并将推销品与问题相结合，推销员能够更有效地向顾客介绍产品的特点、优势和解决顾客的问题。通过问答的互动，推销员能够更好地了解顾客的需求，提供更有个性化、针对性的产品解决方案，进而达成销售目标。

推销员在使用问题接近法的时候需要注意：

(1) 问题需要突出重点。比如:“你愿意为节约成本而花 10 分钟听一点建议吗?”这个问题就直切要害，容易引起顾客的注意和兴趣。

(2) 问题要简明扼要，能够具象化、量化、直观且生动。比如:“您希望在贵公司正常运营的情况下，明年节省 10%的电费吗?”

(3) 问题应该有针对性、耐人寻味，应该是顾客乐意回答和容易回答的，要避免伤感情和顾客不愿意回答的问题，以免引起顾客的反感。

五、震惊接近法

震惊接近法指利用令人震惊的事物或事实来吸引顾客的注意和兴趣，从而进一步展开推销活动的方法。在现实生活中存在许多令人吃惊但容易被忽视的客观事实，人们对这些事实已经习以为常，往往对其潜在的危害不够重视。推销员利用震惊接近法时可以直接呈现这些事实，从而引发顾客的好奇和兴趣。利用该方法的关键在于，推销员需要提供与这个令人震惊的事实相关的解决方案。即先向顾客传达这个事实所带来的问题，再展示产品或服务能够如何解决这些问题，创造出意想不到的好效果。

然而，需要注意的是，震惊接近法并非适用于所有情况。客户的反应因人而异，有些人可能会感到被威胁，甚至对推销员的手段产生负面情绪。因此，在使用该策略时，推销员需要根据具体情况灵活运用，以确保能够真正满足客户的需求，并建立长久的合作关系。

例如，一位推销轮胎的推销员在接近顾客时可以说:“去年，高速公路发生了多起交通事故，但您知道吗?在这些交通事故中，有 1/3 都是由于爆胎引起的。”推销员以这种令人震惊的话题引入，在顾客震惊的同时，提醒其安装优质轮胎或者及时更换旧轮胎是非常必要的。这样一来，推销品(轮胎)被顾客接受也就是顺其自然的了。相比于驾驶人的安全，推销品(轮胎)的高价格在安全面前不值一提。

使用震惊接近法的时候，推销员需要注意:

(1) 与推销品的相关性。使用的震惊的数据必须与推销的产品或服务相关，这样才能使顾客对产品感兴趣，并希望了解更多信息。

(2) 真实性和震撼性。所提供的数据资料应该确实能够达到震撼人心的效果，引起顾客的重视。可以通过收集真实的案例、调查研究数据等来支持所提供的数据，增加说服力和可信度。

(3) 避免夸大渲染。虽然使用震惊的数据可以引起顾客的关注，但推销员需要注意不要夸大或过分渲染数据的恐怖效果。必须保证所提供的数据资料是真实的，以免给顾客留下虚假宣传或欺骗的印象，损害企业形象和口碑。

六、好奇接近法

好奇接近法指推销员利用顾客的好奇心接近顾客的方法。有经验的推销员在推销时会先抓住顾客的好奇心展开攻势，引起对方的注意和兴趣，再转入正式的洽谈。比如，推销员在见到公司负责人时说:“我这里有贵公司上个月失去的 100 位顾客的资料。”这句话必然引起顾客的好奇和兴趣。

推销员采用好奇接近法需要注意：

(1) 引起顾客好奇的方式必须与推销活动及推销品有关。好奇接近法的目的是通过引起顾客的好奇心，激发其兴趣并吸引其主动参与到推销活动中。因此，推销员在运用好奇接近法时，需要确保所采取的方式与推销的产品或服务相关联，能够直接引起顾客对这些内容的好奇和兴趣。

(2) 要做到出奇制胜。好奇接近法的核心在于创造出一个令顾客感到意外或者新奇的情境，从而引发他们的好奇心。推销员应该注重创新和独特性，在推销过程中提供令顾客想不到的信息或者给予特殊的待遇，通过引起顾客的好奇心来增加其对产品或服务的兴趣，并促使其主动参与推销活动。

(3) 引起顾客好奇的手段要合情合理，奇妙而不荒诞。在运用好奇接近法时，推销员需要选择合适的方式来引起顾客的好奇心，但同时也要遵守合情合理和合乎伦理的原则。手段不能过于荒诞离奇，否则容易使顾客感到反感或者不信任。推销员应该综合考虑顾客的需求和心理特点，选择恰当的方式来引起他们的好奇心，同时要坚守真实、诚信的原则，以建立起长期的信任关系。

七、表演接近法

表演接近法指利用各种戏剧性表演技巧展示产品特点，从而接近顾客的推销方法。这种方法有点类似于埃德帕模式，通过新奇的表演形式加强顾客的注意和兴趣。比如，卖实心轮胎的推销员左手拿钉子，右手拿锤子，向顾客现场展示钉子钉入轮胎的效果。

在运用表演接近法时，有三点需要注意。首先，所用的道具应与推销的产品或活动相关，这样可以更好地展示产品的特点和优势。其次，表演内容应具有戏剧化效果，既要出人意料，又要符合情理，这样能够吸引顾客。同时，表演既要打动顾客，又不能过于显露出是一场表演，以保持真实感。最后，为了增强顾客的参与感和兴趣，可以让顾客成为表演中的重要角色。他们可以参与表演过程，从而更好地体验产品的特点和实际效果。这样做不仅能激发顾客的兴趣，还能增加顾客对产品的信任和认同感。

八、赞美接近法

赞美接近法指推销员利用溢美之词博得客户好感以接近顾客的方法。人的天性都是喜欢被赞美的，赞美方在释放善意的同时，被赞美者也是能够感受得到的，因为“善意会传递”。推销员赞美顾客时，也正是在传递善意。因此，哪怕是非常蹩脚的赞美，也会受到顾客的体谅，因为它代表了“善意”。例如：“您的衣服很好看并且很时尚。”或“这间房子装修得很雅致啊！”

使用赞美接近法的时候需要注意：

(1) 认真准备。在使用赞美接近法之前，要对顾客进行充分调研和了解，明确顾客的成就和价值，避免赞美错误或引起顾客反感。

(2) 诚恳赞美。赞美需要真诚和真实，尊重客观事实。要把握好赞美的程度，避免过度奉承。同时，要注意言辞得体，避免引起误解或嘲讽。例如，称赞有残疾的人帅气可能被理解为嘲讽，这是需要避免的。

(3) 了解顾客的个性特点。不同的人具有不同的气质和人格特点，销售人员应该了解顾客的性格特点，根据顾客的个性特征来选择合适的赞美方式。对于专家型的顾客，可以充分表达赞美之辞，而对于精明严肃型的顾客，则应保持礼貌和适度。

九、利益接近法

利益接近法是一种顾客接近的销售技巧，通过强调推销产品所能带来的特别利益或实惠吸引潜在顾客的注意和兴趣。这种方法利用了人们喜欢得到实惠的心理。当新产品相比于顾客之前使用的产品能够提供一些新的利益时，顾客更容易选择购买新产品。例如，新产品能够节省电费、具有更高的性价比或更多的功能。在使用商品方面，人们往往存有某种“惯性”，不愿意改变自己已经形成的购物习惯，因为购买新产品意味着面临不确定性和风险。

使用利益接近法的时候需要注意：

(1) 实事求是地陈述。在推销过程中，必须真实地陈述推销品能够给顾客带来的利益，不可夸大其词。推销员应该对产品进行充分了解，并能清楚地说明产品的特点和优势，以让顾客认可产品的价值。

(2) 提供可信证据。推销品的独特利益必须有可供证明的依据。推销员需要准备充分的支持材料或数据，以证明推销品所具有的独特利益，这样可以增强顾客的信任，并提高购买决策的可靠性。

(3) 设想顾客可能的反应。推销员应该仔细设想顾客可能会提出的问题或疑虑，并提前准备好相应的解决对策。这样在面对顾客的质疑时，能够及时、准确地回答，并解释清楚产品的特点和优势。推销员需要具备良好的沟通和解释能力，以便有效地消除顾客的疑虑，促成购买行为。

十、产品接近法

产品接近法是一种顾客接近方法，也被称为实物接近法。它利用产品的新奇特性、独特之处或明显的改进功能来吸引潜在客户的注意和兴趣，从而促使接近后的洽谈顺利进行。举个例子，当销售员展示儿童机器人玩具时，简单地将玩具放在儿童面前，他们可能会要求父母给他们买一个。

产品接近法的优点在于，它能够吸引顾客的注意力，并提供给顾客一个亲身体验产品的机会，进而激发他们进一步操作和购买的欲望。这种方法不需要销售员做过多的介绍，适用于具有独特特色的产品，容易引起买家的注意和兴趣。

产品接近法的使用适用于以下条件：

(1) 产品的吸引力。产品必须具备足够的吸引力，能够引起潜在顾客的注意和兴趣。这种吸引力不是从企业或推销员的角度来认识，而是通过产品本身传达出一种不可抵挡的价值和吸引力。

(2) 便于展示和试用。产品接近法适用于精美轻巧、便于携带的产品，比如服装、玩具等，这些产品方便展示给顾客并供其试用。通过实际感受和试用，顾客能够更好地体验产品的优点和价值。

(3) 推销员的作用。推销员能够通过感官引起顾客的注意和兴趣。他们可以展示产品的特点和功能，通过直观的演示和介绍，增加顾客对产品的好感和兴趣。

(4) 产品的质量和利益。产品本身的质量需要保证良好，能够经得起顾客的摆弄和使用。通过实际操作和体验，顾客能够切实感受到产品的好处和利益，从而增加对产品的信任和购买意愿。

第七章配套习题　　第七章 PPT

第八章 推销洽谈

推销洽谈是买卖双方为达成交易，以维护各自的利益、满足各自的需要为目的，就共同关心的问题进行沟通与磋商的活动。

推销洽谈具有以下三个突出的特点：

特点一：以经济利益为中心。推销洽谈的核心目标是通过产品或服务的推销来达成商业交易，实现双方的经济利益。在洽谈过程中，双方主要关注各自的经济收益以及与之相关的商业利益，通过协商和谈判来达成互利共赢的结果。

特点二：合作与冲突并存。推销洽谈过程中，双方既有共同的利益点，也可能存在截然相反的利益点。在推销洽谈中，合作和冲突是并存的。双方需要协调彼此的利益差异，通过有效沟通和协商寻求解决方案，平衡双方的需求和利益，实现合作共赢。

特点三：原则与调整并存。在推销洽谈中，双方的洽谈原则是指洽谈过程中双方在最后退让的界限。洽谈双方会根据彼此的利益诉求和洽谈目标，在不违背基本原则的前提下进行相应的调整和让步。洽谈中双方需要灵活应对，不断调整策略和立场，以实现双方的利益最大化。

由于推销活动具有盈利性质，推销员以及其背后所代表的公司是会在推销活动过程中赚取产品/服务价值的。因此，推销员天然地站在了客户的对立面，尤其是在客户对推销员不熟悉、不了解的情形下，客户对推销员的推销意图以及自己是否会被“坑”等方面都会心存疑虑。

因此，客户本能地会对推销员存在排斥和抵触情绪。然而，即使面对如此情况，现实生活中的商品消费仍无时不产生，且无处不在。在更多的情况下，商品之所以卖不出去，不是商品本身的问题，而是推销员没有掌握正确且合适的推销话术，没有将产品所代表的核心利益展现在客户面前。因此，推销话术的优劣对于推销洽谈的成功与否是至关重要的。

第一节 常用的推销话术

案例导入

饮品销售

服务员：“先生，喝咖啡吗？”

顾客：“不要，谢谢。”

服务员：“先生，喝牛奶吗？”

顾客：“不要，谢谢。”

一、开场白话术

要想有效地吸引客户的注意力，在面对面的推销访问中，说好第一句话是十分重要的。开场白的好坏，几乎可以决定一次推销访问的成败。换言之，好的开场白就是成功的一半。大部分客户在听推销员说第一句话的时候要比听后边的话认真得多，听完第一句话，很多客户就决定了是尽快打发推销人员还是准备继续谈下去。因此，推销员要说好开场白，才能迅速抓住客户的注意力，并保证推销访问能顺利进行下去。

案例分享

开场白示例

推销员A如约来到客户办公室。开场："陈总，您好！看您这么忙还抽出宝贵的时间来接待我，真是非常感谢啊！"(感谢客户)

"陈总，办公室装修得虽然简洁却很有品位，可以想象到您应该是个做事很干练的人！"(赞美客户)

"这是我的名片，请您多多指教！"(第一次见面，以交换名片自我介绍)

"陈总以前接触过我们公司吗？"(停顿片刻，让客户回想或回答，给客户留出时间)

"我们公司是国内最大的为客户提供个性化办公方案服务的公司。我们了解到现在的企业不仅关注提升市场占有率和利润空间，同时也关注如何节省管理成本。考虑到您作为企业的负责人，肯定很关注如何最合理配置您的办公设备以节省成本。所以，今天来与您简单交流一下，看有没有我们公司能协助的。"(介绍此次来的目的，突出客户的利益)

"贵公司目前正在使用哪个品牌的办公设备？"(问题结束，让客户开口)

陈总面带微笑，非常详细地同该推销员攀谈起来。

从这个例子可以看出，开场白要达到的目标就是吸引对方的注意力，引起客户的兴趣，使客户愿意同我们继续交谈下去。该案例的主人公，就是通过很好的开场白吸引了客户，有了个漂亮的"开门红"，从而向促成销售迈进了一步。

那么，如何才能通过短短几句话成功吸引客户的注意力呢？推销员可以从以下几个方面入手。

(一) 开场白常用技巧

(1) 提及客户现在可能最关心的问题。例如："听您的朋友提起，您现在最头疼的是废品率很高，通过调整生产流水线，这个问题还没有从根本上改善……"

(2) 谈到客户熟悉的第三方。例如："您的朋友王先生介绍我与您联系的，说您近期想添几台电脑……"

(3) 赞美对方。例如："他们说您是这方面的专家，所以也想和您交流一下……"当然赞美要恰如其分，过分的夸奖会让客户产生反感。

(4) 提起客户的竞争对手。例如："我们刚刚和甲公司有过合作，他们认为……"客户听到竞争对手，就会把注意力集中到你要讲的内容里。

(5) 引起客户对某件事情的共鸣(原则上是客户也认同这一观点)。例如：“很多人认为面对面拜访客户是一种最有效的销售方式，不知道您是怎么看的……”这种方法的要点在于在拜访前了解客户的工作。

(6) 用数据引起客户的兴趣和注意力。例如：“通过增加这个设备，可以使您的企业提升50%的生产效率……”“我知道贵企业现在的废品率比较高，如果有一种方法使企业的废品率降低一半的话，您是否有兴趣了解？”

(7) 有时效的话语。例如：“我觉得这个活动能给您节省很多话费，但这次优惠活动截止到12月31日，所以应该让您知道……”这种时间的限制会让客户产生紧迫感。

(8) 意想不到的话语。例如：“您知道一年只花几块钱就可以有效防止火灾、水灾和失窃吗？”

(二) 开场白常用方法

(1) 提问开场法。例如：“您希望降低20%的原料消耗吗？”你甚至可以连续地向对方发问，以引导对方注意你的产品。比如可以这样提问：“您看过我们的产品吗？”并同时将样品展示给对方，接着再说：“我们公司特地派我来拜访您，您觉得我们的产品如何？”

(2) 讲故事开场法。有时以讲一个有吸引力的故事或笑话开场，也可以收到良好的效果。但在这样做的时候一定要注意，讲故事的目的不仅仅是让客户放下戒备，所讲的内容一定要与你的推销工作有某种关联，或者能够直接引导客户去考虑你的产品。

(3) 引用别人意见开场法。例如：“王先生，您的同事李先生要我前来拜访您，跟您谈一个您可能会感兴趣的问题。”

(4) 赠送礼品开场法。以赠送和自己行业相关或对方可能喜欢的小礼品作为开场，可以保证推销活动的顺利开展。

(5) 引旁证法。例如：“王先生经常在我面前提到您呢！”

(6) 单刀直入法。这种方式要求推销员必须对对方十分了解，无须多加寒暄，或者事情太急的情况下，才可使用。因为这种方式太直率，如果不了解对方心情，不设身处地替对方着想，往往很难取得满意的效果。

(7) 借题发挥法。借题发挥法指推销时先不直接明言，而是借别的问题加以发挥，逐步引入正题，这也是人们经常使用的一种开场方法。用这种方法谈话的效果是非常好的。

(8) 比喻引入法。在推销活动中，双方洽谈时的比喻有明喻、暗喻、借喻之分，但谈话主要用明喻，因为它能使对方清晰理解。

(9) 寒暄入话法。先叙饮食起居，拉家常，由个人身体、工作，谈到家庭、孩子的情况，天南海北地聊上一通，讲点新闻，说点笑话，使推销气氛融洽亲热，然后才引入正题。

(三) 正反对比修炼开场白

1. 错误示范

(1) 负责人：“喂，你好，我是陈林。”

推销员：“您好，我是升华机械的殷洪。我们公司已经有20年的历史，我们是专门销售印刷业专用的机械设备的公司，不晓得您是否曾经听说过我们公司？”

存在的问题：① 电话推销员没有说明为何打电话过来，以及对准客户有何好处。② 准客户根本不在意你们公司成立多久，或是否曾经听过你们公司。

(2) 负责人："喂，你好，我是陈林。"

推销员："您好，我是升华机械的殷洪。我们是专门销售印刷业专用的机械设备的公司，请问你们公司现在使用哪一类型的印刷设备？"

存在的问题：① 电话推销员没有说明为何打电话过来，以及对准客户有何好处。② 在还没有提到对准客户有何好处前就开始提问题，容易让人产生防范心理。

(3) 负责人："喂，你好，我是陈林。"

推销员："您好，我是升华机械的殷洪。几天前我曾寄过一些资料给您，不知道您收到没有？"

存在的问题：① 电话推销员没有说明为何打电话过来，以及对准客户有何好处。② 平常大家都很忙，即使收到资料也不一定会看，而且容易让客户用"没收到"来敷衍。

(4) 负责人："喂，你好，我是陈林。"

推销员："您好，我是升华机械的殷洪。我们的专长是提供适合贵公司的印刷机械设备，不晓得您现在是否有空，我想花一点时间和您讨论。"

存在的问题：① 直接提到商品本身，但没有说出对准客户有任何好处。② 不要问客户是否有空，直接约时间。

2. 正确做法示例

在初次打电话给准客户时，一定要在 15 秒内做公司介绍及自我介绍，引起准客户的兴趣，让准客户愿意放下手边的工作和你谈话。电话推销员要清楚地让客户知道三件事：你是谁及你代表哪个公司；你打电话给准客户的目的是什么；你们公司的商品或服务对准客户有什么好处。正确示范如下：

负责人："喂，你好，我是陈林。"

推销员："您好，我是升华机械的殷洪。我们公司的专长是提供印刷业专用的机械设备，我们已经替许多印刷厂商省下了许多印刷成本，我是来告诉贵公司节省印刷时间和成本的方法的。为了能进一步了解我们是否能替贵公司节省印刷时间及成本，我想请教一下你们目前使用的是哪一种印刷设备。"

注意技巧：提及自己公司的名称及专长；说明为何打电话过来；告知对方可能得到的好处；询问相关问题，使准客户参与谈话。

案例分享

别开生面的开场白

乔·格兰德尔是美国一位很成功的推销员。当别人问他成功的经验时，他只说了一句话："让你面对客户时的开场白特别一些。"乔·格兰德尔就是一个非常注意开场白的人，他的绰号就叫"花招先生"。他拜访客户时，会把一个三分钟的蛋形计时器放在桌子上，然后说："请您给我三分钟，三分钟一完，当最后一粒沙穿过玻璃瓶之后，如果您不要我再继续讲下去，我就会离开。"除蛋形计时器之外，他还会用闹钟、20 美元面额的钞票以及各式各样的花招，使他有足够的时间让客户静静地坐着听他讲话，并对他所卖的产品产生兴趣。

除了用这些器物使他的开场白独特之外，他还会在语言上下功夫。有一次他去拜访一位叫吉姆的客户，“先生，请问您知道世界上最懒的东西是什么吗？”吉姆摇摇头，表示猜不到。“就是您收藏起来不花的钱，它们本来可以用来购买空调，让您度过一个凉爽的夏天，但是您却让它们躺在银行的保险柜里，它们一直都在偷懒。”

二、拉家常式推销预热

案例分享

赵经理的巧妙应对

赵经理：“丁先生，您好！您这么忙还要打扰您，真是不好意思。这是我的名片，请多指教。”(礼貌地寒暄)

丁先生：“哦，赵经理啊，您好！”

赵经理：“不知道丁先生平常都有哪些娱乐活动？”(谈论客户的一些兴趣爱好)

丁先生：“嗯，我每周有两个晚上要去上软件设计的课程，星期日有时会带小孩去公园或动物园。”

赵经理：“真不简单，很佩服您啊，工作这么忙，还能够经常学习。您有几个兄弟姐妹啊？”(拉起家常，进行寒暄)

丁先生：“有一个哥哥、一个姐姐和一个妹妹，我是老三。”

赵经理：“哦，他们都在哪里高就？”

丁先生：“姐姐开一家服装店，哥哥在银行工作，妹妹是一家私人企业的职员。”

赵经理：“都挺不错的！”

丁先生：“哪里！”

赵经理：“你们平时经常联系吗？”

丁先生：“不太经常，只有在假期时大家才会一起出去玩，或者吃吃饭，聊一聊。”

赵经理：“您平常如何做理财计划呢？”

丁先生：“没有啦！一个月才几千元的收入，能做什么理财计划。”

赵经理：“那您买保险了吗？”

丁先生：“买了啊！”

赵经理：“1 年大概要交多少保费？”

丁先生：“大概 1000 多元吧。”

赵经理：“当初买保险是出于什么目的呢？”

丁先生：“因为现在大多是小家庭，万一我有个三长两短，太太、孩子怎么办？总要为他们想一想吧。”

赵经理：“您真是一个负责任的好父亲啊！”

丁先生：“哪里！哪里！”

赵经理：“如果现在有一个工作能够将您的所学和您的业务方向结合在一起，也就是说，将管理和推销综合运用，让您表现得更出色，而且待遇是您目前的两倍，您愿不愿意去尝试一下呢？”(切入正题“保险”)

丁先生：“当然愿意啦，那是什么工作呢？”

赵经理：“就是保险销售事业啊!”

丁先生：“但是，我不会做保险啊！而且我想我大概也不太合适。”

赵经理：“其实大多数人一开始都像您一样，觉得自己不适合做保险，我刚开始时也是这样的。不过，许多东西都是可以学的，就像您也不是天生就会电脑一样。我也不敢说您适不适合，只有去尝试以后才能下结论，而且刚好我们公司这个星期有一个讲座，您可以过来感受一下。”

丁先生：“那好。”

该推销员在一开始就谈了客户感兴趣的话题，然后又接着赞美客户，活跃了谈话的气氛，最后又说了一些普通的家常话，像询问客户的家庭成员在哪工作等方面的寒暄都是为了拉近彼此的距离，增进感情，最后成功说服客户加入推销的行列。

三、用肯定的话语

在推销洽谈过程中，确保以恰当的方式对待客户是非常重要的。即使双方存在意见分歧，推销员也应该避免使用不恰当的言语，以免加剧矛盾。尊重客户的观点和感受，同时寻找和提供更好的方式来证明客户的正确性是一个更好的选择。在实际的销售中，有的推销员在这方面做得不尽如人意，在谈话开场白里经常使用一些不恰当的言语，如：

“对不起，打扰您了……”

“我不会耽误您太长时间的……”

“我想占用您一点时间，和您谈谈……”

这些表达方式是那些性格软弱的推销员经常使用的，他们用这些话的目的是不惹客户生气，事实上，推销员越是贬低自己，越会令客户不满意。因为没有人喜欢在一个并不重要的人身上浪费时间，每个人都喜欢和重要的人打交道，而且与重要人士交谈的时间越长，他们就越高兴。所以，任何时候都不要贬低自己，要在语言上占据主动。

推销员在语言表达上不能太软弱，也不能经常说些“带刺”的话，一般有以下几种情况：

(1) “安先生，您拒绝了我的预约，虽然如此，我还是来了。”以及“安先生，您拒绝了我的预约，我想我能消除我们之间存在的误会。也正是因为这样，所以我才来找您。”

“虽然如此”在所有“带刺”的词汇中是最为明显的。其实，在大多数情况下，我们可用“因此”这个词来代替，这样会让人比较好接受一点。

(2) “您可能误解了我的意思!”

如果推销员发现客户误解了自己所说的话，不要强行打断客户而为自己辩解。此时，推销员要保持冷静，并从客户的话中找出客户误解的关键点，然后调整自己的思路，重新组织语言，针对客户误解的重点，重申自己的意思，这样才能说服客户。

(3) “安先生，您的这种想法是错误的，我可以向您证明另一种想法的正确性。”

任何时候都不能否定客户，否定客户是对客户的不尊重。推销员的任务是销售，不是为客户纠错。如果客户的错误想法阻碍了销售的进行，推销员也没必要扮演真理的化身直截了当地指出客户的错误。

案例分享

“优秀”的卡车推销员

一位卡车推销员过去是司机，他对自己推销的卡车非常熟悉。在推销中，只要有人挑剔他的车，他就立即与之辩论，因为经验丰富，他经常是辩论的胜者。每当他走出顾客办公室的时候，他总是自豪地说：“我又教训了他一次。”事实上，他确实以他丰富的产品知识和经验教训了很多顾客，但是最终他也没有卖出去几辆车。

(4) “我能理解您的想法，安先生！但是我们能不能再考虑一下其他的因素呢？”

上述语言明显是在指责客户考虑问题不周全。

在销售过程中，推销员要尽量避免出现以上四种情况。

人与人之间的情绪是会传导的，推销员用正面、肯定的词语同客户交谈，就会附带着将正向的情绪传递给顾客，在好心情之下，顾客更容易成交；反之，负面、否定的词语会向顾客传递负向的情绪，负向、悲观的情绪不利于推销的成交。推销员可以稍微改动自己的言辞，使所传递出的信息带有积极情绪。词语小改动示例如表 8.1 所示。

表 8.1 词语小改动效果大升华示例

序 号	原 话	修 改 后
示例 1	很抱歉让你久等	非常感谢您的耐心等待
示例 2	我不想再让您重蹈覆辙	我这次有信心这个问题不会再发生
示例 3	这并不比上次那个问题差	这次比上次的情况好
示例 4	问题是那个产品都卖完了	由于需求很高，我们暂时没货了
示例 5	你怎么对我们公司的产品老是有问题	看上去这些问题很相似
示例 6	我不能给你他的手机号码	您是否向他本人询问他的手机号
示例 7	我不想给您错误的建议	我想给您正确的建议

四、巧妙地赞美客户

每个人都无法拒绝别人对自己的赞美。因此，推销员可在推销时，用赞美对方的方式引起客户的注意、兴趣及需求。

下面是一个用赞美性的话语来接近顾客的范例。

案例分享

适当的赞美可打开局面

推销员宋先生以稳健的步伐走向张经理。当视线接触到张总时，他轻轻地行礼致意，向张经理问好并做了自我介绍。

宋先生：“张总，您好，我是华通公司的推销员小宋，请多多指教。”

张经理：“请坐。”

宋先生："谢谢，非常感谢张总在百忙之中抽出时间与我会面，我一定要把握好这次机会。"

张经理："不用客气，我也很高兴见到您。"

宋先生非常诚恳地感谢了对方的接见，并表示要把握住这个难得的机会，这让对方感觉自己是个重要人物。

宋先生："贵公司在张总的领导下，业务领先业界，真是令人钦佩。我拜读过贵公司内部的刊物，知道张总非常重视人性化的管理，员工对您都非常爱戴。"

张经理："我们公司的业务和你一样，也需要去直接拜访客户，这就要求员工要有冲劲及创意。冲劲及创意都必须来自员工的主动自发精神，用强迫、威胁的方式是不可能成为一流公司的。因此，我们特别强调人性化的管理，公司只有真正地做到尊重员工、照顾员工，才会有助于他们发挥各自的潜力。"

宋先生："张总，您的理念反映了贵公司经营管理上的独特之处，真是很有远见。我相信贵公司在对待员工福利方面是不遗余力的，尽管你们目前已经做得非常好了。在这里，我谨代表本公司向您报告一下有关本公司最近推出的一个团保方案，这种保险方案最适合外勤工作人员多的公司采用。"

张经理："新的团体保险？"

宋先生："是的，张总平常那么照顾员工，我们相信张总对于员工保险这项福利也一定了解得很详细，不知道目前贵公司已经采纳的保险措施有哪些呢？"

宋先生利用赞美的手法，很快就为自己的推销工作顺利打开了局面。

对客户进行有效的赞美，可以通过以下几种方式。

(1) 赞美对方所做的事及周围的事物。例如：您的办公室布置得非常高雅。

(2) 赞美后紧接着询问。例如：您的皮肤这么白，您看看试穿这件黑色的礼服怎么样。

(3) 代表第三者表达夸奖之意。如：我们总经理要我感谢您对本公司多年的照顾。

(4) 浅层次的赞美。比如赞美女性，可以说她身材好、皮肤好、气质佳、教子有方、夫妻恩爱、家庭幸福；赞美男性，要说他有魅力、有魄力、有担当、有责任。

(5) 深层次的赞美。首先，让一个男人谈他的发家史。虽然说好汉不提当年勇，但其实提起当年勇都会滔滔不绝。比如：李总，您现在这么成功，到处都是鲜花和掌声，我就想问一下，您是怎样一步步走到今天这么辉煌的呢？其次，羡慕他的专业。比如：刘总，您看您作为一个工程师这么成功。其实工程师是我当年的梦想啊，我特别想当一个工程师，但是很遗憾的是，我的数学不好。今天您做的职业，就是我从小到大梦想要去做的，真的特别羡慕您。

案例分享

赞美是挽回客户的良策

高斯先生所在的美客公司曾经和纽约的一个建筑承包商签订了一项合同，负责为对方提供一种装饰用的铜器，并被要求在指定的日期内交货。刚开始，双方合作得非常顺利，但在合同履行期将要结束的时候，客户那边却突然说不再接收美客公司的货物了，并且也没有给出一个合理的解释。

在电话沟通无效的情况下，高斯先生被派往了纽约，去拜访客户。

“您知道您的姓名在布鲁克林区是独一无二的吗？”当高斯先生走进客户方面负责这件事的一个经理办公室时，他这样问道。

这位经理感到很诧异地说：“不，我不知道。”

高斯先生说，“今天早晨下了火车后，我在查看电话簿找您的住址时发现在整个布鲁克林区只有您一个人叫这个名字。”

“我可一直都不知道。”这位经理说，并开始很有兴趣地查看电话簿。

“啊，那可不是普通的姓名。”他边查边自豪地说，“我的家庭原来在荷兰，大约在200年前迁到纽约来的。”

这位经理接着又谈了他的家庭情况，说了很长的时间。

当他说完了，高斯先生也大致摸清了他的脾气，于是开始称赞他有那么大的一个公司，并且比他曾参观过的几家同样类型的公司更好，而且规模更大。

“这是我所见到过的最清洁的一家公司。”高斯先生说。

“这是值得我用一生的心血来经营的一项事业。”这位经理说，“对此我也感到很自豪。你愿意参观一下我的公司吗?”

在参观的时候，高斯先生又借机赞扬了他的组织与管理系统，并给出了自己合理的解释，告诉他为什么他的公司看起来比他的几家竞争者要好，以及好在哪里。

最后，那位经理坚持要请高斯先生吃午餐。

需要注意的是，截至目前，高斯先生对自己的访问目的还只字未提呢。

午餐完毕后，这位经理说道：“现在，我们谈正事吧。自然，我早就知道你是为什么而来的，但是我没想到我们的聚会是如此的愉快。你可以回费城向你的公司转达我的许诺，也许其他的订单我不得不延迟，但是你们的货物我将保证按期接收。”

就这样，高斯先生甚至没有说出自己的来意，就出色地完成了他的任务。试想一下，如果高斯先生采用了平常人在这种情形下所用的争执吵闹的方法，能取得这样的结果吗？而且，在这种情况下和客户进行争吵也是合乎常理的，因为毕竟是客户那边先违了约。但是高斯先生不仅没有和客户争吵，反而去赞美客户，最终也为公司挽回了损失。我们不得不佩服他和客户沟通的高明之处。

每个人都喜欢被赞美，赞美是生活中必不可少的营养剂，可以给人力量，让人开心。世界上并不缺少美，缺少的是发现美的眼睛。即使是缺点，换一个场景就可能是优点。只要用心观察，任何人身上都有值得称赞的地方。赞美是一种慰藉，是一种肯定，它能使人际关系和谐，并拉近彼此之间的距离。

案例分享

诚以赞许，宽以称道

被誉为“销售权威”的霍依拉的交际诀窍是：初次交谈一定要扬人之长，避人之短。有一回，为了替报社拉广告，他去拜访梅伊百货公司的总经理。寒暄之后，霍依拉突然问道：“您是在哪儿学会开飞机的？总经理能开飞机可真不简单啊。”听到霍依拉这样说，总经理兴奋异常，谈兴勃发，广告之事顺理成章地安排给了霍依拉。

霍依拉找到了总经理身上的过人之处，那就是会开飞机，并依此对总经理进行了赞美，使其在得到了肯定之后内心愉悦，从而顺利为报社拉到了广告。对于梅伊百货公司的总经理来说，广告给谁都一样，霍依拉的赞美让自己很开心，是“懂”自己的人，那广告送给他又有何不可呢？

所以说，赞美是增进情感交流的催化剂，如果推销员能找到客户值得赞美的地方，并真诚地表达出来，就会立即拉近和客户之间的距离，让客户接受他，有时甚至能够挽回那些行将失去的客户。推销员赞美客户应注意以下几个方面。

(一) 学会寻找话题赞美

对客户进行赞美时，一定要做到具体、得体，其中的尺度很微妙，需要推销员用心去体会。如果赞美用词不当，或者太夸张，会给人留下很不好的印象，甚至会让人感到虚伪、厌恶。

案例分享

拍马屁拍到马蹄子上了

一名推销员去参加一位重要客户的新婚庆典。

宴会上，推销员发现新娘长得并不是很漂亮，甚至腿部还稍有残疾。但这位推销员为了拉近与这位重要客户之间的距离，便端着酒杯到新人面前赞美道：“今天真是个好日子，两位金童玉女真是天作之合，而且新娘也是如此漂亮，简直是白璧无瑕，太完美了！”这位推销员自认为说得很好，实际上他已经得罪了新婚夫妇，因为大家都听得出他的赞美太过于虚假了。

赞美的话题可大可小，小的话题可以是“您的气色很好”“您的院子真整洁”等；大的话题可以是“您做生意信誉很好”“听说您在这方面很有经验”，也可以说“一直仰慕您的学识和人品”等。

赞美的内容和方式越具体越好，这也表明了你对客户的了解程度。推销员在赞美客户时，要有意识地说出一些具体而明确的事例，而不是空泛、含糊地赞美。例如：

(1) 赞美某人的衣着：“您今天看起来很有风度。”或“您的衣服很好看并且很时尚。”

(2) 赞美某人的房间：“这真是间漂亮的房子。”或“这间房子装修得很雅致啊。”“啊，您的房间布置得真好！光线柔和、色调明快，使人赏心悦目，如果再铺上地毯的话，那将更是锦上添花啊！”

(3) 赞美某人的手表：“这只手表很漂亮。”或“这只手表的造型真是独特啊！”

(4) 赞美某人的小孩：“他们真聪明！”或“他们真是太棒了！我希望我也能有这样好的孩子。”

(5) 赞美某人的新车：“从这辆车可以看出现代科技的进步真是神速啊！您一定花了不少钱买这辆车吧！”或“能拥有如此完美的车，您真是与众不同！”

(二) 常用的赞美客户的语言

很少会有人因为受到赞美而感到不高兴，除非是那种居心不良的赞美。因为每个人都希望赢得别人的尊敬和重视，都希望自己在别人眼里是一个积极、正面的形象。

“您的房子真漂亮，院子也收拾得非常整齐，您真是一个有品位的人。”听到别人这么说，任何人都会觉得很高兴。同样地，如果推销员能够这样善意地承认并称赞客户的优点，在令客户感到愉悦之余，客户通常就会做出购买决定。

那么，赞美的话究竟该怎么去说呢？

1. 称赞个人的常用话语

(1) “听说您有位漂亮的太太，真令人羡慕。”

(2) “令爱很像您太太，长大后也一定是个大美人。”

(3) “您的孩子长得真像您，将来必定是社会精英。”

(4) “您住的地方真不错，您的眼光与品位确实与众不同。”

(5) “你们的院子很漂亮，是先生您自己设计的吗？您工作那么忙碌又能将庭院收拾得井井有条，真是令人钦佩。”

(6) “你们的邻居都很羡慕你们夫妇情深，请问你们保持良好夫妻感情的秘诀是什么呢？”

2. 称赞管理人员的常用话语

(1) “总经理，您取得了这么大的成就，工作还这么努力，对我而言是个好的榜样呀！”

(2) “董事长，这个行业的人都说您是采购领域的专家。”

(3) “先生，您的眼光真高，令我非常钦佩。”

(4) “久仰大名，今天能够见到您，我感到非常荣幸。”

(5) “先生，您的品位不凡，在本行业里拥有很好的口碑。”

(6) “处长先生，我很冒昧地请问您，这条领带是您自己选的吗？搭配得很不错啊！”

3. 称赞公司的常用话语

(1) “贵公司是家颇有历史的公司，外界对贵公司的评价也很高。”

(2) “贵公司的规模在行业里高居榜首，很多同行都说要迎头赶上，但结果不仅没赶上，反而和你们的距离越来越远。”

(3) “贵公司是本地区高收益企业的典型代表，大家对贵公司的评价都非常好。”

(4) “很多客户暗地里都说贵公司的竞争能力太强了，他们根本无法与你们抗衡。”

(5) “听说贵公司的商品管理在这个行业里没有一家公司能比得上，不仅商品周转率高，而且不良库存为零，真是令人羡慕啊！”

(三) 借他人之口赞美客户

案例分享

陈小姐的赞美

陈小姐：“李经理，您早，今天的天气太好了！”

李经理：“是啊！空气很好，北京的冬天像这个样子的可不多见呀！”

陈小姐：“是啊！李经理，您正在做重要工作，这时打扰您，真不好意思。早听说您为人正直，很讲信誉，大家都很敬慕您。”

李经理："我们经销部的宗旨是'顾客是上帝'，因此，恪守信誉是我们的第一目标。"
陈小姐："我们真应该向贵方多学习，多请教。"

就这样，陈小姐在寒暄与间接的赞美中，打开了客户的话匣子，也成功地消除了顾客的戒备与抵触心理，为下一步的推销工作打下了良好的基础。

有时候，借用第三者的口吻去赞美客户会更有说服力。比如说："怪不得小李说您越来越漂亮了，刚开始我还不信，这回一见可真让我信服了。"这样的赞美对客户来说就比直接讲"您真是越来越漂亮了"的效果要好得多，而且还可以避免恭维、奉承之嫌，对方听了心里也会感觉更舒服。

间接地赞美客户通常能够获得比直接赞美客户更好的效果。在平时接触客户的过程中，推销员可以尝试多运用以下这些间接的赞美方式：

"您好，先生。今天早上，我听您的一位同事介绍说您在这一行里面有非常专业的知识，而且您对人特别友好，非常和蔼。"

"王先生，您好，我是您的老朋友张先生介绍来的，据说王先生年轻有为，不到 30 岁就开了好几家公司，手下的员工有好几千人，特别是王先生在事业成功的同时，也非常关心员工的福利。今天我来的目的就是向王先生介绍本公司的职工意外健康保险，我们现在就开始好吗？"

"您的经理上回跟我说，您的工作做得又快又好，让您办事，他最放心。"

"您的员工跟我说，您不但能干、有魄力，而且特别宽宏大量，跟您干是对了！"

"听朋友说您是位学识渊博且非常谦虚的人，果不其然。才听您说了几句话，我就感受到了您的人格魅力。"

(四) 赞美要把握分寸

渴望被别人真诚地赞美是每个人内心的一种基本需求与愿望，赞美对方是获得对方好感的有效方法。但是，赞美要把握分寸，要有技巧，否则会引起客户的反感。

1. 赞美要因人而异

人的素质有高低之分，年龄有长幼之序。因人而异，突出个性，有特点的赞美能比一般化的赞美收到更好的效果。

案例分享

出乎意料的赞美

推销员小张曾经拜访过一个客户，这个客户是一个很有消费潜力的客户，然而他脾气很怪，年纪虽然不大，却早已秃顶了，他很忌讳别人谈到他的头。客户的头发虽然梳得油光锃亮，但那却是他心中"隐隐的痛"。小张对准客户说："先生，我觉得您的发型真不错啊！"客户脸上已经有了不悦之色。小张接着说："我爸爸也是这样的头发，但怎么梳也梳不出你的效果啊。"客户哈哈大笑。

每个人都喜欢被赞美，推销员的赞美更要使客户感到愉快，在推销技巧中采用的赞美绝不是简单的“拍马屁”。一般来说，如何发现一个人真正值得赞美的地方也有一定的规律可循。比如说，对老年人，应该更多地赞美他辉煌的过去，赞美他“想当年”的业绩与雄风，同其交谈时，可多称赞他引以为豪的过去；对年轻人，不妨语气稍为夸张地赞扬他的创造才能和开拓精神；对年轻母亲，赞美她的小孩往往比直接赞美她本人更有效；对经商的人，可称赞他头脑灵活，生财有道；对有地位的干部，可称赞他为国为民，廉洁清正。当然这一切都要依据事实，切不可虚夸。

2. 学会间接地夸赞

有时，间接的夸赞能更好地打动人心。在与客户交流时，我们需要注意言辞和方式，避免给人误会或压迫感。对于已婚的女性客户，直接夸赞她的美貌可能会让她觉得不舒服或误解你的意图。相反，通过夸赞她的丈夫和孩子，可以表达对她整个家庭的认可和赞赏，既不容易引起误会，又能让她感到被关注和夸赞，这样更容易获得客户的接受和信任。事实上，大部分人都非常关心自己的家庭和亲人，如果我们能够在交流中注意到这一点，并适当地表达出赞赏和尊重，将会加深与客户的情感连接，建立更好的互动关系。间接夸赞也是一种聪明而有效的沟通技巧，能够在商业交流中带来更好的效果。

3. 赞美要真情实意

在与他人交往和销售过程中，真诚的赞美是非常重要的。虚假的赞美不仅不能引起对方的好感，还可能破坏信任关系。当我们赞美别人时，应该注重基于客观事实，并要发自内心。注意观察对方的特点和优势，然后真诚地表达出来。比如，在推销过程中，如果我们能够真诚地赞美客户在服饰、谈吐和举止方面的出众之处，客户会感到被理解和认可，从而更有可能接受我们的产品或服务。这样的赞美能够增强互动的亲近感和信任感，为进一步的合作奠定基础。

4. 赞美不能漫不经心

作为一名推销员，如果缺乏真诚和基于事实的赞美，客户很难相信我们的话语。事实上，信口开河的赞美只会让客户觉得我们不可信，甚至可能被误解为在讽刺他们。因此，针对每个客户的特点和需求，推销员应该选择其心爱的或引以为豪的事物进行赞美。通过这种方式，推销员可以表达出真诚的关注和兴趣，增加客户对自己的信任。此外，推销员还可以通过积极的态度和相关问题的提问来展示对客户的关注和真诚态度。

5. 赞美要具体

在与客户进行沟通和交流时，赞美是建立良好关系和增进信任的重要方式之一。而具体、真挚的赞美可以让对方感受到我们的关注和认可，进而增强彼此之间的亲近感。

只是简单地说“您工作得非常出色”或者“您是一位卓越的领导”等空泛的话语，并不能深入到对方的内心，不够具体也难以产生共鸣。因此，在赞美的时候，推销员应该从具体的事件或行为出发，用真实的语言表达对对方的赞赏。比如，可以称赞对方的工作成果、创新思维、团队合作等方面的表现，并且提供相关的细节和事例来支持自己的观点。

另外，赞美也需要注意适度和真诚。过度夸大、虚假的赞美可能会显得矫情，甚至失去客户的信任。因此，在赞美他人时，推销员应该保持真实和客观的态度，给予合理、恰当的赞美。

(五) 话中有话地赞美

案例分享

推销高手的赞美

有一位经理，开的汽车已经很久了，因为在创业年代艰苦奋斗惯了，所以现在成功了，怎么也舍不得换新车。像他这样的人是各汽车销售公司最好的潜在客户。但是，在很长一段时间里，都没有人能成功地向他出售一辆汽车。原因在于这些推销员总是这样说："您这辆车太破旧了，跟您的身份不符……""您这破车三天两头就要修理，修理费用得不少啊"等一类的话，让这位经理听了心里很不痛快。

后来，来了一位推销高手，他这样对经理说："您的车还能再用好几年，现在换了新车是有点可惜啊。不过，这辆车居然能够行驶12万公里，看来您开车的技术真是一流啊。"

推销员的话虽然含有汽车太旧的意思，但是表面上却是在夸赞这位经理，他的这番话真是说到经理心坎里了。可想而知，只要有需要，这位经理最后肯定会购买该推销员的汽车。

话中有话地赞美可以体现在很多方面，比如，若想要赞美一位单身女士漂亮，直接说"梁女士，您真是仙女下凡啊"，会让人感觉有吹捧的嫌疑。如果说"梁女士，您真漂亮啊"，就不如说"梁女士，您真有气质啊"。很多人都可能会说她漂亮，直接说漂亮会显得没有新意。而更加委婉的赞美方法是："梁女士，追您的男士应该很多吧？"

五、推销话术的人称用法

在推销实践中，人称用法可以潜移默化地改善推销员与顾客之间的关系。推销话术常用的人称用法主要需注意以下两点。

(一) 善用"我"代替"你"

如果用人称"你"，有时候会让客户感到有根手指指向自己。因此，改用"我"代替"你"，会有一种亲切感，举例如表8.2所示。

比如，"你的名字叫什么？"就不如改成"请问，我可以知道你的名字吗？""你必须……"就不如"我们要为你那样做，这是我们需要的"更能为人所接受。

表8.2 善用"我"代替"你"

序号	习惯用法	委婉表达
示例1	你错了，不是那样的	对不起，我没说清楚，但我想它运转的方式有些不同
示例2	如果你需要我的帮助，你必须……	我愿意帮助你，但首先我需要……
示例3	你做的不正确……	我得到了不同的结果。让我们一起来看看到底怎么回事
示例4	你没有弄明白，这次听好了	也许我说得不够清楚，请允许我再解释一遍

(二) 多说“我们”少说“我”

从人称的角度讲，第一人称“我”更容易把推销员与客户分开，从而形成某种角色的对立。而“我们”的说法无形之中将推销员与客户聚焦成为一个整体，因此，多说“我们”少说“我”可以更好地拉近与客户之间的关系。

案例分享

用言语唤起客户的关注

“乔治，您现在事业顺利，身体状况良好，但是，虽然我们不喜欢谈那些不吉利的事，可是万一您出现了什么意外，您的夫人怎么办？她能挑起生活的重担，把两个孩子抚养大吗？在大多数情况下，一家之主发生了意外，那整个家庭就会随即陷入困境。如果因没能按时交房屋贷款，银行又要求收回房屋，那么情况就会更加不可想象了。您想想看，到那时候该怎么办？”

“我已经买了一份 3 万元的保险呀，我想这大概够了吧！”

“这张保单当然能够起一定的作用，可是您想想看，您现在的房屋贷款是 3 万元，所以这张保单保的不过是 1 年的贷款数额。如果还有一大笔其他费用要支付的话，您又该怎么办？这些钱加起来至少也要 5 万元吧，需要花钱的地方真是太多了！”

“那我老婆可以去找工作做呀！”

“找工作哪有那么容易呢？”

“也有道理，不过她以前也有过工作经验，那个时候她教书……噢！不过教书这个行业已经不比从前啦，她可能还要去补修教育学分，可是现在教师的缺额又这么少，要找个职位还真不容易！”

“就算她能找到一份工作，您想想看，薪水够 3 个人的开销吗？假如她运气不错，找到一个薪水有您现在收入一半的工作，扣掉税金，除去银行贷款后，也将所剩无几；再说她还要交付社会福利金，还得请个保姆来照顾小孩，这一切费用都要从她的收入中扣除，那最终还能剩下多少钱用于家用呢？”

“我可以想象这些问题，即使她能找到工作，日子也不会好过的。”

“这就是为什么我认为您应该再买一份保险。这样即使您遭遇不幸，至少在 5 年内您太太还能保持目前的生活水准。这样她就有一段缓冲时间，可以根据自己的具体情况去学一些东西，然后在没有太大压力的情况下，找一份比较理想的工作；而且在您的两个孩子还需要母亲照顾的时候，她也能多照顾他们一些。”

“那您看我是不是应该将保额提高到 10 万元呢？”

“这样当然会好一些！不过我们还忽略了一些问题，您再想想孩子们的教育问题，这要花多少钱呢？”

“一个孩子 1 年 1 万元吧，也许还不够呢，现在大学的学费越来越高了。”

“所以应该把这些款项都加在一起，才是最适合您的保额。您自己就可以算得出来：每年需要付 3 万元的房屋贷款，另外 2 万元作为孩子的教育费用，如果想在 5 年之内让太太和孩子继续享受目前的生活水准，至少需要 10 万元，再加上意外性费用 5 万元，这样您应该要保 20 万元的保额，扣掉您已经保了 3 万元，您需要再保 17 万元。”

“这可不是个小数目啊！”

“可是，乔治，假如您希望您的家庭能够不被一次意外摧毁而失去现有的生活水准，您就需要这样的保额。想想看，还有什么其他的方法能让家庭得到这样的保障呢？”

乔治是一位 35 岁的塑胶业从业者，已婚，有两个孩子，年收入在 6 万元左右，而且每年都要付一笔总数约为 3 万元的房屋抵押贷款，已有一份 3 万元的保险，但就是在这种情况下，保险业务员麦克还是成功地向他推销了一份价值 17 万元的保险。

当然，也可能有些人不为所动，他们会说：“这种计算未来的做法根本就是多余的。你看我还不是从半工半读奋斗到今天，我的孩子也可以这样做啊。妻子出去做事有什么不好，这对她也是个很好的机会啊。在这个世界上，根本没有什么不劳而获的事情，我自己是这样苦过来的，别人也一样可以苦过来。”说出这种话的人，通常都是以自我为中心的，他需要别人肯定他的成就，而他对自己的关心也超过他对家庭的关心。于是，你就可以跟他谈些个人生活里的实质好处，例如，个人的积蓄、退休后的生活问题，以及万一失业时的收入问题等。

针对这种情况，推销员可以这样说：“您已经辛苦了大半辈子，目前的成就和生活水准，事实上正是您辛苦的代价。依我的浅见，最重要的是要在退休以后，还能够保持这样的生活水准。假如买了这种保险，当您 65 岁的时候，1 年可以从保险公司那里享受 1.8 万元的红利，而目前 1 年只需要付 3400 元的保费。”

这样，就可以把重点从家人身上移到保险人自己身上。对方也觉得这样做会让自己的余生过得更好些，因而就会接受你的建议。

六、使用选择性问题

有一些推销员习惯于用询问式的话术问消费者意向，这样的做法容易落入顾客的框架中，且容易遭到顾客拒绝并引起其不必要的疑虑。使用选择性问题则可以有效减少甚至避免遭到顾客的拒绝。

通常情况下，一个人的注意力是有限的。在同一时间内，多数人只能专注在一件事上。因此，当推销员询问顾客选 A 还是选 B 的时候，由于注意力的限制，顾客往往会落入选择的框架中，而忘记原本可以有的另一个选项——拒绝。因此，运用选择性问题引导顾客落入选择性框架中，对推销员是非常有利的。

下面列举几个常见的选择性问题：

情形一：“先生，请问您是点一杯咖啡，还是牛奶？很多客人都反映我们这里的摩卡咖啡比较不错。”(第一句话是选择性问句，让消费者进入咖啡还是牛奶的二选一中，而容易忘记拒绝。为了加强顾客进入推销员设计的选择性框架，第二句话使用了“借人之口法”，进一步提示顾客进行选择而非拒绝。)

情形二：“先生，您觉得我们这个产品怎么样？”(这样的问句会让顾客产生思考，而在大多数情形中，顾客是没有考虑清楚的。顾客很容易会回复：“我回去再考虑考虑。”从而这一单生意也就泡汤了。)

正确问句：“先生，请问您喜欢 A 款产品多一点，还是喜欢 B 款产品多一些呢？”

情形三：当顾客看中了某款产品后，“您对我们这款产品还有什么疑虑的地方吗？”(这样的问句容易让顾客去寻找很多他不喜欢的地方。)

正确问句：“您选中这款产品真是太有眼光了，这款产品是我们客户满意率最高的一款。您看是怎么付款，是用银行卡，还是微信、支付宝支付？”(不给顾客讲疑虑的机会，让顾客进入选择的框架中，并且建议顾客成交。)

第二节　推销洽谈方式

推销是“谈”的生意，因此用语言来说服是推销洽谈的重要手段，但是语言并不是传递信息的唯一手段，文字、动画、图片、产品样品等非语言手段也可以传递信息，也容易被顾客接受。以下是两种常用的推销洽谈方法。

一、讲解法

讲解法是推销员在销售过程中使用的一种推销技巧，旨在通过运用不同的语言提示和说服技巧，引起顾客的购买动机，进而促使顾客做出购买决策和产生购买行为。讲解法又可以分为直接讲解法、间接讲解法、积极讲解法和消极讲解法四种。

(一) 直接讲解法

直接讲解法的核心思想是在接近顾客之后立即介绍产品，并详细说明产品的优点和特征，最终促使顾客进行购买。这种方法的优势在于节省时间、加快洽谈速度，非常符合现代人生活节奏的需求，因此被广泛应用。

运用直接讲解法时需要注意：

(1) 针对顾客需求。在进行讲解时，要充分了解顾客的需求，并抓住重点。不同的顾客可能对同一问题有不同的关注点，因此需要根据顾客的需求进行有针对性的讲解，确保给予他们所需要的信息。

(2) 与顾客水平相适应。讲解内容应该与顾客的水平相适应，易于顾客理解。这就要求我们在讲解过程中使用顾客能够理解的语言和方式，避免使用专业术语或复杂的说法，尽量采用通俗易懂的语言来进行讲解。

(3) 简明扼要。直接讲解法的特点是简洁明了。在讲解过程中要注意言之有物，避免冗长的叙述或细枝末节的内容。只保留与主题相关的核心信息，以便顾客更好地理解和接受。

(二) 间接讲解法

间接讲解法的主要目的是通过间接手段来说服顾客购买产品。与直接向顾客描述产品特点和优势不同，间接讲解法采用更为巧妙的方式。首先，推销员会虚构一个顾客或者泛指一般化的顾客，以此作为推销的出发点。这样可以降低顾客的警惕性，使他们更容易接受产品的介绍。推销员会生动地描绘一个与顾客需求相似的人，引起顾客的共鸣，并通过这样的方式来引起他们对产品的兴趣。接下来，推销员会详细介绍产品的特点和功能，并提供相关的案例或证据来彰显产品的好处。这样可以增加顾客对产品的认可度，进一步提升他们的购买意愿。最后，在顾客已经对产品产生认可的情况下，推销员会转而强调产品如何符合顾客的利益，并建议顾客购买。这种方法避免了一开始就给顾客施加压力的不妥做法，让他们在较为放松的氛围中进行洽谈。当顾客听到产品不仅可满足他们的需求，还可带来实际利益时，他们更容易接受推销员的建议，减少对推销行为的抵触。

例如，在日本核污水排海事件之后，推销员可以给客户开展关于防辐射重要性的讲座，在讲座结束后，一些防辐射产品也就卖出去了。

运用间接讲解法时需要注意：

(1) 不要一开始就宣传推销产品。顾客往往对过于直接的推销宣传持有防备心态，容易产生抵触情绪。因此，在进行间接讲解时，应该通过提供有价值的信息或解决问题的方法来吸引顾客的兴趣，从而建立起良好的信任关系。

(2) 时刻注意控制推销洽谈的过程和内容，确保洽谈内容不要偏离主题。在进行讲解的过程中，需要明确自己的目标，并始终围绕这个目标进行讲解。避免在洽谈过程中出现无关的话题或信息，以免影响顾客的理解和接受程度。

(3) 注意让顾客参与讲解过程，尽量引导顾客提问或分享自己的看法。这样不仅可以增加顾客的参与感，还有助于更好地理解顾客的需求和关注点，从而有针对性地进行讲解和推销。

(三) 积极讲解法

积极讲解法是使用积极的语言和其他积极的方式来劝说顾客购买产品的推销方法。积极讲解法的目的是建立积极的氛围，激发顾客的兴趣，并增强顾客对产品的认同感。

运用积极讲解法的时候需要注意：

(1) 引起顾客的注意。可以采用提示的方式引起顾客的注意，例如，通过问问题或提供相关信息来引发他们的兴趣。

(2) 与顾客一起讨论。在进行讲解时，与顾客一起参与讨论，鼓励他们表达自己的看法和意见。这样可以增强他们的参与感，并且让他们感到被尊重和重视。

(3) 给予正面和积极的回应。在给予回应时，要保持积极和正面的态度。赞扬顾客的观点、努力和贡献，并给予鼓励和支持，以激发他们的积极性和动力。

(4) 实事求是。在使用语言和词句时，要坚持实事求是的原则。避免夸大、误导或虚假的陈述，确保所提供的信息真实可靠，并且与事实相符。

(5) 强调解决方案。重点强调解决问题的方法和方案，让顾客明确知道如何解决困扰他们的问题；提供清晰的指导和建议，帮助他们更好地理解和应对困难。

(四) 消极讲解法

消极讲解法的特点是利用消极、不愉快的方式来劝说顾客购买推销产品。该方法采用“请将不如激将”的策略，有意使用一些否定词汇，例如“不是”“不对”“没必要”等，这些词汇通常会触动顾客的敏感点，并以反向的方式来进行推销。消极讲解法常常可以在固执、难说服的顾客身上产生意想不到的效果。这是因为当顾客面对消极的讲解和否定观点时，可能会产生一种相反的情绪和反应，从而开始主动思考、辩论或者反驳。在这个过程中，顾客可能会深入思考产品的优点和好处，并最终被说服购买推销产品。

然而，与其他三种推销方法相比，消极讲解法更加难以驾驭和掌握。这是因为消极讲解法的运用需要推销员有丰富的经验和技巧，并且需要灵活地根据顾客的反应做出相应的调整。如果不正确地使用消极讲解法，可能会引起顾客的反感和拒绝，从而适得其反。

案例分享

消极讲解法巧推蛋糕

某知名主播在昆山的一个蛋糕店问店员蛋糕为什么那么贵(小小一块蛋糕六七百元)，该主播说："这么贵的蛋糕，有人买吗？"

店员问："先生，你从哪里来啊？"

主播自豪地说："上海。"

店员回复："哦，那就可以理解了。上海的人均 GDP 是 2 万多元，我们昆山 3 万多元，所以可能你会觉得有点贵。这样，先生，旁边的蛋糕只要 18 元一个，你看要不要来一个？"

主播直接问："小妹妹，你这里最贵的蛋糕多少钱？"

店员说："我们这里最贵的就是这两个了，700 多一个，两个 1500。"

主播直接下单了。

店员说："其实上海也挺好的。"

运用消极讲解法的时候需要注意：

(1) 明确推销对象。消极讲解法适用于自尊心强、自高自大、固执、喜欢唱反调的顾客。传统的积极推销方法对于这类顾客不太有效，因此可以尝试采用消极讲解法。然而，对于反应迟钝、吝啬的顾客，并不适合使用消极讲解法，而且，对于敏感类的客户，这种方法可能引发他们的反感，因此要注意区分不同类型的客户。

(2) 刺激要适度。在运用消极讲解法时，需要注意语言适度。要揭示产品或服务的缺点，但不要冒犯顾客或得罪顾客，要打破顾客的心理平衡，但也要给他们留有余地，让他们能够接受并考虑你提供的解决方案。

(3) 针对主要购买动机。在使用消极讲解法后，应立即提供一个满意的解决方案，以促进成交。消极讲解法的目的是引起顾客的兴趣和关注，激发他们的购买欲望。但这只是第一步，后续需要及时提供相关的解决方案或优势，并与顾客沟通讨论他们的主要购买动机，以便更好地满足他们的需求。

二、演示法

演示法是推销员通过操作示范或者演示的方式给顾客介绍产品的一种推销方法。相比于其他方法，演示法更加形象、生动，可以直观地向顾客展示商品的各个方面情况。推销员可以利用促销的小工具，如图片和视频来吸引顾客，激发他们的注意和兴趣，从而引发顾客的购买欲望。演示法可以分为产品演示法、文字与图片演示法、证明演示法和多媒体演示法四种。

(一) 产品演示法

产品演示法是通过直接向顾客展示、操作表演等方式，来让顾客亲身体验并了解产品性能、特色等的推销方法。这种方法通过给顾客提供真实的推销情景，激发他们的兴趣和购买欲望。产品演示法与口头解释相比，更加直观且能够同时刺激顾客的多个感官，如视觉、听觉、嗅觉、味觉、触觉等。通过展示产品的外观、功能、操作过程以及与其他产品的对比等，能够让顾客更加直观地感受到产品的优点和特点。

这种推销方法的好处在于，能够让顾客更加全面地了解产品，并且由于亲身体验，顾客对产品的印象更加深刻，而且产品演示法所传递的信息更加真实可信，消除了顾客因为缺乏信息而产生的疑虑和担忧。在进行产品演示时，推销员需要具备专业知识和技巧，能够清晰地表达产品的特点和优势，并能够灵活应对顾客的提问和需求。同时，演示过程中需要注意展示产品的亮点和关键功能，以吸引和引导顾客的注意力，并及时解决他们可能出现的疑问和困惑。

具体的产品演示技巧包括：

(1) 对比。拿推销的产品与老产品对比，凡是能说明推销品优良性能、先进功能等优点的都可以拿来进行对比。

(2) 体验。让顾客试用(试穿、试戴、试听……)。

(3) 表演。让产品处于使用或运动的状态。

(4) 展示。把产品的结构、原材料、功能等展示在顾客面前。

(5) 写画。在谈及商品外形的时候，可以用纸笔进行写画的描述。

(6) 参观。让顾客参观生产现场，以加深其对产品的印象。

运用产品演示法的时候需要注意：

(1) 明确示范的目的。在进行产品示范之前，推销员应该清楚地知道自己想要证实的是什么事实和达到什么目的。比如，希望顾客了解产品的某个功能或者验证产品的某个性能指标等。

(2) 选择适当的方式、内容和地点。根据产品的特点和顾客的需求，选择合适的演示方式和内容。比如，如果产品是电子设备，可以通过演示其各项功能来展示产品的优点；如果产品是食品，可以通过美味的试吃品来展现其口感。

(3) 选择适当时机演示产品。根据洽谈的进展情况，选择演示产品的适当时机。比如，在了解顾客需求并且顾客产生兴趣之后，可以进行演示，以加强顾客对产品的认知和体验。

(4) 鼓励顾客参与演示。为了增加顾客的认同感和占有欲，推销员可以鼓励顾客参与演示过程，让顾客亲自操作或者使用产品，使其能够亲身体验产品的优点和特点。

(5) 突出重点。在演示过程中，要善于突出产品的主要特征和优点，避免时间过长或者内容太烦琐，集中展示产品最核心的卖点。

(6) 注意演示的步骤与艺术。在进行产品演示时，最好同时进行讲解，将演示与讲解相结合。注意营造良好的演示氛围和情景效应，让顾客能够更好地了解和感受产品的优势。

(二) 文字与图片演示法

文字与图片演示法是通过展示相关的文字和图片资料来称赞和介绍产品，以劝说顾客购买的推销方法。当无法直接展示产品或不方便展示时，推销员可以使用精心制作和印刷精美的图片来突出产品的特点，增强说服力和感染力。这种方法的优点在于，文字和图片可以更具体地传达产品的特点和优势，使顾客能够直观地了解产品的外观、功能和效果。通过精心设计的图片，推销员可以突出产品的各个亮点，并使用准确的文字描述来表达产品的独特之处。

文字与图片演示法还可以借助视觉效果和色彩的吸引力，引起顾客的兴趣和好奇心，从而增加他们对产品的关注度和认可度。此外，品质上乘的印刷物件也能给顾客留下良好的印象，增加对产品品质的信任度。要成功运用文字与图片演示法，推销员应该根据产品的特点选择恰当的文字和图片素材，并将它们有机地结合起来，形成令人印象深刻的演示文稿。同时，推销员还需要具备良好的表达能力和销售技巧，以便能够清晰地传达产品的价值和优势，并激发顾客的购买欲望。

运用文字与图片演示法时需要注意：

(1) 确保资料整理和展示准备工作。在做任何演示之前，首先要进行充分的资料整理和准备工作。确定要展示的重点信息，并选择合适的文字和图片来展示产品的优点；其次可以使用画线、放大、特写等方式来突出重点文字，对图片进行色调、结构、比例等方面的调整来营造更好的视觉效果。

(2) 考虑目标市场的顾客特点。在选择文字和图片时，要考虑目标市场顾客的特点和偏好。比如，如果目标市场是年轻人群体，可以选择彩照的模特和情景环境来吸引他们的注意；如果是专业人士，可以选取一些专业性文字说明和相关的图片来展示产品的专业性。

(3) 一致性和清晰性。文字和图片的选择应该与产品的整体风格和品牌形象一致。同时，在展示文字和图片时，要注意确保清晰易读，避免模糊、倾斜或过小的问题。

(4) 简洁明了。文字和图片的展示应该尽量简洁明了，突出产品的核心卖点和关键信息。避免文字过多、图片杂乱无章，让观众感到困惑或无法理解。

(5) 注意版权和合规性。在使用文字和图片时，要确保没有侵犯他人的版权或知识产权，同时也要确保符合相关法律法规的要求。如果需要使用他人的文字或图片，要先获得合法授权或使用合规的素材。

(三) 证明演示法

证明演示法是一种通过演示一系列有关证明资料来说服顾客购买推销品的方法。顾客在面临购买决策时往往存在犹豫和担忧，因此推销员需要借助证明材料来获得顾客的信任和认可。这些证明材料可以是各种形式的文件和资料，如产品的生产许可证、产品质量鉴定文件、产品技术说明资料、报纸杂志中关于产品和推销员的文章和图片、顾客的表扬信、对产品消费前后的对比资料和追踪调查统计资料、市场调查报告、专家内行证词、权威机构的评价、获奖证书、专营证书、产品专利许可证等。这些证明材料可以通过来自第三方的肯定增加顾客对产品的信心和满意度。

证明演示法几乎是所有推销洽谈中都要使用的一种面谈方法，因为它能够提供客观、有力的证据来支持推销员的陈述，并帮助消除顾客的疑虑和担忧。通过展示这些证明材料，推销员能够向顾客展现产品的优势、品质和价值，同时也增加了产品的可信度和可靠性。证明演示法的使用可以提高销售效果，增加顾客的购买意愿，并建立长期的合作关系。

运用证明演示法时需要注意：

(1) 准备针对性的证明材料。在推销洽谈之前，需要事先准备好相应的证明材料，以便在演示过程中使用。这些材料应当具体、有针对性，能够清晰地展示产品或服务的优势、特点和效果。例如，可以准备一些案例分析、用户反馈或实际数据等，来支持所述的观点和价值。

(2) 保证证明材料真实有效。在准备证明材料时，必须确保这些材料的真实性和有效性，避免使用虚假或夸大其词的材料。在现实中，诚信和可信度对于建立商业关系至关重要，如果证明材料失实，不仅会丧失客户的信任，也可能产生法律责任。

(3) 选择具有权威性的证明材料。为了增加证明材料的可信度和说服力，最好选择具有权威性和专业性的材料。例如，可以引用知名媒体报道、专家评价、公司的认证资质等，以展示产品或服务的价值和可靠性。

(四) 多媒体演示法

随着科技的不断发展，多媒体演示法已成为推销产品和服务的一种常用方法。通过使用短视频、电影、幻灯片和虚拟现实等多媒体手段，推销员可以以更生动、直观的方式向顾客展示产品形象和特点。多媒体演示法能够调动顾客各种感官，特别是视觉和听觉，让顾客更好地理解和接受推销内容。用图像、音频、视频等方式呈现产品信息，可以使顾客对产品有更直观的印象，提高他们对产品的认知和兴趣。此外，多媒体演示法还可以通过生动活泼的形式和氛围来增加推销活动的感染力。通过精心设计的演示内容和吸引人的效果，推销员能够吸引顾客的注意力，并在展示过程中激发他们的兴趣和购买欲望。这种交互性和参与感可以帮助推销员建立良好的顾客关系，增加销售机会。

使用多媒体演示法推销时需要注意：

(1) 准备工作。在进行多媒体演示之前，需要充分准备。包括了解目标客户的需求和偏好、确定演示内容和顺序、准备相应的素材和设备等。确保一切都准备就绪，以避免出现意外情况或演示不流畅。

(2) 展示产品特征和功能。多媒体演示可以通过图像、视频、音频等形式展示产品的各方面特征和功能。为了吸引客户的注意力并激发其购买兴趣，演示中应重点突出产品的独特性和优势，清晰且具体地呈现给客户。

(3) 虚拟现实技术。如果有条件，尽量使用虚拟现实技术进行多媒体演示。虚拟现实技术能够以三维的方式呈现产品，使客户获得身临其境的感觉，增加参与度和体验感。相比之下，短视频和电影也是很好的选择，可以呈现更加连贯和流畅的视觉效果。而传统的幻灯片演示则相对较为单一和平面化，容易引起客户的审美疲劳。

第三节　推销洽谈技巧

同样做推销，有的人可以成为优秀的业务员，而有的人却很难出业绩，究其原因，主要在于推销员是否拥有足够用、贴近实际且符合顾客要求的推销洽谈技巧。

案例导入

为什么只有狄仁杰能够成功？

一代女皇武则天在晚年的时候，大封武氏子侄，她的侄子武承嗣甚至一度出任宰相，操控了朝政大权，大臣有了功劳也赐给武姓人，而不是李姓人。她还把自己的故乡文水县改为武兴县，从这些迹象上来看，武则天有把皇位传给武姓的侄子的意思。眼看着武承嗣逐渐得势，朝中的大臣们很是不满，许多人更是提出了激烈的反对，这让武则天矛盾至极。

一日，武则天试探性地询问狄仁杰，自己百年之后，应该是立武姓还是李姓。狄仁杰略微思考后说，陛下，如果把皇位传给您的侄子，那么，在您百年之后，未来储君去祭祀，应该是把他自己的爹娘供奉到祖庙，还是您这个姑妈呢?

武则天听罢哈哈大笑，于是不久就宣布将首都迁回长安，并且宣召召回自己的儿子李显，不久后即将李显立为皇储。

在上述狄仁杰劝说女皇帝立储君的案例中，众多大臣的劝说均没有效果，仅仅是增添了女皇的烦恼而已，为什么狄仁杰的劝说会成功呢？

从武则天矛盾至极的状态已经可以看到女皇帝的矛盾心理了，她本人也发现立储的困难。如果立自己的娘家人武氏为储君，有很多大臣反对，或许会引发朝堂的混乱局势；而若立自己的儿子李显为储君，自己的这一段武周王朝在历史上又该是个什么地位？百年之后，自己这个女皇帝又该是一个什么角色呢？

狄仁杰并没有正面回答女皇的这些疑惑，他只是客观地分析“女皇百年之后谁会将她供奉进祖庙”这个武则天最为关注的问题的走向。若他只是一个劲地像其他大臣一样劝说女皇“李唐才是正统”，这无疑会增加武则天的反感。狄公站在女皇角度分析利弊，很快获得了女皇的共鸣，因此他的劝说也就非常顺利了。

从狄仁杰劝说武则天的例子中可以看出，同样的劝说，同样的目的，不同的劝说手段往往会产生完全不同的效果，这进一步说明了推销洽谈技巧的重要性。

推销洽谈的技巧就好比武功招式，在初学的时候，一招一式的掌握都非常重要。而当推销员的销售经验足够多，就可以自行将各种推销的招式融会贯通，从而达到“无招胜有招”的境界，这也应该是每一位推销员所追求的最终目标。

根据众多的产品推销实践，可以依据单笔交易金额的大小，以及对推销活动影响的大小将顾客划分为普通顾客和高端顾客。推销洽谈应该根据不同的顾客，采取不同的推销洽谈技巧，从这个意义上讲，普通顾客的推销技巧与高端顾客是大为不同的。

我们先看推销员面对普通顾客时的推销技巧。

一、普通顾客的推销技巧

通常情况下，普通顾客多为个体顾客，其单笔交易的金额通常不是特别大，顾客的购买决策需要考虑的情形较为简单。推销员向普通顾客推销时应注意以下几方面。

(一) 多问背景性问题

案例分享

三个卖苹果的

一位老大娘走到一个苹果摊位前，问苹果怎么样。摊主非常自信地说：“我的苹果又大又甜。”

老大娘说："哦，这样啊，那我不想买了。"老大娘就走了。

老大娘走到第二个苹果摊位前，这个摊主问大娘："您想要什么样的苹果呢？"

大娘说："我想要又大又酸的苹果。"

第二个摊主说："这个就是。"大娘于是称了一斤苹果离开了。

老大娘走到第三个摊位的时候，她又问了："你们这儿的苹果怎么样？"

摊主很热情地说："大娘，我们这儿的苹果品种很多，您想要哪种？"

大娘说："我想要又大又酸的苹果。"

摊主问："大娘，别人都喜欢又大又甜的苹果，您为什么喜欢又大又酸的苹果呢？"

大娘说："因为我儿媳妇怀孕了，她想吃酸苹果。"

摊主说："哦，大娘，原来您儿媳妇怀孕了，恭喜您啊，那您的儿媳妇肯定要生个大胖孙子了。"

大娘一听，很高兴，又称了两斤苹果。

摊主补充道："其实您儿媳妇怀孕以后，除了想吃酸苹果，也需要补充很多的维生素C，您看这个橘子也是酸甜酸甜的，它含很丰富的维生素C。"

大娘很高兴，于是又买了很多的橘子。

摊主给大娘递过去一个名片说："大娘，其实您儿媳妇怀孕了，您要照顾她也挺不容易的，我这儿离您家也不远，如果下次您再想买水果，又没时间过来的话，您打个电话就好了，我帮您把水果送过去。"

在具体的推销洽谈实践中，有两种常见的问题，一种是产品性问题，还有一种是背景性问题。产品性问题是关于产品的性能、品牌、质量等与产品相关的问题；而背景性问题的关注点并没有聚焦到产品本身，它更多地关注谁使用产品、怎么使用产品，以及使用产品的情形是怎样的。

在产品功能、产品质量、产品价格等方面，再精通的顾客也没有推销员熟悉。因此，很多顾客天然会对推销员产生一种防备心理，感觉对方是要赚自己的钱，更有敏感多疑的客户会认为，推销员要坑骗自己。推销员与顾客之间天然的距离和不信任感会增加推销洽谈的难度。在这个时候，如果继续站在推销员角度去询问顾客与产品相关的问题，会大大增加顾客的顾虑与反感，从而不利于推销的成交。另外，很多人都习惯"货比三家"，推销员若继续选择传统的"产品性问题"，仅仅是增加顾客对产品相关性能和价格的了解，顾客很有可能随即转向第二家或者第三家店铺去继续问询，从而造成客户的流失。同时，由于顾客对产品陌生与不了解，单纯的"产品性问题"只能增加顾客的不适与不安全感。顾客能做的，只能是从更多渠道了解产品相关信息，从而推迟商品的购买行为。

案例分享

抽油烟机应该如何推销？

李明购买了新房，需要采购抽油烟机，于是他走向某商城去寻找合适的产品。

李明来到第一家抽油烟机店铺，向推销员甲问询抽油烟机的相关问题。

推销员甲问道："您好，请问您想要购买哪种品牌的抽油烟机？"

李明挠了挠头，说道："我先看看，或者你们有没有什么推荐的？"

推销员甲说："××牌的抽油烟机比较好，我给您推荐这款，它的优点是大吸力，并且还可以侧吸油烟。"

"这款抽油烟机多少钱呢？"李明问道。

推销员甲回答："今天打8折优惠呢，现在只要799元。"

李明很快地回复道："好的，我再看看哈。"

"这是我的名片，有问题随时联系我。"推销员甲一边递过名片，一边说道。

李明来到另一家店铺，推销员乙热情地接待他，并问道："先生您好，请问您家里是您做饭多呢，还是您太太做饭比较多？"

李明回复道："我太太做饭比较多。"

推销员乙接着问："您家里是开放性厨房，还是封闭式厨房呢？"

李明回复道："开放式厨房。"

推销员乙继续说："方便问一下您太太的大致身高吗？"

李明回复道："我太太一米六四。"

"您家平常炒菜多，还是蒸煮更多呢？"推销员乙继续问道。

李明回复："炒菜多。"

推销员乙接着说："根据先生您家里的情况，开放式厨房，而且炒菜多，给您推荐吸力较强的款式，同时您太太炒菜，给您推荐的这款在炒菜的时候不会碰到头。"

在李明购买抽油烟机的时候，推销员甲和推销员乙采用了完全不同的推销话术。其中，推销员甲立足于产品性问题，他分别介绍了抽油烟机的功能和价格，同时，推销员甲在整个推销过程中的角色过于被动，全程在回答李明的问题，因此，最后只能成为"货比三家的第一家"。

而推销员乙问的都是背景性问题，他了解了李明家里是谁做饭，做饭的人身高多少，可以确定抽油烟机的高度；了解了是开放式厨房还是封闭式厨房，还有李明家炒菜的频率，进而可以确定抽油烟机的吸力。四个问题问下来，推销员乙已经可以给李明推荐量身定制的抽油烟机了，这样的推销，成功率将大大提升。

从某种角度讲，产品性问题更多地立足于卖家，而背景性问题则更多是站在客户角度问的。只有站在客户角度问问题，才更容易被客户所接受和理解。

(二) 站在客户角度讲话

案例分享

羽翼已成

刘邦建立大汉王朝后，急需文臣安邦。他久闻"商山四皓"名望，屡次诏这四人入廷为官，但都遭到了拒绝。

高祖二年，刘邦将他和吕后所生的嫡长子刘盈立为太子，后来由于戚夫人受宠，再加上戚夫人所生刘如意更得他喜爱，因此以刘盈"仁弱，不类我"为由，要废黜刘盈，改立刘如意为太子。

古代在皇位传承上，一向遵从"有嫡立嫡，无嫡立长"的规制，若是皇帝想要废掉嫡长子，朝中大臣一定会认为有违祖制，坚决不答应。刘邦的良臣忠将也是这样做的，以御史大夫周昌为首，反对最为强烈。刘邦不解，觉得这是我的家事，你们这么激动干吗？

周昌平时是个结巴，不过由于废太子的事让他过于愤怒，说话倒也利落了，他说："臣口不能言，然臣期期知其不可！陛下欲废太子，臣期期不奉诏。"意思是说：你要是废了太子，我就辞官不干了。

尽管大臣们反对，但刘邦是皇帝，可以"一言九鼎"的刘邦根本听不进大臣们的劝诫。

在这个时候，有一个人是真的着急了，她就是刘邦的原配正室吕后。刘盈是吕后的儿子，在母凭子贵的古代，儿子身份地位高，母亲的地位也就牢固了，反之，则有可能被别人欺压。吕后于是派人问计于归隐多时的张良，张良如此这般地说了半天，吕后心里有底了。

翌日，在朝会上，刘邦看到刘盈身后站着四位白发老人，便惊问其故。得知这就是自己屡求不得的"商山四皓"时，大为震惊，于是问他们："多年来，我屡次征召你们入廷为官，你们都拒而不来。为何现在你们却要主动来追随太子呢？"

"商山四皓"说："陛下一向轻慢高士，动辄辱骂，臣等不愿自取其辱。如今听说太子仁厚孝顺，恭敬爱士，天下之人无不伸长脖子仰望着，期待为太子效死，所以臣等自愿前来。"

刘邦叹道："多欲易之，彼四人辅之。羽翼已成，难动也。"

张良建议让吕后请出"商山四皓"便是深谙刘邦心理，知道刘邦对四人敬重。因此，即使多人劝谏未果，请"商山四皓"这一招就让刘邦放弃了换太子的想法，这里最关键的就是懂刘邦心理，站在刘邦的角度去说服他。

从盖伦提出的四种气质类型(多血质、胆汁质、黏液质和抑郁质)到迈尔斯提出的MBTI16型人格类型，可以发现，人与人之间的差异是非常大的。

伊莎贝尔·迈尔斯指出，人与人之间之所以会出现沟通不畅的现象，是因为每个人惯用的心理工具存在差异，这种差异普遍且正常。在很多的推销实践中，商品的推销不顺利，往往不是商品本身的原因，更多的问题其实来自沟通不畅，而沟通不畅在很多时候是由于彼此不同的思维及表达方式导致的。

不同人格类型背后代表了完全不同的惯用心理工具，基于此，推销员只有先了解并理解不同的人格类型，以及他们背后的惯用心理工具，才能真正做到站在客户角度讲话。比如，面对NT人格类型的客户，应该更多地摆事实，讲依据，用产品的数据说话；面对NF人格类型顾客，应该注意产品的伦理特征以及对客户的关爱；面对SJ人格类型顾客，推销员应该注意理解与赞赏；面对SP人格类型客户，应该更多介绍产品创新和新奇的特点。

案例分享

中年妇女挑洗衣机

在一家电器商店里，一位年轻的推销员陪着一位中年妇女挑选洗衣机，几乎把店内所有的洗衣机都看过了，可是这位顾客还是没下定决心购买。

这时，推销员不急不躁地与这位中年妇女拉起了家常，了解到她家有一个瘫痪的婆婆，买洗衣机主要是为了洗被褥，既然如此，为什么这位顾客还是"举棋不定"呢？原来，这位顾客认为：多少年我靠手工搓洗也熬过来了，好不容易才积攒了这点钱，一下子花掉，值得吗？对此，推销员一面表示同情，一面在心里琢磨：看来，从洗衣机的角度谈洗衣机已经不能促成这笔交易了。

推销员："您的小孩上学了吗？"

顾客："再过两个月就上学了。"

推销员："那将来您就更忙了。既要做家务，又要辅导孩子学习，孩子初学阶段可要打好基础啊！我看这洗衣机值得买，既可以使您从繁重的家务中解放出来，又可以有更多时间来指导孩子的学习。"

这番话终于打动了那位中年妇女，她高高兴兴地把洗衣机买走了。

这个推销员的确很会说话，她能站在客户的立场上考虑，使对方感受到她的理解和体谅，所以这位中年妇女才下定决心购买洗衣机。

人在潜意识中，更偏向于喜欢理解自己和会站在自己角度说话的人。当你从顾客角度考虑和讲话，你和顾客的关系已经很近了，顾客更容易接受你作为朋友，而当顾客接受了你之后，他们购买你所推销的产品也就成为顺其自然的事情了。换言之，即使推销不成功，当顾客把你当朋友，以后再有购买需求时，他也会优先考虑你。

案例分享

商鞅三见秦孝公

商鞅本来复姓公孙，名鞅。因为后来在秦国被封商地，故又被人称作"商鞅"。

一直以来，"学成文武艺，货与帝王家"都是读书人所追求的人生抱负，商鞅也不外如是，在不被魏国重视之后，他只身来到秦国，希望可以有大的发展。

几经辗转，商鞅找到了秦孝公的宠臣景监引荐自己。

第一次见到秦孝公，商鞅还弄不清秦孝公的想法。他试探性地从三皇五帝讲起，还没说完，秦孝公已经打起了瞌睡。事后，秦孝公怒斥景监："你推荐的什么朋友，就知道夸夸其谈。"

事后，商鞅请求景监再次引荐，景监对他还有一丝丝期望，就又着力促成了第二次见面。

第二次见面，商鞅又从王道仁义讲起，秦孝公的兴致比前一次好点了，但还是觉得不着边际，哈欠连天。

景监忙不迭地埋怨商鞅，但经不住商鞅的再三请求，于是有了商鞅与秦孝公的第三次见面。

秦孝公第三次召见商鞅，商鞅劈头就问："当今天下四分五裂，您难道不想开疆拓土，成就霸业吗？"

秦孝公立刻精神了，他要的就是霸业！听着听着，他不由自主地向商鞅靠拢。最后，秦孝公不再矜持，激动地握住商鞅的手："请先生教我。"

(三) 寻找共同点切入话题

推销员在与客户沟通的过程中，找到和对方的共同点能够有效打破对方的心理防线和交谈障碍，促进推销的顺利进行。共同点不仅可以是兴趣爱好，也可以是工作、专业、家乡等。

1. 善于观察，寻找共同点

一个人的表情、穿着、谈吐等各方面都可以反映出他的心理状态和生活爱好，只要我们善于观察，善于发现，就可以从对方身上找到彼此的共同点。

案例分享

破局有技巧

某推销员走进了一家大型汽车修理厂，看到该修理厂停满了奔驰、宝马等名车，生意非常好。推销员上前一步说，自己是新加坡富美润滑油的总经理，问老板在哪里。经员工指引，推销员来到老板近前，老板也在修车。

推销员与老板打招呼后，老板问："你是干什么的？"

推销员回复："我是新加坡富美润滑油的。"

"富美？这是什么牌子啊，怎么从来没听说过？"老板有些质疑。

推销员："我们刚进入中国市场。"

修车厂老板："你别浪费我时间，我不会买你的产品的。你看我这儿的车，都是奔驰、宝马。你看我这儿的油，全是世界上最有名的油。你这种油，我怎么会要呢？快走吧，不要浪费我时间。"

推销员脸上有点挂不住，但还是镇定地说："老板，我想问您一个问题。"

修车厂老板："有什么问题赶紧问。"

推销员说："您的厂这么远，地段也不好，外表也破破烂烂，凭什么这么多奔驰、宝马来你这儿修？"

修车厂老板："你这说的，我这个厂好得很。我修得好，修得快，找我修车的排都排不过来。"

推销员："那老板，我想知道，您刚开始开业的时候，大家都知道您这么优秀吗？"

修车厂老板："当然不知道了。"

推销员："那您怎么弄到这个生意的呢？"

修车厂老板："我刚开业的时候，三天三夜都没有修到一台车，结果门口出了个车祸，人家要把车运走，我说我厂就在这里，我修不好不要钱，你给我个机会。结果我就从这台车开始，名声越来越好。"

推销员趁势说："老板，今天我们的油刚刚来到中国，我的服务、油的品质也都比别人家的好，但是没有人相信我说的话，您能给我一个机会吗？"

修车厂老板看了推销员三分钟，说："明天把油拿来吧。"

案例中的推销员即使在刚开始的时候吃了个闭门羹，但他并未放弃。他从修车厂发家的不易着手，说到自己的油刚从国外进入中国市场而没有名气的相似境遇，引发了修车厂老板的共鸣。在共鸣之下，一切的推销都顺理成章了。

因此，有些情形看似毫无机会，但只要善于观察和寻找与顾客之间的共同点，原本难以开展的推销也能变成合作的突破口。

当然，我们在察言观色的同时，最好还要与自己的兴趣爱好结合起来，这样才能在回话的时候更热情、更有话题，才能更好地打破沉寂的气氛。否则，即使我们发现了共同点，也会因无话可说而变得尴尬。

2. 打招呼开场，侦察共同点

推销员还可以通过打招呼的形式来开场，以此获得对方的信息，寻找共同点。例如，可以从对方的籍贯、身份、口音和言辞等方面开场，这样就可以打破沉寂的局面。

案例分享

火车上的沟通

火车上，王婷的旁边有一位女士正在打电话，与电话那头的人谈学校的事，于是王婷判断她可能是老师。等那位女士挂掉电话后，王婷询问对方："您是老师吗？"

女士回答："是的，我是小学老师，您也是老师？"

王婷回答说："我不是老师，但我的丈夫是老师。"

于是两人就"老师"这个共同点展开了交谈。

打招呼可以让我们从对方的语言中侦查出共同点，然后准确地找到回话的切入点，这样才能做到回话自如。

3. 分析谈话，探索共同点

在与他人交流时，留心对方的谈话内容并细心分析对方的语言是非常重要的。这样做可以帮助我们更好地理解对方的观点、需求和情感，并从中找到共同点，有助于我们更有效地回应对方。

(四) 把客户的错误揽到自己身上

作为一名推销员，责任心是至关重要的。客户在业务往来中可能会出现各种问题或者错误，有时候这些错误不仅仅是客户造成的，也可能是双方共同的责任。在这种情况下，推销员可以采取内归因的心态，将客户的错误归咎于自己，主动承担责任。这样做不仅能赢得客户的好感和信任，还体现了推销员的专业和责任感。

案例分享

究竟是谁的错？

有一位客户在购买了克鲁斯的一份意外伤害保险后，忘记取回一张非常重要的单据。而克鲁斯在交给这位客户一叠材料的时候，已经把所有的单据都帮他整理好了，可能是这位客户在克鲁斯的办公室看完之后遗漏了。于是，这张重要的单据就隐藏在克鲁斯存有一堆客户资料的文件夹里，之后被束之高阁了。

3 个月后的一天，这位客户在外出旅游时不慎摔伤，当他找到保险公司要求赔偿的时候，保险公司要他提供两张单据，否则不予赔偿，其中就有他遗忘的那张单据。

其实，在这种情况下，克鲁斯没有任何责任，他也不知道那张关键的单据就在他这里。当那位客户找到克鲁斯的时候，克鲁斯迅速地和他一起寻找那张单据，他帮助客户仔细地回忆了存放单据的每一个细节，但始终找不到单据的下落。

后来，克鲁斯把存放客户资料的文件夹取出来查找，当客户看到那张单据的时候，埋怨他不负责任，而克鲁斯却真诚地说："真对不起，是我工作的失误，没有提醒您取走这张重要的单据，差点就耽误了您的事情。”

经过了这件事情后，克鲁斯不但没有失去这位客户，反而赢得了他的信任。后来，他还为克鲁斯介绍了很多客户。

就这件事情本身而言，显然是客户的错，是客户自己忘记拿走那份重要的单据。克鲁斯本可以理直气壮地说明情况，但他并没有这么做，他在为客户找单据的同时甚至将客户的错误主动揽到自己身上。试想，客户错了的时候如果你据理力争，把客户说得哑口无言，那么即便客户认识到是自己的错误，心里会舒服吗？如果客户感到不舒服，他就不会再来。结果是你做得再对，也会失去客户，与销售的最终目的——通过创造顾客获得经济效益是相悖的；相反，抱着尊重客户的态度，抱着“客户永远是对的”这样一种理念，以理解的方式处理客户遇到的所有问题，甚至主动把责任揽到自己身上，达到让每一位客户满意，最终拥有更多回头客的目的。

趋利避害是人的本性和本能，在出现问题的时候，个体往往会本能地寻找借口以推托自己的责任。而把顾客的错误主动地揽到自己身上，是反人性的。但也正是这种反人性的做法往往会取得意想不到的好结果。

把顾客的错误主动地揽到自己身上是一种高级的商界处事原则和职业素养。推销员要树立“客户永远是对的”理念，不与客户发生争吵，主动承认自己的过失，哪怕是客户的错误，也不妨揽过来。看起来好像吃亏了，但实际上，拥有了客户的信任。从长期看，推销员是占便宜的，正如一句老话所讲，“吃亏是福”。

(五) 激发客户的好奇心

好奇心是人类天性中很重要的一部分。在推销实践中，利用客户的好奇心可以起到非常积极的效果。根据心理学的研究，好奇心会引起人们的兴趣和注意力，促使他们主动去了解更多关于某个事物或产品的信息。

案例分享

如何让老板接见自己？

一位英国皮鞋厂的推销员曾几次拜访伦敦的一家皮鞋店，并提出要拜会鞋店老板，但都遭到了对方的拒绝。这次他又来到这家鞋店，口袋里揣着一份报纸，报纸上刊登了一则关于变更鞋业税收管理办法的消息，他认为店家可以利用这一决定节省许多费用。

于是，他大声对鞋店的一位店员说：“请转告您的老板，就说我有路子让他发财，不但可以大大减少订货费用，而且还可以本利双收赚大钱。”

有人向老板提供赚钱发财的建议，老板怎能不动心呢？

不一会儿的工夫，鞋店老板就出来接见这位远道而来的推销员了。

如果客户对你、你的产品或者产品的某个特点感到稀奇或神秘，你就已经引发他们的好奇了。相反，如果他们一点儿也不好奇，你将寸步难行。也就是说，如果你能激起客户的好奇心，你就有机会创建信用，建立客户关系，发现客户需求，提供解决方案，进而促成交易。实际上，只需要 1 分钟就可以让客户好奇，但问题是客户会因何好奇。

1. 让客户自己判断

有许多方式可以激发人们的好奇心，但最简便的方法就是问“你猜猜发生了什么”。差不多每个听到这句话的人都会立刻停下手中的工作。

我们常常会看到这种推销方式：一名推销员一手拿着袜子，另一只手拿一个锥子，采用爱达模式，问大家，如果用锥子头穿过袜子后，用力向一边拉，袜子会不会烂。推销员可以让某个围观群众尝试，若使劲向一边拉，袜子仍旧不会烂，则可以证明袜子质量很好，从而大家不再怀疑其质量。

2. 刺激性问题

刺激性问题或陈述可以激发客户的好奇心。人们会好奇你为什么要这么问，或者这么说。比如“猜猜看”就是一个刺激性问题的示例，这使得人们会情不自禁地想“到底是什么”。

“我能问个问题吗？”也是一样的效果，被询问的对象通常都会同意，并且还会自动猜想你会问些什么问题。

3. 只提供部分信息甚至坏消息

有的时候，正面的推销效果不一定好，换个思路，反其道而行之，可能会收获意想不到的效果。例如：

推销员：“王先生，我们的工程师前几天对您的系统进行了测试，他认为其中存在着严重的问题。”(引起客户的好奇心)

王先生：“什么问题？”

推销员：“通过研究系统结构，我们发现其中的一个服务器可能会损坏数据，不过好在还有解决的办法。您能不能把有关人员集中起来，以便我们能公开展示一下问题所在，同时呈现可供选择的解决方案。”

坦诚献家丑，往往能赢得客户的信任，有时可以产生意想不到的效果。

4. 新奇的东西

人们通常都会想对新东西“先睹为快”。例如：

推销员：“张先生，我们即将推出两款新产品，帮助需要者从事电子商务相关工作，或许对您有用，您愿意看看吗？”

5. 利用趋同效用

如果其他人都有着某种共同的趋势，客户必然会加入进来，而且通常想知道更多信息。例如：

推销员：“坦率地说，先生，我已经为您的许多同行解决了一个非常重要的问题。”(这句话足够让客户感到好奇)

根据采取的不同的拜访方式，推销员可以采用不同的激发好奇心的策略。有不少方法可以帮助推销员做到这一点，只要能让自己的客户感到好奇，就可以发展更多的新客户，进而提高业绩。

(六) 给顾客“贴标签”

这里所说的给顾客“贴标签”，意味给顾客“戴上某种高帽子”，但和赞美顾客有所区别。赞美顾客是为了拉近推销员与顾客之间的距离，而给顾客“贴标签”是为了在赞美顾客的同时将顾客“抬起来”，只要顾客认可了你给他的“标签”，顾客就不得不为了维持推销员给的“标签”而减少砍价，或者减少不利于推销的行为，从而提高推销成交的概率。例如，在给顾客推销汽车的时候，可以说“看来您很懂车啊”，一句看似简单的赞美，实际上已经给顾客“贴上了标签”，推销员在后续讲解汽车相关性能的时候，顾客会囿于“懂车”的标签而减少产品异议，以及对汽车相关功能的顾虑，转而不懂装懂地赞同推销员的说法；也正是这种顾客无意识对推销员说法的认同，无形之中增加了顾客对产品价值的支持，从而减少顾客对产品“挑刺式”讨价还价的筹码。

正如成语“骑虎难下”，一个恰到好处的“标签”会让顾客忘记讨价还价，而在维持其虚无的“标签”形象方面做很多工作，这种操作无形之中减少了顾客与推销员之间的对抗而拉近了彼此之间的距离。

(七) 底线定价法

在日常的消费中，很多消费者习惯于讨价还价，这样会显得他们很机智，并且可以通过合适的讨价还价过程为自己争取最大的利益。

在一些收藏品类型的推销中，顾客总会习惯于不断地砍价，有时候砍价甚至很离谱。而收藏品类的推销品常常会存在“三年不开张，开张吃三年”的特点(每一件收藏品都是独一无二的)，成交的价格对于产品利润有着非常重要的影响。在这种情况下，明确向顾客摆出商品的底价，反而有可能获得不错的成交效果(有时候商品越便宜，对方越觉得商品价值低，可以继续砍价，而当卖家确定底价之后，他们反而觉得商品价值高而采取购买行为)。

(八) 先谈价值，后谈价格

在具体的推销洽谈中，有一个口诀是“先谈价值，后谈价格，多谈价值，少谈价格”。推销具有互利性，在推销过程中，推销员可以获得价值(通过销售商品获得的利润)，而买到商品的客户则可以从中获得附着在商品上的使用价值。推销员、顾客都可以在推销活动中获得效用的增值。

但从另一个角度看，推销员和顾客又是天然对立的。因为，推销员获取利润的一部分来自顾客，顾客买到的产品价格越高，推销员所获取的利润就越多。从客观上推销员有销售高价的利益基础。顾客都是深知这一点的，在不熟悉推销员的时候，他们会本能地将自己保护起来，避免受到欺骗或买到低质量、高价格的产品。从而，推销活动具有两面性，一方面是相辅相成的，即推销员帮助顾客解决问题，以推销品为载体为顾客提供使用价值；而另一方面，推销员和顾客又是对立的，推销员需要通过顾客赚取利润，售价越高，推销员的利润越大。在推销活动中，价值代表推销员帮助顾客解决问题，而价格代表推销员需要通过顾客赚钱。前者是互利的，而后者却是对立的。

因此，在具体的推销洽谈中，推销员应该先谈价值，后谈价格，即先谈可以给顾客带来的好处，再谈顾客为得到好处而付出的代价；推销员应该多谈价值，少谈价格，即多谈可以给顾客带来的好处，少谈顾客将要为此付出的成本。

同样一件事，以不同的话术讲出来，效果是截然不同的。

案例分享

空调的推销

孙先生走进某商场寻找适合新家的空调，他径直走到一家空调展区询问某一款空调的价格。(顾客问价，说明仅仅是想了解行情和货比三家，顾客对于空调系列产品尚不甚了解；同时，如果对该空调感兴趣的话，顾客还想通过问价为自己进一步砍价“打前站”。)

推销员：“先生，您真有眼光，我们这款空调是最新款的，变频空调更加节能，它满足新一级的能效要求，该款空调制冷热功能强劲，具有56℃净菌自洁的功能，进出风口都是可拆洗的。这款空调具备独立除湿功能，哪怕是梅雨季节也不受影响。这款属于名牌产品，下单赠送10年保修服务。”

孙先生：“价格是多少呢？”

推销员：“我们这款原价是1450元，您如果诚心要，我可以向店长申请给您最高优惠。”

孙先生：“加一下你的微信吧。”

(九) 压住顾客的心理期待值

推销员需要找到自己产品的核心卖点，在推销产品核心卖点的同时，需要控制顾客的心理期待值。

为什么要这样做呢？其实，顾客的期望值是可以被影响的。

正如我们之前所讲到的，推销员要言而有信，说到的事情，一定要做到。如果推销员说出自己做不到的事情，会首先拉高顾客的期待值，进而使顾客在接收到商品(服务)的时候产生落差和不满。

因此，推销员不可以过度销售。例如，本来顾客听完推销员的讲述后，已经准备要买单了，结果又附加送一些小东西。如果顾客因为那些附加的小东西不符合心意而产生不满，那么最后的赠送环节就好似画蛇添足。

推销是这样的：一件事如果可以做到9分，说出去的是8.5分，顾客得到8.6分都会喜出望外；反过来，如果推销员将自己的产品描述为10分，顾客拿到的是9.9分，他都会产生不满意。

(十) 提炼产品中可以带来的核心产品

一件推销品上可以同时附加着期望产品、形式产品、延伸产品、潜在产品与核心产品。一个顶级推销员往往不仅仅是要成交商品，而且还要给顾客的生活带来快乐和享受。

案例分享

顶级推销员的卫浴销售

某顾客买了一套别墅，总体的装修已经差不多了，她大概需要装修五个卫生间。她对卫生间装修的预算是五万元左右，于是来卫浴商城看一些著名品牌的卫浴产品。

顾客看完两个品牌的产品后，已经选到了自己需要的卫浴产品。但当她多走了两步，看到旁边有个亮晶晶的展厅，出于好奇就走了进去。顾客进去看到价格是六万八千元，心想，即使六折也要四万多块，总共预算是五万，买这么一件物品就接近卫生间装修总预算了。顾客准备离开。

一个笑容灿烂的推销员走出来问道：“大姐，您觉得我们这个产品很好吗？”

顾客应付道：“挺好的。”(顾客想走，用语言搪塞着。)

推销员继续说道：“大姐，我觉得您特别有气质。我想问您一个问题，人活着是为了什么？”(首先用赞美的话拉近距离，然后用一句看起来很有哲理的问题吸引高端顾客。)

顾客很诧异，想不到一个卖卫浴的推销员会问这么有高度的问题。顾客看着她，还没来得及讲话。

推销员接着说：“大姐，像您一个别墅买下来，装修要好几百万。您不觉得所有的东西都是给别人看的，只有它是自己用的吗？您知道吗，当您身心疲惫地回到家里，我们可以怎样放松自己和享受自己的生活呢？男人可以肆无忌惮地去桑拿房，可是我们女人呢？我们也不年轻了，凭什么我们努力了大半生，就不可以享受自己的人生呢？”她一边说，一边打开了悠扬的音乐，给按摩的浴缸加上水。

顾客突然百感交集，觉得自己活得委屈。

推销员：“我们为什么不能在自己的家里，放温暖的水，听听轻松的音乐，让浪花洗去我们身上的疲惫，感受自己努力奋斗得来的人生呢？”推销员一边说着，一边继续演示该商品的其他功能。

此刻顾客完全沉浸在推销员描述的画面中，没有过多地注意推销员的商品演示，她(顾客)告诉自己，一定要把它买下来，问道：“能给折扣吗？”

推销员答道：“可以。”

顾客立刻拿出银行卡，付了订金。

(十一) 借人之口法

由于顾客与推销员天然的对立身份，通常情况下，如果推销员推荐购买某种商品，顾客总会持有怀疑态度；而若推销员借他人之口对某种商品进行描述，则会淡化顾客与推销员之间的对立形态，从而减少顾客心理上的抗拒感。

比如推销员直接说：“‘臭鳜鱼’是我们店里的招牌菜，您不妨尝尝看。”就不如说：“客人都反映我们这里的‘臭鳜鱼’口感好，您要不要试试看？”前者给人的感觉是商家在自卖自夸，而后一句话淡化了推销的感觉，增加了顾客想要尝试的好奇心。

“借人之口”的赞美优于推销员自己的夸赞，其内在原因就在于，推销员是利益相关方，他们是推销活动的实际参与者，是产品购买的实际利益方。推销员的主动推荐就难免陷入“王婆卖瓜，自卖自夸”的嫌疑中。

(十二) 量体裁衣，看人说话

我们在第四章介绍推销心理学的时候，总结过面对不同人格类型客户，需要采用不同的推销策略。但在具体的推销实践中，准确判断客户所属的 MBTI 人格类型是比较不容易的。如果由于信息量不够而错误判断客户的人格类型，往往可能会产生南辕北辙的结果。

因此，在推销洽谈中，还可以将客户类型简化为常见的八种类型，供推销新人使用。这八种类型的客户分别是：难缠型客户、忠厚老实型客户、专家型客户、自命不凡型客户、夸耀财富型客户、精明严肃型客户、沉默寡言型客户以及吹毛求疵型客户。

面对不同类型客户讲不同类型的话，是一位优秀推销员所必须具备的基本素质。只有掌握了不同类型客户的心理及其内心需求，才能实现恰如其分的推销，真正做到让每一位客户都感到满意，进而达到不错的推销业绩。

1. 对待难缠型客户

难缠型客户是指那些在交易和合作过程中表现出难以满足或其问题难以解决的客户。这类客户可能有各种不同的特征，例如过分苛刻的要求、频繁的投诉、过高的折扣或优惠追求、对产品或服务有不合理的期望等。他们可能会经常挑剔、抱怨、耍小聪明或拖延付款等。

如果遇到了一个难缠的客户，推销员需要做的是以退为进，懂得随机应变。优秀的推销员应该有灵敏的反应，以便挽回颓势，反败为胜。

案例分享

以退为进的推销

小王是某建材公司的推销员，一次，他同一个房地产公司的采购负责人进行谈判。

推销员："您对于我们的产品还有什么想要了解的吗？"

客户："大致情况我都知道了，你们的产品不错，但是我觉得你们的产品价格还是偏高，如果你能再降些价格，我们可能会认真考虑一下……"

推销员："我想对于我们产品的质量您是十分清楚的，您刚才也承认了，我公司的建材产品之所以这样受欢迎，完全得益于产品良好的质量和信誉，我们的产品在业界的声誉良好，可以说已经是老字号了，您完全不用担心质量问题，而且我们还会为你们的装修工程提供多种解决方案，从设计方案到材料的各项配置，我们都可以提供全程服务。您觉得这价位合理吗？"

客户："你们的产品和服务的确不错，的确很吸引人，和你们合作自然放心，可实际上，相对于我们的预算，还是有点贵，如果能再优惠一些我会考虑的。"

推销员："如果价格能降，我当然会给您降的，但是，您知道目前各个行业的原材料都在涨价，我们这里自然也不例外，供货商纷纷涨价，我们的利润已经是非常少的了。"

客户："但这价位还是贵。"

推销员："这样吧，我们都谈了那么久了，总不能让您白跑一趟。我们每件门窗的降价范围即使是老客户也不能超过 50 元，我给您降 50 元。但是，我们必须先拿到 70%的首付，三个月内还清，其他条件不变，你看怎么样？"

客户："哦，行，那就这样吧。"

在以上的情景中，推销员小王之所以能达成令双方都满意的成交结果，并为公司争取到了首付资金，他运用的就是以退为进的方法。

2. 对待忠厚老实型客户

忠厚老实型客户是指那些忠诚度高并且善良、正直的顾客。他们通常具有稳定的购买习惯，对于商家的服务和产品持着信任和尊重的态度。忠厚老实型顾客非常注重商家的信誉和口碑，他们更倾向于选择那些一直以来都能提供可靠、优质服务的商家进行购买。这类顾客相信诚信和公平交易，他们的购买决策会受到商家的行为和承诺的影响。同时，忠厚老实型顾客往往不擅长与商家进行过多的谈判或讨价还价，更愿意与商家建立长期的合作关系。商家需要重视对忠厚老实型顾客的服务，保持诚信和稳定的经营，以维持他们的忠诚度和长期合作关系。

对于忠厚老实型的顾客，推销员需要以诚恳和耐心的态度对待他们。这类顾客非常谨慎和慎重，他们通常不会轻易做出决定，也对推销人员持有一种防御心态。因此，建立起与他们的信任关系非常重要。

首先，推销员需要给予他们足够的时间和空间来思考和决策。这类顾客通常考虑的因素比较多，他们需要充分地了解产品或服务，才会做出决策。推销员可以提供详尽的信息和资料，解答他们的问题，让他们感到我们是认真负责的。其次，亲切和友好的态度能够帮助缓解他们的害羞和拘谨心理。推销员可以用柔和的语气与他们交流，让他们感到舒适和放松。同时，积极倾听他们的意见和需求，关注他们的感受，让他们感到被重视和尊重。再次，建立长期的信任关系对于忠厚老实型顾客非常重要。推销员需要展现出诚实和可靠的形象，避免给他们任何欺骗和不良印象。如果一次购买能够给他们带来好处或者没有让他们失望，他们会倾向于继续购买推销员的产品或服务。但一旦他们觉得受到了欺骗或失望，即使产品再好也无法取得他们的信任。最后，需要尊重他们的决策并保持良好的沟通。当他们做出决策后，不论是购买还是拒绝，推销员都要尊重并接受他们的选择。同时，可以定期与他们保持联系，提供售后服务和回访，以进一步巩固与顾客之间的关系。

3. 对待专家型客户

专家型客户是指在某个特定领域内具有丰富经验和专业知识的客户。这类客户通常深入了解专业技能，能够准确地评估和比较不同产品或服务的优劣，并具备良好的决策能力。他们会对所需产品或服务进行详细的研究和调查，并希望与供应商保持紧密合作，以获得更专业的咨询和支持。专家型客户对于完整而准确的信息非常注重，并且倾向于与更具专业性的供应商建立长期合作关系。

这类客户通常会有两种典型的认知：

(1) 业务员没有什么了不起。总以为自己和对方有很大差距，在内心产生一种优越感。他们自认为是高一层次的人，对那些他们认为是低一等的人不屑一顾。形成这种心态可能是源于他们对业务员的反感，所以他们自己以狂妄的态度对待推销员，觉得他们层次低。

(2) 不要与业务员接近。他们通常高高在上，不容许别人谈论自己的缺点，同时也将自己的弱点深深地隐藏起来。这类人假装对某一个领域很专业，但可能仅仅是道听途说。实际上，这类人的内心是在防卫，因为他们害怕受到欺骗，不得不以某种方式进行自我保护，但他们同时也希望可以引起别人的注意，希望可以受到较高的评价。

这类客户看似难以接近，但实际上，若采用的方法得当，他们也是容易接近的，关键在于如何与他们交流。

例如，客户说："你别说，我来说，你听……"推销员只需要回复："好的，我向您请教了！"当耐心听他们讲完，还可以适时夸赞一番："哇！您对我们的产品很关注啊！"或者"不错，您讲得太对了，您真是专家。"

当客户正陶醉在自大的感觉中时，你可以突然提问："先生，您所知道的还有什么呢？"他可能还知道，让他接着说。当他说"我不知道了"，这时你就可以发表自己的意见了："那好，我站在客观的角度帮您补充几点可以吗？我觉得您对我们的产品很感兴趣，应该会听的，您说是吗？”

不让对方回到现实，继续称赞，让他继续沉浸在“自高自大”的思路中。他肯定会回答说：“嗯！说吧！”这样你就击破了他的第一道防线。

4. 对待自命不凡型客户

自命不凡型客户是指那些在与商家或服务提供者交流时，给人一种自认为非常出色和与众不同的印象的顾客。这类客户通常对自己的需求或意见非常自信，并希望得到特殊对待或优待。他们可能将自己视为专家、权威或重要人物，并期望获得与其自我定位相符的尊重和关注。这类客户总是喜欢炫耀自己，对推销员总是说：“你们这些业务我都清楚。”“我以前见过你们这些推销员，他们一个个都从我这儿逃走了，谁也别想赚我的钱。”好一阵炫耀，让人听了有些反感。

不过，这类客户有一个最大的优点，那就是毫不遮掩，心里有什么就说什么，你如果想探寻什么消息，就可以找这类客户，他们一定会说给你听，并且知无不言，言无不尽。对于这类客户即使不能顺利达成交易，也千万别得罪他们，也许将来探询信息时，你还需要他们的帮助。

由于这类客户比较善于表现自己，推销员在与他们交谈时，需要尽量显示出自己的专业知识，使他们对你产生钦佩。这样他们就会对你产生信任感，交易的成功率也就很大。

还有一种方法，就是根据这类人喜欢自夸的心理，抓住他说的话，然后攻击他，使他进入你所设的“陷阱”中，他为了顾全面子，会硬着头皮与你成交的。当他说对你们公司的业务很熟悉，或者他打断了你的销售介绍说明，并且说这些他都知道，也不屑看你带来的商品样品时，你可以这样对他说：“先生，对于我们的商品，我就不说什么了，您都知道了！对于它的优点您就更熟悉了，而我们的业务您也是再熟悉不过了，看在这么优秀的商品与服务质量的面子上，您打算选取哪个品种？准备购买多少呢？”

这样一说，由于前面的话是他自己说的，他不能否定，所以为了顾全面子，他就必须考虑与你成交，否则就会感到尴尬。他甚至连一个理由都无法说，否则他自己就食言了。

此外，对于此类客户，推销员还可以表现出对他不在意，或者对是否成交漠不关心的样子，有时候反而会收到意想不到的效果。

案例分享

激将法做成了买卖

好几年前，马却克自告奋勇去会见一名粗暴顽固的装运商。据说这位装运商一向以拒绝接见销售人员著称。当马却克先生到达这位装运商办公室时，果然不得其门而入。“我一直坐在门外等候，他的秘书好几次想把我请出去。”马却克先生回忆时说，“后来，他终于让我进到办公室，却只是很粗暴无礼地对我说‘你再等下去也没什么用处，反正我不会听你说话’。”这位年轻的业务代表回答：“你根本没有资格居于这个职位！因为你居然不想花一点时间，听别人告诉你怎么为公司省钱！”装运商显然被这一番说辞震住了。马却克于是赶紧接着提出事实与数据来。十分钟之后，马却克离开装运商的办公室，并且为公司做了一笔好交易。

因此，见到这种客户，不要一听他说对你的业务熟悉就胆怯。其实他们只不过是挖空心思在你面前炫耀罢了。他们都是“纸老虎”，你若是怕他们，他们就更凶，就更难成交了，即使与你成交，他们也觉得那是对你的施舍罢了。

5. 对待夸耀财富型客户

夸耀财富型客户与自命不凡型客户相似，不同的是，他们的重点并不是夸大自己的知识面广，而是炫耀自己的财富。这类客户有两种类型：一种是真正拥有一定的财富的人；另一种是崇拜金钱的人。

对于真正拥有一定财富的客户，他们注重品质和名牌商品，而不需要别人迎合。面对这类客户，推销员应该诚实地介绍商品的优点，同时展示出对他们财富不在乎的态度，这样会引起客户的好奇与兴趣，从而增加商品成交的机会。

对于只崇拜金钱而没有真实财富的客户，推销员需要采取迎合和赞美的方式，满足他们的内心需求。在最后阶段，为了促成购买，推销员可以给予客户台阶下，比如建议先支付定金，余款以后再支付，同时表达对客户付款能力和个人信誉的信任。这样能够让客户感激并提高购买的可能性。比如可以这样说：“您就先交订金吧，余款以后交，我相信您的付款能力和个人信誉。”这样他会很感激你的。

交易成功后，别忘记说一声：“还要请您以后多多关照。”

对于第二种类型的客户，切不可揭露他们的真实内心，这样会伤他们的自尊心，从而使得交易产生困难。有趣的是，真正有钱的爱夸耀财富的人，反而适合采取不理睬他的措施；而崇拜金钱的假有钱人，却需要去迎合。原因何在？

真正有钱的人，他们内心是充实而自信的，因为他们的财富是真的，所以他们并不会对此有丝毫怀疑。同时，在他们身边也会有很多迎合他们的人，如果推销员在这个时候同大多数人一样迎合，他们并不会有任何的意外。相反，如果推销员无视他们的财富，反而会激起他们的好奇心，这种反差反而可能促成交易。

而对于第二类人，他们并不是真正有钱，他们仅仅是向往有钱人的生活。因此，第二类人的内心是自卑的，他们渴望被仰望。推销员只有不拆穿他们，去迎合他们，给予足够的尊重，才能满足他们的内心需求。

因此，推销要因人而异，最重要的是，掌握不同类型客户的心理特点，满足其潜在的内心需求。

案例分享

能征服人心的，不一定是价格

一名贵妇走进了一家法拉利跑车的展厅，简单地看过之后，指着其中最炫目的一辆跑车问多少钱。

推销员回答：“538 万”。

当贵妇正掏出卡准备刷的时候，突然抬头问了推销员一个问题：“我这样做，是不是太冲动了？”

推销员答道：“夫人，当这辆车在路上奔驰的时候，全世界的人都为它冲动。但是，只有您能为您的冲动买单，而我们都只有看的份儿。”

6. 对待精明严肃型客户

精明严肃型客户是指那些在购买产品或服务时非常谨慎和挑剔的客户。这类客户通常对市场具有较深入的了解，他们会仔细比较不同产品的价格、性能、质量等方面，并进行深入的研究和分析。他们对购买决策非常审慎，注重细节和价值。他们通常追求物有所值的购买体验，关注产品的性价比，注重产品的质量和可靠性。他们可能更倾向于选择知名品牌或有信誉的供应商，同时也会寻求专业意见或通过个人经验来评估产品或服务的可行性和优劣势。

这种客户讨厌虚伪和造作，他们希望有人能够了解他们，这正是推销员可以选取的切入点。他们大都很冷漠、严肃，虽然与推销员见面后也会寒暄，但看起来都冷冰冰的，没有一丝热情。

他们对待推销员持有一种怀疑的态度。当推销员进行商品介绍说明时，他们看起来好像心不在焉，其实他们在认真地听，只是在推测这些说明的可信度。同时，他们在思考推销员是否真诚，有没有对他们说谎。

这些客户对自己的判断通常都比较自信，他们一旦确定推销员的可信度之后，也就确定了是否会达成交易。也就是说，对于此类客户而言，推销员比商品更加重要。如果客户认为你对他真诚，他可以与你交朋友，他就可能付出真心，交易也就能成功。但如果他认为你有些造作，他就会看不起你，并很可能不留情面地下逐客令。

对待此类客户通常可以有两种方法：第一种方法是脚踏实地，对其真诚和热情，让他对你产生信任；第二种方法是争取在某些方面与他产生共鸣，使他佩服你，甚至与你成为知己。具体的操作方法就是与他们多谈，特别是多说一些他们喜欢的事情，这些都要在洽谈前经过调查。这样一来，他们会认为你们有很多共同之处，他们就会把你当朋友看待了。除此之外，还可以让他们尽量了解一些你的情况，甚至告诉他们一些你个人的隐私，他们就会把你当作朋友了。

为什么要展现一些个人隐私给客户呢？

这里涉及到了一些基本的人性相关知识。由于立场不同，推销员和客户天然是对立的，因此，客户对推销员产生防备心理是正常的，这种防备心理源于害怕上当受骗。

那么，如何能够快速获取客户信任呢？

展现出个人隐私就是一种方法。毕竟，个人隐私是非常私密的东西，很多人是不愿意同别人讲的。从某种程度上讲，展现出一些个人隐私，比如你自己住哪里，你的收入情况等，即使产品出了问题，客户事后也能够找得到你，他们就会放心很多。

从另一个方面看，个人隐私是非常私密的，只有关系到达一定程度的人之间才会分享隐私。来而不往非礼也，当推销员分享了自己的隐私之后，客户要么会同步分享自己的隐私，要么会对对方有足够的信任，否则这个人就有点“不够意思”了。

此外，对于这类客户也可以用严肃的神情与之洽谈，但要注意保持礼貌和注意分寸。对于客户的要求，应该尽量给与热心的支持。如此一来，客户会感受到你的专业性和诚意，也会对你产生信任。对于精明严肃型客户，最重要的就是建立信任。

7. 对待沉默寡言型客户

沉默寡言型客户都不爱说话，但内心的想法很多。他们做事通常都非常细心，并且对自己的事都有主见。他们表面看起来都很冷漠，有一种对一切都不在乎的神情，使人难以与之接近。其实他们内心都是火热的，你只要能点燃他们内心那把火，他们就会把一切都交给你。

对待沉默寡言型客户，首先要建立信任关系。这类客户通常不会轻易表达自己的需求和意见，但他们内心深处肯定有一些期望和关注点。因此，关键是通过细致入微的观察和倾听来了解他们的需求，与他们建立起良好的互动关系。在与这类客户交流时，要保持耐心和理解。给予他们足够的空间和时间，提供一个安静舒适的环境，以便他们能够更加放松和自在地表达自己。避免过多的打扰，尊重他们的个人空间。

与沉默寡言型客户交流时，语言的选择也非常重要。要使用清晰简洁的语言，确保信息的准确传达。不要使用过于复杂或夸大的言辞，以免引起他们的反感或误解。另外，可以尝试通过提出开放性问题来激发他们的思考和参与，例如："您对这个产品有什么看法？"或者"对于购买这个产品您有哪些方面的担忧？"这样可以鼓励他们表达自己的观点和疑虑。

同时，要展现专业知识和信心，以增加客户对你的信任感。提供准确和详细的信息，并且在解答问题时给予具体的、可行的解决方案。这样可以让客户感到你对他们的关注和重视，进而打破他们的沉默和冷漠态度。最后，如果成功点燃了沉默寡言型客户内心的火焰，一定要及时跟进并满足他们的需求，为他们提供优质的服务和支持，与他们建立起长久的合作关系。

应对这类客户，千万不能运用那些施压的推销方法，这样对他们一点用都没有，只会让他们对你产生厌恶心理。也不要盲目夸耀你的商品，因为他们不会听你的，反而会让他们讨厌你。在面对这类客户的时候，要小心谨慎，全面描述，同时需要表现出诚恳的态度。介绍完之后，他们会进行一段时间的思考，这时推销员不适合讲话，等他们抬头问你一些问题时，你再回答即可。推销员可以顺便说些商品的优点，使客户对商品产生更大的兴趣，以增加成交的可能性。此类客户极易与人交友，但前提是你对他们诚恳和付出真心。

8. 对待吹毛求疵型客户

吹毛求疵型客户经常讨价还价，他们先是再三挑剔，接着又会提出一大堆的问题和要求。有些问题可能是真心的，但还有一部分的问题仅仅是虚张声势。

案例分享

吹毛求疵的徐先生

徐先生的冰箱坏了，急需再买一台，为求物美价廉，他采取了吹毛求疵法还价。在商店里，推销员指着他要的冰箱，告诉他价格为一万元。

徐先生说："可这冰箱外表有点小瑕疵！你看这儿。"

推销员说："什么？"

徐先生说："这一点小瑕疵似乎是个小割痕，有瑕疵的货物通常不都要打点折扣吗？"

徐先生又问："这一型号的冰箱一共有几种颜色？"

推销员说："30 种。"

"可以看看样品本吗？"徐先生问。

推销员回答："当然可以。"说着马上拿来了样品本。

徐先生边看边问："你们店里现货中有几种颜色？"

推销员回答："共有22种，请问您要哪一种？"

徐先生指着商店陈设产品里没有的一种颜色说："这种颜色与我的厨房颜色相配，其他颜色都不协调。颜色不好，价格还那么高，若不调整一下价格，我将重新考虑购买地点了，我想别的商店可能有我需要的颜色。"

徐先生又打开冰箱门，看了一会说："这冰箱附有制冰器？"

推销员回答："是的，这个制冰器一天24小时都可以为您制造冰块，而且1小时只需要2分钱的电费。"(他以为徐先生会对这个制冰器满意。)

徐先生说："这太不好了，我孩子有慢性喉头炎，医生说绝对不能吃冰的东西。你可以帮我把这个制冰器拆掉吗？"

推销员说："制冰器是无法拆下来的，它同冰箱的门安装在一起。"

徐先生说："我知道……但是这个制冰器对我根本没用，却要我付钱，这太不合理了，价格再便宜点儿？"

徐先生如此这般，其目的是：压价、表现自己的精明，以及为对方的让步创造条件。

经过如此艰苦的讨价还价之后，推销员做出了让步，他向上司交代时，说自己只做了极小的让步，并说这种让步是有理由的。推销员把客户刚才的抱怨作为让步的理由。

那么，作为推销员，应该如何应对此类客户呢？

(1) 积极倾听。对于吹毛求疵型顾客，我们首先需要耐心地倾听他们的意见和需求。让顾客感受到我们听取并重视他们的反馈，这有助于缓解他们的情绪。

(2) 保持冷静。面对吹毛求疵型顾客，我们要时刻保持冷静和专业的态度。不管对方的指责有多么无理或夸大，我们都不应与其产生争执或情绪化的交流，而是以客观事实和数据作为依据进行回应。

(3) 提供解决方案。主动向顾客提供解决问题的方案和建议。尽量理解他们的需求，并寻找可行的解决办法。如果确实存在问题，我们可以真诚地道歉，承诺改进，并积极主动地进行补救。

(4) 持续沟通。及时向顾客反馈问题的处理进展，保持良好的沟通和信任。如果问题解决需要一定时间，我们可以提前告知顾客，并保持适当的沟通频率，让顾客了解进展情况。

(5) 提升服务质量。吹毛求疵型顾客的反馈可以帮助我们发现服务中存在的问题和不足之处。我们应将其视为宝贵的机会，从中吸取教训，改进服务质量，以提供更好的服务体验。

需要注意的是，我们要具体问题具体分析，不可过于执着于某一方面，而忽视了顾客的总体特征，具体的应对策略也应该因人而异。

二、高端顾客的推销技巧

与普通顾客相对应，高端顾客的单笔成交金额通常较大，或者单次成交的商品数量较多。高端顾客多为企业高管，或者是消费实力较强的个人。

与普通顾客不同的是，高端顾客通常较为忙碌，他们可以抽出来用于产品购买，或者听推销员讲话的时间较为有限，因此，面对高端顾客的推销技巧是大大不同于普通顾客的。

(一) 吃饭沟通技巧

与高端顾客吃饭洽谈之前，推销员最好先把肚子填个半饱，甚至是八成饱。因为和高端顾客吃饭并不是单单为了吃饭，最重要的还是把生意谈成。如果推销员把精力大部分都放在吃饭上，不仅会冲淡推销洽谈的主题，被顾客牵着走，而且很难谈成大宗生意。毕竟人的精力是有限的，如果一个人将主要精力放在吃饭、喝酒这样的应酬活动上，就会不知不觉地忘记推销洽谈的技巧。而且先吃饱再去谈生意，在喝酒的时候，由于肚子里有食物，也不至于很快就喝醉，保持清醒的头脑有助于推销洽谈活动的顺利进行。

案例分享

强势销售签大单

某推销员在跟企业领导吃饭中，会在领导说话的时候，让其他员工都保持静止状态。在领导讲话的时候，如果有对方的人员过来招呼己方员工，他会要求己方员工婉拒，先等领导把话讲完。

同时，在双方领导讲话的时候，他会让己方员工拿出纸、笔或者电脑记录领导的讲话。直到双方领导说完了，领导开始动筷子，双方员工再开始吃饭。在双方吃饭的时候，己方公司需要一个员工出去，把刚刚谈好的内容打印出来，请两位领导签完字再离场。

在上述案例中，该推销员较为强势，他们的方式可能会让人感觉到有压力，但可以有效提升推销成交率，同时让对方敬佩推销员的胆识。

案例分享

不喝酒也能签大单

某大客户在销售冠军面前端着酒杯说："刘总，你喝了这杯，我就把合同签给你。"

销售冠军说："张总，酒我是不喝的，合同签不签随您的便。您在国内有见过在您面前不喝酒的销售员吗？"

大客户说："没人敢。"

销售冠军说："虽然我只是一个卖××的，但是我们这个产品装到您单位里，我们要为您单位里上上下下的人服务。您知道喝酒的人有什么问题吗？酒喝多了，容易说错话。而我这么多年在××行业，滴酒不沾，所以我做事情一丝不苟。"

大客户哈哈大笑："说得好，这个酒我自己喝。"

案例中的推销员讲话正好讲在客户的心坎上，对方比较佩服他的勇气，所以才没有继续要求喝酒。而在推销实践中，推销员需要量力而为，去做符合自己性格、身份和气质的事情，盲目地模仿也不一定会取得同样的效果。

(二) 十分钟推销洽谈

由于高端顾客通常都较忙，很多高端顾客最多能够抽出十分钟听推销员讲。因此，如何在十分钟之内把要讲的关键内容讲出来，并且话题不被大客户带偏才是最关键的。

在高端生意场上，推销洽谈是人性与人性的较量，是信念与信念的角逐。因为人都更喜欢和比自己强的人，或者跟自己有相似经历、同样能量的人交往。所以，在高端生意场上，产品介绍并不是最重要的，关键的是，推销员能否在短短几分钟以内展现自己的魅力和能力，让大客户产生认同。而当大客户认同推销员之后，产品的购买也就水到渠成了。

因此，每个推销员应该结合自身的特点，设计一个符合自身性格特征等方面的十分钟推销话术，用于吸引大客户，从而进一步展开推销洽谈活动。

需要注意的是，这短短十分钟的话术要以推销员自己讲话、大客户倾听的形式为主。比如可以说："张总您好，我是××公司的××。我最大的兴趣爱好是打牌。首先，我这个人特别喜欢竞争，从小到大，没有输赢的游戏，我不玩。今天我在××公司工作，我为我有××这样的竞争对手而感到骄傲，因为他们让我们的服务更优秀。其次，在这个世界上，无运便不称其为人生，我的运气特别好，我是一名福将，我逢打牌必赢。我喜欢打扑克，不喜欢打麻将。因为打麻将的人只要自己赢，不喜欢别人赢。而打扑克牌的人，需要最好的搭档，所以我选择了最优秀的人成为我的同事和合作伙伴。最后，我们喜欢最强的对手，因为没有对手，也就失去了提升自我的意义了。"

第八章配套习题

第八章 PPT

第九章　顾客异议处理

案例导入

赵晶的成功推销

推销人员赵晶去一家商场推销一种包装比较简陋，售价 35 元的清洁器。他向经理说明了来意，对方明显表现出不感兴趣的态度。当赵晶把样品呈现给经理看时，经理不屑地说："这个小东西就要 35 元啊，包装还这么差，光看包装就知道不上档次，像劣质品。"可是赵晶并不在意，他一声不响地从提包里拿出事前准备好的一包碎头发、一团白棉花和一小块地毯。经理及其办公室里的人都好奇地看着他。赵晶看了大家一眼后将碎头发撒在地毯上，又把白棉花团在地毯上搓了搓。接着赵晶对大家说："我们的衣服上，家里的布艺沙发上、地毯上常常会粘上灰尘、头发和宠物的毛发等，这很难清除。即使用清水清洗，有时都很难办。别发愁，大家请看……"说着，赵晶拿起清洁器在地毯上来回推了几下，刚才还黏着碎头发和白棉花纤维的地毯一下子就干净了。再看清洁器的表面沾满了地毯上的杂物。

办公室里的人都感叹清洁器的良好效果。他们有的人还拿起清洁器在地毯上试试，有的人把清洁器拿在手上端详。有的人说："包装这么差，还要 35 元啊，贵了。"

赵晶没有正面回答，而是说："这个清洁器是我们公司的专利产品。"说着，他把专利证书的复印件递了过去，说："这是我们的专利证书。乍一看我们的产品，35 元好像贵了点，但是它能反复清洗使用 5000 多次，平均每次花费不到 7 分钱。每次花 7 分钱，就能给我们的生活带来这么大的便利，您说贵吗？我们还替顾客着想，不让顾客花费太多，所以使用最简易的包装，降低了成本及价格。否则它就不会只卖 30 多元了，而是四五十元或更多了。这种生活用品是以实用为主，商品的包装能起到保护商品的作用就够了。顾客花 35 元购买我们的清洁器，是不用付包装费的。"

办公室里的人最终被赵晶说服了，当场订购了 500 个清洁器。

顾客异议是指顾客对某项产品或服务提出的不满、抱怨或反对意见。当顾客对所购买的产品质量、服务态度、交付时间等方面感到不满意时，他们可能会提出异议，以表达他们的不满和寻求解决方案。顾客异议是一种常见的客户反馈形式，可以帮助企业了解和改进他们的产品或服务，提高客户满意度，增强客户忠诚度。

在推销实践中，顾客异议可以被看作是一种积极的信号。当顾客提出异议时，他们表达了对产品或服务的关注和疑虑，这也说明他们对购买有一定的兴趣和意愿。推销员应该积极面对顾客的异议，并将其视为一个与顾客进行深入交流和解决问题的机会。通过仔细聆听，理解顾客的需求、关注点和反对意见，推销员可以有针对性地提供解决方案，并说明产品或服务的价值和优势。如果推销员能够巧妙地处理和解决顾客的异议，不仅可以消除顾客的疑虑，还可以增强顾客对产品或服务的信心，从而促成成交。

那么，为什么会产生顾客异议呢？产生顾客异议的原因主要有顾客方面的原因、产品方面的原因和其他方面的原因。其中顾客方面的原因包括顾客的自我保护，顾客没有真正意识到自己的需要，顾客对推销品缺乏了解，顾客的偏见、成见或习惯，顾客缺乏足够的购买力，顾客的情绪不好、心情欠佳，顾客的自我表现欲，顾客有比较固定的采购关系以及其他因素等。产品方面的原因包括质量、价格、品牌及包装、销售服务等。其他方面的原因包括推销人员素质低、能力差及推销信誉不佳等因素。

第一节　把握顾客异议出现的信号

小知识

出现顾客异议的常见信号

(1) 不愿收取名片。

(2) 不愿拿取印刷物、商品目录。

(3) 推销员请对方看某一处或说明书上某一商品要点时，对方将视线投于他处。

(4) 推销员想请对方来实地操作机器，但对方将手缩回。

(5) 推销员将身体往前一步时，对方便立即往后退一步。

(6) 故意将文件堆满整个办公桌，不让推销员有放置任何印刷物及商品目录的地方。

(7) 推销员请对方试吃时，对方故意抽烟而拒绝试吃。

(8) 交谈时，将视线置于他处。

(9) 突然间开始整理公司内部，或并无任何要事而不断地使唤属下。

(10) 双臂互相交叉置于胸前，且双手手指不停地乱动。

(11) 一会儿握紧拳头，一会儿又将手放松。

(12) 将握紧拳头的手压于打开手指的手掌上，并且双手轮流握拳做此动作。

(13) 不断地将手放入口袋，或用手指轻拍桌面，有时焦急起来，手指拍打桌面的速度也随之加快。

(14) 用置于桌下的脚轻拍地面。

(15) 抽动面颊的肌肉、紧皱眉头，或抽动眉毛。

(16) 抽动嘴唇、咬牙，或脸色忽而苍白、忽而变红。

(17) 交谈的声音忽大忽小。

(18) 声音阻塞于咽喉部位或抽动咽喉。

(19) 交谈时，头部忽高忽低。

以上这些动作，可能只是对方一瞬间的表现，也可能是对方明显表现出来的举止，然而只要以诚恳的态度回应客户，消除其对抗心理，再切入主题，便能成功。

第二节　顾客异议的类型及成因

了解顾客异议的类型及成因有利于帮助推销员针对顾客异议采取相对应的推销话术和策略，在顺利解决顾客异议的前提下，将潜在顾客转化成顾客，从而促成交易。

一、顾客异议的类型

常见的顾客异议的类型包括需求异议、财力异议、权力异议、产品异议、货源异议、推销员异议、购买时间异议和价格异议。

需求异议也叫“寡欲异议”，指顾客从自身的需求出发，自称不需要某种推销品的一种购买异议。这种异议属于顾客自身方面的一种异议，它通常是推销成交最大、最直接的阻碍。例如：“我不需要这种产品。”“我已经有了。”或者“这种东西有什么用？”

财力异议也叫支付能力异议，指顾客认为缺乏货币的支付能力而提出的一种购买异议。财力异议是顾客方面较为常见的一种异议。例如：“我很喜欢这套房子，就是买不起啊。”“你说的我都相信，可惜口袋空空。”

权力异议也叫“购买人格异议”或“决策权力异议”，指顾客以缺乏购买决策权力为由提出的一种购买异议。和需求异议、财力异议一样，权力异议也是顾客方面的一种购买异议。例如：“你们这个产品确实挺好的，可惜我爱人没在家，我们家里他说了算。”“你的建议很好，可惜我做不了主，还得问问我们领导。”

产品异议指顾客对推销品的内在素质、外在形态等方面提出不同看法而形成的异议。产品异议属于推销品方面的一种异议，也是非常常见的一种顾客异议。例如：“你这款产品质量不过关啊！”“这件裙子的颜色不好看！”

货源异议指顾客认为不应该向有关公司的推销员购买推销品的一种购买异议。从推销学理论上讲，货源异议属于推销员方面的一种异议。例如：“我要去××商场购买。”“我还是要××的产品。”一般来说，货源异议是在需求异议、财力异议、权力异议和产品异议之后提出来的。

推销员异议指顾客因为某种原因不向特定推销员购买推销品的一种购买异议。推销员异议是来自推销员方面的一种购买异议。比如：“我要买老张的！”“上次买你的东西，发现上当了！”一般来说，推销员异议是在需求异议、财力异议、权力异议、产品异议和货源异议之后提出来的。

购买时间异议也叫“拖延异议”，是指顾客对于购买产品或服务的时间点表示质疑或不同意的情况。购买时间异议也是顾客方面的一种异议。比如：“我现在暂时不需要，等我需要的时候联系吧。”“我先研究研究，然后再做决定。”当顾客提出购买时间异议时，往往表明顾客愿意购买这件推销品，只是想推迟购买时间。一般来说，购买时间异议是在需求异议、财力异议、权力异议、产品异议、货源异议和推销员异议之后提出来的。

价格异议是指顾客对于产品或服务的价格表示不同意或质疑的情况。当推销员向顾客报价时，顾客可能认为价格过高或不符合市场价值，或者对于产品或服务的价格存在疑虑。例如：“你们这个太贵了！”“别家的比你们便宜多了！”通常情况下，价格异议是顾客提出的最后一种购买异议，是较为常见的一种顾客异议。

二、顾客异议的成因

推销异议是引起顾客异议的深层原因及影响顾客异议的重要因素。形成推销异议的原因是多种多样的，既有来自顾客方面的原因，也有来自产品方面的原因，还有其他方面的原因。

(一) 来自顾客方面的原因

由于顾客是推销活动的重要参与方，很多异议往往来自顾客，来自顾客方面的原因主要有以下几种。

1. 顾客的自我保护

由于推销具有盈利性质，顾客和推销员天然是对立的。顾客知道推销员想要赚自己的钱，他们害怕被推销员欺骗，或是买到比市场价贵得多的商品，抑或是买到质量较差的商品，顾客会在推销员面前本能地将自己保护起来。这种顾客的自我保护好似刺猬的长刺，让人轻易无法接近。

2. 顾客没有真正意识到自己的需要

很多顾客是后知后觉的。比如，他现在的手机明明用得好好的，没觉得有任何问题，但一个月后，手机由于老化，屏幕上出现了很多竖纹，这个时候，他才意识到自己需要换手机了。还有的时候，顾客由于忙于自己手头的事情而忽略掉一些需求，他们会本能地认为自己没有其他需求。

3. 顾客对推销品缺乏了解

在有一些情形下，由于顾客对某种推销品缺乏了解，出于对自己的本能保护，他们可以做的就是拒绝。等到自己对产品足够了解之后再购买，可以大大降低自身的财产损失和购买后的种种困扰。顾客由于对推销品缺乏了解的拒绝购买行为，其深层次的原因还是顾客对自己的保护，因为人们对于陌生的东西会表现出本能的恐惧和排斥。

4. 顾客的偏见、成见或习惯

在当代人的生活中，偏见或成见是广泛存在的。其中，最常见的一种偏见就是“学历无用”。产生“学历无用”偏见的常见原因是，一些没有上过学或者念书不多的人由于种种原因成功了，出于对自身权威的维护以及其他一些原因，他们会本能地排斥一些自己身上没有的东西，从而向自己所处的圈子中灌输“学历没有用”的观念。

人们对于产品的偏见也是广泛存在的。比如，人们会觉得一分价格一分货，10000 元的电脑一定比 6000 元的质量好；人们会觉得品牌很重要，名牌产品的质量一定优于普通品牌的商品；或者由于长期的消费习惯，有的人会觉得一个品牌的可乐比另一个品牌的可乐好喝，虽然他也未必尝得出来两种可乐有什么区别，但他就是会对其中一个品牌的可乐“情有独钟”。

5. 顾客缺乏足够的购买力

有的时候，顾客还真的是买不起。几乎人人都喜欢住豪宅，但并不是每个人都拥有足够的购买力，而构成有效需求的前提便是买得起。所以，有的时候不能怪顾客似乎在寻找各种各样的借口阻碍成交。推销员需要拥有足够的洞察力，去判断哪些顾客异议是真实的，而哪些异议仅仅是怕场面尴尬脱口而出的一种托词。

6. 顾客的情绪不好、状态欠佳

还有一种常见的顾客异议产生原因是，顾客的情绪不好、状态欠佳。有研究指出，人的心情会受到天气的影响，在阴天时，表示心情郁闷的人数会明显多于晴天。当然，除了天气因素，还有许多种影响人们情绪的原因，比如家庭变故(婚姻变故)、朋友的背叛、重大投资失误(赔了很多钱)，抑或是在单位被领导批评等。处于郁闷情绪中的客户会自然而然将这些不良情绪投射到他们所遇到的人或事中，这时他们提出购买异议是自然而然的事情。

7. 顾客的自我表现欲

有些顾客由于自尊及其他某些原因，自我表现欲强烈，想让别人知道他有自己的看法，要表明他不会受到别人的影响。推销员越是介绍产品优点和提出建议，他就越觉得自己有必要提出一些不同的看法，甚至在某种情况下要试探一下推销员的能耐和知识水平。如果推销员在言行举止中流露出自鸣得意的表情，则往往会促使顾客采取表现自己的态度，以求得心理上的满足。面对顾客的自我表现欲，推销员在态度上要尊重，在尊重的前提下予以耐心的正面说服，不应与顾客抬杠，更不可挖苦顾客，抬杠和挖苦只会破坏与顾客的关系，造成推销失败。

案例分享

不愉快的汽车购买经历

小张准备换一辆新车，一天路过某品牌的4S店，便进去询问有没有合适的款式。一位推销员热情地招待了小张，问他想看哪款车。小张看了看几款车型，推销员一边接待着，一边从旁介绍各个款式汽车的性能、价格及特点。

小张问："你们现在还有手动挡的车吗？"

推销员："现在都是自动挡的了，没有手动挡。"

小张："手动挡的车好开。"

推销员："还是自动挡的车好开。"

小张："手动挡的车省油。"

推销员："手动挡的车是省油，但是自动挡的车更加方便，而且以后再也不会生产手动挡的汽车了。"

小张看了看推销员，过了一会儿说："好的，我再考虑考虑……"

8. 顾客有比较固定的采购关系

顾客(尤其是企业顾客)在长期的生活(生产)中，出于过往的交流(交往)成本以及习惯性考虑，往往会和某个公司的推销员形成某种固定的采购关系。一方面，对于顾客而言，维系过去的采购关系是较为省时和省事的；另一方面，基于长期的采购合作关系，之前的公司(推销员)也会给顾客一定程度的优惠。因此，顾客常常会因为有固定的采购关系，而对推销成交提出异议。

9. 其他因素

客户常用的推托理由如表9.1所示。

表 9.1 客户常用的推托理由

推托理由	真实原因
我考虑考虑再说	没钱；目前不需要；价格太高；对产品、公司、推销员不信任
我没钱	有钱但舍不得买
我要和领导(老婆)商量一下	自己拿不定主意
给我一点时间想想	没有其他人的同意，无权擅自购买
我还没有准备要买	认为别处可以买到更划算的
我们已经有了同类产品	不想更换供货厂家
价格太高了	想到处比价
没打算要买	此时忙着处理其他事情

(二) 来自产品方面的原因

产品是推销活动中的第二个要素，是推销的客体。产品是一个多因素的组合体，由功能、效用、利益、质量、价格、服务等多种因素构成，因此，源于产品本身的异议也是多个方面的。

1. 产品的效用

推销品的实用性和适用性对于顾客来说是最关键的因素之一。无论产品再好，如果不能满足顾客的需求或解决他们面临的问题，顾客也很难接受或购买这个产品。对顾客来说，产品的实用性和适用性最为重要，当顾客没有认可推销品的实际效用时，推销员再详细介绍产品也是毫无效果的。

2. 产品的质量

推销员在推销的同时，也需要注意产品的质量是否符合商业销售的标准，在同一价格水平下，产品质量越好，竞争力就越强，销路也越好。

3. 产品的价格

产品的价格是最为常见的顾客异议之一。价格在某种程度上代表了产品的价值和顾客拥有产品所需付出的代价，离开价格谈产品好比做无米之炊和无源之水，是缺乏诚意的。人性本身是喜欢占便宜的，很多人购物追求的就是“最优的性价比”，因此，即使顾客觉得商品并不贵，也会想要讨价还价，以进一步获取消费者剩余。

4. 产品的服务

服务是产品的附加因素，它也会对推销绩效产生直接影响。当代的产品在品质接近、价格接近的情况下，其竞争力也就取决于服务了。因此，很多顾客会对推销品的服务产生要求，以进一步获取消费者剩余。

(三) 其他方面的原因

除了顾客、产品方面的因素外，在实际推销中，推销员推销不力、推销信誉不佳、推销信息失实、推销环境不良、企业信誉与知名度等，都是形成推销异议的直接影响因素。

1. 推销员推销不力

顾客对推销员的反对意见主要是由推销员不注重推销礼仪、不讲究推销语言艺术，缺乏必要的精神和气质，采取的推销方式不当等引起的。

2. 推销信誉不佳

在实际推销工作中，有些推销员有不良习性，对顾客不负责任，不讲信用，不执行合同，不及时交货，采取欺骗或坑害的手段对待顾客，严重损害了推销信誉。

3. 推销信息失实

在推销过程中，推销员要向顾客发出大量的推销信息，如果信息失真，势必引起各种反对意见，甚至造成顾客的抗拒心理。

案例分享

赠品在哪里？

某装修公司推销员龙某打电话给客户甲，说："您周日来我们公司，即可以免费领取一份装修的大礼包。"

客户甲信以为真，而当他于周日来到该装修公司时，龙某却说："需要签订装修合同，然后才会赠送一份装修的大礼包。"

客户甲不悦，悻悻离去。

4. 推销环境不良

推销品应当符合推销环境的基本要求。在不同的推销环境里，顾客的购买能力和购买习惯不同，群体的消费水平和消费结构不同，竞争的规模和激烈化程度也不同。有的顾客是挑剔的，他们不仅仅要求产品质量、产品效用，附加在产品身上的服务，推销员推销水平，甚至于推销品所处的环境如果不佳，影响了客户的购物体验，也可以成为产生购买异议的原因之一。

5. 企业信誉与知名度

如果顾客对某个企业没有一定的了解，或者知道该企业信誉不佳，提出购买异议是很自然的事情。在同等条件下，顾客也会由于公司的信誉而提出购买异议。

总之，产生顾客异议的原因是多方面的。不管顾客提出异议的内在原因是什么，推销员修炼自身的推销技术，正确理解顾客真实的推销异议，了解顾客异议产生的原因，才是促成交易的重要手段。

第三节　顾客异议处理的步骤

顾客异议处理的步骤包括欢迎并正视顾客提出异议、准确分析顾客异议、正确回答顾客异议以及适时处理顾客异议。

在顾客提出异议时，首先需要知道的是，顾客提出异议并非坏事，如果能够很好地处理顾客异议，解决其顾虑，反而能够促进推销的成交。反之，如果顾客频频夸赞推销品，这未必是好现象，因为只有顾客真正想买的时候，才会开始“挑毛病”，而对于和自己无关的商品，则大可以“高高挂起”。

一、欢迎并正视顾客提出异议

面对顾客的异议，推销员需要做的是正视并倾听顾客的倾诉，从中获取与推销成交有关的信息。多数人是喜欢表达而不耐烦于倾听的，推销员有表现欲和表达欲，顾客也有。在推销活动中，应该将顾客置于更加重要的位置，因此，在顾客即将提出异议之时，推销员应该予以耐心的倾听。在倾听顾客反馈的时候，切忌打断顾客，此时的推销员应该注意“多听少说”。不管后续的推销状况如何，重视顾客总是会使顾客欢喜的。

二、准确分析顾客异议

推销员要准确分析顾客异议，是因为很多顾客抛出的异议往往不是顾客内心的真正异议。顾客抛出“假”异议倒也不是他们喜欢说谎，而是在某些情形下，真实的顾客异议可能会让场面尴尬。因而，在顾客主动提出的异议中，有很多并不是真正的异议。比如，有的人为了掩饰自己不能做出购买决策(这样会令顾客自己感到尴尬)，只好推说商品质量有问题，或是托词说还要货比三家再做决定。因此，优秀的推销员需要正确判断客户的话，需要察觉顾客所说的是真实异议，还是表面的虚假异议。如果顾客所提出的是虚假异议，推销员需要进一步探求出顾客的真实异议，以及顾客不直接提出真实异议所面对的顾虑。

三、正确回答顾客异议以及适时处理顾客异议

回答顾客异议的时候需要注意尊重顾客异议、永不争辩，实事求是。比如，当顾客提出自己不需要推销品时，推销员可以采取渐进式推销的方法。在初次拜访客户的时候“点到为止”；第二次访问时，找出合适的话题，进一步和顾客建立“公共关系”；第三次访问时，再深入洽谈有关推销事宜。

当顾客提出财力异议的时候，推销员可以适时提出分期付款或延期付款的推销成交策略。

当顾客提出权力异议的时候，推销员可以先引导鼓励顾客，帮助其认清购买事宜的正确性(比如可以给自己的家庭或单位带来实际的利益或好处)，以打消顾客顾虑。若顾客举棋不定，可以采取激将法，但需要掌握分寸，力求做到既能较好地激发顾客的积极情绪，又能避免伤害顾客的自尊心。如果激将法仍旧无效，而推销员笃定顾客是可以拍板做主的，那么可以判断，顾客的真实目的是迫使推销员做出某方面的让步，以获得最优惠的交易条件。此时，可以采取假设退让法侦察对方的真实意图，尽可能以较少的退让，换取顾客的购买承诺。若以上策略都没有效果，则可能顾客是真的无权决定购买，推销员需要从顾客口中探寻出真正的决策者，再与之接洽。

当顾客提出产品异议的时候，推销员可以通过现场展示、引导顾客亲身体验，提供例证证明产品的功能和质量，最后再结合试销的方式，提供产品担保以打消顾客疑虑。

当顾客提出货源异议的时候，推销员首先应该不怕遭到冷遇，反复进行访问，多与顾客接触，联络感情，以增进相互的了解。同时，推销员还可以向顾客出示企业资质证明、产

品技术认证证书、获奖证书及知名企业的订货合同等材料，以消除客户的顾虑；如果顾客表示自己有长期合作的供货单位，推销员可以提出，一个企业仅掌握单一的货源具有一定的风险等。

当顾客提出推销员异议的时候，推销员应该从自身寻找原因，端正态度，注重推销礼仪，改进工作作风、态度及礼仪，真正做到关心顾客，爱护顾客，把顾客的利益放在第一位。

当顾客提出购买时间异议的时候，可以利用对顾客有利的机会激励顾客，使其不再犹豫。比如："目前正值展销期间，在此期间购买产品可以获得 20%的优惠。"或者"我们的货已经不多了，如果您再犹豫的话，就可能被别家买走了。"此外，还可以利用顾客意想不到但又必将会发生的变动因素，比如物价上涨、政策变化、市场竞争等情况，促使顾客尽早做出购买决策。

当顾客提出价格异议的时候，推销员可以先发制人地说明报价是出厂价或最优惠的价格，暗示顾客这已经是价格底线，不能再讨价还价，以抑制顾客砍价的念头；或者采取酌情让步的策略，在自己权限许可的范围内适当调整推销品的价格，以促成产品成交。

案例分享

处理价格异议

某推销员向一位总经理推销俱乐部会员卡。

李总："你们的会员费太贵了，企业效益不好，负担不起。"

推销员："我们俱乐部的会员都是一些像您这样的高级管理人员。由于超负荷工作，日积月累容易感到身体严重透支。身体是革命的本钱，适当的休息更有利于工作，是吧？"

李总："我们企业效益不好，实在负担不起你那个会员卡。"

推销员："李总就喜欢和我们年轻人开玩笑。比起您单位创造的利润，这点费用算什么？再说，我们的会员卡还有您意想不到的优惠。"

李总："什么优惠？"

推销员："持卡人可以在与我们俱乐部有合作关系的遍布全国的 20 家大型宾馆和度假村享受 5%～10%的优惠。这样您每月应酬加各省外出活动 10 次，每次节省 1000 元，一个月下来就节省 10 000 元，一年下来节省的就更多了。"

李总："说的也是。"

推销员："正像您说的，咱们这个卡不便宜，可省下来的钱也不是一个小数目，如果您加入的话，我可以在力所能及的范围内给您适当的优惠。"

李总："好吧，为了你的工作，为了我的身体，我周末去报名。"

第四节　顾客异议的处理方法

常见的顾客异议处理方法主要包括八种，如图 9.1 所示，分别是：反驳处理法、"但是"处理法、转化处理法、太极处理法、不睬处理法、预防处理法、询问处理法与补偿处理法。

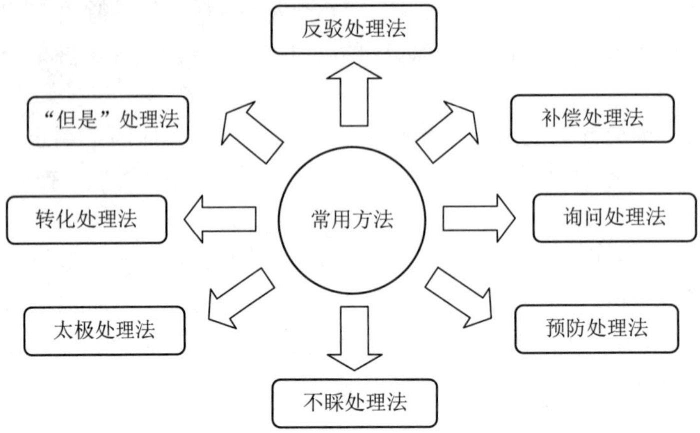

图 9.1　处理顾客异议的方法

一、反驳处理法

反驳处理法也叫作“直接否定处理法”，是指推销员根据有关事实和理由直接否定顾客异议的一种处理方法。从现代推销学理论上讲，在处理顾客异议时，推销员应该尽量避免与顾客发生直接冲突，避免针锋相对的反驳，但在有些时候，使用反驳处理法是非常有必要的。

二、“但是”处理法

“但是”处理法也叫“间接否定处理法”，是业务员根据有关的事实和理由，间接否定顾客异议的一种处理方法。在推销面谈过程中，顾客往往会提出很多无效的异议，直接阻碍成交。在这个时候，如果采用直接否定处理法，可能会让顾客感到不适，进而影响推销的进一步进行。若采用“但是”处理法，可以通过“间接否定”，一方面否定顾客提出的异议，另一方面又不会有伤顾客的面子。

“但是”处理法的实施通常可以分两个步骤进行。

步骤一：明确地表示同意顾客的看法。这种做法似乎是赞成的，这样就维护了顾客的自尊，然后在“但是”后面做文章，用有关事实和理由婉转地否认异议。换一种说法就是推销员先不直接否定或反驳顾客的异议，而是表示理解，然后又证实顾客的观点并不全面，进行委婉地解释。

步骤二：用委婉的语言、语气、语调阐明自己的看法。先肯定，说明推销员是实事求是的，而不是为了扩大业务而不负责地瞎说。由此，这种“是的，但是处理法”经常在业务推广中运用。不过“但是”这个词否定意义太强，容易引发敌对情绪，最好避免使用，可以用“而”字代替“但是”，这样就可以大大缓和语气，效果也会好一些。

三、转化处理法

转化处理法也叫作“利用处理法”，是指推销员直接利用顾客异议本身处理有关顾客异议的一种处理方法。从现代推销学理论上讲，顾客异议既是成交的障碍，又是成交的信号。

在实际推销工作中，推销员可以利用顾客异议的这种特点看准成交信号，排除成交障碍，从而促成交易。比如有顾客提出："这东西又涨价了，买不起！"运用转化处理法可以说："是呀，又涨价了，我看不久还会涨价，现在不买，以后就更买不起了！"

四、太极处理法

太极处理法是借鉴了太极拳中"借力使力"的技巧，当顾客提出某些不购买商品的异议时，推销员可以立刻回复："这正是我认为您要购买的理由！"这种处理方法的目的是立即将顾客的反对意见转化为他必须购买的理由。

例如，经销店老板提出："贵公司把太多的钱花在了做广告上，为什么不把钱省下来，作为进货的折扣，让我们利润多一些呢？"推销员可以回答："就是因为我们投下大量广告费用，顾客才会被吸引到指定经销商处购买指定品牌，不但可以节省您的销售时间，还可以让您顺便销售其他产品，您的总利润还是最大的吧！"

五、不睬处理法

不睬处理法也叫沉默处理法或者拒绝处理法，是指推销员故意不理睬有关顾客异议的一种处理方法。当然，在具体的推销实践中，推销员应该尊重顾客，正确对待顾客提出的异议。但很多顾客往往会提出一些无效异议，或者无关异议。推销员没有必要也不可能有效地处理顾客所提出的一切异议。因此，在一定的条件下，推销员可以忽略有关异议。

六、预防处理法

预防处理法是指推销人员在推销拜访中，确信顾客会提出某种异议，就在顾客尚未提出异议时，自己先把问题说出来，继而适当地解释说明，予以回答。

预防处理法的最大好处就是先发制人，有效地阻止顾客的异议。但采用这种方法，推销人员需要在推销活动的各个阶段将顾客可能提出的各种异议列出来，并详细准备好处理方法，在推销中视具体情况灵活组合运用。

七、询问处理法

询问处理法也叫质问处理法或追问处理法，指推销员利用顾客异议来反问顾客的一种处理方法。这种处理方法适用于推销员无法正确判断顾客异议的真实来源的时候。因为在很多情况下，顾客异议只不过是顾客用来拒绝推销员及其产品的一种借口而已。

案例分享

询问处理法寻找顾客的真实异议

"你的东西是很好，不过，我现在还不想买。"顾客甲提出了有关的购买时间异议，直接阻碍成交。经过分析，推销员无法确定顾客甲所提出异议的真实原因，因此，采用询问处理法，直接追问顾客："孙总，既然东西很好，为什么您现在不买呢？"

“好了，不管你怎么说，这东西就是不太好！”顾客乙提出了有关的产品异议，同样阻碍成交。推销员无法确定顾客乙所提出异议的真实原因，继续采用询问处理法，追问顾客：“秦总，请问，您说这东西不太好，为什么呢？”

八、补偿处理法

补偿处理法也叫抵消处理法，是指推销员利用顾客异议以外的其他有关优点来补偿或抵消顾客异议的一种处理方法。在推销实践中，顾客既有可能提出无效的购买异议，也有可能提出各种有效的购买异议，阻碍成交。使用补偿处理法来处理有效的顾客异议，可以使顾客达到一定程度的心理平衡，从而有利于排除成交障碍，促成交易。

案例分享

如何推销这套房？

如图 9.2 所示是某房地产公司的边套户型，如何将这种户型的房屋推销出去呢？

顾客提出这种户型有过道，过道占用了过多空间，不喜欢过道。

推销员甲说：“是这样的，您可以把过道里挂一些壁画，增加装饰，会显得更具美感。”

面对同样的问题，推销员乙这样回答：“您说的是，但我们这个房子所处的地段，目前这个价位，还是性价比很高的，我们这里比周边每平米可以低 1000 元，买到就是赚到。”

推销员甲和推销员乙的回答，哪种更容易被客户接受呢？

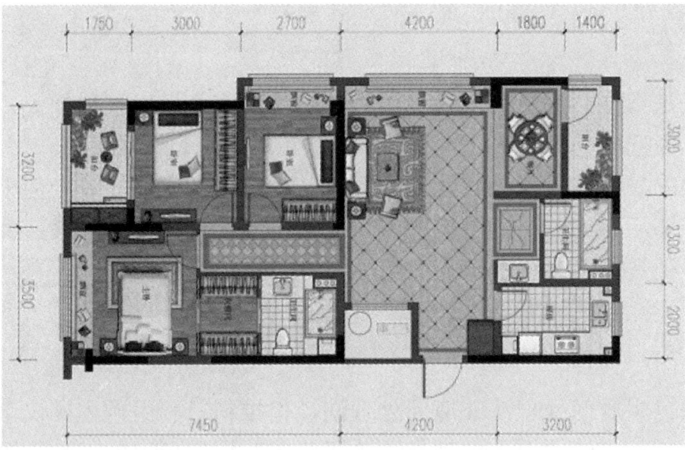

图 9.2　一种“不完美”的户型

第九章配套习题　　第九章 PPT

第十章　促成业务成交

成交指顾客接受推销员的建议及劝导，并且立即购买推销品的行动过程。它是面谈的继续，也是整个推销工作的最终目标。

成交的基本条件包括：

(1) 必须让顾客对推销员所推销的商品及商品价格有全面了解的要求和机会。

(2) 必须让顾客对推销员及推销员代表的公司有良好的信任度。

(3) 必须让顾客对推销员推销的商品有强烈的购买欲望。

(4) 在适当的时刻促使顾客做出购买决策。

(5) 必须将最后阶段的洽谈准备好。

(6) 必须对顾客的情况有充分全面的了解和掌握。

小知识

成交环节中最易犯的十种错误

(1) 因过程太长而未能实现成交。顾客是各种各样的，许多顾客并不需要一个完整的推销展示过程，所以当顾客已经表示“买”时，仍然按部就班地进行“推销”展示就多余了。

(2) 有不正确的认识倾向。如果推销员对自己或所推销的产品心存疑惑，顾客也会有所察觉，因此有可能拒绝购买产品。

(3) 每次拜访没有提出成交请求。成功的推销员认为，应当使每次拜访都表现出为实现成交而拜访。

(4) 成交请求失效。推销人员应有意识地促使自己学习和使用一些新颖的成交意向表达方式。应当知道，如何提出成交请求是一种技术，它可以不断改进、提高。

(5) 展示做得不够充分。要想实现成交，应确保顾客明白你的产品或服务的优点是什么。

(6) 没能不懈努力。如果在第一次听到“不”之后就泄气了，那你也将远离成功。

(7) 确定成交的时间过长。所有有经验的推销人员都听说过关于成交之后又取消成交的事。所以一旦成交，应在感谢顾客之后立即离开。

(8) 缺乏演练。与同事进行演练是提高请求成交技巧的一个好办法，也可以在与小业务往来客户的交往中锻炼技能，这样可有效地控制推销损失和获得有价值的销售经验。

(9) 没有选择方法。推销员应该在心中准备一个或多个选择方案，针对不同的顾客用不同的方法。

(10) “未见兔子先撒鹰”。不应该指望每次推销展示都能进入提请成交的层次。记住，除非获得订单，否则你什么也没做成。

第一节 捕捉业务成交的信号

事实上，推销成交就像确定男女朋友关系一样，是有信号的。我们常常用“牵手”来描述两个人“在一起”这件事。这主要是因为，“牵手”代表了两个人彼此中意的信号。类似地，推销成交也有一些“信号”。这种“信号”是转瞬即逝的，推销员要有一双善于洞察的眼睛，及时捕捉推销成交的信号，避免“夜长梦多”的情形出现。

成交信号是顾客在购买过程中展示出的意向，可以是明确的或潜在的指示。这些信号可能体现在顾客的表情、语言和行为上。推销员可以通过观察顾客的面部表情、语言和行为的变化，以及事态等来判断和识别顾客是否有成交的意愿。

一、表情信号

表情信号是从顾客面部表情和体态中表现出来的一种成交信号，比如在洽谈中面带微笑，下意识地点头表示同意推销员的意见，对产品不足表现出包容和理解的神情，对推销的商品表示有兴趣和关注等。

常见的推销成交的表情信号主要包括两种：

(1) 顾客神态轻松，态度友好；

(2) 顾客盯着产品看，手中把玩着推销品，不住地问产品相关问题。

二、语言信号

语言信号是顾客通过询问使用方法、价格、保养方法、使用注意事项、售后服务、交货期、交货手续、支付方式、新旧产品比价、竞争对手的产品及交货条件、市场评价，或说出“喜欢”和“的确能解决我这个困扰”等所表露出来的成交信号。常见的成交语言信号如下：

(1) 对商品给予一定的称赞，如：“你们这个产品真漂亮啊！”

(2) 询问推销员关于价钱的问题或和推销员商谈价钱，如：“这个产品多少钱啊？”“再给优惠点儿吧！”“能再便宜一些吗？”

(3) 询问推销员对商品使用的意见，如：“你觉得我把茶几放在这个位置怎么样？”“你觉得银色和白色哪种颜色更好看？”

(4) 询问推销员付款方式，如：“可以用微信支付吗？”“可以分期付款吗？”

(5) 询问是否有现货或送货方式与时间的问题，如：“你们现在有现货或库存吗？”“你们什么时候派人送过来？”

(6) 询问产品的使用方法或细节，如：“你们有没有安装的视频？”“再跟我说一下使用方法吧！”

(7) 询问关于售后服务或保修期的相关问题，如：“你们产品的保修期是多久？”“你们保修的服务范围是怎样的？”

(8) 询问以前购买过产品的团队或人，如：“你们这款产品的销售情况如何？”“目前有哪些公司采用了咱们这个系统？”

(9) 要求再看一次商品或再示范一次，如：“再给我示范一次吧！”

(10) 要求再确认或保证，如：“这个产品真有你说的这么好吗？”

案例分享

有效的成交信号

一个卖电脑记事本的女孩去拜访一位公司经理，她向经理推荐和介绍了她的产品，并拿出产品向这位经理做了演示。这位经理接过她的产品在手上摆弄了半天，很喜欢。过了一会儿，这位经理说：“我有几本名片簿，要把这些名片信息输进电脑记事本中，需要多长时间？”

在上述案例中，客户的语言已经表达出来了购买信号，因为它涉及到这个产品的使用问题，如果客户不想买的话，他怎么会问这个产品的使用问题呢？如果这位经理同意女孩把名片簿带回家去替他输入电脑记事本，不也就意味着成交了吗？

三、行为信号

行为信号指的是推销员在向潜在客户推销的过程中，潜在客户的某些细微行为中表现出来的购买信号，具体有以下几种。

1. 时而看着推销员，时而看着说明书

有时候，客户会看看推销员，再看看说明书。为什么？其实，客户心里在想：还有什么问题，我赶快问，看看说明书再挑一挑，挑出个毛病不就可以再降点价吗？这是人在选购商品时固有的一种心态，实在挑不出问题，再掏钱。

2. 开始大发感慨

有些客户开始大发感慨：“哎呀，小伙子，我真说不过你。”或“真拿你没办法了。”这是好征兆，说明对方对推销员个人已经认可了。推销员需要做的，就是主动提出促成交易请求，直接跟客户说：“先生(女士)，您看是使用微信支付，还是支付宝支付？”

3. 向周围人寻求看法

有些客户想成交的时候，往往会向周围的伙伴征询意见：“你们看如何？”或者“怎么样？还可以吧？”这是因为，每个人在做出决定的时候，都是需要他人支持的。而当客户在寻求周围人支持的时候，说明在他的心中已经认可了推销品。

4. 大肆评论推销员的产品

若客户开始大肆评论推销员的产品(不管是正面的还是反面的)或者目光一直追随推销员的产品，说明其内心对产品已认可。

5. 喃喃自语，皱着眉头貌似难以决策的样子

当客户面临交钱的时候，是纠结的。因此，客户表现出喃喃自语，皱着眉头貌似难以决策的样子也在情理之中。在这个时候，推销员需要再添一把火，让顾客尽快摆脱纠结，转而享受成交后的快乐。

6. 夸奖其他公司的产品，甚至列举出商品的名称

有些客户会夸奖其他公司的产品，甚至列举出商品的名称。这种表现犹如“此地无银三百两”，既然别人家的商品如此好，他又为何与你这样费尽周折呢？

四、事态信号

事态信号指在推销过程中，随着接触过程的发展、变化而由客户体现出来的一种成交信号。

常见的推销成交的事态信号包括：客户态度开始转变，客户接受重复约见，客户把推销员引荐给自己所在企业的其他人员，客户主动提出更换洽谈场所。

第二节　促成业务成交的方法

常见的促成业务成交的方法有九种：请求成交法、假定成交法、选择成交法、优惠成交法、异议成交法、保证成交法、最后机会成交法、从众成交法以及“小点”成交法，如图 10.1 所示。

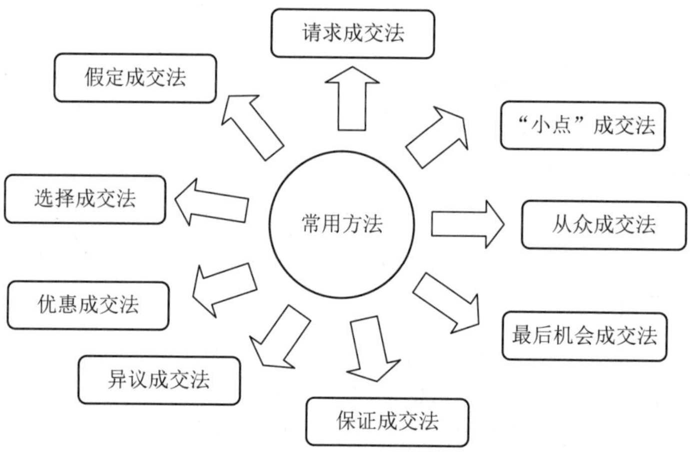

图 10.1　促成业务成交的方法

一、请求成交法

请求成交法也叫直接成交法或直接请求成交法，指推销员直截了当地提议顾客购买推销品。当交易已经达到最佳时机时，推销员会自然而然地说：“请您看看订单，没有问题的话，我就把这个数字填到合同里。”或者说：“既然一切都谈妥了，那就请您在合同上签字吧。”这种方法的优点是能够快速引导顾客做出决策，节省时间并促成交易。然而，使用此方法需要具备较高的销售技巧和对客户需求的准确判断，以确保顾客满意并愿意购买产品。

请求成交法适用于理性客户，主要适用于以下两种情形：

(1) 推销员对达成利于双方的交易结果充满自信。

(2) 其他成交法都未获得成功，直接成交法也许是促成购买的最后机会。

二、假定成交法

假定成交法也被称为假设成交法，推销员在这种方法中假设顾客已经接受了他们的推销建议，只需要对某一问题做出答复，从而迫使顾客购买。这种方法常用于面向准顾客的推销过程中。比如推销员可以作如下陈述："我稍后就打电话为您落实一下是否有存货。"或"我明天就为您装运货物。"如果准顾客对此没有异议，就可以认为顾客已经默许成交。

假定成交法适用于对准顾客的推销。比如可以直接填好订单，递给准顾客说："这是即将发送的货物。"或"这是本月你们所需要的货物。"在获得顾客一定程度的信任后，很多推销员都采用假定成交法直接为顾客订货。

运用假定成交法的时候，需要注意以下几点：

(1) 推销员要善于分析顾客，有针对性地使用假定成交法。一般来说，依赖性较强、性格比较随和的顾客以及老顾客，可以采用这种方法。但对于那些自我意识较强、过于自信的顾客，则不宜使用这种方法。

(2) 推销员应善于把握时机，适时运用假定成交法。一般在发现成交信号、确定顾客有购买意向时才能使用这个方法，否则会弄巧成拙。

(3) 推销员应善于制造推销气氛，自然地使用假定成交法。要尽量使用亲切、温和的语言，切忌语气咄咄逼人，形成高压气氛，使顾客望而却步。

三、选择成交法

选择成交法是通过向顾客提供一个有效的选择方案，使其立即做出购买决定的成交方法。这种方法建立在假定成交法的基础上，通过向顾客展示不同的成交决策方案来实现最终成交。虽然这种方法表面上看似将成交的主动权交给了顾客，但实际上只是将成交的选择权交给了顾客。其真正的意义在于从心理上减轻了顾客的成交压力，创造有利于成交的洽谈氛围。例如，推销员可以说："您看是给您选配一个盒子，还是一个布袋呢？"通过提供两种不同的选择方案，推销员让顾客感受到自己对购买决策具有决定权，同时也给予了顾客一定的参与感。

运用选择成交法需要注意以下三点：

(1) 推销员应该态度诚恳，主动热情。

(2) 推销员应该限制顾客的选择范围，引导顾客成交。

(3) 推销员不能强加于人，应该让顾客自己做出最后的成交选择。

四、优惠成交法

优惠成交法指的是推销员通过提供优惠条件促使顾客立即购买推销品的一种成交方法。人性都是贪小便宜的，适时让顾客看到此次商品的优惠条件，可能会收到比较好的效果。比如说："今天我们这条裤子八折促销，您可不要错过时机啊！"

使用优惠成交法时需要注意以下四点：

(1) 推销员应该结合特种推销开展广告宣传，造成优惠气氛。

(2) 推销员应根据实际需要与可能确定优惠条件与优惠方式。

(3) 推销员不能盲目提供优惠条件，避免大量增加推销成本。

(4) 推销员一定要遵循相关的法律法规，不能违反相关价格政策，不能提供虚假的优惠条件。

五、异议成交法

异议成交法也叫“大点成交法”，是一种在处理顾客异议的时候直接向顾客提出成交要求的推销成交方法。这种方法通常可以有效促成交易，因为顾客成交的最大障碍来自顾客对产品或服务的疑虑和异议。当推销员能够妥善处理好顾客的异议时，就可以消除顾客购买商品的障碍，从而更容易促成交易。使用异议成交法时，推销员可以通过强调产品的优势和价值来回应顾客的异议，以增加顾客对产品的认可度和信任感。例如，推销员可以说：“我们产品的品牌是这个行业中最好的，我们提供了最好的质量保障和售后服务，因此，它的价格并不算高。您实际上手使用一下，包您满意。”通过这样的表述，推销员强调了产品的品质、服务和性价比，使顾客对产品产生更多的兴趣和认同感，从而更有可能达成交易。

异议成交法的使用需要注意以下四点：

(1) 推销员应该认真分析各种顾客异议及其根源，针对顾客异议，探明产生异议的真实原因，过滤掉无关异议和非成交信号，充分利用各种异议寻找成交机会。

(2) 推销员应该关注处理顾客异议的基本策略和成交策略，使用多种顾客异议处理方法和成交方法，妥善地处理有关的顾客异议，排除各种成交障碍，形成有利的推销气氛和成交时机。

(3) 推销员应该直接针对有关顾客异议，提示推销要点，启发顾客的主要购买动机，增强顾客的成交信心，消除成交的心理障碍。

(4) 推销员应该抓住有利的成交时机，看准成交信号，向顾客传递适当的异议成交提示，把成交信号转化为成交行为。

六、保证成交法

保证成交法又被称作“做承诺成交法”，是指推销员通过向顾客提供售后保证而促成交易的一种成交方法。通常顾客在购买商品的时候会存在顾虑，担心买贵，或者商品质量不合格等，从而产生一定程度的购买顾虑。保证成交法通过向顾客提供售后保证，在很大程度上消除了顾客的购买压力，从而为促成交易带来很大程度上的便利。例如：“您不用担心我们空调的质量问题，我们提供 5 年的保修，随时上门为您提供各种技术服务。”再比如，“请您再多进一些货，我们相信这种产品很快就会售完。如果存货变质，我们保证调换新货；如果卖不掉，我们全部收回，保证贵公司不会受到任何损失”等。

保证成交法的保证内容一般包括商品质量保证、价格承诺、交货时间保证、售后服务保证等条款。这种保证直击客户内心，会极大地改善成交气氛，有利于成交。

保证成交法的使用需要注意以下三点：

(1) 推销员应看准顾客的成交心理障碍，明确顾客所担心的主要成交问题和不利的成交后果，针对顾客的主要购买动机，提供有关的成交保证条件。

(2) 推销员应对准顾客所担心的主要成交问题及不利的成交后果，直接提示有效的成交保证条件，消除顾客的成交心理障碍，解除顾客的后顾之忧，促使顾客立即购买该推销品。

(3) 在成交后，推销员还必须信守诺言，实现有关的成交保证条件，发展顾客关系，提高成交信誉，促成大量成交。

七、最后机会成交法

最后机会成交法是利用对顾客的正向压力促使顾客立即购买产品或服务的成交方法。该方法给予顾客一种“现在或永远失去这个机会”的感觉，从而促进他们做出购买决策。这种压力来源于人们的趋利避害心理。顾客通常都希望从交易中获得利益，而正向压力给予顾客一种占便宜的机会，但这种机会是非常有限的，转瞬即逝。因此，顾客可能会受到时间和机会的限制，感到必须尽快行动以避免错过这个特殊的机会。最后机会成交法的有效性在于它能够抵消其他负向因素对顾客购买决策的影响。例如，一些顾客可能会担心被推销员欺骗或后悔做出购买决策，但正向压力能够使顾客更加关注那种“占便宜”的机会，从而降低了一些负向因素对购买决策的影响。

举个例子来说，一个房产推销员可以利用最后机会成交法来促使顾客购买。他可以告诉顾客说：“这套房是刚刚有客户退掉的，每平方米比市场价低 1000 元，您看要不要买？如果不买的话，恐怕很快会被别人买走。”这种说法给顾客一种只有现在才能以更低价格购买到这套房的机会，并强调这个机会是非常有限的。这样，顾客可能会因为想要占便宜而决定立即购买这套房。

使用最后机会成交法时需要注意以下四点：

(1) 通过广告宣传造成一定的成交氛围，强调成交机会千载难逢，失去机会就等于失去金钱。

(2) 推销员应该直接向准顾客提示成交机会难得，激发顾客的购买动机，加强顾客对商品的占有欲，从而促成交易。

(3) 所选择和利用的机会一定要真实。

(4) 不能频繁地使用此方法。如果一年四季都在“清仓大甩卖”，只会让顾客识破商家动机，造成客户流失。

八、从众成交法

从众成交法也叫排队成交法，是指推销员利用顾客的从众心理，促使其购买推销品的一种成交方法。人是社会关系的总和，社会群体的趋同性是大多数人都有的心理特征，即所谓的“从众心理”，多数人认为购买的人多的商品就是高质量和高性价比的商品。人们千百年来形成的习惯会认为，多数人认可的东西就是好的，多数人看准的方向应该是对的。从众的行为可以在很大程度上避免个体承担风险，符合人们趋利避害的本性。例如在销售手机的时候可以说：“这是我们今年大卖的爆款，仅今天一天就卖出去 200 多台。”

从众成交法的运用需要注意两点：

(1) 前期发动广告攻势，利用名人宣传品牌，造成从众的声势。

(2) 寻找具有影响力的核心客户，把推销重点放在说服核心客户上，在取得核心客户合作的基础上，利用他们的影响和声望带动和号召大量具有从众心理的客户购买商品。

九、“小点”成交法

“小点”成交法是一种通过询问次要问题来促进交易的成交方法。它利用了客户在决策过程中的心理活动，避免让客户关注价格和质量等重要问题，从而减少客户的心理压力，促成交易。这种方法的核心思想是将交易的焦点聚焦在无关紧要的次要问题上，通过引导客户转移注意力，帮助他们消除对购买较高金额商品或担心受到欺诈的担忧。举个例子，推销员可以说：“这条裙子您穿起来多美啊，我给您包装好，带走吧！”通过夸奖裙子的美丽，引导客户将注意力放在裙子的外观上，而不是价格或质量等问题上，从而促成交易。

“小点”成交法的优势在于帮助推销人员在推销过程中化解客户的心理障碍，增加交易成功的可能性。然而，需要注意的是，这种方法并非适用于所有情况。在某些情况下，客户可能更关注价格、品质等重要问题，而不会被次要问题所左右。因此，在具体应用时，推销人员需要根据客户的需求和偏好灵活运用“小点”成交法，以达到最佳的推销效果。

运用“小点”成交法应该注意以下两点：

(1) 尽量选择和提示顾客不敏感的成交“小点”促成交易。

(2) 积极分析和妥善处理顾客的异议，合理利用顾客异议，从而促进“小点”成交。

第十章配套习题

第十章 PPT

第十一章 推 销 服 务

推销成交并不代表推销活动的完结，很多商品还会涉及到商品的推销服务。比如，手机、电脑等产品需要几年保修的售后保障；还有一些商品，比如空调，购买之后并不代表推销的完结，只有派专业的师傅上门安装外机之后，空调才能投入使用。因此，对于绝大多数的商品，推销服务是推销活动必不可少的环节。

第一节 认识推销服务

案例导入

乔·吉拉德的秘密武器

乔·吉拉德是世界知名的推销员。乔·吉拉德在销售成功之后，需要做的事情就是，将那位客户及其与买车子有关的一切情报，全部都记进卡片里面。另外，他给买过车子的人都寄一张感谢卡。他认为这是理所当然的事情，但是很多推销员并没有这样做。所以，乔·吉拉德特别注重寄小感谢卡，买主对感谢卡感到十分惊奇，以至于印象特别深刻。不仅如此，乔·吉拉德在成交后依然站在客户的一边，他说："一旦新车子出了严重的问题，客户找上门来要求修理，有关修理部门的工作人员如果知道这辆车子是我卖的，那么他们就应该立刻通知我。我会马上赶到，设法安抚客户，让他先消消气，我会告诉他，我一定让人把修理工作做好，他一定会对车子的每一个小地方都特别满意，这也是我的工作。满意成功的维修服务，也就满意成功的销售。如果客户仍觉得有严重的问题，我的责任就是要和客户站在一边，确保他的车子能够正常运行。我会帮助客户要求进一步的维护和修理，我会同他共同战斗，一起去面对那些汽车修理技工，一起去面对汽车经销商，一起去面对汽车制造商。无论何时、何地，我总是要和我的客户站在一起，与他们同呼吸、共命运。"乔·吉拉德手中有一本书那么厚的客户名单与每年固定的几百份客户订单，这些都是由与他成交的客户提供的。

一、服务与推销服务

服务指以无形的方式在顾客与推销员、服务系统之间发生的，可以解决客户问题，满足客户需要的一种或一系列经营行为。一般而言，服务可以分为两大类。一类是服务产品，它是用于交换、满足顾客核心需求的无形产品，比如培训公司提供的培训、咨询服务，还有医美机构提供的医疗美容服务；另一类指的是客户服务，也可以叫作售后服务，它是企业为促进其核心产品交换(销售)而提供的支持活动，属于附加产品。

推销服务是客户服务的一部分，旨在通过提供额外的利益或帮助来促进销售成功、维护客户关系或增加销售业绩。推销服务包括提供产品信息、解答顾客疑问、提供技术支持、处理投诉等活动，以满足客户的需求并确保客户对产品或服务的满意度。推销员在提供推销服务时需要具备良好的沟通能力、产品知识和解决问题的能力，以便有效地与顾客互动并满足其需求。

二、推销服务的内容

很多人觉得推销成交就完成任务了。而事实上，很多世界知名的推销大师都认为推销成交仅仅是推销服务的开始，只有做好推销服务，才能维护客情关系，增加顾客忠诚度，并为企业持续带来新客户。乔・吉拉德曾经说过："成交之后才是销售的开始。"没有售后服务的推销，在客户眼里就是一锤子买卖，是难以长久经营的。

完整的推销服务过程包括商品售后服务、服务跟踪与客情关系维系两大部分。

案例分享

某知名主播极致的推销服务

某短视频平台上有一个卖豪车的知名主播，其一年的营收可以达到十几个亿。他究竟是如何做到的呢?

该主播只做进口豪车销售，他销售的豪车基本都是百万起步的。每当有客户要买他的车，买完车之后，他都要给客户的别墅做保洁服务(买豪车的客户大多有钱，这样的客户群体住别墅的比较多)。该主播用专业的洗车工具给客户的豪宅从里到外进行保洁服务。每次给客户的豪宅打扫卫生都要耗时 3 至 4 天时间，把客户的家里打扫得一尘不染，甚至积攒多年尘垢的阳台，也被打扫得干干净净，比保洁阿姨打扫得还要干净很多。

客户买到他的车以后，车都被清洁得一尘不染，全部配置配齐后开到客户家中。并且，他都会给客户加满油。如果客户是要到酒店，他会帮客户订酒店，并且将酒店房间内的所有一次性用品换成奢侈品。他的服务宗旨就是，把每一个细节的事情都做到极致。

(一) 商品售后服务

商品的售后服务一般包括包装服务、送货服务、安装服务、维护服务、技术培训以及信用支持。

(1) 包装服务。根据客户的要求，推销员需要提供适合商品的各种形式的包装，确保商品在运输过程中不受损坏。

(2) 送货服务。针对一些大件商品，推销员需要提供送货上门的服务。这样可以方便顾客，解决顾客自行运输较为麻烦的问题。

(3) 安装服务。对于一些复杂或体积较大的商品，如家具、家电等，顾客可能难以自己进行安装。此时，推销员可以提供免费的上门安装服务，帮助顾客将商品正确安装并投入使用。

(4) 维护服务。售后维护是指对已售出的商品进行相关的保养和维修服务。例如汽车保养、家电维修等。一些贴心的推销员会根据客户的使用情况提供维护建议，并在合适的时机提醒客户进行维护，以延长商品的使用寿命和提高客户的满意度。

(5) 技术培训。对于一些技术要求较高的产品，如电脑设备、无人机等，推销员可以派遣专门的技术人员为顾客提供技术操作培训，帮助顾客更好地使用商品，并解决一些疑问和问题。

(6) 信用支持。对于一些大件或昂贵的商品，顾客可能无法一次性支付全部款项，此时企业可以提供信用支持，如分期付款、金融贷款等。这样可以降低购买的经济压力，提高客户购买的便利性和满意度。

(二) 服务跟踪与客情关系维系

数据表明，企业80%的推销业绩都来自20%的客户。或者可以说，绝大多数企业都是靠“老客户”维系着的。

与开发新客户相比，维系老客户的成本要低得多，同时，老客户更加忠诚。老客户是因为较高的顾客满意度才会形成复购的，还有一部分老客户会给自己身边的朋友介绍公司的产品。因此，维系老客户是每个公司都需要重视的问题，具体做法如下。

1. 服务跟踪

推销成交并不代表推销活动的完结，优秀的推销员还应该对顾客进行服务跟踪。具体的服务跟踪内容包括售后服务，以及与客户保持良好的关系和持久的联系，如表11.1所示为客户跟进记录表示例。

表11.1 客户跟进记录表示例

<table>
<tr><td colspan="2">客户姓名</td><td></td><td>联系电话</td><td></td><td>日期</td><td></td></tr>
<tr><td>性别</td><td></td><td>年龄</td><td></td><td>联系途径</td><td colspan="2"></td></tr>
<tr><td colspan="2">工作单位及职务</td><td colspan="5"></td></tr>
<tr><td colspan="2">通信地址</td><td colspan="5"></td></tr>
<tr><td colspan="2">客户特征</td><td colspan="5"></td></tr>
<tr><td colspan="2">客户首次来访情况</td><td colspan="5"></td></tr>
<tr><td colspan="2">客户要求</td><td colspan="5"></td></tr>
<tr><td rowspan="6">客户跟进记录</td><td>日期</td><td colspan="5">事件</td></tr>
<tr><td></td><td colspan="5"></td></tr>
<tr><td></td><td colspan="5"></td></tr>
<tr><td></td><td colspan="5"></td></tr>
<tr><td></td><td colspan="5"></td></tr>
<tr><td></td><td colspan="5"></td></tr>
<tr><td rowspan="4">是否成交原因分析</td><td colspan="6"></td></tr>
<tr><td colspan="6"></td></tr>
<tr><td colspan="6"></td></tr>
<tr><td colspan="6"></td></tr>
</table>

2. 客情关系维系

客情关系维系的重要性在于它可以帮助企业建立稳定的顾客关系，提高客户忠诚度和满意度。通过持续的服务跟踪和维系，企业可以更好地了解客户的需求和偏好，为客户提供个性化的售后服务，增加客户对企业的信任和满意度。

客情关系维护可以理解成是服务跟踪的升级版。因为只有在持续的服务跟踪的基础上，才能够了解客户的现状及需求的变化，从而进一步进行客情关系维系，为客户提供满意的售后服务，甚至进行新的一轮推销洽谈。

客情关系维系的手段可以包括：在客户生日或重要纪念日子赠送小礼品；以种种理由登门拜访客户；如果由于种种原因而不能登门拜访时，可以进行电话联系；有些客户居住地较远，可以采取写信、电子邮件或发信息的方式进行拜访。

第二节　顾客投诉的处理

没有任何一个公司可以做到十全十美，因此，在推销成交之后，接收到顾客投诉是正常的情况。推销员遇到投诉不要紧，关键在于应该如何面对和处理顾客的投诉。

一、顾客投诉的种类

在推销售后中，常见的投诉包括：产品及其质量方面的投诉、买卖合同方面的投诉、货物运输方面的投诉以及销售服务方面的投诉。

(1) 产品及其质量方面的投诉。产品及其质量方面的投诉较为常见，具体包括产品规格不符合要求、产品技术规格超过误差标准、产品故障、产品瑕疵、产品花色和包装不符、产品功能问题以及假冒伪劣等。

(2) 买卖合同方面的投诉。买卖合同方面的投诉包括购买产品在数量、产品规格、交货时间、交货地点、结算方式等方面与原买卖合同有出入而产生的投诉。

(3) 货物运输方面的投诉。货物运输方面的投诉主要包括产品在运输过程中的超规定损坏、丢失和变质，以及因为装卸操作不当而造成的损失和时间延误等方面的投诉。

(4) 销售服务方面的投诉。销售服务内涵丰富，既有业务、技术方面的服务，也有满足顾客心理需求方面的服务，当顾客在这些服务项目上产生不符合预期的认知时，很容易产生不满和投诉。

二、顾客投诉的性质

一般来说，顾客投诉分为善意投诉和恶意投诉两类。推销员对于顾客投诉，要迅速找出引发顾客投诉的真正原因，辨识顾客投诉是善意投诉还是恶意投诉，并根据实际情况进行妥善处理。

(1) 善意的投诉。一般情况下，大多数顾客都是没有恶意的。当企业产品规格、品质等方面不符合顾客要求的时候，就会出现投诉。面对顾客的善意投诉，推销员不应该抱怨，首先要从自身及公司方面寻找问题，站在顾客的角度上好言安抚。例如，可以给顾客一定程度的优惠，或者是赠送一些小礼品，从而消除不满，化解危机。

(2) 恶意投诉。在善意投诉之外，还存在一种恶意投诉。比如有一些竞争对手会采取恶意投诉的方式诋毁公司和推销员，进而进行不正当竞争。当推销员面对竞争对手的恶意投诉时，首先需要注意缩小扩散面，减少恶意投诉对公司声誉等方面的影响。在有必要的时候，可以采取法律手段维护自身的权益。

三、顾客投诉的处理流程

商场如战场，在当代经济环境下企业之间的竞争激烈，如何处理顾客投诉是一个挑战，也是企业与顾客关系维系的一个重要内容。处理好顾客投诉，有可能收获一个老客户，从长期角度看，对企业的推销业绩是大有裨益的。

顾客投诉的处理流程可以分为八个步骤：认真倾听顾客的抱怨、对顾客的遭遇表示同情、主动从自身寻找原因、真诚地向顾客道歉、诚恳表达改进的意愿、提出可行的解决方案、严格执行解决方案与及时进行反省和检讨。

处理顾客投诉是一个需要细致、耐心和技巧的过程，以下是从八个步骤展开的详细分析：

1. 认真倾听顾客的抱怨

顾客在投诉时，往往带着不满和情绪。作为服务提供者，首先要做的就是认真倾听。这不仅仅是听顾客说了什么，更是要理解他们的感受和需求。在倾听过程中，要保持专注，不打断顾客，让他们有机会完整表达自己的意见。通过倾听，可以更好地把握问题的核心，为后续的解决方案提供依据。

其实在很多时候，“事实是怎样的”并不是最重要的，而是推销员能否认真倾听，能否正视顾客的诉求。认真倾听顾客抱怨的过程，本身就是一种积极处理问题的态度，同样地，推销员也会得到顾客相对积极的反馈。

2. 对顾客的遭遇表示同情

在顾客表达完不满后，及时表达同情是缓解顾客情绪的重要一步。同情不仅仅是口头上的安慰，更是要让顾客感受到你是站在他们的角度思考问题。可以通过类似“我理解您的感受，这种情况确实让人不舒服”的话语，来拉近与顾客的距离，使他们感到被重视和尊重。

3. 主动从自身寻找原因

在处理投诉时，不要急于推卸责任，而是要主动从自身寻找原因。无论是产品质量问题还是服务不到位，都应该勇于承认错误。主动承担责任，不仅能够赢得顾客的信任，还能为后续的改进提供方向。可以说：“我们深感抱歉，这种情况的发生是我们工作中的疏忽，我们一定会认真检讨。”

虽然有可能问题不是由你造成的，是由公司内部的其他职员造成的。但面对顾客，不论是其他职员，还是面对顾客的“你”，都是一个整体，都代表着公司，如果推销员这个时候只顾着推卸责任，会让顾客觉得你们公司不靠谱，不能够承担责任，从而大大降低对你们公司的好感。

4. 真诚地向顾客道歉

道歉是处理投诉的关键环节之一。真诚的道歉不仅能够平息顾客的怒火，还能让他们感受到你的诚意。道歉时要避免使用模糊的语言，比如“如果我们的服务给您带来了不便，我们深表歉意”，这样的道歉显得不够真诚。相反，应该明确指出错误，并表达出改正的决心，如：“我们非常抱歉给您带来了困扰，这是我们的失误，我们一定会尽快改进。”

5. 诚恳表达改进的意愿

顾客投诉的目的往往不只是为了得到道歉，更是希望问题能够得到解决。因此，在道歉之后，要诚恳地表达改进的意愿。可以通过具体的措施来展示你的决心，如：“我们已经制订了详细的改进计划，并将在未来的服务中加强质量控制，确保类似问题不再发生。”

6. 提出可行的解决方案

解决方案是处理投诉的核心。在提出解决方案时，要确保方案切实可行，并且能够真正解决顾客的问题。解决方案不仅要针对当前的投诉，还要考虑到顾客的长远利益。例如，如果是产品质量问题，可以提供更换或退款服务；如果是服务问题，可以提供额外的补偿或优惠券。

7. 严格执行解决方案

解决方案提出后，关键在于执行。严格执行解决方案，不仅是对顾客的承诺，更是对自身服务质量的保障。在执行过程中，要及时跟进，确保顾客的问题得到彻底解决。如果执行过程中遇到困难，要及时与顾客沟通，寻求他们的理解和支持。

8. 及时进行反省和检讨

处理完投诉后，要及时进行反省和检讨。通过反思，可以发现服务中的不足，并制定相应的改进措施。反省不仅是对顾客负责，更是对自身服务质量的提升。可以通过内部会议、培训等方式，将投诉案例转化为改进的动力，确保类似问题不再发生。

总之，处理顾客投诉是一个需要耐心、细心和技巧的过程。通过认真倾听、表达同情、主动承担责任、真诚道歉、表达改进意愿、提出可行方案、严格执行方案和及时反省，可以有效化解顾客的不满，提升顾客的满意度和忠诚度。

第十一章配套习题　　第十一章 PPT

第十二章　典型的推销案例

本章以房地产、汽车、手机、空调和公众号的推销策划方案为例，讲述具体产品的推销策划方案应该从何处着手，以及应该如何进行推销。

第一节　房地产推销

房地产，又叫不动产，是大多数居民家里消费占比最大的消费品。做房地产推销，首先需要掌握房地产相关的知识。

一、了解并掌握房地产相关知识

(一) 了解房地产类型

在国内，通常房地产包括商品房、经济适用房、廉租房、小产权房、商用房几种。其中，商品房就是市场上常见的用于交易、住宿，可以落户的房产类型，其房产证上通常有70年的使用权。经济适用房是指具有社会保障性质的商品住宅，其具有经济性和适用性的特点。经济性是指住宅价格相对于市场价格比较适中，能够适应中低收入家庭的承受能力；适用性是指在住房设计及建筑标准上强调住房的使用效果，而非建筑标准。经济适用房是保障性住房，通常情况下不可以在市场上随意交易。廉租房是指政府以租金补贴或实物配租的方式，向符合城镇居民最低生活保障标准且住房困难的家庭提供的社会保障性质的住房。廉租房同样不可以在市场上进行交易。小产权房指的是村里宅基地等集体用地上兴建的住房，小产权房不可以在市场上进行交易。商用房的主要用途是商业性经营，可以在市场上进行交易，但其物业收费较商品房贵，同时有些商用房里不开通燃气。商用房的房产证上标注的使用年限为40年。

重要知识点：大红本和小红本。大红本指的是拥有70年产权的商用房，小红本指的是村集体宅基地上的村民自建房。

(二) 了解房地产涨跌的影响因素

房地产涨跌的影响因素主要包括建筑因素、区位因素、人文因素、环境因素、自然因素、政策因素、经济因素、预期因素等。其中，建筑因素包括建筑结构、建筑材料、楼层、朝向、建筑布局、建筑年龄、容积率、建筑面积、装修、建筑外观、建筑设备以及建筑质量。

1. 建筑因素

国内的建筑结构主要包括框架结构和框架-剪力墙结构。老房子还存在部分的框架结构，新房、次新房以框架-剪力墙结构为主。建筑材料方面，主要考虑是否为生态建筑材料。目前国内的生态建筑材料仍不是主流。

重要知识点：多层与高层、板楼与塔楼。多层是指 4～6 层的建筑物，其中大部分高于 10 米，低于 24 米，而高层是指 12 层以上的建筑物。板楼的建筑高度一般不会高于 12 层，板楼是指由多个住宅单元组合而成，每单元均设有楼梯或电梯的住宅；塔楼一般是指高层建筑，主要是指以共用楼梯、电梯为核心布置多套住房的高层住宅。

楼层因素包括楼层差价和景观可视度。一般说来，中间楼层是一个楼盘中价格最高的。因为底层的采光会受到影响，而且私密性差；顶楼容易出现楼顶漏水的情形。

具体来说，多层住宅(6 层)的 3～4 层最贵，从低往中间的楼层依次加价，从高往中间的楼层也依次加价(下同)；小高层住宅(12 层)的 7～8 层最贵；高层住宅(23 层及以上)的 18～21 层最贵。需要注意的是，个别楼层，比如 14 层的价格可能会低，主要是因为很多人对数字 14 敏感。

通常情况下，由于楼层高的优势，高层住宅的景观可视度要优于多层住宅。

朝向包括采光、通风和是否向山、向水。一般情况下，通风情况主要看住宅是否南北通透；采光情况除了受是否南北通透的影响，还会受到楼层高低的影响，一般高层楼房的采光较好；向山、向水是每个楼盘的加分项，但楼盘最好远离公墓区和垃圾填埋场等区域。

建筑布局主要讲的是户型。通常，每个房地产开发公司都会因地制宜地设计对外销售的户型，每个小区都会根据不同的目标顾客群体设计不同的户型。

如图 12.1 所示为某房地产公司的三种典型户型，其中图(a)的户型为三房两厅一卫，房产证上的面积是 90 平方米，建筑面积为 89 平方米；图(b)的户型也是三房两厅一卫，房产证上的面积是 90 平方米，建筑面积是 89 平方米；图(c)的户型为四房两厅两卫，房产证上的面积是 119 平方米，建筑面积是 119 平方米(市场参考价：每平方米 35 000 元)。

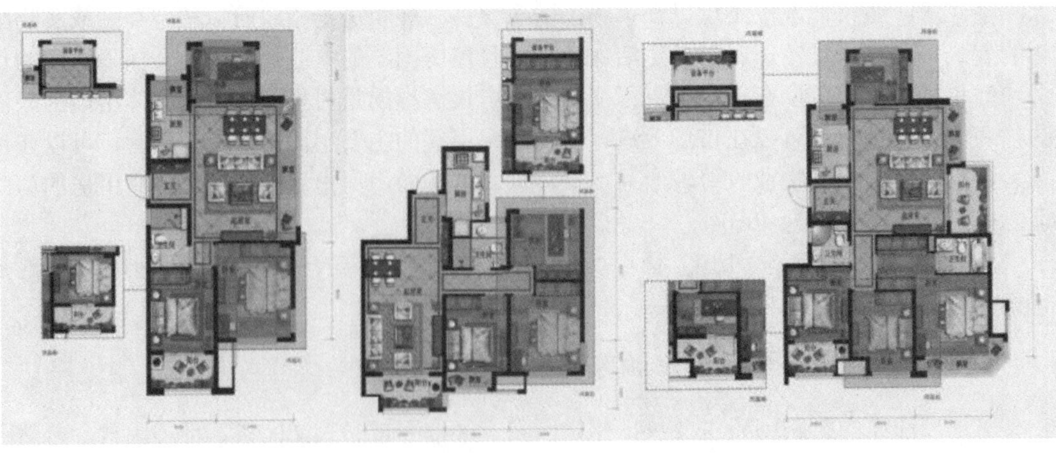

(a) (b) (c)

图 12.1　某房地产公司的三种典型户型

按道理说，由于存在公摊面积等，房地产的建筑面积是不太可能如此接近房产证上的统计面积的。大概率是因为开发商为了促销，将一部分的外机设备空间作为建筑面积“赠送”给顾客了。因此，看起来得房率极高。

了解建筑年龄可以进一步推算出商品房的市场价值。在房地产行业，有三种典型的房地产价值评估方法，分别是成本法、收益还原法和市场比较法。其中的收益还原法就是考虑房地产价格的时间折旧，从总共可以使用的房屋年限一步步推算当前的房地产评估价值。因此，通常情况下，房龄越老的房地产的市场评估价格越低。

房屋的容积率又称建筑面积毛密度，是指一个小区的地上总建筑面积与用地面积的比率。一般来说，小区房屋的容积率越低，其价值越高。

建筑面积主要考虑的是公摊面积的大小。公摊面积指由整栋楼的产权人共同分摊整栋楼公用部分的建筑面积，包括电梯井、管道井、楼梯间、垃圾道、变电室、设备间、公共门厅、过道、值班警卫室等。通常，公摊面积越大，建筑面积越小。

装修情况主要包括精装、毛坯房两种。通常情况下，是否装修对房地产价格的影响不大。因为新买房的买主可能并不喜欢之前房子的装修，还需要重新花钱装修。

建筑外观主要是统一由小区进行建设的，其风格在整个小区都是统一的。一般情况下，“老破小”的小区建筑外观较差，而且会出现空调外机随便挂的情况；而新小区的建筑外观会有统一的安排和要求。

建筑设备包括电梯、车库、车位以及消防安全设备。通常情况下，很多的多层是没有设置电梯的，高层都会备有电梯。需要注意的是，高层楼盘的梯户比，当梯户比过低的时候，会影响顾客的满意度。有些老小区没有设置公共的和标准的车位，会使入住不方便；而有的新小区会同时设置地表和地下车库，这会减少地下车库对住户的价值。

建筑质量主要包括建筑的保温、隔音以及抗震等级等方面。

2. 区位因素

房地产的区位因素包括地理位置、交通便捷度、生活设施完善度与社区服务四个因素。区位因素主要代表了该房地产的区位和地理情况。比如是否方便购物，出门娱乐是否方便，对外交通是否方便等。在一般情况下，影响某处房地产价值的最重要因素就是区位因素。

地理位置因素又包括空间坐标、商业繁华程度与服务业繁华程度三个子因素。谈及房地产的价值，最重要的就是基于其空间坐标的区位因素了。比如，同样的情况下，在某城市的市中心的房产价值要远远大于该城市市郊的房产价值。商业繁华程度主要看该房产周围是否有商业中心；服务业繁华程度包括房地产周围是否有超市和集贸市场。

交通便捷度包括道路通达度、公交便捷度和对外交通便利度。

生活设施完善度包括供电网、供水网、排水网、供气网、供暖网和通信网。

社区服务包括小区治安状况、小区卫生状况和物业维修状况。

3. 人文因素

影响房地产价值的人文因素包括文体设施完备度、公用设施完备度和人口状况。

文体设施完备度包括文化设施和体育设施；公用设施完备度主要包括中学、小学、幼儿园、大中专院校、医院、邮局、银行、公园和加油站的完备程度；人口状况因素包括人口数量、人口素质和家庭规模。

房地产值钱与否，主要取决于其周边是否有“人气”。而房价涨跌的核心因素就在于一个城市房地产的供求关系(决定该城市房地产供求关系的最重要因素就是人口净流入量和人口净流出量)。

4. 环境、自然、政策和经济因素

影响房地产价值的环境因素包括环境污染度和绿化覆盖度。环境因素中的环境污染度属于影响房地产价值的负面因素，绿化覆盖度属于正面因素。自然因素主要包括地形、地势、地质和风水。政策因素包括价格政策、税收政策、信贷政策和城市规划。经济因素包括城市经济总量、物价水平、居民购买力水平和经济结构。

5. 预期因素

影响房地产价值的还有预期因素。预期因素主要包括房价波动情况、房地产涨跌的宏观影响因素、周围人对房地产涨跌的预期，以及房地产涨跌的微观影响因素。

一个决策人在进行投资或者消费决策时只具有有限的信息，他往往需要对其他决策人的行为进行观察，从中提取有用信息来完善自己的信息结构，此时他倾向于忽略有价值的私人信息并采取模仿策略。因而在人们对房地产价格的预期中，周围人的选择对于个体选择有着重要的参考借鉴作用。

房地产价格的影响因素指标体系梳理如表 12.1 所示。

表 12.1 房地产价格影响因素指标体系

<table>
<tr><th>因素</th><th>因 子</th><th>子 因 子</th><th>子因子的因子</th></tr>
<tr><td rowspan="19">建筑因素</td><td>建筑结构</td><td></td><td></td></tr>
<tr><td>建筑材料</td><td>是否为生态建筑材料</td><td></td></tr>
<tr><td rowspan="2">楼层</td><td>楼层差价</td><td></td></tr>
<tr><td>景观可视度</td><td></td></tr>
<tr><td rowspan="3">朝向</td><td>采光</td><td></td></tr>
<tr><td>通风</td><td></td></tr>
<tr><td>向山、向水</td><td></td></tr>
<tr><td>建筑布局</td><td>户型</td><td></td></tr>
<tr><td>建筑年龄</td><td></td><td></td></tr>
<tr><td>容积率</td><td></td><td></td></tr>
<tr><td>建筑面积</td><td></td><td></td></tr>
<tr><td>装修</td><td>精装修、毛坯房</td><td></td></tr>
<tr><td>建筑外观</td><td></td><td></td></tr>
<tr><td rowspan="3">建筑设备</td><td>电梯</td><td></td></tr>
<tr><td>车库、车位</td><td></td></tr>
<tr><td>消防安全设备</td><td></td></tr>
<tr><td rowspan="3">建筑质量</td><td>保温</td><td></td></tr>
<tr><td>隔音</td><td></td></tr>
<tr><td>抗震等级</td><td></td></tr>
</table>

续表一

因素	因　子	子 因 子	子因子的因子
区位因素	地理位置	空间坐标	
		商业繁华程度	商业中心
		服务业繁华程度	超市
			集贸市场
	交通便捷度	道路通达度	道路类型
			道路长度
			道路宽度
		公交便捷度	公交站点
			地铁、轻轨站点
		对外交通便利度	火车站
			长途汽车站
			飞机场
			码头
			高速路入口
	生活设施完善度	供电网	
		供水网	
		排水网	
		供气网	
		供暖网	
		通信网	
	社区服务	小区治安状况	
		小区卫生状况	
		物业维修状况	
人文因素	文体设施完备度	文化设施	图书馆
			博物馆
			科技馆
			影剧院
			青年宫
			少年宫
		体育设施	体育场
			体育中心
			健身房
			游乐场

续表二

因素	因　子	子 因 子	子因子的因子
人文因素	公用设施完备度	中学	
		小学	
		幼儿园	
		大中专院校	
		医院	
		邮局	
		银行	
		公园	
		加油站	
	人口状况	人口数量	
		人口素质	
		家庭规模	
环境因素	环境污染度	噪声污染度	
		水污染度	
		空气污染度	
		基站辐射污染度	
	绿化覆盖度		
自然因素	地形		
	地势	地势抗洪度	
	地质	地面承载力强度	
		地下资源蕴藏度	
		是否为地震断裂带	
	风水	“上风上水”	
政策因素	价格政策	限价政策	
	税收政策		
	信贷政策	贷款利率	
		存款准备金率	
	城市规划		
经济因素	城市经济总量	城市生产总值	
	物价水平		
	居民购买力水平		
	经济结构		
预期因素	房价波动情况		
	房地产涨跌的宏观影响因素		
	周围人对房地产涨跌的预期		
	房地产涨跌的微观影响因素		

二、寻找潜在顾客

了解了房地产行业的相关知识之后，就可以开始寻找潜在顾客了，具体方法如下。

方法一：通常情况下，房地产推销可以通过公司聘用的临时工，在一些人口流量大的路口(比如地铁口)发放房地产的促销传单以寻找顾客(适用于寻找潜在顾客中的“地毯式访问法”)。

方法二：一些房地产开发公司会聘用专门的“小蜜蜂”(从事传单派发、寻找意向客户等工作的人员)，在其他楼盘处对出入看房的客户进行“截流”。

重要知识点：在房地产销售行业，推销员被叫作“置业顾问”，而所谓的“小蜜蜂”就类似于在其他楼盘处截流的编外员工(猎犬法)。但使用此法时需要注意的是，容易引起其他房地产开发公司的报复。

方法三：推销员查看自己的通信录，可以将通信录好友划分为有房者和无房者(关系网编织法)。为自己通信录中的无房者和有改善性住房需求者建立档案，分别标注其姓名、性别、工作单位、担任职务、收入情况、购房需求(改善性住房、婚姻需要住房、需要买房出租等)、爱好等情况。

方法四：构建属于自己的多平台自媒体账号。即注册多个小红书、快手、抖音、微信视频号、哔哩哔哩等账号，在账号中分享自己售楼处的样板房及其状况用以引流。

方法五：链式寻找法。可以开发自己的朋友圈，让自己的亲朋好友帮助寻找顾客，每找到一个来看房的顾客，给予对方一定的小礼品或者其他方面的回馈。

方法六：在所在城市开展的房地产展销会参展，推销自己的房地产开发公司展销的户型及各方面特点。

三、顾客资格审核

进行顾客资格审核时需要搞清楚顾客三个方面的状况，即顾客需求审核——是否需要，顾客支付能力的审核——是否有钱，购买人资格的审核——是否能“当家作主”。其中，个体准客户的档案如表 12.2 所示，组织准客户的档案如表 12.3 所示。

表 12.2　个体准客户的档案

姓名		出生日期	
性别		学历及母校	
职务、职称		主要经历	
月收入		性格、爱好	
住址		现工作单位	
电话		何时购何物	
电子邮箱		家庭状况	

表 12.3　组织准客户的档案

企业名称		企业负责人	姓名		其他
地址、电话			电话		
开业时间			职务、职称		
开始交往时间			爱好		
信用状况			性格		
经营项目		采购经办人	姓名		
何时购何物			电话、地址		
企业规模及经营状况			出生日期		
			性格、爱好		
			与本公司交情		

(一) 顾客需求审核——是否需要

首先需要搞清楚的是，顾客是否有购房需求。即使同样买房，顾客的核心购买需求也不一样。有的人买房是用于出租收租金的，有的人买房用于投资，有的人是买房自住(买房自住包括改善性住房和首套房)，还有的人买房是作为婚房考虑的。

话术准备："您好，请问您是首次购房吗？"(了解顾客的购房需求和购房资质确认)"您好，请问您买房是用于自住吗？" (了解顾客的购房需求)

(二) 顾客支付能力的审核——是否有钱

从多个角度判断顾客的工作类型及支付能力。

首先，询问顾客休息的时间，一来可以约见顾客进行推销洽谈，二来可以根据顾客的休息时间判断其职业特点。比如休息时间不固定，且每周工作日有好几天是休息的，这样的顾客有可能是医生；而服务性工作者，有可能是调休的，比如周一或者周三休息。

其次，察言观色判断顾客的职业特点，比如讲话理性且逻辑性强的，很可能是律师，身上有药水味道的可能在医院工作，讲话滔滔不绝的可能是销售从业者等。

再次，可以通过顾客的着装以及座驾判断其支付能力。但这里需要注意的是，坐豪车的未必有钱，豪车可以是二手购买或者是租来的；即使豪车是全款购买的，对方也可能钱包已空；名包、名表可能是高仿品，钻戒也可能是"9.9 包邮"购买的。可以观察顾客汽车的行驶公里数，如果行驶公里数非常少，则大概率是新车，但即使是新车，也可以是分期付款的。因此，着装及座驾情况可以作为参考，但不能作为判断其支付能力的直接依据。

最后，多听少说，引导顾客多讲话，从顾客不经意间的话语中判断其工作类型和收入情况。切忌主动问顾客工作情况，容易让顾客感到被冒犯而终止洽谈。长年累月的工作经历会使得顾客不自觉地流露出一些与工作相关的特点及气质，甚至会不经意间流露出收入情况。

话术准备："您开车真稳当，老司机啊！"(夸赞顾客的车技，引导顾客讲述自己的车，进而判断其购买力。)

“您的车真漂亮啊，我正打算换车呢，您有什么建议吗？”(表面上在夸对方车漂亮，似乎在询问买车建议，实际上是通过交流了解对方的汽车相关知识和现有汽车信息，进而了解顾客的消费水平和消费实力。)

“我们楼盘可以选择商贷或者住房公积金贷款两种方式，也有顾客是全款直接购买的。”(这句话要出现在洽谈了一段时间之后，且在顾客有一定意向的时候，通过贷款方式试探顾客的购买力情况。)

(三) 购买人资格的审核——是否能“当家作主”

在“闲聊”中判断顾客能否“当家作主”。

话术准备：“您结婚了吗？”(判断顾客能否“当家作主”，如果是单身人士，基本确定可以自己拍板，如果结婚了，进一步判断其在家里能否“当家作主”。)

如果对方说自己结婚了，进一步说：“嗨，我们家我老婆是一家之主，我的工资都得上交给我老婆。”(述说自己的情况，引出顾客讲自己的情况，从而判断顾客能否“当家作主”。)

四、接近顾客

(一) 接近目标顾客的方法

1. 接近目标顾客的渠道

可通过微信、短信、电话与自媒体等渠道接近顾客。其中，在使用电话接近法之前，首先需要搞清楚顾客的工作类型、休息时间和作息习惯，要尽量在“顾客方便的时间”拨打电话，否则有可能引起顾客的反感。比如，有的顾客有长时间午休的习惯，最好不要在13:00—15:00的时间内拨打其电话。

2. 约见顾客的工作内容

约见顾客的工作内容包括确定拜访对象、明确拜访事由、约定拜访时间和选择拜访地点四个方面。

话术准备：“×先生(女士)您好，我是××公司的销售小张，想请您出来洽谈一些××采购的相关事宜。请问您本周是周六有空，还是周日方便？”(给对方选择性问题，转移其注意力，这样受到拒绝的概率就减小了。)

如果顾客说周六、周日都没空，那么推销员可以继续提问：“那么请问您最近哪天有空呢？”(对方已经拒绝了小张周六和周日两天的邀请，如果再拒绝一次，就会产生较强的内疚感，因此，这次提问得到肯定回复的概率较大。)

(二) 读懂顾客的肢体语言

要读懂顾客的肢体语言，包括眼神、“眉语”、头部动作、手部动作、“脚语”、坐姿、空间和声音、喝酒以及抽烟动作等，寻找顾客肢体语言所代表的内容。

(三) 从生活细节判断客户的性格特点

客户的生活细节内容包括：客户开车的习惯，客户讲话的形态和习惯，客户的饮食习惯，客户是否养宠物，客户的读书习惯以及笔迹。

(四) 接近顾客策略

1. 馈赠接近法

馈赠之物可以是小礼品，也可以是在加了顾客微信好友之后，向他发送的一些购房需要注意的小贴士。本着“要想取之，必先予之”的态度，让顾客先感到亏欠我们，这样有助于进一步开展推销洽谈。

2. 利益接近法

话术准备：“先生，您结婚了吗？”(通过提问，先搞清楚顾客的现状。)

情形一：如果顾客结婚了，继续询问是否有小孩。

“您有孩子了吗？”(如果顾客没有孩子，告诉顾客买房可以落户，同时方便小孩以后就近上学。)

“我们楼盘是70年产权的，现在在杭州买房即可以落户，同时方便以后小孩子上学。”(直接告诉顾客买房可以获得的利益。)

情形二：如果顾客结婚了，继续询问是否有小孩。

“您有孩子了吗？”(顾客若回复有孩子了，则继续询问顾客孩子多大。)

“您孩子多大啊？”(了解客户的孩子是否解决上学问题，若顾客孩子没有上学，重复情形一中的顾客利益回复。)

情形三：如果顾客结婚了，继续询问是否有小孩。

“您有孩子了吗？”(顾客若回复有孩子了，询问顾客孩子多大。)

“您孩子多大啊？”(了解客户的孩子是否解决上学问题，若顾客的孩子已经上学了，就推出新的利益点。)

“我们楼盘的房子有倒挂，买到就是赚到。”(适时推出新的利益点。)

情形四：如果顾客没有结婚，则直接抛出利益点。

“我们楼盘是70年产权的，现在在杭州买房即可以落户，同时可以考虑作为婚房。”(直接告诉顾客买房可以获得的利益。)

五、推销洽谈

(一) 推销洽谈方法

1. 讲解法

结合掌握的该楼盘房地产相关知识，为顾客讲解该处房地产的优点，包括该房地产的建筑因素以及周边配套设施。

2. 演示法

借助多媒体，向客户展示该处房地产所处的地段以及周边配套设施，让顾客通过多媒体感受到该楼盘生活、购物等方面的便利程度。

(二) 推销洽谈技巧

1. 对待难缠型顾客

对于这类顾客采取以退为进的方法进行推销洽谈。

顾客有可能的话："大致情况我都知道了，你们的楼盘不错，但是我觉得你们的单价还是偏高，如果你能再降些价格，我们可能会认真考虑一下……"

话术准备："就您所知，和周边其他楼盘相比，我们的价位已经很低了，现在已经是能给到您的最低价了。这样吧，如果您确定今天签合同的话，我再向领导申请一下，看看能不能再优惠点儿。"

2. 对待忠厚老实型顾客

对于这类顾客的推销技巧是：亲切、保持信誉、不要欺骗。

顾客有可能的话术："嗯"或者"哦"，要么就是不讲话。

话术准备："请相信我，我用我的名誉保证，我们楼盘的性价比是很高的。这样吧，如果您确定今天签合同的话，我再向领导申请一下，看看能不能给您最低价。"

3. 对待专家型顾客

对于这类顾客的推销技巧是：采取称赞对方的策略。

顾客有可能的话："你别说，我来说，你听……"

话术准备："不错，您讲得太对了，看来您是房地产领域的专家。正如您所知道的，我们楼盘的性价比还是比较高的。"

4. 对待自命不凡型顾客

对于这类顾客，应对策略是：激将法推销，以彼之矛，攻彼之盾。

顾客可能的话术："房地产，不就是如此么，我都清楚。"

话术准备："先生，对于我们公司和楼盘，我就不说什么了，您都知道了！对于它的优点您就更熟悉了，而我们的业务您也是再熟悉不过了，看在这么优秀的楼盘与服务质量的面子上，您打算选取哪个户型？准备购买多少呢？"

5. 对待夸耀财富型顾客

对于这类顾客的推销技巧是：首先识别顾客是真有钱还是假有钱。对真有钱的顾客，忽视其财富；对假有钱的顾客，夸赞其财富。

情形一：顾客是真有钱。

话术准备："我们公司的楼盘都是有品质保障的，这一点您尽可以放心。我们房地产开发公司在业内都是数一数二的。"

情形二：顾客是假装有钱。

话术准备："您就先交订金吧，余款以后交，我相信您的付款能力和个人信誉。"

6. 对待精明严肃型顾客

对待此类顾客通常可以有两种方法：第一种方法是脚踏实地，对其真诚和热情，让他对你产生信任；第二种方法是争取在某些方面与顾客产生共鸣，使他佩服你，甚至让他和你成为知己。

顾客的可能话术：“你们这个楼盘有什么优势？”

话术准备：“我们楼盘的房子有倒挂，买到就是赚到。”闲聊中注意适时抛出自己的一点个人亲历，以引起顾客的信任，比如：“其实我特别能理解买房人的感受，比如我们家那个小区吧，之前买的时候，户型就不是很喜欢……”

7. 对待沉默寡言型顾客

对待此类顾客的推销技巧是：付出诚恳与真心。

顾客可能的话术：“你们这里的小户型只有单个卫生间啊？”

话术准备：“是这样的。”

8. 对待吹毛求疵型顾客

对待此类顾客的推销技巧是：提供一个问题的彻底解决办法，忽略无关紧要的问题。

顾客可能的话术：“我不喜欢你们这三种户型。”

话术准备：“就您所知，和周边其他楼盘相比，我们的价位已经很低了，现在已经是能给到您的最低价了。这样吧，如果您确定今天签合同的话，我再向领导申请一下，看看能不能再优惠点儿。”

六、顾客异议处理

(一) 可能出现的顾客异议

情形一：“我不喜欢你们的三种户型。”

情形二：“你们的小户型只有一个独立卫生间。”

情形三：“大致情况我都知道了，你们的楼盘不错，但是我觉得你们的单价还是偏高，如果你能再降些价格，我们可能会认真考虑一下……”

情形四：“我再去其他地方看看。”

情形五：“你们的楼盘和户型我都挺满意的，明天我带我爱人来看看再说。”

情形六：“比我预算的要高一些，我再考虑考虑。”

(二) 相对应的解决方案

情形一的话术建议：“我们楼盘的房子有倒挂，买到就是赚到。”(补偿处理法)

情形二的话术建议：“确实是这样的，不过我们楼盘的房子有倒挂，买到就是赚到。”(补偿处理法)

情形三的话术建议：“就您所知，和周边其他楼盘相比，我们的价位已经很低了，现在已经是能给到您的最低价了。这样吧，如果您确定今天签合同的话，我再向领导申请一下，看看能不能再优惠点儿。”(转化处理法)

情形四的话术建议：“请问您还有什么顾虑？”(询问处理法)

情形五的话术建议：“请问您还有什么顾虑？”(询问处理法)

情形六的话术建议：“您的预算大致是多少？”(询问处理法)

处理完顾客异议仅仅是做到了“防守”，而要想促成交易，还需要推销员主动出击，即所谓的“成交建议”。

七、推销成交

(一) 捕捉推销成交的信号

具体的推销成交信号包括顾客的表情信号、语言信号、行为信号以及事态信号。

(二) 推销成交的策略

1. 请求成交法

话术准备："既然一切都谈妥了，那我们就一起来看看合同吧。"

2. "小点"成交法

话术准备："现在房子仍旧是保值的最佳资产，我们这个地段的房子买到就是赚到。"

3. 从众成交法

话术准备："现在买房还是很热的，刚刚有个客户买了 3 套。"

4. 优惠成交法

话术准备："就您所知，和周边其他楼盘相比，我们的价位已经很低了，现在已经是能给到您的最低价了。这样吧，如果您确定今天签合同的话，我再向领导申请一下，看看能不能再优惠点儿。"

第二节　汽 车 推 销

本节我们以一汽大众集团的汽车推销为例介绍汽车推销的准备及推销方式。首先需要了解的是，一汽大众集团是中外合资集团，一汽大众汽车有限公司于 1991 年 2 月 6 日成立，是由中国第一汽车集团有限公司和德国大众汽车股份公司、奥迪汽车股份公司及大众汽车(中国)投资有限公司合资经营的大型乘用车生产企业，是我国第一个按经济规模起步建设的现代化乘用车工业基地。

一、了解并掌握汽车相关知识

一汽大众集团生产的汽车以中档汽车为主，其客户主要为普通的工薪阶层。

重要知识点一：手动挡与自动挡。手动挡是最早的挡位设计方法，它通过手动操作离合器和换挡杆来改变汽车的挡位。手动挡汽车的优点之一是节省燃油，因为驾驶员可以根据需要选择适当的挡位，使发动机的转速保持在较低的范围内，从而达到较低的燃油消耗。此外，手动挡汽车的传动系统相对简单，减少了故障的可能性。然而，相对于自动挡汽车，手动挡汽车驾驶的难度较高，需要掌握离合器的用法和换挡的时机，对驾驶员的技术要求较高。自动挡是在手动挡的基础上改进而来的，它的主要特点是驾驶员无须频繁换挡，只需要将挡位放在前进挡位上，汽车就会随着油门的加大而逐步加速。自动挡汽车的优点之一是驾驶相对简便，无须掌握复杂的换挡操作，尤其适合城市交通拥堵情况下的驾驶。此外，自动挡汽车还能提供更平稳的行驶和换挡体验，减少了驾驶员的疲劳感。然而，自动挡汽车的缺点是相对于手动挡汽车来说燃油消耗较高，并且传动系统复杂，故障发生的可能性也较大。

重要知识点二：传统动力汽车与新能源汽车。传统动力轿车主要以汽油动力为主，其优点是加油方便且加油速度快。相较于新能源汽车，传统动力轿车的加油站遍布城市和乡村，驾驶者可以随时在需要时进行加油，不会受到充电设施的限制。同时，加油过程只需几分钟时间就可以完成，非常快捷。此外，传统动力轿车在短途行驶和高速行驶时表现稳定，续航里程长，不需要频繁充电或更换电池。然而，传统动力轿车的一个不足之处是燃油容易产生一些汽车尾气。这些尾气中含有一定的有害物质，会对空气和环境造成一定的影响。随着环保意识的提高和新能源技术的发展，减少尾气排放已经成为社会的重要需求。国内的新能源汽车主要以电动车为主，其优点是不会产生汽车尾气。电动车采用电池储存电能，通过电动机驱动车辆运行，完全没有尾气排放。这使得电动车成为现代社会追求环保和可持续发展的重要选择。此外，由于电动车的电能来源更加灵活，可以通过太阳能充电或用充电桩等方式进行充电，充电设施覆盖面也在不断扩大，方便驾驶者进行充电。在驾驶公里数较高的情况下，新能源汽车相较于传统动力轿车更省钱。虽然电动车购买时价格较传统动力轿车略高，但电动车的能源费用更低。基于通常的电费计算，电动车每百公里行驶消耗电能的费用相比于传统动力车消耗燃油的费用更低，尤其是当电费和燃油价格的差距较大时，电动车的经济性更为突出。

重要知识点三：防抱死系统。防抱死系统(Anti-lock Braking System，ABS)是一种用于汽车制动系统的安全装置。它通过安装在车轮上的传感器来监测车轮的转速，一旦检测到车轮即将被抱死(失去旋转)，ABS 控制器会发出信号给调节器，降低制动缸的油压，从而减小制动力矩。此后，ABS 系统会定期恢复原有的油压，使车轮保持适当的转速，从而确保车轮在制动情况下仍能保持旋转，并提供最大的制动力矩。没有安装 ABS 的汽车在紧急制动时可能会发生车轮抱死的情况。当车轮完全抱死时，轮胎与地面之间的摩擦力会降低，这可能导致驾驶员无法控制车辆行驶方向，甚至出现侧滑的危险。ABS 的作用是避免车轮抱死，保持车辆在制动时的稳定性和操控性。它可以实现快速制动的同时保持车轮转动，提供最大限度的制动力，并确保驾驶员在制动时能够继续操纵方向盘控制整个车辆。这对于避免交通事故并提高驾驶员的安全性非常重要。需要注意的是，ABS 系统在紧急制动时可以实现更好的操控性和稳定性，但并不能缩短制动距离，只是保持了车辆的操控性能。同时，在特殊路况下(如冰雪路面)或极端操作条件下，ABS 系统可能无法完全发挥作用，驾驶员仍需谨慎操作。

重要知识点四：车身稳定系统。车身稳定系统(Electronic Stabilty Program，ESP)是一种汽车防滑装置，可以控制驱动轮和从动轮，包含 ABS 及 ASR(防侧滑系统)。它的目的是在提升车辆操控性能的同时，有效地防止车辆在超过动态极限时失控。ESP 通过传感器监测车辆的行驶状态，一旦检测到车辆出现不稳定情况，就会自动调整制动力分配和发动机输出，以恢复车辆的稳定性。该系统可以提高车辆的安全性，预防侧滑、抱死刹车等意外情况的发生，帮助驾驶员更好地控制车辆。

重要知识点五：SUV。SUV(Sport Utility Vehicle)是一种城郊多用途汽车。它具有旅行车般的空间功能，同时还配备了货车的越野能力。SUV 通常比传统的轿车更高、更宽，并且具有更大的车厢空间，这使得它们非常适合家用或者需要携带大量物品的情况。此外，SUV 还具有较高的底盘离地高度和更强的动力系统，可以更好地适应各种路况，包括崎岖的山路和泥泞的地面。

重要知识点六：TSI。TSI(Turbocharge Stratified Injection)即涡轮增压分层直喷的意思。TSI 发动机就是采用涡轮增压和分层直喷技术的发动机。涡轮增压可以通过增加进气压力来提高发动机性能，而分层直喷则可以将燃油直接喷射到气缸内，实现更精细的燃烧控制和更高的燃烧效率。相较于传统的直喷发动机，TSI 发动机的一个显著优势是通过隔绝已燃混合气向气缸壁和气缸盖的散热，降低了发动机的热损耗。这不仅可以提高发动机的效率，还可以减少能量的浪费，并提高燃油利用率。此外，TSI 发动机与传统的 FSI(燃油分层直喷)发动机相比，在技术上没有本质变化。TSI 发动机加入了增压器后，不仅具有更小的体积，还拥有更出色的动力表现和节油优势。这是因为增压器可以提高进气压力，使发动机能够提供更多的动力输出；同时，由于燃料直接喷射到气缸内，燃烧更加充分，从而提高了燃烧效率，实现节油效果。

二、一汽大众常见的品牌及特点

一汽大众常见的轿车品牌类型如图 12.2 所示。

图 12.2 一汽大众常见的轿车品牌类型

一汽大众集团常见的品牌包括迈腾、CC、高尔夫、速腾、宝来、揽巡、揽境、探歌、探岳、探影等。推销员需要详细了解一汽大众旗下不同品牌的配置及特点(著名的桑塔纳已不再生产)。

一汽大众常见的新能源车品牌类型如图 12.3 所示。

图 12.3 一汽大众常见的新能源车品牌类型

一汽大众常见的SUV品牌类型如图12.4所示。

图12.4 一汽大众常见的SUV品牌类型

(一) CC品牌的产品亮点

以CC品牌为例，可以了解到该型汽车的产品亮点。一汽大众的CC品牌官方指导价为24.99万元起。该款车型发动机排量为1.984 L，油耗为6.78 L/100 km，额定功率是137/4100～6000 kW/(r/min)，最大扭矩是320/1500～4000 N • m/(r/min)，长为4865 mm，宽为1870 mm，高为1459 mm，轴距为2841 mm，是典型的中型车。

产品亮点一：U型前脸。CC的U型前脸设计采用了向前俯冲的布局，突出了车头的动感与力量感。U型前脸的设计理念是将张力与精致相结合，营造出一种浑然天成的视觉效果。

产品亮点二：无框车门。经典的无框车门如图12.5所示，诠释轿跑风格应有的犀利风范。

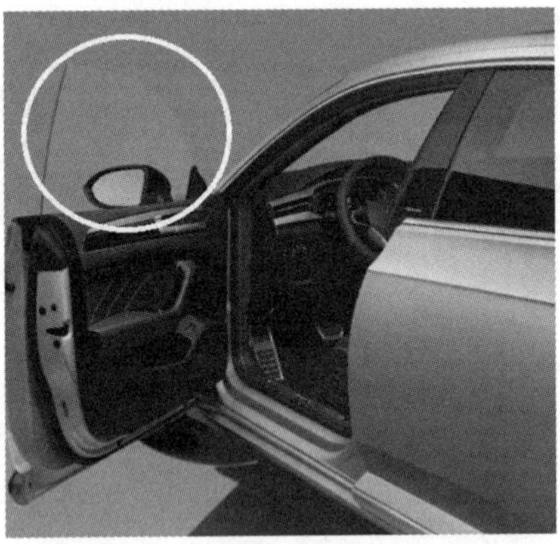

图12.5 CC的经典无框车门

产品亮点三：后备箱脚步感应开合功能。后备箱脚步感应开合功能是一项方便驾驶员的功能。通过在后保险杠处设置感应器，当顾客双手被占用时，只需用脚扫过感应器，后备厢盖就能自动打开，从而解放双手，更省力。当驾驶员离开车辆并携带遥控钥匙远离时，后备厢盖也会自动关闭。这个功能的设计旨在提高汽车的便利性和人机交互的体验，并在日常使用中帮助驾驶员更加方便地操作后备箱。

产品亮点四：8处外饰氛围灯。外饰氛围灯是一种车辆装饰灯具，用于增添车辆外观的照明效果和氛围感。在大众汽车 CC 车型中，外饰氛围灯分布在外后视镜、侧标及车门把手处。当夜间自动大灯开启后，每次开关门时，外饰氛围灯会点亮，同时配合“CC”标志(LED)发光迎宾踏板饰条点亮，为乘车者创造出充满质感和舒适感的氛围。如图 12.6 所示。

图 12.6　八处外饰氛围灯

产品亮点五：中控台 T 型布局。中控台的 T 型布局可以带来层次分明的设计效果。在这种布局下，横向区域的材质升级和亮色材质面积的增大可以提升整体的视觉冲击力。例如，使用碳纤维、镀铬和高亮黑材质可以增强豪华气息，并且与门扣手的造型呼应，进一步增强车内的品质感。这种设计理念常被运用于高档车型中，让整个中控台更加时尚、豪华和精致。

产品亮点六：方向盘换挡拨片。该拨片为方便用手指进行换挡而设计。

产品亮点七：R-Line 刺绣 + 黄色绲边及缝线。R-Line 刺绣和黄色绲边及缝线是一种汽车内饰设计的元素，用于增加车辆的运动感和个性化。深色内饰与这种设计相配合，可以更好地展现出车辆的运动特性。而别具一格的出风口设计则充满浓郁的艺术元素和考究气息，为车内增添了独特的风格。R-Line 刺绣通常指的是在车辆座椅、门板等部件上使用针线进行刺绣，以形成具有品牌标识或图案的装饰效果。通过刺绣的方式，可以为车内提供一种高级感和视觉上的亮点，同时也传达了车辆所代表的品牌形象和运动感。黄色绲边及缝线是指在车辆内部各类面料和材料的边缘处采用黄色线进行缝制，形成突出的线条效果。黄色作为一种鲜艳明亮的颜色，可以增加整体内饰的活力和时尚感。同时，黄色绲边及缝线也通过对细节的处理，使车辆整体看起来更加精致和时尚。

产品亮点八：车载手机无线充电、后排 USB 充电插口、顶篷 USB 充电插口。CC 提供多种充电插口的连接方式，满足全车乘客的充电、车机互联需求。

产品亮点九：Pre-Crash 前后预碰撞保护系统和 Front assist 预碰撞安全系统。Pre-Crash 前后预碰撞保护系统是一种汽车安全系统，旨在于发生碰撞之前采取一系列预防措施以减少伤害。当车辆检测到即将发生碰撞的危险时，系统会自动触发安全带预紧功能，通过紧缩安全带固定乘客的身体，以减少碰撞时的移动幅度，并减少伤害风险。同时，系统还会自动关闭车窗和天窗，以避免乘客被外部物体击中。这样可以提前为驾驶员和乘客创造一个相对安全的行车环境。Front assist 预碰撞安全系统是一种实时监测前方道路情况并提醒驾驶员的系统。它通过使用传感器和摄像头来检测前方车辆或障碍物，并根据其距离和速度来评估碰撞风险。当系统检测到潜在的碰撞风险时，车内的蜂鸣器会发出声音提醒驾驶员。如果驾驶员没有及时做出反应，系统还可以自动执行制动操作，以规避碰撞风险或降低碰撞的严重程度。

产品亮点十：Travel Assist一键式智能驾驶辅助系统。Travel Assist一键式智能驾驶辅助系统是一项创新的技术，它结合了车道保持和自适应巡航两种功能，提供了便捷的自动驾驶体验。无论是在城区还是郊区，只需按下一个按钮即可激活该系统，它会同时开启车道保持和自适应巡航功能。

产品亮点十一：VZE交通标志识别功能。VZE交通标志识别功能可以帮助驾驶员在行车过程中准确识别限速、解除限速、禁止超车的三类标识，并在仪表/HUD中提醒驾驶者，减少驾驶员交通违规的频率。

产品亮点十二：MKE疲劳监测系统。MKE疲劳监测系统是一种用于监测驾驶员疲劳程度的技术装置。它通过使用多种传感器和算法，对驾驶员的行为、生理指标和车辆状态进行监测和分析，以判断驾驶员是否存在疲劳倾向。当系统检测到驾驶员注意力不集中、眨眼频率低、头部姿势变化等疲劳迹象时，会及时发出提醒，包括声音、震动等方式，以唤醒驾驶员的警觉性，从而有效避免由于驾驶员疲劳而导致的交通事故。

产品亮点十三：IQ智能导视。IQ智能导视是一种创新的驾驶辅助技术，旨在提供驾驶员所需的关键驾驶信息。通过使用先进的感知和显示技术，这一系统能够在驾驶员的视野范围内呈现出车速、导航指示等重要信息，使驾驶员能够专注于前方道路的情况。

产品亮点十四：IQ.360全景。IQ.360全景是一种光学成像技术，利用多个超广角高清摄像头给驾驶员提供360°的视角。不论是泊车停靠还是行驶在复杂路况下，驾驶员都可以清楚地看到周围环境的各个方向，避免盲区。这项技术通过将多个摄像头的视频信号进行拼接和处理，形成一个全景图像，让驾驶员可以全方位地了解车辆周围的情况。

产品亮点十五：IQ智慧车联。IQ智慧车联是一种先进的汽车智能化服务系统，该系统提供了P2P(点对点)与线上服务，涵盖了语音交互、导航、出行服务、生态保护以及远程控制等多个方面。

产品亮点十六：DCC动态底盘控制系统。DCC动态底盘控制系统是一种车辆底盘控制系统，它采用第二代技术，并提供了四种不同的工作模式：舒适、标准、运动和个性。

产品亮点十七：智联控车。无论驾驶员身处何处，只要手机在手，就可以实时看到车的状态，比如汽车车门、车窗是否关闭，是否有人和车过来划车或者碰撞车等，让车主安心、放心。CC智联控车如图12.7所示。

图12.7 CC的智联控车

产品亮点十八：智慧导航。智慧导航指不需要手机车载支架的大屏幕高清智能导航系统，试用高德导航，可以实现车道级的导航。

产品亮点十九：智享娱乐。随车配备海量音频资源，车机自带酷我音乐和喜马拉雅，海量网络音乐资源智能同步。

产品亮点二十：超大空间。新 CC 采用大众的模块化横置平台，这一设计使得前部横置发动机为前后桥之间留出了更大的空间。同时，在缩短前悬的情况下，新 CC 能够保持更长的轴距。这种设计有助于优化车辆的内部空间，为乘客提供更宽敞的乘坐空间和舒适感。

产品亮点二十一：前风窗镀膜加热。新 CC 的前风窗配备了镀膜加热功能，这在寒冷的冬季非常有用。镀膜加热能够快速除冰和除霜，使驾驶者能够更快地启动车辆，保证行车的安全性。同时，在炎热的夏天，前风窗的镀膜加热功能也起到了有效反射阳光辐射的作用。这可以降低车内温度，提供舒适的驾驶环境，并减少空调系统的负荷，从而节省能源。CC 的前风窗镀膜如图 12.8 所示。

图 12.8　CC 的前风窗镀膜加热系统

产品亮点二十二：智能触控式三区自动恒温空调系统。智能触控式三区自动恒温空调系统是一种拥有先进技术的空调系统，它在车辆前排驾驶席侧、副驾驶席侧以及后排空间三个温区都设有出风口，每个温区都可以独立控制气温。这意味着不论乘车者坐在哪个位置，都可以调节适合自己的温度，为他带来最舒适的驾乘体验。三区自动恒温空调系统如图 12.9 所示。

图 12.9　CC 的智能触控式三区自动恒温空调系统

产品亮点二十三：驾驶员膝部安全气囊。驾驶员膝部安全气囊是一项高级安全技术，它的目的是提供全方位的保护，进一步增强汽车乘客的安全性。传统的安全气囊主要集中在驾驶员和乘客的头部、胸部和腹部位置，而驾驶员的膝部安全气囊则为这一防护体系增加了新的维度。

(二) CC 品牌的汽车配置

对比 330TSI 炫目版和 380TSI 夺目版，推销员可以向顾客展示 CC 车型的详细配置如表 12.4 所示。

表 12.4 CC 车型的详细配置

项目		330TSI 炫目版	380TSI 夺目版
官方指导价/元		249 900	267 900
技术参数	长 × 宽 × 高/mm × mm × mm	4865 × 1870 × 1459	4865 × 1870 × 1459
	轴距/mm	2841	2841
	后备箱容积/L	501	501
	油箱容积/L	66	66
	最小转弯直径/m	12.5	12.5
	整备质量/kg	1640	1650
	发动机型式	EA888 直列四缸/涡轮增压	EA888 直列四缸/涡轮增压
	发动机排量/L	1.984	1.984
	额定功率/[kW/(r/min)]	137/4100～6000	162/4500～6200
	最大扭矩/[N • m/(r/min)]	320/1500～4000	350/1500～4400
	变速箱类型	7 档湿式手/自动一体 DSG® 双离合自动变速器	7 档湿式手/自动一体 DSG® 双离合自动变速器
	驱动形式	前置前驱	前置前驱
	最高车速/(km/h)	210	210
	0～100 km/h 加速/s	8.3	7.7
	WLTC 综合工况油耗/(L/100 km)	6.78	7.19
	悬架系统(前/后)	麦弗逊式独立悬架系统/多连杆式独立悬架系统	麦弗逊式独立悬架系统/多连杆式独立悬架系统
	制动系统(前/后)	前通风制动盘/后实心制动盘	前通风制动盘/后实心制动盘
	转向系统	EPS 电动随速助力转向系统	EPS 电动随速助力转向系统
	排放标准	国六排放标准	国六排放标准
外饰	独特大掀背 Coupe 造型	√	√
	豪华无框车门	√	√
	新一代 R-Line 运动风格套件(前后 R-Line 保杠/黑色后扰流板)	√	√
	U 型整体式镀铬前格栅带“R”徽标	√	√

续表一

项　　目		330TSI 炫目版	380TSI 夺目版
外饰	电动可开启大天窗(滑动/倾斜双模开启，防夹功能)	√	√
	鲨鱼鳍天线	√	√
	黑色车顶＋黑色外后视镜	O12	√
	侧窗镀铬装饰条	√	√
	门把手镀铬	—	√
	(全天候)高级 LED 透镜前大灯	√	—
	(全天候)全 LED 双透镜式高级前大灯	O4	√
	前大灯离回家功能	√	√
	前大灯感光自动开启功能	√	√
	“L”型 LED 日行灯	√	√
	前格栅氛围灯	O4	√
	车身氛围灯(车门把手、侧标)	O1	√
	外后视镜锁车自动折叠	√	√
	外后视镜带“VWCC”标志(LED)迎宾照地灯	—	√
	副司机侧外后视镜倒车辅助功能	—	√
	后排深色隐私玻璃	—	—
	18 英寸 OSCAR 铝轮辋＋轮胎 245/45R19	√	—
	19 英寸 ROSARIO 铝轮辋＋轮胎 245/40R19	O5	√
	“CC”尾标中置	√	√
	全 LED 尾灯	√	—
	全 LED 尾灯(带流动式动态转向灯)	—	√
	隐藏式尾管带双边共四出镀铬装饰	√	√
	普顿蓝哑光漆	—	O16
内饰	新一代 R-Line 触控多功能真皮运动方向盘	√	√
	方向盘换挡拨片	√	√

续表二

项目		330TSI 炫目版	380TSI 夺目版
内饰	长度/高度可调节方向盘	√	√
	方向盘加热功能	—	√
	真铝装饰条	√	√
	纯碳纤维装饰条	—	O6
	梦幻氛围透光装饰	—	√
	前排中央扶手(高度及长度可调)	√	√
	Alcantara 高级材质座椅	√	—
	Vienna(打孔)真皮 + Microcloud 雾面哑光材质座椅	—	√
	前后排高度可调头枕	√	√
	前排座椅 4 向调节 头枕带“R”徽标	√	√
	前排座椅 12 向电动调节(含腰托)	√	√
	前排座椅加热功能	O14	√
	前排座椅通风功能	—	√
	驾驶座椅记忆功能	—	√
	驾驶座椅按摩功能	—	—
	后排座椅中扶手	√	√
	后排座椅 4/6 可分折叠	√	√
	后排座椅加热功能	—	O10
	“CC”标志金属迎宾踏板饰条	√	√
	“CC”标志(LED)发光迎宾 踏板饰条	—	—
	舒适内饰格调氛围灯 (前杯架/前后脚部/门拉手/门扣手)	√	√
	30 色可调豪华仪表台氛围灯	√	√
	后排 USB 充电插口 + 顶棚 USB 充电插口(行车记录仪用)	√	√
	前排遮阳板带化妆镜及照明灯	√	√
安全性	前排正面双安全气囊 + 侧面双安全气囊	√	√
	前后贯穿式两侧头部安全气帘	√	√
	驾驶员膝部安全气囊	—	√

续表三

项　　目		330TSI 炫目版	380TSI 夺目版
安全性	前排安全带未系提醒	√	√
	后排安全带未系提醒	—	√
	ESP 电子稳定系统	√	√
	EPB 智能电子手刹＋Autohold 自动驻车	√	√
	智能在线防盗系统	√	√
	ISOFIX 儿童座椅固定装置	√	√
	自动防眩目内后视镜	√	√
	自动防眩目外后视镜	—	O15
	MKE 疲劳监测系统	√	√
	MKB 多次碰撞预防系统	√	√
	Front Assist 预碰撞安全系统(含 CEB 城市紧急制动)	O2	√
	RKA 智能胎压监测系统	√	√
	TPMS 主动式智能胎压监测系统	O5	√
	前后 8 探头泊车雷达	√	√
	PLA3.0 智能泊车系统	—	√
	RVC 泊车后视影响系统(徽标翻转隐藏式摄像头)	√	√
	IQ.TopView360 全景影像	—	O7
	Pre-Crash 前后预碰撞保护系统	—	—
	RTA 后方交通预警系统	—	—
功能	发动机启停及能量回收系统	√	√
	四门一键式防夹电动车窗	√	√
	遥控中央门锁	√	√
	智能雨量感应无骨雨刷	√	√
	Kessy 智能一键启动系统	√	√
	Kessy 智能(四门)无钥匙进入系统	O1	√
	后备箱电动启合功能	√	√
	后备箱脚步感应开合功能	—	√
	智能触控式三区自动恒温空调系统	√	√

续表四

项　　目		330TSI 炫目版	380TSI 夺目版
功能	空气净化过程显示功能	√	√
	后排空调出风口	√	√
	AQS 空气质量自动控制系统	√	√
	Active Info Display 全液晶数字仪表	√	√
	车载蓝牙系统	√	√
	车载手机无线充电	—	√
	8 扬声器环绕立体声音响系统	√	√
	Harman/kardon 高级环绕音响带 12 扬声器	O3	O6
	FPA 驾驶模式选择	—	√
	DCC 动态底盘控制系统	—	O8
	HUD 平视显示系统	—	O9
	前风窗镀膜加热	—	O10
	前风窗清洗喷嘴可加热	—	O10
	ETC	O13	O13
IQ 智慧车联	车联网——智联控车、智慧导航、智能语音、智享娱乐	√	√
	CNS3.0 智能车载导航信息娱乐系统：9.2 英寸触摸彩屏	√	√
IQ. Drive 智驾管家	GRA 定速巡航系统	√	—
	ACC3.0 高级自适应巡航系统	O2	√
	TJA 交通拥堵辅助系统	—	√
	Travel Assist 一键式智能驾驶辅助系统	—	√
	HOD 方向盘离手监测功能	—	√
	Lane Assist 车道保持系统	—	√
	Side Assist 变道辅助	—	O7
	VZE 交通标志识别	—	√
IQ. Light 灵眸矩阵	SWA 大灯高度自动调节功能	√	√
	AFS 大灯随动转向功能	O4	√
	MDFS 智能动态灯光辅助功能	O4	√

推销员可以结合 CC 汽车的配置展开推销，以其中的亮点配置吸引顾客。

三、寻找潜在顾客

汽车推销员除了在 4S 店推销之外，还需要拓展渠道以寻找潜在顾客。

方法一：雇请汽车修理站的工作人员当“猎犬”，负责介绍潜在购买汽车者，车主很可能就是未来的购车人，这些推销助手发现有修车的车主打算弃旧换新时，就介绍给推销员(猎犬法)。

方法二：找一些房地产的物业公司合作。比如给物业公司一些汽车模型，用于在业主缴纳物业费的时候赠送给顾客，一方面作为礼品，另一方面可以成为公司的一种广告形式(猎犬法)。

方法三：在路边的一些广告牌上贴产品广告，或者通过给客户打电话，逐个联系客户(地毯式搜索法)。

方法四：推销员观看自己的通讯录，可以将通讯录好友划分为有车和无车者(关系网编织法)。为自己通讯录中的无车者和有购车需求者建立档案，分别标注其姓名、性别、工作单位、单位职务、收入情况、购车需求(是否第一次买车，如果不是第一次买车，之前买的是什么车)、爱好等情况。

方法五：构建属于自己的多平台自媒体账号。即注册多个小红书、快手、抖音、微信视频号、哔哩哔哩等账号，在账号中分享自己所售车型、价格及其状况用以引流。

方法六：可以开发自己的朋友圈，让自己的亲朋好友帮助寻找顾客，每找到一个来看车的顾客，给予对方一定的小礼品或者其他方面的回馈(链式寻找法)。

方法七：在所在城市开展的汽车展销会参展，推销自己公司的车型、价格等各方面特点。

四、顾客资格审核

需要搞清楚顾客三个方面的状况，即顾客需求审核——是否需要，顾客支付能力的审核——是否有钱，以及购买人资格的审核——是否能“当家作主”，推销员需要建立准顾客档案。

(一) 顾客需求审核——是否需要

这里需要搞清楚汽车可以满足的顾客需求形式。首先，购买汽车的用户最常见的需求就是“出行的代步工具”；其次，还有很多客户买车是出于社交等方面考虑。

话术准备：“您好，请问您之前的车是什么车型啊？”(从顾客之前使用的车型判断其可能的购车需求点。)

话术准备：“您好，请问您是想买电动车，还是传统动力车？”(小问题缩小顾客需求范围。)

(二) 顾客支付能力的审核——是否有钱

通过多个角度判断顾客的工作类型及支付能力。

首先，询问顾客休息的时间，一来可以约见顾客进行推销洽谈，二来可以根据顾客的休息时间判断其职业特点。其次，通过察言观色判断顾客的职业特点。再次，可以通过顾客的着装等信息判断其支付能力。这里需要注意的是，要综合各个方面的因素进行判断，比如，不能简单根据顾客的着装和挎包的档次与价格判断其购买力(有一些有钱人的穿着是较为朴素的)。最后，多听少说，引导顾客多讲话，从顾客不经意间的话语中判断其工作类型和收入情况。切忌主动问顾客工作情况，这样容易让顾客感到被冒犯而终止洽谈。长年累月的工作经历会使顾客不自觉地流露出一些工作相关特点及气质，他们总会不经意间流露出一些个人情况。

话术准备："请问您购车的预算是多少呢？"(通过对顾客预算的了解，大致了解顾客的购买力情况。)

话术准备："请问您之前有了解过我们的品牌吗？您更喜欢哪一款呢？"(试探顾客的心理预期，同时判断顾客的大概购买力情况；并且可以通过这样的问题了解顾客对大众品牌汽车的了解情况，方便接下来的话术策略。)

(三) 购买人资格的审核——是否能"当家作主"

在"闲聊"中判断顾客能否"当家作主"。

话术准备："您结婚了吗？"(判断顾客能否"当家作主"，如果是单身人士，基本确定可以自己拍板，如果结婚了，进一步判断其在家里能否"当家作主"。)

如果对方说自己结婚了，进一步说："您夫人喜欢哪种车？我家得按我夫人意愿买车。"(述说自己的情况，引出顾客讲自己的情况，从而判断顾客能否"当家作主"。)

五、接近顾客

(一) 接近目标顾客的方法

1. 接近目标顾客的渠道

微信、短信、电话与自媒体结合接近顾客。其中，在使用电话接近法之前，首先需要搞清楚顾客的工作类型、休息时间和作息习惯，要尽量在"顾客方便的时间"拨打电话，否则有可能引起顾客的反感。比如，有的顾客有长时间午休的习惯，就最好不要在13:00—15:00的时间内拨打其电话。

2. 约见顾客的工作内容

约见顾客的工作内容包括确定拜访对象、明确拜访事由、约定拜访时间和选择拜访地点四个方面。

话术准备："×先生(女士)您好，我是××公司的销售小张，想请您出来洽谈一些××采购的相关事宜。请问您本周是周六有空，还是周日方便？"(给对方选择性问题，转移其注意力，这样受到拒绝的概率就减小了。)

如果顾客说周六、周日都没空，推销员可以继续提问："那么请问您最近哪天有空呢？"(对方已经拒绝了小张周六和周日两天的邀请，如果再拒绝一次，就会产生较强的内疚感，因此，这次提问得到肯定回复的概率较大。)

(二) 读懂顾客的肢体语言

要读懂顾客的肢体语言，包括眼神、“眉语”、头部动作、手部动作、“脚语”、坐姿、空间和声音、喝酒以及抽烟动作等，寻找顾客肢体语言所代表的内容。

(三) 从生活细节判断客户的性格特点

客户生活细节内容包括客户开车的习惯、客户讲话的形态和习惯、客户的饮食习惯、是否养宠物、客户的读书习惯以及笔迹。

(四) 接近顾客策略

1. 馈赠接近法

馈赠之物可以是小礼品，也可以是在加了顾客微信好友之后，给他发送的一些买车的小贴士，以拉近彼此之间的距离。

2. 利益接近法

话术准备：“我给您推荐这款 CC 车型，该款车具有经典的跑车无框车门，后备箱脚步感应开合功能，同时具有智联控车等方面的功能。”(让顾客看到 CC 款车型可以带来的切实利益。)

话术准备：“开过 CC 这款车的用户都反映很好，您要不要了解一下？”(借人之口法，用别人的话夸赞自己的产品，引起顾客的兴趣。)

话术准备：“我们这款 CC 车型具有 IQ.360 全景功能。无论是驾驶员泊车停驻还是行驶在复杂的路况上，多个超广角高清摄像头都可以为驾驶员提供 360° 的影像，无死角。”(IQ.360 全景功能的介绍适用于在意停车安全，或者停车技术不高的用户。)

3. 介绍接近法

话术准备：“张总您好，我从业八年，服务过 1000 多名顾客。作为消费者，您需要了解我的情况；作为销售，我也需要了解您所有的需求。所以，接下来您负责说出您的全部需求，我负责给您解决问题。提前预祝我们本次合作愉快。”

4. 产品接近法

话术准备：“先生您好，我推荐您看一下我们这款 CC 车型，您看这款车的车门，对比高尔夫车型，这里是无框车门设计。”(产品展示加深顾客的印象。)

话术准备：“我给您推荐这款 CC 车型，您坐好，我带您兜一圈，您感受一下。”(直接带顾客体验车感，通过产品展示与乘坐，加深顾客对产品的感官体验。)

5. 问题接近法

话术准备：“您觉得买车最重要的是什么？”(以较为有趣的问题吸引顾客，进而一步步引导顾客观看 CC 车型。)

待顾客询问之后，可以开启第二句的话术：“首先是安全性，其次是汽车的性价比。”(进一步为顾客引出 CC 款车型。)

第三句话术：“您看我们这款 CC 车型，具有 IQ.360 全景功能。无论是驾驶员泊车停驻还是行驶在复杂路况上，多个超广角高清摄像头都可以为驾驶员提供 360° 的影像，无死角。这款车还具有 MKE 疲劳监测系统。当驾驶员注意力不集中的时候，MKE 疲劳监测系统会发出提醒，从而有效避免由于驾驶员疲劳而导致的交通安全事故。此外，这款车还具有智联控车功能。无论驾驶员身处何处，只要手机在手，就可以实时看到爱车的状态，比如汽车车门、车窗是否关闭，是否有人和车过来划车或者碰撞车等，让车主安心、放心。”

6. 表演接近法

类似于埃德帕模式，推销员现场驾驶 CC 款汽车走一圈，再用汽车展品向顾客展示其特殊的功能。

六、推销洽谈

(一) 推销洽谈方法

1. 讲解法

系统向顾客讲解 CC 款汽车的特点，先谈价值，后谈价格，多谈价值，少谈价格，向顾客展示该款汽车可以给顾客带来的核心利益。

2. 演示法

借助多媒体或者样品汽车，向客户展示 CC 车型各方面的优点。

(二) 推销洽谈技巧

从 MBTI 角度进行推销洽谈。当推销员所获得的客户信息极度不完整，只了解到零星的客户人格信息的时候，可以采取以下的推销洽谈技巧。

首先根据顾客的内外向特点(EI)以及感觉、直觉(NS)特点，采取相应的推销技巧，具体如表 12.5 所示。

表 12.5 有限信息下采取相应的推销应对策略(EI 和 NS)

有限的客户信息	客户特点	相应的推销策略
E	更喜欢人际交往，讲话时更容易滔滔不绝	引导顾客多交流，从倾听中尽量获得更多的客户相关信息和购物偏好
I	精神指向内部世界，对客观存在于外部世界的事物毫不关心，兴趣和注意力都集中在自己的内心活动上	以爱达模式进行推销，用数据和事实为客户展示商品的性价比
N	对于感官感知到的东西并不感兴趣，他们更关注自己的直觉	注重推销的逻辑，以数据和事实说话，可以“借人之口”表述商品的优点
S	通过五种感官来获取信息和感知世界	建议客户上手实际体验商品，尽量展示商品的“新、奇、特”

顾客的内外向倾向较好判断，外向型的顾客(E)主动热情，爱讲话；内向型的顾客(I)沉

静、话不多。

如果顾客是外向型(E)的，推销员应该引导顾客多讲，从中尽可能多地获取其需求信息。比如，顾客买车是主要作为代步工具，还是更在意汽车的社交属性；顾客更在意汽车的安全性功能，还是性价比(在同等情况下，尽可能价低的车)。

如果顾客是内向型(I)的，推销员可以运用爱达模式、埃德帕模式等方式，现场向顾客展示汽车的各方面性能，比如CC车型的IQ.360全景功能、无框车门、智联控车功能，以及8处外饰氛围灯等功能和特点，给顾客以更加直观的产品展示。

对直觉型和感觉型的判断，可以用以下话术。

话术准备：“我做汽车销售8年了，可以给您专业的服务。”[一句话试探顾客的类型，直觉型(N)的顾客对这句话不会特别认同，感觉型(S)的顾客会认为工作经验特别重要。推销员可以从顾客对这句话的反馈——眼神、肢体动作等方面进行判断。]

如果顾客是直觉型(N)的，可以先用问题试探顾客对汽车性能等方面的了解。

话术准备：“您之前的座驾排量是多少啊？”(通过对顾客之前座驾排量的询问，了解顾客的知识储备结构。如果顾客熟悉汽车，采取话术一；若顾客不熟悉汽车，采用话术二。)

话术一：“我们这款CC车型是典型的中型车，该款车型的发动机排量为1.984 L，油耗为6.78 L/100 km，是典型的中型轿车。”

话术二：“CC车型是我们大众最受欢迎的一款轿跑车，您看它的车门，是无框车门设计，有一种‘酷跑’的感觉……”

如果顾客是感觉型(S)的，建议顾客先试驾一下，推销员可以作为副驾，为顾客在驾驶过程中展示一些汽车的功能，以增加顾客的体验感。

根据顾客的思维、情感偏好(TF)和判断、感知偏好(JP)，可采取相应的推销技巧，具体如表12.6所示。

表12.6 有限信息下采取相应的推销应对策略(TF和JP)

有限的客户信息	客户特点	相应的推销策略
T	从“真—假”的角度进行评估判断	以数据和事实说话，展示商品的性能
F	以“可接受—不可接受”为标准进行判断	耐心、友善，维护良好的交流氛围，可以给客户送礼品或赠品，表达关怀
J	认为应该按照自己的意愿去选择和改变生活	注重推销的逻辑，以数据和事实说话，尊重顾客，适当赞美，不违拗顾客
P	认为人们应该尽可能地去体验和理解生活	耐心、友善，维护良好的交流氛围，可以给客户送礼品或赠品，表达关怀，表达对客户的认同

对顾客思维、情感偏好(TF)的判断，有以下话术建议。

话术准备：“您更喜欢电动车，还是传统动力汽车？”[如果顾客从技术角度和现实角度谈对汽车类型的偏好，则顾客偏理性，属于思维型(T)顾客；若顾客更多从情感角度谈对汽车类型的偏好，则顾客偏感性，属于情感型(F)顾客。]

如果顾客是理性的(T)，建议话术：“给您推荐这款CC型轿车，它具备IQ.360全景功能、MKE疲劳监测系统，还具有智联控车功能。”

如果顾客是感性的(F)，建议话术：“CC车型是我们大众最受欢迎的一款轿跑车型，您看它的车门，是无框车门设计，有一种‘酷跑’的感觉。您可以坐上感受一下。”

对顾客判断、感知偏好(JP)的判断，有以下话术建议。

话术准备：“现在手动挡汽车越来越少了，使用手动挡的车主特别少。”[这是用某个话题引发讨论。如果顾客使用判断型的话术，例如“他们应该怎么做……”“手动挡有手动挡的优势”，那么，他大概率属于判断型(J)，反之，都属于感知型(P)。]

面对判断型(J)顾客，推销员话术建议：“我们这款CC车型是典型的中型车，该款车型的发动机排量为1.984 L，油耗为6.78 L/100 km，它具备IQ.360全景功能、MKE疲劳监测系统，还具有智联控车功能。”

面对感知型(P)顾客，推销员话术建议：“我们这款CC型轿车，是特别受欢迎的一款轿跑车。您看它的车门，是无框车门设计，有一种‘酷跑’的感觉……车，不仅仅是代步工具，它更代表了一种生活态度和体验，您说是吗？”

七、顾客异议处理

(一) 可能出现的顾客异议

情形一：“你们这款车价格有点贵。”

情形二：“好的，我再看看吧。”

情形三：“我和家人商量商量。”

情形四：“这个价位，我还不如买个宝马1系。”

情形五：“大致情况我都知道了，你们这款车不错，但是我觉得它的价格还是偏高，如果你能再降些价格，我们可能会认真考虑一下……”

情形六：“车不错，但可惜我买不起啊。”

(二) 相对应的解决方案

情形一的话术建议：“我们这款车不同于普通车型，无框车门的设计，它同时具备IQ.360全景功能、MKE疲劳监测系统，以及智联控车的功能。来，您感受一下车况。”(补偿处理法：先谈价值，后谈价格，多谈价值，少谈价格；让顾客多多感受CC车型的价值，感受该种车型可以给顾客带来的利益，从而释疑。)

情形二的话术建议：“请问您还有什么顾虑？”(询问处理法：不了解顾客的真实疑虑而提出询问。)

情形三的话术建议：“请问您还有什么顾虑？”(询问处理法：不了解顾客的真实疑虑而提出询问。)

情形四的话术建议：“宝马的品牌是不错，但是宝马1系属于宝马系列中最初级的款式，它的各方面配置有限；我们的CC车型虽然价格不低，但是从开车的实际体验，以及整车的各个方面配套来说，都是不错的。比如无框车门的设计，同时具备IQ.360全景功能、MKE疲劳监测系统，以及智联控车的功能。在轿跑车中，我们这款CC车型的性价比还是比较高的。”（“但是”处理法：通过对比展示 CC 车型可以给顾客带来的实际利益。）

情形五的话术建议：“就您所知，和其他同等配置的车型相比，CC 车型的价格已经很低了。这样吧，如果您确定今天签合同的话，我再向领导申请一下，看看能不能再优惠点儿。”(转化处理法：给予优惠是有条件的，需要确认顾客确实想要，从而在避免顾客一直压价的同时，提示成交。)

情形六的话术建议：“我们这款车是可以分期无息购买的，首付款仅需要 6 万元即可。我们去办理一下分期吧。”(转化处理法：就事论事，以分期付款为名化解顾客的财力异议，同时建议成交。)

八、推销成交

(一) 捕捉推销成交的信号

具体的推销成交信号主要包括顾客的表情信号、语言信号、行为信号以及事态信号。

(二) 推销成交的策略

1. 请求成交法

话术准备：“既然一切都谈妥了，那我们就一起来看看合同吧。”

2. “小点”成交法

话术准备：“CC 车型的各方面配置都是顶配，而且顾客普遍反映，这款车的车况非常不错。”

3. 从众成交法

话术准备：“您真有眼光，这款 CC 轿跑车特别受欢迎。来我们 4S 店的顾客，买它的最多了。”

4. 优惠成交法

话术准备：“如您所知，和其他同等配置的车型相比，CC 车型的价格已经很低了。这样吧，如果您确定今天签合同的话，我再向领导申请一下，看看能不能再优惠点儿。”

九、推销服务

话术准备：“恭喜您，成为这款 CC 车的车主。以后您的爱车出现任何问题，都可以联系我们，我们将第一时间给您的爱车服务。同时赠送您一张洗车券，您在两年时间内来我们店内都可以享受免费的洗车服务。”

建立客户跟进记录表，在客户购买汽车十年之后，跟进顾客并推荐新款车型。

第三节　手 机 推 销

在如今国内的手机市场上，除苹果之外几乎是清一色的国产手机。市面上较受欢迎的手机包括华为、苹果、小米、vivo、OPPO 等品牌。

本节以OPPO手机为例，介绍手机推销的基本策略。

一、OPPO 的五大系列产品

OPPO手机公司的前身是做MP3的，OPPO手机公司的产品主要包括五大系列，分别是：R系列、A系列、Watch系列、Find系列和N系列，如图12.10所示。

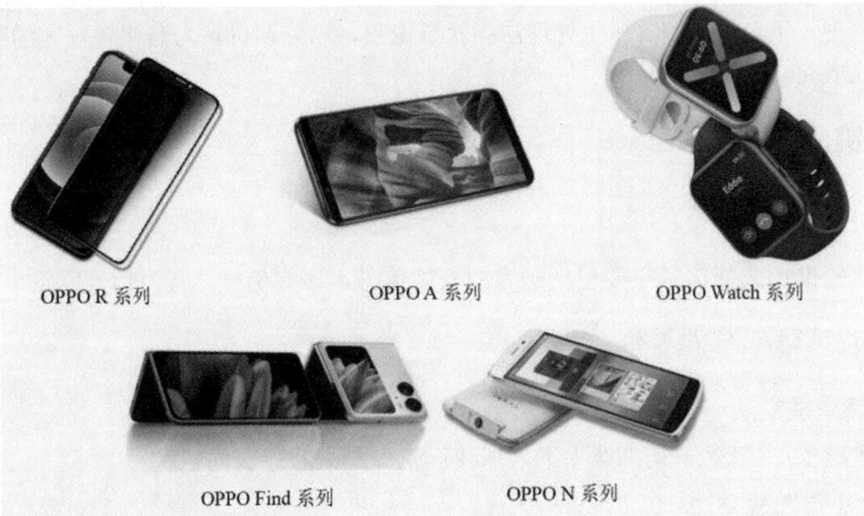

图 12.10 OPPO 的五大系列产品

其中，Watch 系列是手表系列，其余四个系列是手机系列。R 系列的定位是“纤薄设计，至美外观”；A 系列的口号是“潮流设计，实用体验”；Find 系列的定位是“先进科技，智能旗舰”；N 系列的定位是“旋转镜头，创意拍摄”。

A 系列包括 A5、A8、A11、A33、A37、A41、A61s、A53、A59、A59s、A57、A77、A97、A96、A95、A93s 等。A 系列为 OPPO 的中低端手机系列，以前置相机、自拍美颜及独立三卡槽著称。

二、OPPO A36 手机的相关特点

以 OPPO A36 手机的相关特点为例，说明该款手机的推销策划方案。该款手机当前的官方指导价为 899 元，其配置为 6GB 内存与 128GB 硬盘的存储空间，拥有 90Hz 炫彩屏幕(6.56 英寸)，100%电影级广色域，色彩逼真，支持全局 DC 调光，并且防蓝光，具有较好的护眼效果。OPPO A36 手机有两款配色：蓝色与黑色。这款手机的颜值不输千元机，后盖融入 OPPO 独家流光晶钻工艺，是纳米级别的晶钻结构，换不同角度，都能看到多种色彩，闪闪发光，给人一种清爽感。OPPO A36 经过多个测试与检验，品控严格把关。

这款手机处理器适合日常使用，OPPO A36 搭载骁龙 680 处理器，采用 6nm 工艺制程，“4+4”八核架构，最高主频为 4 个 A73 2.4GHz，同时，OPPO A36 最高支持 1TB 内存卡扩展，可以让顾客花较少的费用享受较高的手机使用空间。在拍照方面，OPPO A36 前置 800 万像素，后置双摄 1300 万像素主摄+200 万像素人像镜头，可以基本满足日常拍摄的需求。OPPO A36 拥有 5000mA·h 超大电池，如果不是很频繁地使用，两天充一次电

是可以的。比如用10W充电器，大概2个小时就能充满电。

三、寻找潜在顾客

在现实生活中，手机的使用较为普及，基本上每个人都需要至少一部手机，因此，寻找潜在顾客的渠道较为广泛。手机销售除了在专门的手机专卖店、移动(联通)营业厅，以及直播平台之外，还可以采用其他的方式寻找潜在顾客。

方法一：构建属于自己的多平台自媒体账号，即注册多个小红书、快手、抖音、微信视频号、哔哩哔哩等账号，在账号中分享使用手机的相关小贴士，进而顺势进行相关的手机推销。

方法二：可以开发自己的朋友圈，让自己的亲朋好友帮助寻找顾客，每找到一个来看手机的顾客，给予对方一定的小礼品或者其他方面的回馈(链式寻找法)。

方法三：一个电话一个电话地联系相关客户(地毯式搜索法)。

方法四：翻看自己的通信录(关系网编织法)，为自己通信录中的好友建立档案，分别标注其姓名、性别、工作单位、单位职务、收入情况、买手机需求(现在有几部手机，自己现在手机的使用年限)、爱好等情况。

方法五：找一些房地产的物业公司合作。比如给物业公司一些手机模型，或者是带有手机图片的小礼品，用于在业主缴纳物业费的时候赠送给顾客，一方面作为礼品，另一方面可以成为公司的一种广告形式(猎犬法)。

四、顾客资格审核

需要搞清楚顾客三个方面的状况，即顾客需求审核——是否需要，顾客支付能力的审核——是否有钱，购买人资格的审核——是否能“当家作主”。推销员需要建立准顾客档案。

(一) 顾客需求审核——是否需要

这里需要搞清楚顾客购买手机的具体需求点。比如：男性顾客买手机通常更加注重手机的配置和性能(有的男性买手机是用于工作和交际，还有的男性买手机多用于玩游戏)；女性顾客更加注重手机的外观和拍摄功能等；老年顾客更在意手机屏幕上字体的大小(老年人眼花，过小的字容易看不清)，以及手机界面操作的便捷度。

此外，还需要搞清楚的是，OPPO A36属于中低端机型，推销员需要找到中低端手机的消费者。这里需要注意的是，中低端手机消费者不代表客户收入低，有的中高收入者也会购买价格便宜、性价比高的产品。

话术准备：“您好，请问您现在有几部手机？是什么牌子的？您的手机用了几年了啊？”(通过问题了解顾客的需求点，比如有没有品牌偏好，大概什么时间需要换手机等方面。)

话术准备：“您好，请问您买手机玩游戏多吗？”(通过询问搞清楚对方对手机性能的要求，比如爱玩游戏的人通常对处理器有较高的需求。)

话术准备：“您买手机拍照多吗？”(类似于对顾客是否玩游戏的了解，试探顾客的需求点。通常男性更在意手机是否可以承载更多的游戏功能，女性更在意手机的拍照功能。)

话术准备："您手机使用最多的用途是哪方面的？"(在不了解顾客的详细需求点的时候，直接提问。)

(二) 顾客支付能力的审核——是否有钱

判断顾客的工作类型及支付能力。

首先，询问顾客休息的时间，一来可以约见顾客进行推销洽谈，二来可以根据顾客的休息时间判断其职业特点；其次，通过察言观色判断顾客的职业特点。通常情况下，大众都可以买得起手机，因此，对于手机顾客的购买力情况用不着过多地进行探寻。

(三) 购买人资格的审核——是否能“当家作主”

在“闲聊”中判断顾客能否“当家作主”。在现实中，除去一些特别特殊的情形(比如，顾客的工资全部上交给“另一半”)，购买手机这种决策很少是不能自己做主的。

五、接近顾客

(一) 接近目标顾客的方法

1. 接近目标顾客的渠道

微信、短信、电话与自媒体结合接近顾客。其中，在使用电话接近法之前，首先需要搞清楚顾客的工作类型、休息时间和作息习惯，要尽量在“顾客方便的时间”拨打电话，否则有可能引起顾客的反感。比如，有的顾客有长时间午休的习惯，就最好不要在13:00—15:00的时间内拨打其电话。

2. 约见顾客的工作内容

约见顾客的工作内容包括确定拜访对象、明确拜访事由、约定拜访时间和选择拜访地点四个方面。

话术准备："×先生(女士)您好，我是××公司的销售小张，想请您出来洽谈一些××采购的相关事宜。请问您本周是周六有空，还是周日方便？"(给对方选择性问题，转移其注意力，这样受到拒绝的概率就减小了。)

如果顾客说周六、周日都没空，那么推销员可以继续提问："那么请问您最近哪天有空呢？"(对方已经拒绝了小张周六和周日两天的邀请，如果再拒绝一次，就会产生较强的内疚感，因此，这次提问得到肯定回复的概率较大。)

(二) 读懂顾客的肢体语言

要读懂顾客的肢体语言，包括眼神、“眉语”、头部动作、手部动作、“脚语”、坐姿、空间和声音、喝酒以及抽烟动作等，寻找顾客肢体语言所代表的内容。

(三) 从生活细节判断客户的性格特点

客户生活细节内容包括客户开车的习惯、客户讲话的形态和习惯、客户的饮食习惯、是否养宠物、客户的读书习惯以及笔迹。

(四) 接近顾客策略

1. 馈赠接近法

馈赠之物可以是小礼品，也可以是在加了顾客微信好友之后，给他发送的一些买手机的小贴士，以拉近彼此之间的距离。

2. 利益接近法

话术准备："OPPO A36 有 90 Hz 屏幕，品质远高于其他品牌的千元机，有一块 6.56 英寸的 LCD 直面屏，100%电影级广色域，色彩逼真，支持全局 DC 调光＋防蓝光，护眼效果也很好，在同价位的手机中，这款手机的屏幕素质可以说是数一数二了。"(用 OPPO A36 多方面功能对比其他千元手机，让顾客体验到该款手机的性价比是很高的。)

3. 介绍接近法

话术准备："张总您好，我从业八年，服务过 1000 多名顾客。作为消费者，您需要了解我的情况。作为销售员，我也需要了解您的需求。所以，接下来您负责介绍您的全部需求，我负责给您解决问题。提前预祝我们本次合作愉快。"(在介绍自己的同时引导顾客说出需求。)

4. 产品接近法

话术准备："先生您好，您之前对我们 OPPO 品牌有了解吗？OPPO 系列产品总共可以分为 R 系列、A 系列、Watch 系列、Find 系列和 N 系列五大系列。根据您刚才的描述，给您推荐这款 OPPO A36 手机，其配置为 6 GB 内存与 128 GB 硬盘的存储空间，拥有 90 Hz 炫彩屏幕(6.56 英寸)，100%电影级广色域，色彩逼真，支持全局 DC 调光，并且防蓝光，具有较好的护眼效果。OPPO A36 手机有两款配色：蓝色与黑色。这款手机的颜值不输千元机，后盖融入 OPPO 独家流光晶钻工艺，是纳米级别的晶钻结构，换不同角度，都能看到多种色彩，闪闪发光，给人一种清爽感。OPPO A36 经过多个测试与检验，品控严格把关。"(通过介绍 OPPO A36 手机的各方面产品特点接近顾客。)

5. 问题接近法

话术准备："您买手机打游戏多吗？"(通过问题进一步了解顾客的真实需求。)

6. 表演接近法

可以采用爱达模式，用同样的千元机进行对比，通过拍照(两款产品的照片对比)、下载 App(使用秒表计时)的速度对比等方面展示 OPPO A36 手机的性价比。

六、推销洽谈

(一) 推销洽谈方法

1. 讲解法

系统向顾客讲解 OPPO A36 手机的特点，先谈价值，后谈价格，多谈价值，少谈价格，向顾客展示该款手机可以给顾客带来的核心利益。

2. 演示法

借助多媒体或者样品手机，向客户展示该手机各方面的优点。

(二) 推销洽谈技巧

从 MBTI 角度进行推销洽谈，在顾客信息较为完整的时候，可以按如表 12.7 所示推销策略进行推销。

表 12.7 对不同人格类型的人采取相应的推销策略

人格类型	性格特点	相应的推销话术
ISFJ (守卫者)	仔细认真、传统、有耐心、有条理，有献身精神，愿意服务和保护他人	“请问您之前用的是什么手机啊？平时使用手机做什么最多呢？”(背景性问题)
ESFJ (执政官)	认真、忠诚、爱交际、易亲近、负责，喜欢和谐，易于合作	“请问您之前用的是什么手机啊？平时使用手机做什么最多呢？”(背景性问题)
ISTJ (物流师)	求实、严谨、深入、系统，通情达理、坚定、有条理、负责、明智	“这款 OPPO A36 手机的配置为 6 GB 内存与 128 GB 硬盘的存储空间，拥有 90 Hz 炫彩屏幕(6.56 英寸)，100%电影级广色域，比其他千元机配置都要高。”(产品性能介绍)
ESTJ (总经理)	有逻辑、果断、客观、高效、直率、实际、有条理、不感情用事、认真	“这款 OPPO A36 手机的配置为 6 GB 内存与 128 GB 硬盘的存储空间，拥有 90 Hz 炫彩屏幕(6.56 英寸)，100%电影级广色域，比其他千元机配置都要高。”(产品性能介绍)
ISFP (探险家)	体贴、温柔、谦虚、适应能力强、敏感、善于观察和合作、忠诚	“请问您之前用的是什么手机啊？平时使用手机做什么最多呢？”(背景性问题)
ESFP (表演者)	热情、随遇而安、爱开玩笑、友善、活泼、爱交际、健谈、易于合作	“请问您之前用的是什么手机啊？平时使用手机做什么最多呢？我给您演示一下吧！”(背景性问题与产品展示)
ISTP (鉴赏家)	有逻辑、适可而止、实际、现实、求实、有分析能力、勤勉、独立	“这款 OPPO A36 手机的配置为 6 GB 内存与 128 GB 硬盘的存储空间，拥有 90 Hz 炫彩屏幕(6.56 英寸)，100%电影级广色域，比其他千元机配置都要高。”(产品性能介绍)
ESTP (企业家)	好动、随遇而安、爱热闹、多才多艺、精力充沛、机敏、重实效	“您之前使用什么手机啊？这款 OPPO A36 手机的配置为 6 GB 内存与 128 GB 硬盘的存储空间，拥有 90 Hz 炫彩屏幕(6.56 英寸)，100%电影级广色域，比其他千元机配置都要高。”(背景性问题与产品介绍)
INFP (调停者)	善良、富有同情心、坚守诺言、有创造性、有献身精神、沉默、温和	“请问您之前用的是什么手机啊？平时使用手机做什么最多呢？”(背景性问题)

续表

人格类型	性 格 特 点	相应的推销话术
ENFP (竞选者)	友善热情、有创造性、独立、好奇、有想象力、多才多艺、善于表达	“请问您之前用的是什么手机啊？平时使用手机做什么最多呢？”(背景性问题)
INFJ (提倡者)	坚守诺言、富有同情心、强烈、坚定、敏感、深沉、忠诚、有创造性	“请问您之前用的是什么手机啊？平时使用手机做什么最多呢？在千元机里边，OPPO A36 这款手机的性价比是比较高的。”(背景性问题与产品利益介绍)
ENFJ (主人公)	忠诚、理想主义、易亲近、善于表达、擅长文字、负责任、精力充沛	“请问您之前用的是什么手机啊？平时使用手机做什么最多呢？”(背景性问题)
INTP (逻辑学家)	有逻辑、怀疑心重、保守、超脱、谨慎、独立、精确、有独创性	“您之前使用什么手机啊？这款 OPPO A36 手机的配置为 6 GB 内存与 128 GB 硬盘的存储空间，拥有 90 Hz 炫彩屏幕(6.56 英寸)，100%电影级广色域，比其他千元机配置都要高。”(背景性问题与产品介绍)
ENTP (辩论家)	聪明、有创业精神、独立、坦率、多谋善断、有创造性、适应力强	“您之前使用什么手机啊？这款 OPPO A36 手机的配置为 6 GB 内存与 128 GB 硬盘的存储空间，拥有 90 Hz 炫彩屏幕(6.56 英寸)，100%电影级广色域，比其他千元机配置都要高。”(背景性问题与产品介绍)
INTJ (建筑师)	独立、有逻辑、有批判精神和系统性思维、有远见、要求严格	“这款 OPPO A36 手机的配置为 6 GB 内存与 128 GB 硬盘的存储空间，拥有 90 Hz 炫彩屏幕(6.56 英寸)，100%电影级广色域，比其他千元机配置都要高。”(产品性能介绍)
ENTJ (指挥官)	有逻辑、果断、计划性强、固执、善谋略、有批判精神、有克制力	“您之前使用什么手机啊？这款 OPPO A36 手机的配置为 6 GB 内存与 128 GB 硬盘的存储空间，拥有 90 Hz 炫彩屏幕(6.56 英寸)，100%电影级广色域，比其他千元机配置都要高。”(背景性问题与产品介绍)

七、顾客异议处理

(一) 可能出现的顾客异议

情形一：“你们这款手机的配置不高啊。”
情形二：“价格还能再低点儿吗？”
情形三：“我买手机玩游戏比较多，你们这款手机带不动啊。”
情形四：“我买手机拍照比较多，你们这款手机拍照效果不理想啊。”
情形五：“OPPO 这品牌不如华为啊。”

(二) 相对应的解决方案

情形一的话术建议："您说的是，但是 OPPO A36 有 90 Hz 屏幕，品质远高于其他品牌的千元机，有一块 6.56 英寸的 LCD 直面屏，100%电影级广色域，色彩逼真，支持全局 DC 调光+防蓝光，护眼效果也非常好，在同价位的手机中，这款手机的屏幕素质可以说是数一数二了。"（"但是"处理法）

情形二的话术建议："如您所知，和其他千元机相比，OPPO A36 的价格已经很低了，现在已经是能给到您的最低价了。这样吧，如果您确定今天买的话，我再向领导申请一下，看看能不能再优惠点儿。"(转化处理法)

情形三的话术建议："您说的是，但是 OPPO A36 有 90 Hz 屏幕，品质远高于其他品牌的千元机。如果您玩游戏比较多，我可以给您推荐 Find 系列手机。"(补偿处理法，同时试探顾客的真实需求，看是否真的是在意配置。)

情形四的话术建议："您说的是，但是 OPPO A36 有 90 Hz 屏幕，品质远高于其他品牌的千元机。如果您拍照比较多，我可以给您推荐 N 系列手机。"(补偿处理法，同时试探顾客的真实需求，看是否真的是在意拍摄品质。)

情形五的话术建议："您说的是，但是 OPPO 手机的性价比高。比如在同等配置条件下，OPPO 手机的价格要低得多。实际上，智能手机的使用寿命都差不多，我们这里也有两年质保服务。"（"但是"处理法与补偿处理法)

八、推销成交

(一) 捕捉推销成交的信号

具体的推销成交信号主要包括顾客的表情信号、语言信号、行为信号以及事态信号。

(二) 推销成交的策略

1. 请求成交法

话术准备："您看看这个包装如何？"

2. "小点"成交法

话术准备："在各种千元机中，我们这款 OPPO A36 的性价比是最高的。"

3. 从众成交法

话术准备："来我们店的顾客，买这款 OPPO A36 手机的最多了。"

4. 优惠成交法

话术准备："如您所知，和其他千元机相比，OPPO A36 手机的价格已经很低了。这样吧，如果您确定今天购买的话，我再向领导申请一下，看看能不能再优惠点儿。"

九、推销服务

话术准备："恭喜您，我们这两天正在搞活动，您今天买下这款手机的话，可以享受两年免费保修，包括免费更换屏幕等服务。”

建立客户跟进记录表，在客户购买手机三年之后，跟进顾客，推荐新款手机。

第四节　空调推销

在空调市场上，大金、格力、美的、海尔、日立等品牌较受欢迎。本节以美的空调的推销为例，介绍空调产品的推销策划方案。

一、了解并掌握空调相关知识

空调内/外机：空调的内机，也叫室内机。它是一个送风的出风口，负责夏天向室内运送冷风，冬天向室内运送热风。外机也叫空调主机，它负责交换室内外的冷热空气，从而达到“调节室内温度”的效果。

空调的种类：如今的空调主要分为立式机、挂机和中央空调三类。其中立式空调也叫柜式空调，是分体式空调的一种，普遍用于家庭、小型办公室，立式空调具有功率大、风力强等优点，它的价格起点也相对要高一些，通常适用于较大面积的居室；挂机也叫挂壁式空调，其不受安装位置的限制，更易与室内装饰搭配；中央空调是集中式和半集中式空调的总称，中央空调的系统包括冷水机组、冷冻水循环系统和冷却水系统，它一般是指一个系统，支持多处(多房间、多个位置)的出风口。

空调匹数：空调匹数表示空调的制冷量大小，也就是制冷能力的大小。原指输入功率，包括压缩机、风扇电机以及电控部分。因不同品牌空调具体的系统及电控设计存在差异，其输出的制冷量也各有不同，故其制冷量以输出功率计算。一般情况下，1 匹的空调可以带动 12 平方米左右的空间；1.5 匹的空调可以带动 20 平方米左右的空间；2 匹的空调可以带动 25 平方米左右的空间；3 匹的空调可以带动 40 平方米以内的空间。通常情况下，空调的匹数越高，其匹配的外机尺寸就越大。

空调节能等级：空调节能等级又称能耗比，是指空调器的制冷量与空调器输入功率的比值，反映空调器的节能水平。定速空调共分为 5 个等级，3.6 为 1 级、3.4 为 2 级、3.2 为 3 级、3.0 为 4 级、2.8 为 5 级。能效比值越高，就说明其越节能。换句话说，1 级能效比是最省电的。

空调外机形状：双风扇外机与单风扇外机。通常情况下，散热面积越大，空调的散热能力就越强，双风扇的室外机在一定程度上来说散热面积会比单风扇的大，二者在能效方面的差距并不大，单风扇的散热板相比双风扇在耗电量上当然会更加节省，而双风扇会比单风扇贵很多，因为双风扇的技术更为复杂。

变频空调：变频空调是指加装了变频器的常规空调。压缩机是空调的心脏，其转速直接影响到空调的使用效率，变频器就是用来控制和调整压缩机转速的控制系统，使之始终处于最佳的转速状态，从而提高能效比(比常规的空调节能至少 30%)。变频空调的基本结构和制冷原理与普通空调完全相同。变频空调的主机是自动进行无级变速的，它可以根据房间情况自动提供所需的冷(热)量；当室内温度达到期望值后，空调主机则是以能够准确保持这一温度的恒定速度运转，实现“不停机运转”，从而保证环境温度的稳定。需要注意的是，变频空调分为直流变频空调和交流变频空调两种。直流变频空调是指采用直流变频控制系统以及相应的直流变频压缩机的空调器，节能效果更强，控温技术更精湛。

二、美的空调的品牌及特点

以美的空调的挂式机和中央空调为例说明空调的推销策划方案。

(一) 挂机悦弧空调

以美的 KFR-26GW/BP3DN1Y-LB(2)悦弧空调为例作为典型的挂机空调介绍其推销策略。该型号的空调属于全直流变频空调，大小为 800 mm×290 mm×185 mm，具有颇具中国风的弧形造型设计，使用隐藏式 VLED 模块显示，采用蒸汽模高温注塑工艺，陶瓷白 ABS 塑料面板更加光亮；蓝色忘忧花纹点缀在洁白面板上，优雅中又多了几丝灵动，它是空调，但更像是一件家居装饰品。

这是一款大 1P 的全直流变频空调，在使用时，制冷面积为 12～19 m^2；制热面积为 13～17 m^2。该款空调还具备 ECO 节能运行模式，在夜晚 8 小时睡眠周期内的制冷耗电量最低仅需 1.6 度电(不同机型有差异)，能在最大程度降低耗电量的同时提供制冷带来的清凉舒适。详细配置如表 12.8 所示。

表 12.8　悦弧空调的详细配置

配置类型	指标参数
室内机尺寸	800 mm × 290 mm × 185 mm
室外机尺寸	710 mm × 535 mm × 240 mm
室内机质量	10 kg
室外机质量	32 kg
空调类型	挂式空调
产品功率	大 1.0 P
变频	是
冷暖类型	冷暖型
适用面积	制冷：12～19 m^2；制热：13～17 m^2
系列名称	悦弧
能效级别	2 级
辅助电加热功率	1050 W
室内机噪声	20～35 dB
室外机噪声	35～50 dB
制冷量	2600(450～3500)W
制冷功率	710(90～1400)W
制热量	3700(400～4650)W
制热功率	1120(90～1600)W
建议价格	2888 元(最低 2499 元)

(二) 美的中央空调

1. 中央空调的优点

(1) 舒适感好。中央空调可以采用集中空调的设计方法，送风量大，送风温差小，房间温度均匀。送风方式多样化，不同于分体式空调只有一种送风方式，家用中央空调可以实现多种送风方式，能够根据房型的具体情况制定不同的方案，增强人体的舒适性。

(2) 外形美观。家用中央空调室内机隐蔽在吊顶内，避免占用室内空间，给家具的摆放带来更多空间，提升装修档次。

(3) 运行声音小。采用主机和室内机分离的安装方式，送风回风系统设计合理，保证了宁静的家居环境。

(4) 卫生要求好。能够合理补充新风，配合厨房、卫生间的排风，保证室内空气的新鲜卫生，还可以四季换气，满足人体的卫生要求。这些都是分体式空调所不能实现的。

(5) 灵活方便。根据用户需要可以将一台设备以切换方式为两个环境提供冷气。

2. 中央空调的缺点

当然，中央空调也有其自身的缺点。比如，一旦主机出现故障，全家的中央空调都将陷入瘫痪，则整个住宅都无法维系制冷(制热)效果。

3. 理想家中央空调的产品优点

以美的理想家中央空调作为典型中央空调介绍其推销策略。这款中央空调产品具备如下优点：

(1) 实力强热。它的连续喷气增焓专利技术，具备 −25℃的低温制热功能，增焓强热系统可以让用户不惧于严寒天气；其高耐压聚能技术可以稳定制热并持久续航；美的的热效率传感专利算法可以时刻感应温度并智控冷媒流量。

(2) 强力制冷。这款产品的强力制冷系统可以让用户惬意享受夏季的凉爽生活。比如，其冷媒环散热技术可以保护电控板及时散热，即使在超高温的 58℃也可以轻松制冷；全直流高功率电机的性能进行了全面升级，持续散热功能保证其即使在超高温环境下也可以顺利运行。

(3) 双重降噪功能。它的双重降噪系统借鉴了航天机翼设计的原理，优化空调涡轮，可以将噪声降低到 20 dB 左右；不仅如此，其隧道降噪屏障技术采用新月形蜗舌与三维蜗壳构形耦合技术，可以减少气流流动的内部扰动，从而达到有效降噪的效果。

(4) 高效节能。其低负荷变频的能效升级，通过外机减少启停，以变频方式节能；自适应启动功能可以减少极端天气的启动能耗。

(5) 超薄面板。理想家以“纤薄梯形”的面框截面设计，“五横四纵”的线性分割，All-easy 的盖板设计一齐保障了它的超薄设计。

(6) 全程匠造。其全链路的匠造理念以旗舰品质让用户感受更高的使用舒适度。

4. 理想家中央空调的产品附加功能

理想家中央空调的附加功能包括双级水位管理、第四代智清洁、多种智慧交互、±0.5℃调温及外机反转除尘功能。其中，双级水位管理功能可以通过智能的水位检测防止空调漏水；第四代智清洁功能除菌效果更好，可以达到 99%的除菌率，包括 99.9%的大肠杆菌除菌率，97.6%的金黄色葡萄球菌除菌率，99.9%的 H1N1 病毒灭活率，以及 99.9%的肠道病毒 71 型灭活率；多种智慧交互可以通过移动终端互联实现智能控制空调的效果；± 0.5℃调温功能可以精准控制温度，呵护对温度或者空气污染物敏感的人群；外机反转除尘功能通过内嵌的反转刀刃可以有效减少灰尘附着，从而保持用户不易触及的外机的持续清洁。

5. 理想家中央空调的产品参数

通过理想家中央空调的室外机、带水泵室内机和不带水泵室内机产品参数进一步了解该系列产品的适用条件和使用环境特征。表 12.9 所示的是 MJV-120W-E01-LXⅢ、MJV-140W-
E01-LXⅢ，以及 MJV-160W-E01-LXⅢ三种型号室外机的配置。

表 12.9 室外机的配置(1)

型 号	MJV-120W-E01-LXIII	MJV-140W-E01-LXIII	MJV-160W-E01-LXIII
制冷量/W	12 000	14 000	16 000
制冷功率/W	2600	3300	4250
制热量/W	14 500	16 500	19 000
制热功率/W	3000	3600	4350
电源/(V/Hz)	220	220	220
制冷额定电流/A	12.0	15.2	19.5
制热额定电流/A	13.8	16.6	20.0
最大输入功率/W	8560	8560	8560
最大输入电流/A	39	39	39
APF/[W • h/(W • h)]	6.00	5.80	5.50
制冷剂	R410A	R410A	R410A
外机噪声/dB(A)	53	54	55
外机裸机尺寸/mm	951 × 1333 × 382	951 × 1333 × 382	951 × 1333 × 382

表 12.10 所示的是 MJ/V-180W-E01-LXⅢ、MJV-200W-E01-LXⅢ，以及 MJV-224W-E01-LXⅢ三种型号室外机的配置。

表 12.10 室外机的配置(2)

型 号	MJV-180W-E01-LXIII	MJV-200W-E01-LXIII	MJV-224W-E01-LXIII
制冷量/W	18 000	20 000	22 400
制冷功率/W	5150	6050	7200
制热量/W	20 500	22 900	25 500
制热功率/W	4850	5250	5950
电源/ (V/Hz)	220	380	380
制冷额定电流/A	23.6	10.2	12.1
制热额定电流/A	22.2	8.8	10.0
最大输入功率/W	8560	10 710	11 290

续表

型　号	MJV-180W-E01-LXIII	MJV-200W-E01-LXIII	MJV-224W-E01-LXIII
最大输入电流/A	39	18.5	19.5
APF/[W·h/(W·h)]	5.10	5.10	5.05
制冷剂	R410A	R410A	R410A
外机噪声/dB(A)	56	58	59
外机裸机尺寸/mm	951 × 1333 × 382	951 × 1333 × 382	951 × 1333 × 382

表 12.11 所示的是理想家不带水泵室内机的配置情况。

表 12.11　不带水泵室内机的配置

型　号	制冷量/W	制热量/W	电　源	额定功率(制冷)	额定功率(制热)	循环风暴/(m³/h)	内机噪声/dB(A)低风/强风	内机裸机尺寸/mm
MJV-22T2-TS	2200	2500	220 V/50 Hz	40 W	40 W	470	20/29	700 × 450 × 200
MJV-28T2-TS	2800	3200	220 V/50 Hz	40 W	40 W	470	20/29	700 × 450 × 200
MJV-36T2-TS	3600	4000	220 V/50 Hz	50 W	50 W	530	23/30	700 × 450 × 200
MJV-45T2-TS	4500	5000	220 V/50 Hz	60 W	60 W	800	25/33	1010 × 450 × 200
MJV-56T2-TS	5600	6300	220 V/50 Hz	60 W	60 W	900	27/35	1010 × 450 × 200
MJV-71T2-TS	7100	8000	220 V/50 Hz	65 W	65 W	1100	28/34	1310 × 450 × 200
MJV-80T2-TS	8000	9000	220 V/50 Hz	80 W	80 W	1250	28/38	1310 × 450 × 200

表 12.12 所示的是理想家带水泵室内机的配置情况。

表 12.12　带水泵室内机的配置

型　号	制冷量/W	制热量/W	电　源	额定功率(制冷)	额定功率(制热)	循环风暴/(m³/h)	内机噪声/dB(A)低风/强风	内机裸机尺寸/mm
MJV-22T2-TS	2200	2500	220 V/50 Hz	50 W	40 W	470	20/29	700 × 450 × 200
MJV-28T2-TS	2800	3200	220 V/50 Hz	50 W	40 W	470	20/29	700 × 450 × 200
MJV-36T2-TS	3600	4000	220 V/50 Hz	60 W	50 W	530	23/30	700 × 450 × 200
MJV-45T2-TS	4500	5000	220 V/50 Hz	70 W	60 W	800	25/33	1010 × 450 × 200
MJV-56T2-TS	5600	6300	220 V/50 Hz	70 W	60 W	900	27/35	1010 × 450 × 200
MJV-71T2-TS	7100	8000	220 V/50 Hz	75 W	65 W	1100	28/34	1310 × 450 × 200
MJV-80T2-TS	8000	9000	220 V/50 Hz	90 W	80 W	1250	28/38	1310 × 450 × 200

三、寻找潜在顾客

在现实生活中，基本上每个家庭都需要使用空调(尤其是在夏季炎热的南方城市里)，因此，寻找潜在顾客的渠道较为广泛。空调销售除了在专门的空调销售专卖店以及直播平台之外，还可以采用以下的方式寻找潜在顾客。

方法一：在客户家观察他们家里空调的使用情况，比如开关的难易程度、空调制冷(制热)的程度等方面，然后适时地以较为隐晦的话术推出自己的空调产品(个人观察法)。

方法二：可以开发自己的朋友圈，让自己的亲朋好友帮助寻找顾客，每找到一个来看空调的顾客，给予对方一定的小礼品或者其他方面的回馈(链式寻找法)。

方法三：逐一打电话联系客户(地毯式搜索法)。

方法四：推销员翻看自己的通讯录(关系网编织法)，为自己通讯录中的好友建立档案，分别标注其姓名、性别、工作单位、单位职务、收入情况、买空调需求(住房现状，以及家中空调使用年限)、爱好等情况。

方法五：找一些房地产的物业公司合作。比如给物业公司一些小礼品，用于在业主缴纳物业费的时候赠送给顾客，一方面作为礼品，另一方面可以成为公司的一种广告形式(猎犬法)。

方法六：构建属于自己的多平台自媒体账号。即注册多个小红书、快手、抖音、微信视频号、哔哩哔哩等账号，在账号中分享使用空调的相关小贴士，进而顺势进行相关的空调推销。

方法七：推销员利用各种广告媒介寻找顾客，包括电视广告、电台广告、报纸杂志广告、招贴广告、路牌广告、邮寄广告、电话广告等(广告拓展法)。

方法八：找到一些组织客户的采购实际负责人，运用相关的推销话术说服该公司的采购负责人，进而说服公司客户(中心开花法)。

其中，方法一、方法二、方法三、方法四与方法五主要为寻找家庭空调用户，方法八主要为寻找组织客户，方法六和方法七可以同时寻找家庭客户与组织客户。

四、顾客资格审核

顾客资格审核需要搞清楚顾客三个方面的状况，即顾客需求审核——是否需要，顾客支付能力的审核——是否有钱，以及购买人资格的审核——是否能“当家作主”，建立准顾客档案。

(一) 顾客需求审核——是否需要

首先需要搞清楚顾客购买空调的具体需求。以家庭空调用户为例，有的用户比较在意空调的制冷(制热)功能，有的顾客注重空调外机的大小(一些小区户型的放置外机空间有限)，有的顾客注重空调的品牌和品质，还有的顾客注重空调的性价比。

话术准备：“您好，请问您是要买家用空调吗？”(搞清楚客户使用空调的主要环境，继而可以相应地推销适合的空调类型。)

(二) 顾客支付能力的审核——是否有钱

判断顾客的工作类型及支付能力。

首先，询问顾客休息的时间，一来可以约见顾客进行推销洽谈，二来可以根据顾客的休息时间判断其职业特点。其次，通过察言观色判断顾客的职业特点。通常情况下，家庭对于空调的需求都是刚需，而一般家庭的半个月或者一个月收入都是可以买得起空调的。即使有的人的积蓄不足以购买空调，使用信用卡、花呗等产品也足够购买空调了。因此，对于空调顾客的购买力情况用不着过多地进行探询。

(三) 购买人资格的审核——是否能“当家作主”

在“闲聊”中判断顾客能否“当家作主”。通常情况下，在一个家庭中，“不是西风压倒东风，就是东风压倒西风”，推销员需要搞清楚顾客家庭中能够“说话算数”的是哪一位。

话术准备：“您看我们是支付宝支付，还是微信支付方便？”(用假定成交法以成交之名看顾客的反映，进而可以判断顾客是否能够“说了算”。如果顾客说，需要回家商量，就可能无法单独做决策。)

五、接近顾客

(一) 接近目标顾客的方法

1. 接近目标顾客的渠道

微信、短信、电话与自媒体结合接近顾客。其中，在使用电话接近法之前，首先需要搞清楚顾客的工作类型、休息时间和作息习惯，要尽量在“顾客方便的时间”拨打电话，否则有可能引起顾客的反感。比如，有的顾客有长时间午休的习惯，就最好不要在13:00—15:00的时间内拨打其电话。

2. 约见顾客的工作内容

约见顾客的工作内容包括确定拜访对象、明确拜访事由、约定拜访时间和选择拜访地点四个方面。

话术准备：“×先生(女士)您好，我是××公司的销售小张，想请您出来洽谈一些××采购的相关事宜。请问您本周是周六有空，还是周日方便？”(给对方选择性问题，转移其注意力，这样受到拒绝的概率就减小了。)

如果顾客说周六、周日都没空，那么推销员可以继续提问：“那么请问您最近哪天有空呢？”(对方已经拒绝了小张周六和周日两天的邀请，如果再拒绝一次，就会产生较强的内疚感，因此，这次提问得到肯定回复的概率较大。)

(二) 读懂顾客的肢体语言

要读懂顾客的肢体语言，包括眼神、“眉语”、头部动作、手部动作、“脚语”、坐姿、空间和声音、喝酒以及抽烟动作等，寻找顾客肢体语言所代表的内容。

(三) 从生活细节判断客户的性格特点

客户生活细节内容包括客户开车的习惯、客户讲话的形态和习惯、客户的饮食习惯、是否养宠物、客户的读书习惯以及笔迹。

(四) 接近顾客策略

1. 馈赠接近法

馈赠之物可以是小礼品，也可以是在加了顾客微信好友之后，给他发送的一些买空调需要注意的小贴士，以拉近彼此之间的距离。

2. 问题接近法与利益接近法

话术准备："您好，请问您是想购买中央空调、挂机，还是立式空调呢？"(用问题接近法先了解顾客的倾向，好进一步进行空调产品的推销。)

如果顾客反映想要购买挂机，那么可以用以下话术进行进一步回应："您好，我们这款悦弧空调外形美观，全直流变频处理使得它在节能的同时，还可以实现内外双静音，避免了因为空调外机噪声造成的邻里矛盾。该款空调还具备 ECO 节能运行模式，在夜晚 8 小时睡眠周期内的制冷耗电量最低仅需 1.6 度电(不同机型有差异)，能在最大程度降低耗电量的同时提供制冷带来的清凉舒适。"(用利益接近法为消费者展示悦弧空调可以给顾客带来的利益，进而促进销售。)

3. 介绍接近法

话术准备："张总您好，我从业八年，服务过 1000 多名顾客。作为消费者，您需要了解我的情况，作为销售员，我也需要了解您的需求。所以，接下来您负责介绍您的全部需求，我负责给您解决问题。提前预祝我们本次合作愉快。"(在介绍自己的同时引导顾客说出需求。)

4. 产品接近法

话术准备："先生您好，您之前对空调有过了解吗？挂机给您推荐这款悦弧空调，该款空调外形美观，全直流变频处理使得它在节能的同时，还可以实现内外双静音，避免了因为空调外机噪声造成的邻里矛盾。该款空调还具备 ECO 节能运行模式，在夜晚 8 小时睡眠周期内的制冷耗电量最低仅需 1.6 度电(不同机型有差异)，能在最大程度降低耗电量的同时提供制冷带来的清凉舒适。"(通过介绍悦弧空调的各方面特点接近顾客。)

5. 表演接近法

可以采用爱达模式，通过对某房间的制冷效果展示该款空调的性能(用秒表计时进一步加深顾客对悦弧空调制冷功能的印象)。

6. 好奇接近法

拿着噪声监测的仪器，分别监测该空调的内/外机工作时所产生的噪声。通过这种奇特的展示方式吸引顾客的注意力，进而促进推销。

7. 求教接近法

话术准备："先生您好，您觉得买空调最重要的是什么啊？"(通过问题的求教吸引顾客注意。)

话术准备："制冷速度和制冷效果是第一位的，同时还需要保持内/外机的低噪声，从而给您带来更舒适的体验。买空调就是为了有冬暖夏凉的体验，钱挣来不就是要用来生活的吗？好的空调可以给您生活带来更舒适的体验，在劳累了一天后，您可以在自己家里惬意地休息，享受凉爽而又安静的夏季，这样的生活才应该是给您辛苦打拼的最好的回馈啊！”

8. 震惊接近法

话术准备：“您知道吗？很多人都是因为空调使用不当而导致的肺结节。”(利用让人震惊的话题引入，进而介绍应该购买怎样的空调，以及应该如何正确使用空调。)

如果顾客表示求教，可以进一步说：“购买我们悦弧空调，除了可以享受两年保修之外，购买后的十年内都可以享受我们公司的免费清洗空调服务。”

六、推销洽谈

(一) 推销洽谈方法

1. 讲解法

系统向顾客讲解空调的特点，先谈价值，后谈价格，多谈价值，少谈价格，向顾客展示该款空调可以给顾客带来的核心利益。

2. 演示法

借助多媒体或者空调样机，向客户展示该款空调各方面的优点。

(二) 推销洽谈技巧

空调的推销洽谈要求顾客给定房子的户型，推销员可以相应地推荐空调搭配组合，满足顾客的空调购买需求。

1. 确定空调推销的基本方案

图 12.11 所示的是假定顾客给定的一种户型，推销员应该能够算出顾客所需购买空调的“匹数”(空调运行功率)搭配，进而给顾客做出个性化的空调推荐。

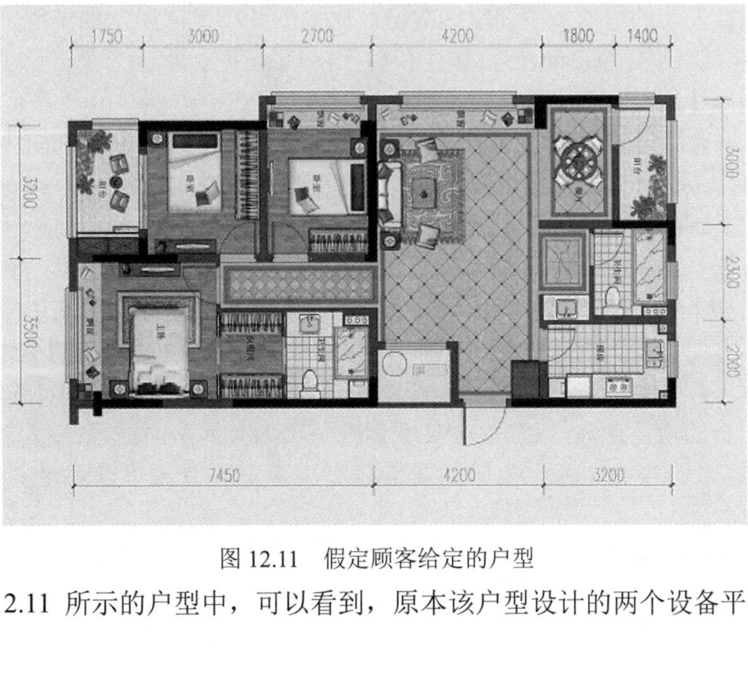

图 12.11　假定顾客给定的户型

在如图 12.11 所示的户型中，可以看到，原本该户型设计的两个设备平台被规划作为阳台使用了。通常情况下，飘窗下边会留有一个外部设备平台用于摆放空调的外机，加上图 12.11 所示的户型原本带有一个外部设备平台空间(在客厅外部)，该户型目前共有 4 个外部设备平台空间，如图 12.12 所示。一般新小区的物业会要求业主们统一外机的摆放位置，这样一来可以保证小区房屋的外形美观，二来也可以保证外机摆放的安全性。

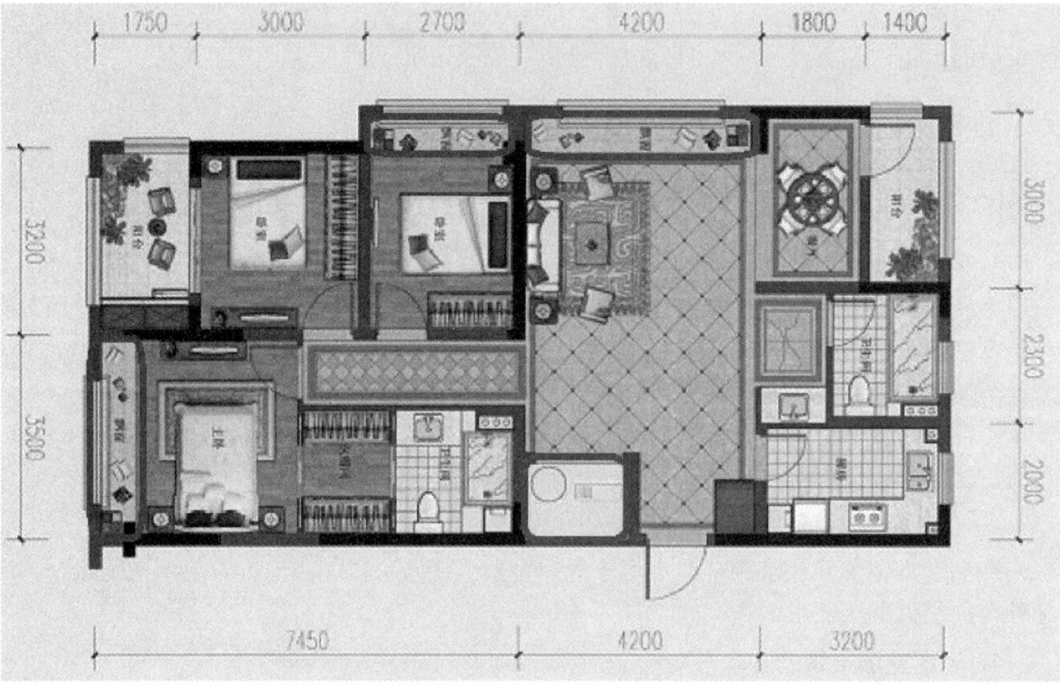

图 12.12　假定顾客给定户型的设备平台示意图

在给定的户型条件下，推销员需要计算出用户每个使用空间需要的空调“匹数”，以及该用户家庭需要安装的空调类型和空调数量。比如图 12.12 中所示的户型，共有“三室两厅两卫”，即包括三个卧室，两个厅(客厅和餐厅)，两个卫生间(一个是连通主卧的，还有一个是直接连通客厅的)。

经过计算，客厅大约相当于 30 平方米的空间，主卧大约是 12 平方米(包括落地窗的空间)，左上角的次卧空间有大约 10 平方米，另一个次卧的空间也大约是 10 平方米。

首先需要明确的是，挂机不能满足每个房间的需求，因此，该户型总体上是需要一个中央空调进行统一送风的。但如果该户型仅仅装一个中央空调，虽然可以满足各个房间送风的需求，但如果中央空调的外机出现故障，整个房型中的空间都无法使用空调了，这将给顾客带来不方便。因此，比较好的处理方法是，“中央空调+挂机”的空调组合套装。

推销方案一：中央空调搭配两台挂机。第一台挂机负责为主卧送风(1.5 匹)，第二台挂机负责为带阳台的次卧送风(1 匹)；中央空调则负责为其他房间送风(最大功率为 3 匹)。(方案解析：越多的挂机配置，生活的质量越高，而中央空调可以满足其他空间的送风需求。)

总价便宜程度：★

生活便利性：★★★

推销方案二：中央空调搭配一台挂机。挂机负责为主卧送风(1.5 匹)，中央空调负责为其他房间送风(最大功率为 3 匹)。(方案解析：这种方案比方案一的预算低，同时可以保证维修中央空调的时候，不影响主卧的空调挂机使用。)

总价便宜程度：★★

生活便利性：★★

推销方案三：整个户型只搭配一台中央空调(最大功率为 3 匹)。(方案解析：这种方案的预算最低，但在维修中央空调的时候，整个户型内都无法使用空调。)

总价便宜程度：★★★

生活便利性：★

2. 推销洽谈话术

以顾客方格理论为基础讨论空调的推销洽谈话术及技巧。

1) 面对漠不关心型顾客

当面对漠不关心型顾客时，推销员首先要心里有数，这类顾客并不关心是否成交，所以没必要在话术上太过于下功夫，因为这类顾客不大可能会购买。

2) 面对软心肠型顾客

话术准备："和价格相比，您更偏向于有较高的舒适性吗？"(背景性问题的询问，探寻顾客的真正需求。)

如果顾客回答更加注重舒适性，话术准备："我们建议您用一台中央空调搭配两台挂机，挂机分别挂在主卧和带阳台的次卧中。"

如果顾客回答更加注重低价格，话术准备："我们建议您用一台中央空调带动整个户型。"

如果顾客对价格和舒适度的感觉适中，话术准备："我们建议您用一台中央空调搭配一台挂机，挂机悬挂在主卧里。"

3) 面对防卫型顾客

话术准备："您好，我从业八年，服务过 1000 多名顾客。作为消费者，您需要了解我的情况，作为销售员，我也需要了解您的需求。所以，接下来您负责介绍您的全部需求，我负责给您解决问题。买不买空调没关系的，关键是解决您当前所面临的空调使用问题。"

4) 面对干练型顾客

话术准备："您好，我们现在可以给您三种空调搭配方案推荐。方案一是一台中央空调搭配两台挂机，挂机分别挂在主卧和带阳台的次卧中；方案二是一台中央空调搭配一台挂机，挂机悬挂在主卧里；方案三是用一台中央空调带动整个户型。三种方案中，方案一的预算最高，舒适度也最高，方案二的预算和舒适度居中，方案三的预算和舒适度都是最低的。您看，您是更偏向于低总价呢，还是高舒适度呢？"

如果顾客回答偏向于低总价，就给他推荐方案三；如果顾客回答偏向于高舒适度，就给他推荐方案一；如果顾客对于价格和舒适度的偏好都适中，就给他推荐方案二。把方案推荐给顾客，让顾客自己选择。

5) 面对寻求答案型顾客

话术准备："和价格相比，您更偏向于有较高的舒适性吗？"(背景性问题的询问，探寻顾客的真正需求点。)

如果顾客回答更加注重舒适性，话术准备："我们建议您用一台中央空调搭配两台挂机，挂机分别挂在主卧和带阳台的次卧中。这种方案中，中央空调的最大功率是3匹的，这样可以带动客厅的空间，主卧适合配置1.5匹的挂机，次卧适合配置1匹的挂机。中央空调给您推荐理想家，这款中央空调的制冷和制热效果都非常不错。它的连续喷气增焓专利技术，具备-25℃的低温制热功能；它的冷媒环散热技术可以保护电控板及时散热，即使在超高温的58℃也可以轻松制冷；它的双重降噪系统借鉴了航天机翼设计的原理，优化空调涡轮，可以将噪声降低到20dB左右；同时，该款中央空调的能耗等级属于一级能耗要求，是非常省电的。挂机给您推荐这款悦弧空调。该种挂机外形美观，全直流变频处理使得它在节能的同时，还可以实现内外双静音，避免了因为空调外机噪声造成的邻里矛盾；该款空调还具备ECO节能运行模式，在夜晚8小时睡眠周期内的制冷耗电量最低仅需1.6度电(不同机型有差异)，能在最大程度降低耗电量的同时提供制冷带来的清凉舒适。"

如果顾客回答更加注重低价格，话术准备："我们建议您用一台中央空调带动整个户型。中央空调给您推荐理想家，这款中央空调的制冷和制热效果都非常不错。它的连续喷气增焓专利技术，具备-25℃的低温制热功能；它的冷媒环散热技术可以保护电控板及时散热，即使在超高温的58℃也可以轻松制冷；它的双重降噪系统借鉴了航天机翼设计的原理，优化空调涡轮，可以将噪声降低到20dB左右；同时，该款中央空调的能耗等级属于一级能耗要求，是非常省电的。"

如果顾客对价格和舒适度的感觉适中，话术准备："我们建议您用一台中央空调搭配一台挂机，挂机悬挂在主卧里。中央空调给您推荐理想家，这款中央空调的制冷和制热效果都非常不错。它的连续喷气增焓专利技术，具备-25℃的低温制热功能；它的冷媒环散热技术可以保护电控板及时散热，即使在超高温的58℃也可以轻松制冷；它的双重降噪系统借鉴了航天机翼设计的原理，优化空调涡轮，可以将噪声降低到20dB左右；同时，该款中央空调的能耗等级属于一级能耗要求，是非常省电的。挂机给您推荐这款悦弧空调。该种挂机外形美观，全直流变频处理使得它在节能的同时，还可以实现内外双静音，避免了因为空调外机噪声造成的邻里矛盾；该款空调还具备ECO节能运行模式，在夜晚8小时睡眠周期内的制冷耗电量最低仅需1.6度电(不同机型有差异)，能在最大程度降低耗电量的同时提供制冷带来的清凉舒适。"

七、顾客异议处理

(一) 可能出现的顾客异议

情形一："你们美的的空调价格太高了。"
情形二："价格还能再低点儿吗？"
情形三："我再到处看看吧。"
情形四："我听说大金空调是空调里最好的。"
情形五："我预算不够啊。"
情形六："我和家人再商量商量。"

情形七："我先了解了解，现在房子硬装还没装完呢。"

(二) 相对应的解决方案

情形一的话术建议："您说的是，但是好的品牌与好的产品有好的保障。比如我们的理想家中央空调，它是全链路匠造的，以旗舰品质让用户感受更高的使用舒适度。同时，我们美的的产品有两年质保，可以让您无忧地使用空调。"("但是"处理法，弱化价格，强化价值，告诉顾客美的品牌可以给用户带来更好的空调使用体验。)

情形二的话术建议："我们现在给您的价格已经很低了。这样吧，如果您确定今天购买的话，我再向领导申请一下，看看能不能再优惠点儿。"(转化处理法，在给予顾客优惠的同时，建议顾客成交。)

情形三的话术建议："请问您还有什么顾虑？"(询问处理法，不了解顾客的真实疑虑而提出询问。)

情形四的话术建议："是的，大金空调的冬天制热能力比较强，但是这种功能一般都用不上。在严寒的冬天，我们美的空调的制热功能就足够用了。比如我们的理想家中央空调，已经具备了 −25℃的低温制热功能。一般情况下，也遇不到 −25℃以下的情况。从这个角度讲，使用我们的空调性价比更高，毕竟大金空调的价格要贵很多。"(补偿处理法，告诉顾客美的产品的功能足够用，价格相对更低，因此美的产品的总体性价比更高。)

情形五的话术建议："空调的总价不算高的，您可以用信用卡支付或者分期付款。"(转化处理法，利用顾客的异议，提出解决问题的办法，进而促进成交。)

情形六的话术建议："请问您是还有什么顾虑吗？"(询问处理法，不了解顾客的真实疑虑而提出询问。)

情形七的话术建议："如果是这样的话，那我们加一下微信吧，等到您硬装结束后，我们再联系。我负责解决您的空调安装和使用问题，当您需要的时候，我们恰好能提供专业服务。"

八、推销成交

(一) 捕捉推销成交的信号

具体的推销成交信号主要包括顾客的表情信号、语言信号、行为信号以及事态信号。

(二) 推销成交的策略

1. 请求成交法

话术准备："您看是支付宝支付方便，还是微信支付方便？"

2."小点"成交法

话术准备："我们理想家中央空调的性价比是非常高的。"

3. 从众成交法

话术准备："来我们店的顾客，买这款悦弧空调的最多了。"

4. 优惠成交法

话术准备："我们现在给您的价格已经很低了。这样吧，如果您确定今天购买的话，我再向领导申请一下，看看能不能再优惠点儿。”

九、推销服务

话术准备：“恭喜您，我们这两天正在搞活动，您今天买下空调可以享受两年免费保修，买空调后的十年内，还可以享受我们的免费清洗空调服务。”

建立客户跟进记录表，在客户购买空调十年之后，跟进顾客，推荐新款空调。

第五节 “十布一泉”公众号推销

一、整体推销方案

关于公众号的推销，需要通过微信公众号、微信群、自媒体、直播、闲鱼等多种形式进行推销，并根据顾客的不同需求进行长尾的柔性服务。例如泉商(泉商是古钱币收藏行业里的专业名词，指的是从事古钱币销售的相关人员)需要卖货就提供相应的卖货方案，泉商需要推广店铺推销员就提供相应的策划方案；泉友(泉友指的是古钱币的收藏爱好者)需要了解古钱币知识推销员就提供相应的微信公众号推文、教学视频、白皮书内容以及自媒体的知识性答疑；泉友需要了解未来市场时，推销员就依据大数据预测古钱币未来市场的走向等。“十布一泉”公众号的整体业务如图 12.13 所示。

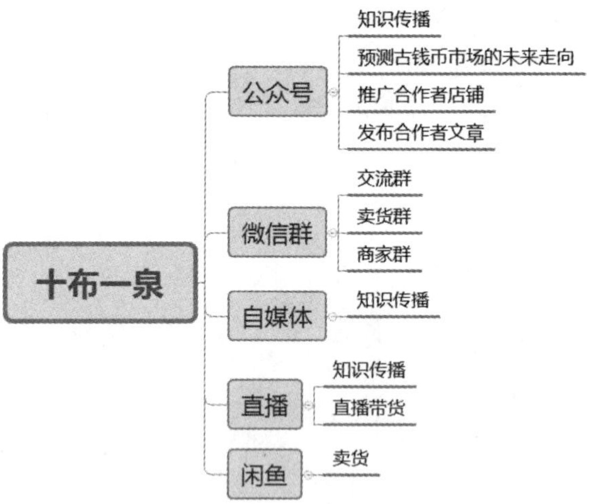

图 12.13 整体业务

二、添加微信好友

根据顾客的不同需求，确定目标顾客为古钱币新手、古钱币玩家、古钱币店家、古钱币卖货者、古钱币写手、古钱币主播以及古玩爱好者。

古钱币的推销主要在线上进行，首先通过微信群、闲鱼加好友，如图 12.14 所示。然后将所加的好友进行标签分类，通过简单接触后了解其需求，并根据泉友的不同需求来推销不同业务，采取如图 12.15 所示的长尾的柔性服务，以增加推销员和顾客之间的黏性，提高顾客的信任度。

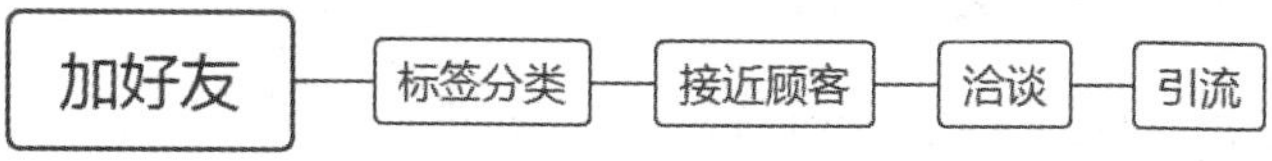

图 12.14　微信好友的推销方案

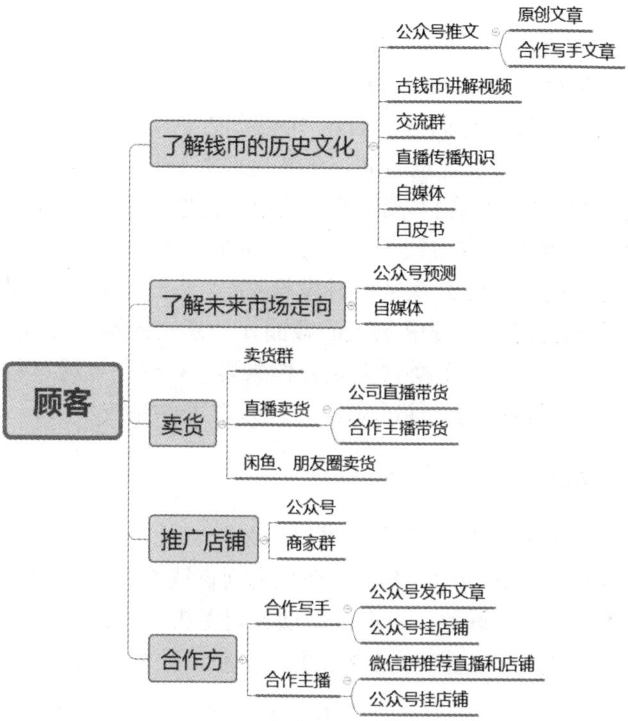

图 12.15　长尾的柔性服务

添加大量的微信好友不仅有助于各方面业务的引流，而且可以提供一个推销渠道——通过朋友圈推销古钱币，同时也可以为泉友们提供更好的服务。

三、公众号

公众号“十布一泉”的推文主要是传播古钱币的知识和预测古钱币市场的未来走向，其每篇推文由文字、配图和广告位图片组成，还可以和古钱币商家、古钱币写手和古钱币主播进行合作。所以目标顾客包括古钱币新手、古钱币玩家、古钱币商家、古钱币写手、古钱币群主还有古钱币主播，以及少部分的古玩爱好者，如图 12.16 所示。

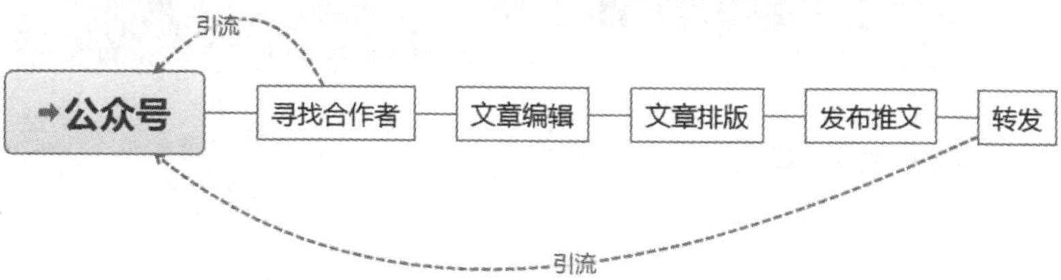

图 12.16　公众号的推销方案

在寻找到目标顾客后，需要接近顾客，并通过多种不同的方式进行公众号的引流。

(一) 通过寻找合作者进行引流

古钱币商家是最重要的一类目标顾客。泉商有推广店铺的需求，就在公众号推文结尾处添加广告位，在添加泉商为微信好友后，可以问他：“我这有个公众号，能帮你免费挂微拍堂的二维码，提高曝光量，你看需要吗？”

此时大多数泉商会表示感兴趣，就让他关注公众号，关注后再请他把他的微拍堂店铺二维码发给我们，这样就完成了公众号的引流。

当然也有泉商会对免费给他们推广表示不可思议。那么可以和他解释说：他关注公众号，我们给他推广店铺，便可以达成共赢。如果他还是怀疑，那我们可以用激将法说：“你是第一个不相信的。”他就会怀疑自己的坚持是否有问题，也会愿意关注我们的公众号。

除了和泉商合作，也可以和古钱币的写手、主播以及泉友进行合作。转发写手的文章到公众号推文里，写手就会关注公众号并转发推文。“十布一泉”公众号的每篇推文都会有配图，每张配图下面都会配上是哪位泉友的藏品，为泉友的藏品提高了曝光度，泉友也会愿意关注公众号。至于和古钱币主播就更是合作共赢了，他在直播过程中推我们的公众号，公众号也可以在推文末尾多挂几次他的店铺，双方都可以完成“吸粉”。

(二) 通过推文的质量进行引流

对于古钱币新手和古钱币玩家而言，可以用公众号优质的推文进行引流。其中，古钱币新手更多的是想了解有关古钱币的知识，在他们问古钱币相关的知识时，就可以让他们关注我们的公众号，关注后再告诉他。而古钱币玩家则更在乎古钱币未来的市场走向，在公众号的预测被证明是正确的后，他们对公众号更加信服，如图 12.17 所示。

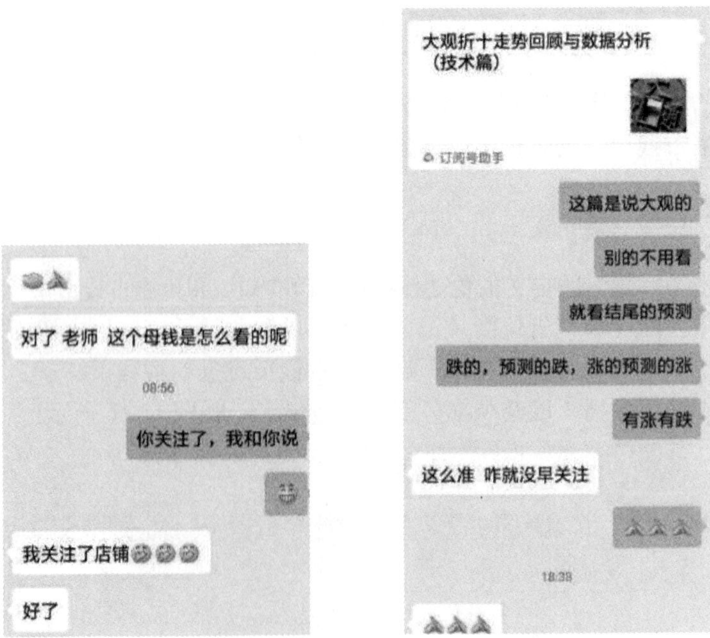

图 12.17 对泉友的“吸粉”过程

(三) 通过转发推文进行引流

根据用户看推文的时间规律，把公众号推文发布时间固定为隔天的上午 11:15，渐渐地就能让粉丝们在这个时间点等待公众号推文的发布，有利于增加用户黏性。公众号推文发布后，在第一时间转发至朋友圈和各个微信群中，很多泉友在阅读完后会进行讨论和评价(如图 12.18 所示)，有利于提高公众号推文的阅读量，也能够将群友引流到公众号中。并且公众号会进行多轮转发，隔一段时间再发布一次，这样做能够使推文得到多次的曝光。

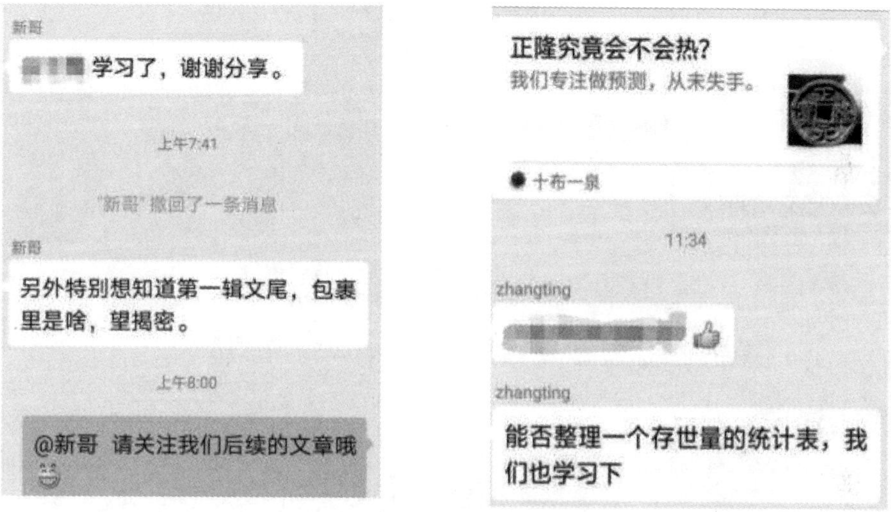

图 12.18　泉友的评价

当泉友认可公众号推文的内容时，他们会自主地转发推文到朋友圈和微信群中，当他们愿意转发公众号推文时，说明他们认为在“十布一泉”公众号是可以学到东西的，就会关注公众号。而他们的转发，不仅会提高推文的阅读量，也会帮公众号“吸粉”。顾客的转介绍，在一定程度上，比推销员主动推广的效果要好得多。

(四) 通过利益交换关系进行引流

在和泉友聊天的过程中，总会遇到泉友有各种需求，比如：要求推荐几个微信群、请推销员关注他们的微拍堂店铺以及邀请推销员进他们的群。对于这几种需求，推销员都可以让他们先关注公众号，然后再满足他们的需求，他们往往会很痛快地关注。由于彼此之间有利益交换关系，所以这类粉丝比普通泉友的忠诚度更高(利益接近法)。

在公众号引流的过程中，另外制定了有关公众号推文编辑和排版的流程。推销员在引流完成后，相应的售后服务也要跟上。在确保推文质量的同时，在配图下也要注明提供藏品图片的泉友以及对写手的供稿表示感谢，这样对于公众号的推销才能算告一段落。公众号推文的编辑、排版流程如图 12.19 所示。

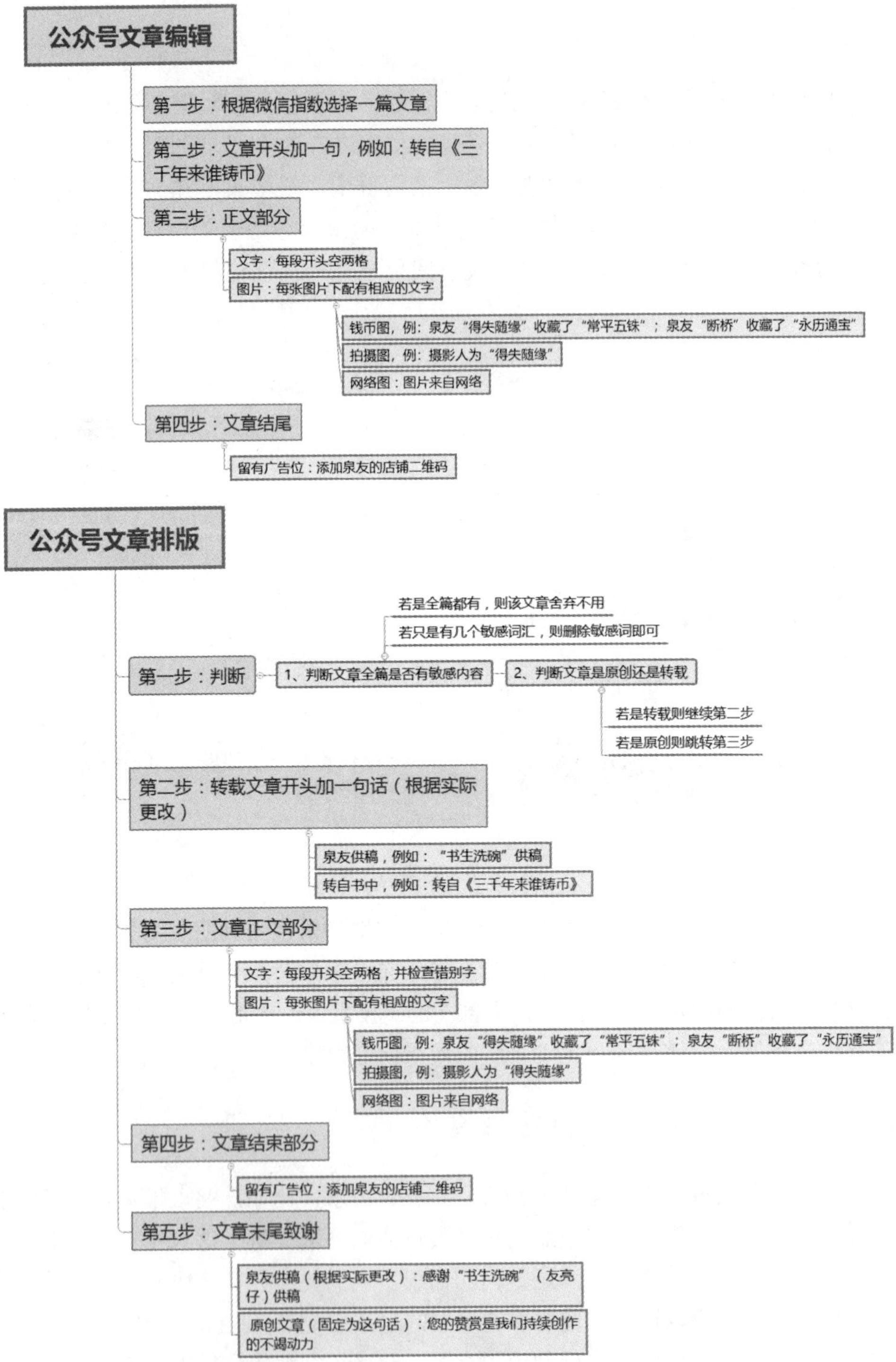
公众号文章编辑
第一步：根据微信指数选择一篇文章
第二步：文章开头加一句，例如：转自《三千年来谁铸币》
第三步：正文部分
文字：每段开头空两格
图片：每张图片下配有相应的文字
钱币图，例：泉友"得失随缘"收藏了"常平五铢"；泉友"断桥"收藏了"永历通宝"
拍摄图，例：摄影人为"得失随缘"
网络图：图片来自网络
第四步：文章结尾
留有广告位：添加泉友的店铺二维码
公众号文章排版
若是全篇都有，则该文章舍弃不用
若只是有几个敏感词汇，则删除敏感词即可
第一步：判断
1、判断文章全篇是否有敏感内容
2、判断文章是原创还是转载
若是转载则继续第二步
若是原创则跳转第三步
第二步：转载文章开头加一句话（根据实际更改）
泉友供稿，例如："书生洗碗"供稿
转自书中，例如：转自《三千年来谁铸币》
第三步：文章正文部分
文字：每段开头空两格，并检查错别字
图片：每张图片下配有相应的文字
钱币图，例：泉友"得失随缘"收藏了"常平五铢"；泉友"断桥"收藏了"永历通宝"
拍摄图，例：摄影人为"得失随缘"
网络图：图片来自网络
第四步：文章结束部分
留有广告位：添加泉友的店铺二维码
第五步：文章末尾致谢
泉友供稿（根据实际更改）：感谢"书生洗碗"（友亮仔）供稿
原创文章（固定为这句话）：您的赞赏是我们持续创作的不竭动力

图 12.19 公众号推文的编辑、排版流程

注：微信指数是微信官方推出的一项数据分析工具，旨在反映某一关键词或话题在微信平台上的热度。通过微信指数，用户可以了解某个关键词在微信生态中的搜索量、讨论量以及传播趋势，从而洞察公众的关注点和兴趣变化。

四、微信群

创建多个微信群，包括交流群卖货群、商家群和广告群。在不同的微信群中制定对应的群规则，同时在每个群进行群维护和群迭代，如图 12.20 所示。

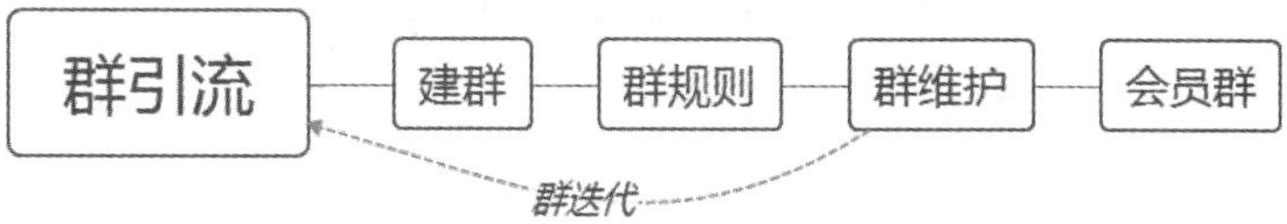

图 12.20　微信群的推销方案

(一) 微信群引流

对于一个微信群而言，会有两个人数节点：第一个节点是群人数在 40 人以内时，不需要经过本人同意便可以拉进群。推销员利用这一特性可以在建群初期，先邀请弱关系(弱关系指的是顾客和推销员之间尚处于陌生关系，关系较浅)的泉友进群。第二个节点是群人数在 200 人以上，只可通过邀请好友进群。群人数在 40～200 人的范围内时，可以进行群二维码引流，把群的二维码分享到朋友圈，并用简单的文字描述一下群的功能，感兴趣的泉友会自己扫码入群，而自愿进群的泉友的忠诚度比一般群友会高很多。当群成员达到 200 人以上时，则采用一对一邀请的方式。除了推销员自己“吸粉”引流之外，也会有泉友邀请好友进群。

(二) 群分类

先发展交流群，比如新手群，主要是进行古钱币知识的普及，会定期在群内发布古钱币讲解的视频、白皮书内容、公众号推文，也会进行直播讲解，帮助古钱币新手们快速入门。玩家群，以深度交流为主，泉友们可以在群内交流古钱币的版别、品相等。而老玩家群则相当于一个智囊团，能更好地协助推销员服务新手群和玩家群内的泉友。在泉友有交流的需求时，可以根据他们的标签分别引流到这三种群内。

在建群的第二阶段可以发展广告群。在刚开始建立交流群的时候，总是有泉友会在群内发布广告，但如果将他们移出群聊，则会失去这部分的粉丝。所以需要建立广告群，当泉友在交流群内发布广告的时候，进行提醒，并邀请其进入相应的微信群内。

广告群内的广告主要分为两种：一种是推广店铺、一种是为了卖货。因此可以进一步将广告群分为店铺广告群和卖货广告群。对于有推广需求的泉商而言，在其关注公众号后就邀请他加入店铺群；而对于有卖货需求的泉商而言，则邀请其进入卖货群。

(三) 群管理

在群名称处简单标注本群的要求，比如交流群不允许发广告，广告群要求一次发图不超过五张，卖货群发图必须标价格等。同时也需要通过群公告发布群规则。群管理员在管理群的时候，针对违反群规则的泉友应该进行提醒。在各群内每个泉友都有四次机会，如果在四次提醒后他仍违反群规则，便将他移出群，当然在移出群前，我们会将他们邀请到适合他们的群内，以防止群成员流失。

(四) 会员群

最后可以开展一个会员群，会费为一个月 20 元，泉友进入会员群后，就可以获得会员服务：在公众号推文中多次挂会员的店铺，在各个微信群中推广会员的店铺，在团队微信朋友圈和多个闲鱼店内帮助会员卖货，在直播卖货中优先考虑会员的藏品等。

五、闲鱼

在闲鱼发布宝贝时，需要选择古董收藏这一分类，并将发布的宝贝同步到“古钱币鱼塘”中，同时每天来提升宝贝的曝光度。除此之外，每天还需要将宝贝分享到各个“鱼塘”中，促进古钱币的销售，如图 12.21 所示。

图 12.21　闲鱼的推销方案

在和顾客洽谈的过程中，要注意提升信任等级。一次买卖不成没关系，但人际关系一定要处理好，只有顾客信任推销员，才有更多的机会和顾客交流。同时，需要注意和顾客交流时，不要交浅而言深。交浅言深容易遭到顾客的反感，推销员也会失去和顾客交流的机会。

(一) 推销洽谈

例如，某一天，有一位顾客看中了一枚钱币，他出价 60 元，已经比原先的价格便宜很多，但由于当时还没有办法发货，就和他说要等快递恢复以后才能发货，能接受就拍。他仍然纠缠说能不能 2 月中旬发，当时仍然无法得知 2 月中旬快递是否恢复正常，所以就没办法回复他了。

第二天顾客又说让先给他留着，等可以发货他就拍了。从他这些话语中透露出他对这枚钱币的喜爱，于是推销员回道：“钱币买卖都是以拍下为准，没有办法保留。”之后顾客又多次发消息，推销员继续不回，过了几个小时后，顾客便拍下了这枚钱币。对于已经有强烈购买欲望的顾客，如果是因为一些小问题纠结，可以采取不睬处理法，顾客过段时间就会自己下单购买。

(二) 顾客异议处理

面对解决问题型的顾客，只要能够解决他的问题，就可以促成交易。当推销员的古钱币有些许瑕疵的时候，可以和顾客交流，再另外送他一枚钱币(补偿处理法)。

(三) 达成交易后

在交易完成后，可以添加顾客的微信，将顾客进一步引流到公众号和微信群中(推销服务以进行进一步服务)。

需要注意的是，在闲鱼、淘宝等平台，如果推销员这边显示顾客已签收，但顾客还没收货时，千万不要催顾客，因为每个人都不喜欢被别人催，如果催促容易造成顾客的反感，也会失去进一步交易的机会(推销服务要有耐心)。而顾客如果对收到的产品有异议，则要耐心和顾客交流，妥善处理这件事，让顾客满意的售后服务也能为推销员加分，有利于下次交易。

第十二章 PPT

参考文献

[1] 珀西·怀廷. 销售的五大金科玉律[M]. 詹丽茹，译. 北京：中国友谊出版公司，1998.
[2] 沧海满月. 精准识人：一眼看穿他人的表与里[M]. 哈尔滨：黑龙江教育出版社，2018.
[3] 陈春娃. 原一平的疯狂推销术[M]. 北京：中国纺织出版社，2011.
[4] 陈清宇. 精准识人术：高手看人不走眼的本事[M]. 上海：上海交通大学出版社，2023.
[5] 程青玥，刘雨花，张方，等. 现代推销技术[M]. 北京：中国商业出版社，2023.
[6] 高文斐. 回话的技术[M]. 长春：吉林文史出版社，2019.
[7] 郭奉元，黄金火. 现代推销技术[M]. 北京：高等教育出版社，2005.
[8] 海因茨·戈德曼. 演讲红宝书[M]. 何文波，译. 北京：中国人民大学出版社，2008.
[9] 鸿雁. 销售心理学[M]. 长春：吉林文史出版社，2017.
[10] 蒋平. 现代推销技术[M]. 北京：中国原子能出版社，2013.
[11] 卡尔·荣格. 心理类型[M]. 北京：中国水利水电出版社，2020.
[12] 莱恩·塞尔汉. 成交闭环：揭秘成交的底层逻辑[M]. 苏健，译. 天津：天津科学技术出版社，2022.
[13] 李昊轩. 销售心理学[M]. 天津：天津科学技术出版社，2019.
[14] 李文国，夏冬. 现代推销技术[M]. 北京：清华大学出版社，2010.
[15] 林思诚. 好好接话：会说话是优势，会接话才是本事[M]. 南京：江苏凤凰美术出版社，2019.
[16] 陆兴华. 卓有成效的推销人员[M]. 北京：中国经济出版社，2009.
[17] 乔拉拉. 销售话术是设计出来的：与客户有效沟通的 N 个方法与技巧[M]. 上海：立信会计出版社，2014.
[18] 王俊峰. 每天学点销售心理学全集[M]. 北京：石油工业出版社，2010.
[19] 杨国军，张秀芳. 现代推销技术[M]. 北京：电子工业出版社，2006.
[20] 杨卓. 科技型企业商业模式分类及演进机制：基于价值创造视角[M]. 杭州：浙江大学出版社，2022.
[21] 杨卓. 商业模式创新[M]. 西安：西安电子科技大学出版社，2023.
[22] 一鸣. 金牌销售员的成功话术[M]. 北京：企业管理出版社，2008.
[23] 伊莎贝尔·迈尔斯，彼得·迈尔斯. 天生不同：人格类型识别和潜能开发[M]. 闫冠男，译. 北京：人民邮电出版社，2016.
[24] 于旭光. 图解 MBTI 16 型人格：心理学与性格解析[M]. 北京：中国纺织出版社，2022.
[25] 郑洪锐，李玉峰. 现代推销学[M]. 大连：大连理工大学出版社，2013.
[26] NADKARNI S A，HERRMANN P. CEO personality, strategic flexibility, and firm performance: the case of the Indian business process outsourcing industry[J]. Academy of Management Journal, 2010 53(5): 1050-1073.